师生心理成长丛书

主编：林崇德　董　奇　副主编：伍新春　石　铁

学生心理健康教育

姚本先　伍新春　编著

中国轻工业出版社

图书在版编目 (CIP) 数据

学生心理健康教育 / 姚本先，伍新春编著 . —北京:
中国轻工业出版社，2008.10（2016.4 重印）
（师生心理成长丛书）
ISBN 978-7-5019-6603-5

Ⅰ. 学… Ⅱ. ①姚…②伍… Ⅲ. 心理卫生 - 健康教育 - 中小学 - 教学参考资料 Ⅳ. G479

中国版本图书馆 CIP 数据核字（2008）第 140364 号

总 策 划: 石 铁
策划编辑: 吴 红　　责任编辑: 吴 红
责任终审: 杜文勇　　责任监印: 吴维斌

出版发行: 中国轻工业出版社（北京东长安街 6 号，邮编: 100740）
印　　刷: 三河市鑫金马印装有限公司
经　　销: 各地新华书店
版　　次: 2016 年 4 月第 1 版第 7 次印刷
开　　本: 740 × 1050　1/16　印张: 18.50
字　　数: 260 千字
印　　数: 21001—23000
书　　号: ISBN 978-7-5019-6603-5/G · 757　定价: 28.00 元
读者服务部邮购热线电话: 400-698-1619　010-65125990　传真: 010-65262933
发行电话: 010-65128898　传真: 010-85113293
网　　址: http://www.wqedu.com
电子信箱: wanqianedu1998@aliyun.com
如发现图书残缺请直接与我社读者服务部（邮购）联系调换
70779J6X101ZBW

总　序

《师生心理成长丛书》马上就要和广大读者见面了。作为作者，我们内心充满着喜悦与激动。

编写《师生心理成长丛书》，为的是要体现时代发展的要求，完成党的十七大赋予我们的光荣使命。党的十七大报告，明确提出了运用科学发展观全面构建和谐社会的发展目标。和谐社会不仅包括政治、经济、文化、环境、生态等外部世界的和谐，也包括个体内心世界的和谐即心理和谐。心理和谐是个体幸福的指标，也是社会发展的基石。心理和谐的实质是心理健康，大力开展心理健康教育是实现心理和谐的前提和保证。和其他重要个人素质一样，心理和谐也应从小抓起，切实重视和关注成长中的儿童、青少年的心理健康，"注重人文关怀和心理疏导"，提高广大教师开展心理健康教育的意识和能力，"为青少年健康成长创造良好社会环境"。

编写《师生心理成长丛书》，为的是要体现"优先发展教育"的要求，落实党提出的育人为本、德育为先、实施素质教育的艰巨任务。当前我国教育改革和发展面临的重大任务和时代旋律，是全面实施和推进素质教育。素质教育的重要内容和目标之一，就是促使学生养成良好的心理素质，提高学生的心理健康水平。而要想培养和发展学生的心理素质，最重要的方法就是全面系统地开展心理健康教育。应该说，最近几年，尤其是 2002 年颁布《中小学心理健康教育指导纲要》以来，在教育部的组织领导下，全国各地都把心理健康教育看作是德育工作的重要组成部分，许多中小学校开始系统地开展心理健康教育活动，许多教育研究机构尝试开展了系统的心理健康教育培训，在一定程度上提高了广大教师开展心理健康教育的能力，促进了广大中小学生心理素质的健康发展。在开展心理健康教育的研究和实践过程中，人们逐渐认识到：心理健康素质是关系到个体发展全局的、随年龄增长而逐渐形成的重要品质，它直接或间接地影响到个体的生活态度、学业成就、人际交往、社会适应、职业发展等，必须引起高度重视。

但是，在看到取得成绩和可喜进步的同时，我们也应该清醒地认识到：心理健康教育绝不仅仅是心理教师的任务，它也应该成为全体教师的重要使命；心理健康教育绝不仅仅是中小学的教育主题，幼儿早期教育和大学专业教育也应该注意渗透；心理健康教育绝不仅仅是辅导技术和教育方法的简单使用，确立“育人为本、德育为先”的教育理念和辅导取向更是重要前提。因此，为了保证心理健康教育朝着全体受益、全面培养、全员参与、全程关注的方向发展，在总结行之有效的既往经验的基础上，我们更要用前瞻的视角规划和引领心理健康教育的发展，使我们的广大教师不仅能明确心理健康教育的基本性质、核心内容、主要途径和组织管理等基本原理，而且能深入了解基础教育各年龄阶段学生心理健康教育的主要方法，科学把握心理健康教育的渗透手段，有效运用心理健康教育的专业途径。

编写《师生心理成长丛书》，为的是要体现教师教育和教师专业发展的要求，贯彻党加强教师队伍建设的战略方针。联系心理健康教育的实践，我们认为，要想有效地开展学生心理健康教育，教师不仅要掌握心理健康教育的理念和方法，更重要的是，要切实重视和提高自身的心理健康素质。最近有关教育心理和教师教育的研究成果表明，在影响学生发展的诸多因素中，先进的教育理念和方法、优良的教育环境和资源等就好像武器，它虽然对教育效果具有重要影响，但真正决定学生发展的根本却是使用武器的人——教师——的素质。最近几年来的心理健康实践也证明，在学生心理障碍的成因中，除学生自身的素质和家庭教育的影响外，最重要的成因就是教师不当的教育方式。造成教师教育不当的根源，在于教师自身的心理状态不佳。为了从根本上减少学生“师源性疾病”的发生，促进学生心理的健康成长，必须切实重视和高度关注教师的心理成长。

促进教师的心理成长，不仅是开展学生心理健康教育的需要，也是教师作为一名专业工作者个人发展的需要。在认真实践科学发展观、全面倡导以人为本思想的今天，我们应该深刻地认识到：教师的个人成长和专业发展是相辅相成、协调共进的。客观地讲，广大中小学教师身处社会经济飞速发展、素质教育强力推进，课程改革全面铺开的年代，他们自己所接受的专业教育、所处的学校环境、所承载的家长期望，往往与变革求新的时代主题有相当的落差，他们大多承受了较重的工作和专业压力，甚至出现了不同程度的职业倦怠。因此，广大教师如何学会进行工作压力的自我管理、有效预防职业倦怠的发生，学会人际关系的调适技巧、切实维护自身的健康人格，进而促进职业生涯的合理规划，已经成为教师专业发展和个人成长的重要议题。

在全社会高度重视儿童青少年健康成长、高度关注中小学教师素质提高的今天，北京师范大学常务副校长董奇教授、教育心理与心理健康研究所所长伍新春教授、“万千教育”与“万千心理”总策划石铁先生和我一起牵头，组织全国十多位长期从事心理健康教育、潜心研究教师专业发展、有相当学术造诣和社会影响的中青年学者，共同完成了《师生心理成长丛书》的出版。我相信该丛书对于推动我国的心理健康教育事业，对于促进教师的专业发展和个人成长，都将起到积极的作用。

是为序!

教育部中小学心理健康教育专家指导委员会主任

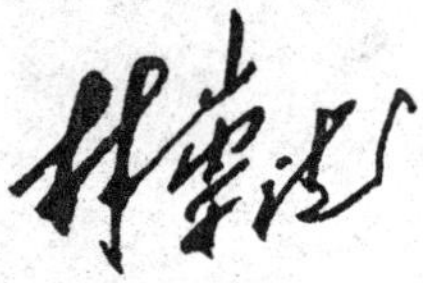

2008 年 8 月 6 日

于北京师范大学

前　言

当前我国教育改革和发展面临的重大任务和时代主旋律，是全面实施和推进素质教育。素质教育的重要内容和目标之一，就是培养学生良好的心理素质，提高学生的心理健康水平。而要想培养和发展学生的心理素质，最重要的方法就是面对全体学生系统地开展心理健康教育。

学校心理健康教育包含以学生为服务对象的心理健康教育和以教师为服务对象的心理健康教育两部分，但是学校心理健康教育的主体是学生，教师心理健康教育的重要目的是服务和促进学生的心理健康发展，因此，学生心理健康教育是学校心理健康教育最主要和最核心的工作。狭义的学校心理健康教育特指学生心理健康教育，简称心理健康教育。

广大教师——无论专兼职的心理教师还是各学科的任课教师——一个重要的职业任务就是维护和促进学生的心理健康发展。因为心理健康素质是关系到个体发展全局的重要品质，它直接或间接地影响到个体的生活态度、学业成就、人际交往、社会适应、职业发展等，所以学生心理健康的维护和促进，必须引起每个教师的高度重视。

当然，要把学生心理健康教育真正落到实处，教师仅仅了解心理健康教育的**性质**、理解心理健康教育的价值远远不够，还必须了解学生心理健康教育的主要**内容**及其辅导和促进方法，了解学生心理健康教育开展的主要**途径**及其具体的实施方法和策略，并能对学生心理健康教育进行有效的**管理**。只有这样，学生心理健康教育才能真正得以贯彻落实。

根据上述“性质 · 内容 · 途径 · 管理”相结合的思路，我们试图在本书中系统而简明地阐述学生心理健康教育的基本原理，为教师开展心理健康教育提供理论与方法的指导。为此，在“性质”部分，我们简要阐述了心理健康的涵义与标准、心理健康教育的涵义与功能、目标与实施等，以让广大教师明确心理健康教育的性质；在“内容”部分，我们系统阐述了有关自我意识、人际关系、学业发展和生活适应等心理健康教育的内容，以让广大教师准确把握心理健康教育的核心内容及其辅导方法；在“途径”部分，我们系统介绍了课程开设、个别咨询、团体咨询等心理健康教育的专门途径和学科渗透、家庭参与等心理健康教育的渗透途径，以让广大教师系统地了解心理健康教育的主要途径及其教育方法；在“管理”部分，则简要介绍了组织机制、机构设立、档案建立、绩效评估等心理健康教育的管理议题，以保证心理健康教育的有效开展。总之，本书所建构的学生心理健康教育体系可用如下的结构框架来表示：

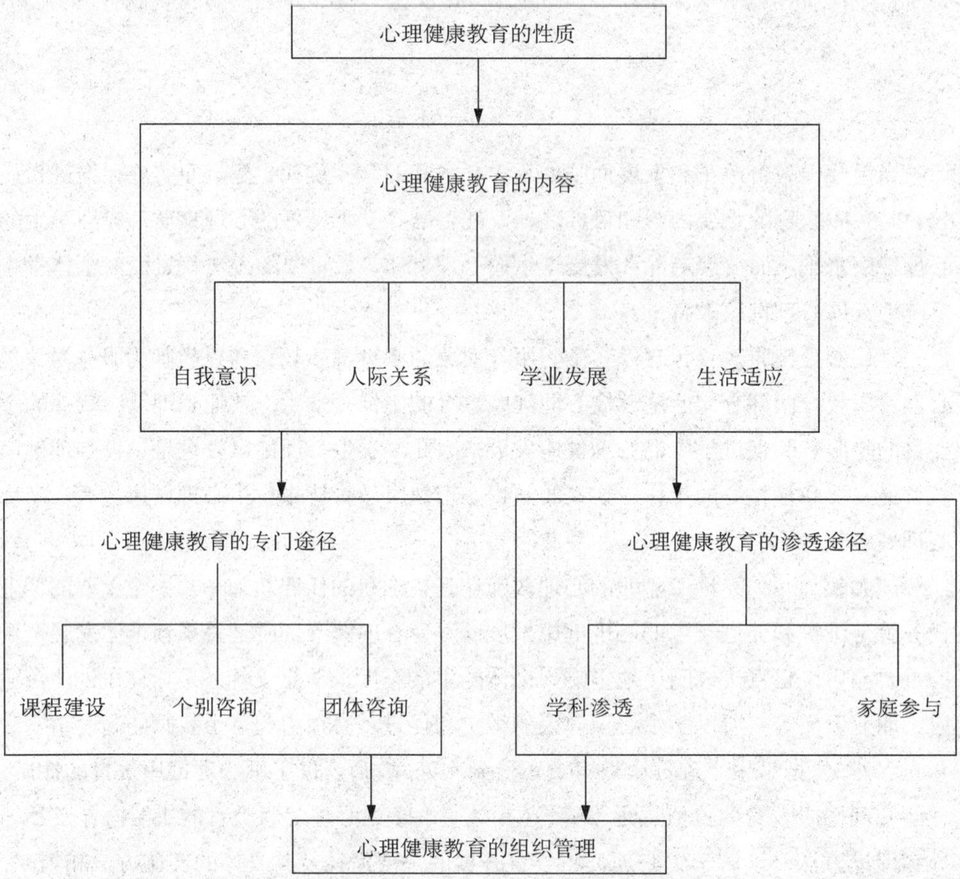

在我们所建构的上述学生心理健康教育体系中，我们特别强调和重视“全体·全面·全员·全程”等“四全”原则的贯彻。为此，我们想提请大家在关注个别学生心理障碍矫治的同时，更从积极心理学的视角关注所有学生心理健康素质的提升，以保证心理健康教育朝着**全体受益**的方向发展；在继续重视和强调自我意识、人际关系和学业发展等心理健康教育内容的同时，一定要特别关注休闲、消费、职业等生活适应议题的教育与辅导，以保证心理健康教育朝着**全面培养**的方向发展；在继续重视和加强课程开发、个别咨询和团体咨询等心理健康教育专门途径的同时，一定要特别关注学科渗透和家庭参与等心理健康教育渗透途径作用的发挥，以保证心理健康教育朝着

全员参与的方向发展。当然，上述内容和途径在不同的年龄阶段应有不同的侧重，在继续大力推进中小学心理健康教育的同时，也应注意心理健康教育在幼儿园早期教育中的渗透，保证心理健康教育朝着**全程关注**的方向发展。

当然，本书所建构的“性质 · 内容 · 途径 · 管理”相结合的心理健康教育体系和所强调的“全体 · 全面 · 全员 · 全程”等“四全”的心理健康教育原则，绝不仅仅是我们个人的研究心得和实际感受，它实际上是我们和我们所带领的团队成员共同学习、不断思考、勤于实践的结果。同时，我们所做的工作在很大程度上是对这一领域里研究和实践工作的总结和提炼，没有前人丰厚的研究基础和大量的实践经验，本书是不可能完成的。因此，我们写作本书的过程也是一个不断反思自身经验、不断学习他人成果的专业发展过程。在这一过程中，我们两位作者默契配合、精诚合作、相互支持，进一步加深了我们多年的学术联结，这也是我们写作本书的一大收获。

在本书即将付梓之际，我们要特别感谢我国著名心理学家、《师生心理成长丛书》主编林崇德教授的信任和提携！感谢林先生在国内高手众多、专家云集的心理健康研究队伍中，遴选我们来担纲完成本书的编著工作，也让我们有机会近距离感受林先生对心理健康教育事业的倾心和对广大中小幼师生的大爱，让我们更坚信我国心理健康教育事业的发展将会越来越好！

亲爱的老师们，我们愿意成为你们永远的朋友，协助你们为广大学生的心理健康成长献计献策，陪伴你们为祖国教育事业的美好明天而共同努力！

姚本先　伍新春

2008年5月25日

目　录

性　质

内　容

途　　径

管　　理

第一章

学生心理健康教育的性质

学生心理健康教育是现代教育的产物，是素质教育的一个重要组成部分，它与德育、智育、体育和美育等之间既有一定的区别，更有紧密的联系。全面实施和推进素质教育，是我国教育改革和发展面临的重大任务和时代主旋律。素质教育的重要内容和任务之一，就是促使学生养成良好的心理素质，提高学生的心理健康水平。而要想培养和发展学生的心理素质，最重要的方法就是全面系统地开展心理健康教育。

第一节 学生心理健康的涵义与标准

加强学生心理健康教育，首先要了解什么是健康、什么是心理健康以及心理健康的标准。只有如此，才能真正地树立正确的学生心理健康理念。

一、“健康”的涵义

健康是人类赖以生存和发展的基本条件之一，亦是旺盛生命力的重要标志。健康不仅是人们最珍惜的生活需要，而且是人类创造物质文明和精神文明的社会发展基础。所以，马克思提出把健康作为人的第一权利，作为一切人类生存的第一前提。教育家洛克（J. Locke）则强调，若没有健康，就没有幸福。哲学家叔本华（A. Schopen Hauer）则更形象地说明，一个健康的乞丐比患病的国王更幸福。由此，个体乃至大众的健康状况，标志着民族的良好素质、事业兴旺和社会进步的发展水平。

健康是每个人都渴求的，但并非人人对健康都有一个正确的认识。长期以来，人们把健康定义为没有疾病，又把疾病定义为不健康，于是，健康与疾病就成为人体生命状况的两端。对此，人们常常称之为健康的疾病观。也就是说，“健康”是与“疾病”相对的一个概念，对健康的认识是伴随着对疾病的认识而发生变化的，因此，对健康的定义无疑是与对疾病的理解和把握密切联系在一起。美国医学哲学家鲍尔（C.

Boore）说：“什么是疾病？凡是与健康不一致的都是疾病。……健康是正常的功能活动，这里的正常状态是统计学的，功能是生物学的。”我国的《辞海》把“健康”定义为：“人体各器官系统发育良好、功能正常、体格健壮、精力充沛并具备良好劳动效能的状态。”这两种定义都是从生物学的角度出发，强调人身体的健康。

美国社会学家帕森斯（T. Parsons）从社会学的角度，以个体参与复杂社会体系的这一本质为基础，将健康定义为：“社会化的个人完成角色和任务的能力处于最适当的状态。”1946年，世界卫生组织（WHO）在其《世界卫生组织宣言》中开宗明义地指出：“健康不仅是没有疾病和虚弱现象，而且是一种个体在生理上、心理上、社会上完全安好的状态。”1978年，国际初级卫生保健大会所发表的《阿拉木图宣言》再次重申了有关健康的“整体、全面、综合”的观念，指出“健康不仅是疾病与体弱的匿迹，而且是身心健康、社会幸福的完善状态”。1990年，世界卫生组织公布了健康的新定义：一个人只有在躯体、心理、社会适应和道德四个方面都健康，才算是完全健康。在生理健康和心理健康两部分中，心理、社会适应和道德都可以纳入心理健康的范畴。

二、心理健康的实质

就一般意义而言，心理健康标志着人的心理调适能力和发展水平，即人在内部和外部环境变化时，能持久地保持正常的心理状态，是诸多心理因素在良好的心理功能状态下运作的综合体现。但究竟什么是心理健康，到底该给心理健康下一个什么样的定义，至今仍有争论。

1948年，第三届国际心理卫生大会提出：“心理健康是指在身体、智能以及在情感上与他人心理不相矛盾的范围内，将个人的心境发展到最佳的状态。”心理学家英格里希（H. B. English）认为：“心理健康是一种持续的心理状态，当事者在那种状态下能做出良好的适应，具有生命的活力，且能充分发展其身心的潜能。这乃是一种积极的丰富的状况，不只是免于心理疾病而已。”《简明不列颠百科全书》中指出：“心理健康是指个人的心理在本身及环境条件许可范围内所能达到的最佳功能状态，但不是十全十美的绝对状态。”我国台湾学者钱苹（1980）认为，心理健康表现为有满意的心境、人际关系和谐、人格完整、个人与社会协调、情绪稳定。”张承芬（1997）认为，心理健康乃是指个体在各种环境中能保持一种良好的心理效能状态，并在与不断变化的外界环境的相互作用中，能不断调整自己的内部心理结构，达到与环境的平稳与协调，并在其中逐渐提高心理发展水平，完善人格特质。王书荃（2005）认为，心理健康指人的一种较稳定持久的心理机能状态。它主要表现在人际交往中能使自己的心态保持正常平衡，使情绪、需要和认知保持一种稳定状态，并表现出一个真实自我的相对稳定的人格特征。简言之，心理健康就是个体心理功能的一种“和谐”状态。

综合国内外的论述可以发现，大多数学者认为并强调个体内部的协调和外部的适应，视心理健康为一种内外协调的良好心理功能状态。另外，在理解心理健康时还应注意到，心理健康有广义和狭义之分。广义的心理健康是指一种高效而满意的、持续的心理状态；狭义的心理健康指人的基本心理活动的过程和内容完整、协调一致，即认知、情感、意志、行为、人格完整和协调。基于以上观点，我们认为，心理健康是指个体在适应环境的过程中，生理、心理和社会性方面达到协调一致，保持一种良好的心理功能状态。

所谓良好的心理功能状态是相对的，而不是绝对的。即个体心理在自身和环境条件许可的范围内所能达到的最佳心理功能状态，而不是绝对完美的心理功能状态。良好心理功能状态的相对性包含两层涵义：一是个体的心理与大多数人相比，其心理功能是正常的；二是心理健康与心理疾病是心理功能状态这一序列的两极，是一种相对关系，并不是一种非此即彼的关系。

保持良好的心理功能状态，必须符合三项基本原则：其一是心理活动与客观环境的同一性原则，即一个人的心理活动不论在形式上还是在内容上都与客观环境保持同一。失去同一，即失去平衡，则心理失调、行为异常。例如，青少年儿童富于想象，幻想未来，无疑是正常现象。但若一个儿童整天想入非非，甚至产生幻觉，则是心理异常的表现。其二是心理过程之间的协调一致性原则，即一个人的认知、情感、意志等心理活动保持自身的完整统一，协调一致，保证准确有效地反映客观现实。如果失去这种协调和统一，必然会出现心理异常。例如，当一个人对令人愉快之事做出冷漠的反应，而对使人痛苦之事却做出快乐的反应，这就是心理异常的表现。其三是个性特征的相对稳定性原则，即一个人在长期的生活经历中形成的个性心理特征，具有相对稳定性，一般是不易改变的。如果在外部环境没有巨大变化的情况下，一个人的个性出现明显变化，就应考虑其心理活动是否出现异常。

三、学生心理健康的标准

心理健康的标准是一种理想的状态。每个人与这些标准相比较，都可能有这方面或那方面的不足。我们可以把心理健康的标准视为每个人应努力达到的目标。综合各家观点，参照现实社会生活中人们的心理与行为表现，青少年学生的心理健康标准可从以下九个方面来考虑：

1. 智力正常

智力是以思维能力为核心的各种认识能力和操作能力的总和。它是衡量一个人心理健康的重要标志之一。正常的智力水平是人们生活、学习和工作最基本的心理条件。一般来讲，智商在130以上为超常；智商在90以上为正常；智商在70～89之间为偏低；

智商在70以下为落后。智力落后的人较难适应社会生活，很难完成学习或工作任务。衡量一个人的智力发展水平要与同龄人的智力水平相比较，应及早发现和防止智力的畸形发展。例如，对外界刺激的反应过于敏感或迟滞、知觉出现幻觉、思维出现妄想等，都可能是智力不正常的表现。

2. 情绪适中

情绪适中指情绪的产生是由适当的原因所引起的，情绪的持续时间是随主客观情况的变化而变化的，情绪活动的主流是愉快的、积极的、稳定的。有人认为，快乐表示心理健康如同体温表示身体健康一样的准确。一个人的情绪适中，就会使其整个身心处于积极向上的状态，对一切充满信心和希望。

心理健康的人乐观开朗，热爱生活，积极向上，在一般情况下，总能保持满意的良好心境，但这并不是说心理健康的人不会产生消极情绪。心理健康与否的区别，不在于是否产生消极情绪，而在于消极情绪持续时间的长短以及它在整个情绪状态中所占的比重。心理健康的人的积极情绪状态占优势，然而应对失败、疾病和死亡等因素时，他们也会产生焦虑、悲伤、忧愁等消极情绪，但是不会长久。他们能控制、调节、转移消极情绪，善于避免消极情绪对自身的伤害。

3. 意志健全

一个人的意志是否健全主要表现在意志品质上。意志品质是衡量心理健康的主要标准，其中行动的自觉性、果断性和顽强性是意志健全的重要标志。行动的自觉性是指对自己的行动目的有正确的认识，能主动支配自己的行动，以达到预期的目标；行动的果断性是指善于明辨是非，适当而又当机立断地做出决定并执行决定；行动的顽强性是指在做出决定、执行决定的过程中，克服困难、排除干扰、坚持不懈的奋斗精神。

反应适度是意志健全的主要组成部分，也是心理健康的外在表现之一。反应适度说明人的行为表现协调有度。主要表现为：意识和行为一致；为人处事合情合理、灵活变通；在相同或相类似情境下的行为反应符合情境。

4. 人格统一完整

人格是指一个人的整个精神面貌，即具有一定倾向性的心理特征总和。人格的各种特征不是孤立存在的，而是有机结合成具有一定关系的整体，从而对人的行为进行调节和控制。如果各种成分之间的关系协调，人的行为就是正常的；如果失调，就会造成人格异常，产生不正常的行为。一个人的人格一经形成，就具有相对稳定的特点。因此，形成一个统一的、协调的人格或形成一个残缺的、失调的人格，其性质对心理发展和精神表现的影响是截然不同的。

5. 自我意识正确

自我意识正确是个体心理健康的核心标准。它提倡一种积极的自我观念，包括了解自我、接纳自我和完善自我。了解自我就是有自知之明，对自己有客观的评价。心理健康的人了解自己的优点和缺点，了解自己的能力、性格、爱好和情绪特点，并能据此来安排自己的生活与工作，不自傲也不自卑；而且，由于了解自我，他所制订的生活目标、自我期待会切合实际，不会对自己提出过高的期望。相反，一个不了解自我的人，其目标往往超越现实，当对自己要求过高而又达不到时，他会为此自卑、自责、自怨，因而易陷入心理危机，或者狂妄自大，诿过于人，用嘲笑讽刺甚至攻击的手段，来消除受挫的紧张感。

心理健康的人不仅了解自我，而且还能接纳自我。一方面，他总是努力发展自身的潜能，肯定自己；另一方面，对于自己无法弥补的缺陷，他能安然处之，特别是在不利的条件下，还能安慰自己。

一个人能了解自我、接纳自我，就能修正自我、完善自我；相反，如果一个人没有自知力，其行为就会偏离社会标准。

6. 人际关系和谐

人际关系和谐是心理健康的重要标准，也是维持心理健康的重要条件之一。人际关系和谐具体表现为：在人际交往中心理相容，相互接纳、尊重，而不是心理相克，相互排斥、贬低；对人情感真诚、善良，而不是冷漠无情、施虐、害人；以集体利益为重，关心他人、无私奉献，而不是私字当头、损人利己，等等。具体而言，和谐的人际关系应有以下表现：

其一，了解他人，理解他人。心理健康的人能客观地了解他人的认识和情感的需要，了解他人的个性、兴趣和品质，能看到并学习他人的优点，并善意地指出他人的错误。心理不健康的人并不想了解他人，只关心自己的私利，对别人的痛苦、欢乐、兴趣和爱好都漠不关心。

其二，乐于接受他人，也愿意被他人接受。心理健康的人与他人相处时积极的态度总是多于消极的态度。例如，与他人相处时同情、友善、信任、欢欣、尊重总是多于猜疑、嫉妒、畏惧、敌视。心理健康的人喜欢他人，接受他人，因此，他在其他人中间也总会受到欢迎。

7. 生活平衡积极

心理健康的人能享受学习、工作和休闲给自己带来的不同的满足。他们能过一种平衡的生活，并不只是埋头工作，也能懂得享受学习给自己带来的满足感和休闲给自己带来的放松感。在工作中，他能把自身的智慧和能力发挥出来，以获得成就，同时他能从工作中得到满足感，因此，他通常乐于工作，不会把工作看成负担与痛苦。心理不健康的人，常有不必要的疑虑与恐惧，不能把精力与注意力放在工作上，从而降低了工作效率。

8. 社会适应良好

心理健康的人，应与社会保持良好的接触，认识社会，了解社会，使自己的思想、信念、目标和行动跟上时代发展的步伐，与社会的进步与发展协调一致。如果与社会的进步和发展产生矛盾和冲突，能及时调节、修正或放弃自己的计划和行动，能顺应历史潮流而行，而不是逃避现实、悲观失望，或妄自尊大、一意孤行、逆历史潮流而动。

9. 心理特点符合年龄特征

人的一生包括不同年龄阶段，每一年龄阶段的心理发展都表现出相应的特征，这些特征被称为心理年龄特征。一个人心理行为的发展，总是随着年龄的增长而发展变化。如果一个人的认识、情感和言行举止等心理行为表现基本符合他的年龄特征，就是心理健康的表现；如果严重偏离相应的年龄特征，心理发展严重超前或滞后，则是行为异常、心理不健康的表现。

第二节 学生心理健康教育的涵义与功能

一、学生心理健康教育的涵义

自20世纪80年代以来，全国各地有许多大中小学开展了心理健康教育。虽然内容、目标、形式和方法等都是一致和共同的，但是提法各异。比较常见的除“心理健康教育”外，至今仍在使用的有“心理卫生教育”“心理品质教育”“心理素质教育”“心理教育（简称为心育）”等。这些提法涵义基本一致，即离不开“心理”二字，最终还在于教育，即成为素质教育的一部分，成为教育内容的一部分。还有一类提法也比较普遍，如“心理咨询”“心理辅导”“心理治疗”“心理诊断”“心理卫生”等，这类提法沿用了专业的心理咨询、心理治疗的术语，其涵义十分广泛，不过应用在学校教育领域中，也多指学生心理健康教育。目前，在我国“心理健康教育”这一术语和名称已为越来越多的人所接受。

当然，由于有关“心理健康教育”的名称不尽相同，因此相应名称的涵义也有差异。就当前使用的“心理健康教育”这一名称来说，很有必要明确其涵义。中共中央《关于进一步加强和改进学校德育工作的若干意见》以及中共中央国务院《关于深化教育改革，全面推进素质教育的决定》等重要文件中，对心理健康教育的目的、任务、目标都进行了不同程度的阐述，这些构成了心理健康教育概念的重要内涵。教育部《关于加强中小学心理健康教育的若干意见》进行了更为明确的定义："中小学心理健康教育是根据中小学生生理、心理发展特点，运用有关心理教育方法和手段，培养学生良好的心理素质，促进学生身心全面和谐发展和素质全面提高的教育活动；是素质教育的重要组成部分；是落实跨世纪素质教育工程，培养跨世纪高质量人才的重要环节。"我们认为该定义比较现实、准确和科学地反映了当前我国中小学心理健康教育的涵义。

二、心理健康教育与相邻概念的关系

任何一个概念，如果要得到比较科学的说明，就必须分析它与相邻概念之间的关系，在整个概念系统中加以把握。为了进一步明确心理健康教育的内涵，我们有必要来深入分析"心理健康教育"与"心理辅导""心理咨询"和"心理治疗"等相邻概念之间的关系。

（一）心理健康教育与相邻概念的一致性

目前，关于"心理辅导""心理咨询"和"心理治疗"的概念尚没有统一的意见。一般而言，心理辅导（guidance）是指在一种新型的建设性人际关系中，学校辅导人员运用其专业知识和技能，给学生以合乎其需要的协助和服务，帮助学生正确了解自己、认识环境，根据自身条件确立有益于个人发展和社会进步的生活目标：使其能克服成长中的障碍，在学习、工作及人际关系等各个方面调整自己的行为，增强社会适应，做出明智的抉择，充分发挥自己的潜能。心理咨询（counseling）是指咨询者运用心理学专业知识与技能，通过语言、文字和其他信息传递方式，给求助者帮助、启发和教育，以维护和增进其身心健康，促进其人格完善和潜能发挥的过程。心理治疗（psychotherapy）是指在良好的治疗关系的基础上，由经过专门训练的治疗者，运用心理学的有关理论和技术，对患者进行帮助，以消除或缓解患者的心理问题或障碍，促使其人格向健康、协调的方向发展。从上述对"心理辅导""心理咨询"和"心理治疗"的定义中，我们不难发现，它们与心理健康教育在某些方面是相似的。例如，它们都是从心理上帮助人、教育人的过程；常采用相一致的理论方法和技术；工作范围常是相似的——常面对求助者的人际关系问题、发展性问题等；在强调帮助求助者成长和改变的方面是相似的——都希望通过助人者和求助者之间的互动，达到使求助者改变和成长的目的；都注重建立助人者和求助者之间良好的人际关系，认为这是帮助求助者改变和成长的条件，等等。因此，四者之间具有某种程度的一致性和渗透性。

（二）心理健康教育与相邻概念的相异性

虽然心理健康教育与心理辅导、心理咨询和心理治疗具有很高的一致性，但是它们毕竟还有不少相异之处。综合国内学者（吴武典，1990；刘华山，1998；陈家麟，2002）的意见，四者之间的关系可用图 1.1 表示。

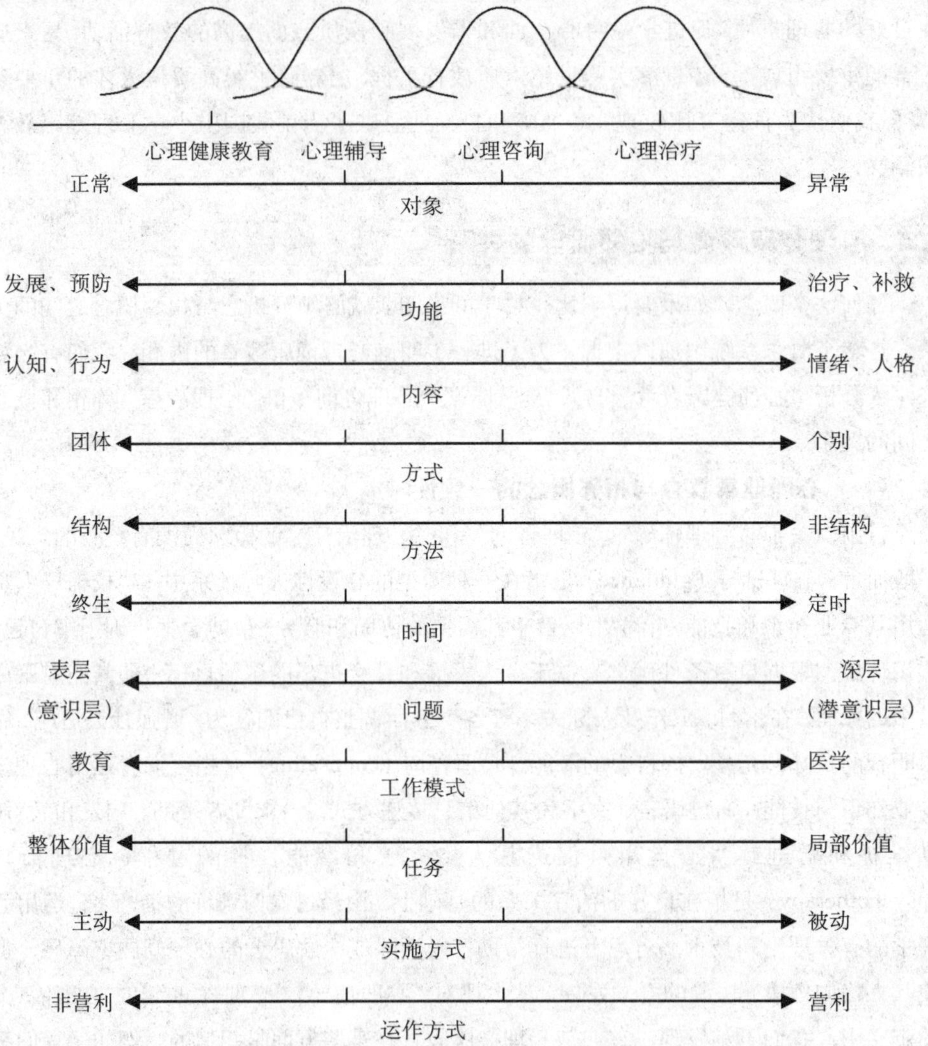

图 1.1 四种心理助人活动的相对关系

从图 1.1 可以看出，心理健康教育、心理辅导、心理咨询与心理治疗各自以一个连续体的不同区段作为自己的工作重心。

（1）就工作对象和工作者而言，在心理健康教育和心理辅导工作中，其工作对象是以正常学生为主；从事这种工作的人被称为辅导员或心理教师，他们需接受涉及心理咨询内容的心理学或教育学的专业训练。在心理咨询工作中，其工作对象被称为来访者或求助者、求询者，主要指在适应和发展方面有某些心理困扰或轻、中度心理障碍（或自称有轻、中度心理问题）的正常学生；从事心理咨询工作的人被称为咨询者或咨询员、咨询心理学家，他们接受心理学专业训练。在心理治疗工作中，其工作对象被称为患者或病人，主要指患有较严重的心理障碍（或称心理疾病、重度心理问题等）的人；从事心理治疗工作的人被称为临床心理学家（主要接受心理学专业训练）和精神病医生（主要接受医学专业训练）。与从事心理咨询的咨询心理学家、咨询员相比，他们所接受的专业培训时间较长；在研究方法、对人格理论的掌握以及接受有专家指导的正式临床实习等方面都需明显加强。

（2）就功能而言，心理健康教育与心理辅导重在突出工作的主动性、超前性，亦即重在发展与预防方面。心理咨询与治疗工作相对来说具有被动性与滞后性：心理咨询重在预防与矫治，而心理治疗重在治疗与补救。详细地说，心理治疗以矫治心理疾病或重度心理障碍（如神经症、人格障碍、处于缓解期的某些精神疾病等）为主要目标，即以帮助患者由一个心理异常的人转变为一个心理正常的人为主要任务。心理咨询以矫治正常人在社会生活中出现的适应和发展方面的心理困扰和轻、中度心理障碍为主要目标。其中，解决发展性问题又是心理咨询的特色，其主要任务是帮助求助者由一个正常人转变为人格健全且能向自我实现不断迈进的人。心理辅导与心理健康教育不仅包括心理咨询的目标，并且与学校教育的目标是一致的。心理辅导目标的着眼点是帮助学生了解自己，制订计划，做出抉择，担负起个人与社会的责任，开发自己的潜能，过健康的、有意义的、自我满意的生活。心理健康教育目标的着眼点是教育者主动地、超前地根据学生身心发展的特点，有目的、有计划地对学生的认知、情感、意志、个性等心理品质进行培养并使其最优化，使学生的心理潜能得以开发，并使其个性发展与德、智、体、美诸方面发展实现和谐统一。

（3）就内容而言，心理健康教育主要在认知和行为上做文章；心理辅导在注重资料的提供与获得、认知与环境因素改善的同时，也重视学生的需要、情感活动。心理咨询与心理治疗则侧重于当事人的情感活动以及人格的重建与发展。心理学家泰勒（L. Tyler）曾指出："在心理治疗中，心理医生关注的主要是病人的态度、感受和情绪状况，而在心理咨询中，咨询者往往帮助当事人在教育、就业等方面做出抉择。"换言之，心理治疗关注的是具体心理疾病的诊断与矫治，亦即症状问题；而心理咨询关注的是在一定社会背景下人的适应与发展问题。

（4）就工作方式和方法而言，心理健康教育多在非医疗情境——学校及有关教育机构中进行；它常采用团体方式，多采用讲授、训练、陶冶等方法，亦即方法中有更多结构化的、预先设定的成分。心理辅导兼用团体辅导与个别辅导两种形式，在使用个别辅导时，要恰当地运用贯注、接纳、倾听、同感、澄清、面质、自我袒露、概述等技术。心理咨询多在非医疗情境（如学校、社区中的心理咨询机构等）中进行，它以个别—小组咨询为主，多采取支持、领悟、再教育等方法。心理治疗多在医疗情境（如医院）中进行，它以个别治疗为主，多采用矫正、领悟、训练、重建等方法。相对而言，心理咨询与心理治疗的方法更加专门化，其使用也更加富有弹性和综合性。

（5）就时间而言，心理健康教育是在学生出现问题前进行预防性培养，为时较长，甚至是终生性的；心理辅导伴随整个教育过程；心理咨询是求助者有问题后所进行的求助，既可以终生进行，也可以定时进行，它为时较短，从一次到若干次不等；心理治疗是患者患病后寻求医治，因而是定时的，它为时较长，从几次到几十次不等，有的甚至经年累月才能完成。

（6）就解决问题的深度而言，心理健康教育和心理辅导只是处理一般情境中的问题，即表层性（意识层）问题；心理治疗则要深入人格结构的深层，即潜意识层面的问题；心理咨询介于二者之间，既解决通往深层的中间层面问题，同时也关涉表层与深层问题。

（7）就当事人自我表露程度而言，在心理辅导、咨询和治疗中，常常需要营造一种宽松的气氛，使当事人有更多心理表露的机会；而在一般心理健康教育活动中，并不强调学生做充分的自我表露。

（8）就工作模式而言，心理治疗的工作模式是医学模式，以精神分析取向的心理医生为例，他们常通过精神分析等方法深入到患者的潜意识领域，帮助患者处理潜意识中的冲动和焦虑，使其解除症状，改变病态行为，重建人格。在此种医学模式中，心理医生处于中心地位，享有绝对权威；而患者处于从属地位，只能被动地服从医生。不过，随着人本主义思想向心理治疗领域的渗透，医生的绝对权威已经在一定程度上被撼动。心理咨询的工作模式主要是教育模式，它主要是在意识层面工作，突出工作的教育性、支持性和指导性。工作重点是寻找来访者自身内在的积极因素并使其发展，或在对现存条件进行分析的基础上提出改进意见。在此种教育模式中，咨询者十分重视与来访者之间的真诚、尊重、同感和交互影响的关系，并将来访者置于咨询过程的中心地位，双方的关系是平等的、民主协商式的。心理健康教育与心理辅导工作模式只能是教育模式，突出工作的教育性、发展性、主体性、活动性、协同性和成功性等。在心理健康教育工作中，教师与学生之间是主导与主体的关系：从外部影响源来看，教师在学生心理品质的形成和发展中起主导作用；从心理品质形成和发展的内部因素来看，学生本身又是学习和发展的主体。在心理辅导中，辅导员与学生是一种合作式、民主式的关系，辅导员只是协助学生解决问题，而不是代替学生解决问题。换言之，心理健康教育更多的是试图用外在的约束来控制学生的行为，使其符合规范；而心理辅导更希望学生能用内在的自我约束来做到自我控制，从而发展个人的合理行为。

(9) 就工作任务而言，心理健康教育和心理辅导关注学生的整体发展，心理治疗是解决个体某一局部问题，而心理咨询则整合局部与整体问题。

(10) 就实施方式而言，心理健康教育和心理辅导工作者在工作中是主动的，需要主动关心学生的心理健康状态；心理治疗医生是被动的，常常在医院门诊等待病人的主动求治；而心理咨询工作者在工作过程中既可以是主动的，也可以是被动的。

(11) 就运作模式而言，心理健康教育和心理辅导是教育工作中的一部分，是非营利性的；心理治疗是营利性的；心理咨询可以是非营利性的，也可以是营利性的。

不过，应该特别强调的是，上述四种心理助人活动的区别是相对的。事实上，正像图 1.1 所示的那样，这四种助人活动在连续体的分布上存在着部分重叠与交叉。此外，就服务范围的广度而言，心理健康教育、心理辅导、心理咨询、心理治疗依次存在包含关系：四者外延间的关系是“真包含于关系”，即心理治疗属于心理咨询，心理咨询属于心理辅导，心理辅导属于心理健康教育，其关系可用图 1.2 来表示。

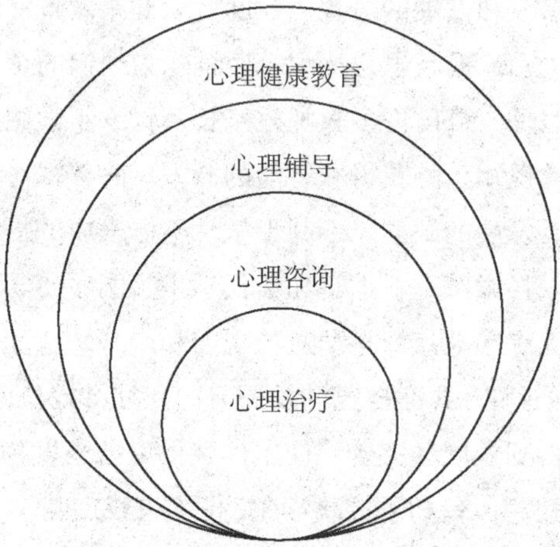

图 1.2 四种心理助人活动的包含关系

总之，心理健康教育与心理辅导、心理咨询、心理治疗之间既有区别又有联系。其中，心理健康教育与心理辅导之间的联系尤为密切，因此，人们有时也将“心理健康教育”直接称为“学校心理辅导”。

三、学生心理健康教育的基本功能

（一）促进学生的身心健康和全面发展

1. 开展心理健康教育，有利于促进学生的身心健康

毛泽东同志曾指出：学校应以健康为第一。陶行知先生也曾指出：健康是生活的

出发点，也是教育的出发点。可见健康教育的重要意义。但是，健康不仅是没有疾病，而且是一种个体在身体上、心理上、社会适应上完全安好的状态。不难看出，现代生活关于“健康”的概念已经远远超出了传统的医学模式。所以，仅有躯体的、生理的健康，而没有精神上、心理上的健康，就谈不上真正的健康。进一步来说，没有心理的健康，就难以保证生理的健康。然而，在现实生活中，由于心理学知识的贫乏，关于健康的生物—心理—社会医学模式观念尚未深入人心，人们对青少年的发展及健康的评价，往往只注意生理上的健康，而极少注意精神的、心理的健康；只重视生理健康的教育与训练，而极少重视心理健康的教育与训练。其结果不仅不利于学生的心理健康发展，也使学生的生理健康得不到保证。这已为大量事实所证明。因此，只有学生的生理健康和心理健康都得到重视，才能全面提高学生的身心健康水平。

2. 开展心理健康教育，有利于学生形成健全的人格

心理健康教育对学生成长的意义是广泛而普遍的，它是学生个性全面发展和健全人格养成的基础。青少年的成长过程，不仅是学习知识、发展智能、增强身体素质的过程，而且也是人格形成和发展的过程。开展心理健康教育，不仅能够帮助学生解决学习困难，改善人际关系，提高思想认识，而且能为他们的个性发展和人格养成打下长久而全面的基础。但是，目前许多教师、家长及青少年学生自身在片面追求应试升学的思想指导下，仅重视知识的获得和智能的开发，而忽视对优良品德和健康人格的塑造，这就会造成身心发展的缺损，不利于学生整体素质的提高和成才立业。心理健康教育坚持以人为本，强调尊重、理解和信任学生，能够使学生感受到自身存在的价值，正确面对自身的优点和缺点，科学看待现实和未来，从而更有针对性地确定人生目标，选择自己的成长道路，找准自己的发展方向和社会定位，并学会处理与社会、与他人的关系，使人格得到发展和完善，使主体性得以恰当发挥。

3. 开展心理健康教育，有利于提高学生的适应能力

今天的青少年学生是未来社会的建设者、参与者。作为社会的成员，他们不仅需要有为社会做贡献的愿望和真才实学，也需要有良好的社会适应能力，这是社会对人才的基本要求，也是现代人心理健康的重要标准。因此，通过心理健康教育，促进学生社会适应能力的提高是很有必要的。人的心理和行为是密不可分的，良好的行为习惯受良好心理素质的支配；同时良好的行为习惯又可内化、积淀为一定的心理素质。人的心理素质一旦形成，在相应的情境中就会产生条件性反应，进而表现为一定的适应能力。心理健康教育可以根据学生行为中的问题，采取科学有效的心理咨询、辅导和训练等方法，提高学生的心理素质，促使学生养成良好的行为习惯，从而培养和增强学生相应的社会适应能力。

4. 开展心理健康教育，有利于促进学生的全面发展

当今社会需要的人才是全面发展的人才，教育的目标就是培养全面发展的人才，而青少年学生德智体美劳的全面发展，需要有健康的心理作为基础。青少年学生只有具备健康的心理和良好的心理素质，才能形成优良的思想品德，才能进行有效的学习和智力开发，才能拥有健康的体魄，才能产生对美的正确认识，才能熟练地掌握劳动技能。健康的心理能使青少年学生正常学习和生活，与周围环境取得平衡和协调，有一定的求知欲和兴趣爱好；能使学生同家庭成员、教师、同学建立良好的人际关系，以诚恳、谦虚、公正和宽厚的态度待人；能使学生正确认识自己，了解自己，努力发展身心潜能，具备较好的心理承受能力，适应环境变化，乐于接受新生事物。学生心理健康教育的开展可以提升青少年学生的心理素质，从而使全面发展成为可能。

（二）推进学校素质教育的全面实施

1. 开展心理健康教育，有利于实现教育目标

我国现阶段学校教育的培养目标，就是以马克思主义关于人的全面发展思想为理论基础，培养适应社会经济、文化建设所需要的全面和谐发展的各级各类人才。但是长期以来，片面追求升学率的应试教育却偏离了这一思想，损害了学生的全面发展。为此，党和国家做出了深化教育改革、全面推进素质教育的重大决定，将片面应试教育转变为全面素质教育，这与教育的根本目的是完全一致的。至于素质教育的基本内涵有哪些，尽管提法很多，但健康的心理素质是其重要的组成部分已成为共识。道理很简单，因为人是一个身心统一体，全面发展理应包括身心的全面健康发展。另外，心理健康教育与德、智、体、美、劳诸方面的教育有着密切联系，不仅是其中不可缺少的部分，也是从某些方面对全面发展教育的融通和优化，具有很大的相互促进和相互制约作用。随着我国改革开放的逐步深化和社会关系的日趋复杂，未来社会对人才素质的要求也将更加全面，尤其是对心理素质的要求会越来越高。心理健康教育也是实施素质教育的重要途径，它全面体现素质教育的思想，努力确立现代教育的观念，积极改变教育的策略和方法，从而使全面提高学生素质的目标得以实现。

2. 开展心理健康教育，有利于减轻学生的学习负担

减轻学生过重的学习负担，涉及方方面面，开展心理健康教育是有效的途径之一。学生过重的学习负担，有社会、家庭、学校及自身的原因，既来自外部，也来自内部；既有学习量的客观方面，也有精神和心理的主观方面。通过大量调查和研究表明，学生内部的心理压力是造成学生学习负担过重的主要原因。因此，要减轻学生过重的学习负担，必须减轻学生过重的心理压力，增强学生的心理承受能力。

通过心理健康教育，激发学生的学习动机，培养学生广泛的学习兴趣，锻炼战胜困难的意志品质，树立良好的自尊和自信，就可以提高学生的心理承受能力。同时有

效降低目前因教育弊端带来的各种过度的学习焦虑，从而极大地调动学生学习的积极性和主动性，使学生愉快轻松地学习，达到既减轻过重的学习负担，又有效地提高学习质量和教育质量的效果。因此，减轻学生的学习负担，除了可以从学习的“量和难度”上加以规定，还可以通过减轻学生的心理压力、提高其心理承受能力、激发其心理潜力的心理健康教育来实现。

3. 开展心理健康教育．有利于实施创新教育

培养学生的创新精神和实践能力是素质教育的核心，是现代教育的重要使命。而积极维护和促进学生的心理健康，对学生创新精神和创新能力的培养都具有特别重要的意义。创新能力是人人皆有的一种潜在的心理能力，它与心理健康有着密切的关系。现代心理学认为，每个人都有创新的禀赋，但是只有心理健康的人才会把创新行为和创新能力付诸实现。同时，相关研究也表明：尽管每个儿童都具有巨大的创造潜能，但由于心理健康水平高的儿童比其他儿童善于对待他人的批评和社会的压力，采取更为合理的取舍，因而他们在创造力的测验中成绩更好。因此，从某种意义上说，个体创新能力的发展水平是其心理健康的重要标志。同时，个体创造力的发展也必须建立在一定的心理健康水平之上，即心理健康是个体创造力发展的基础。学校进行心理健康教育，重视激发学生探索新事物的兴趣和勇气，促进其自我意识的协调发展，增进良好的人际适应，塑造完整而独立的创新个性及人格，有利于充分发挥学生创新的潜力，把创新教育落到实处。

（三）推动社会的和谐发展与进步

建设和谐社会的关键是有效地处理好主体我和客体我的自我关系、个人与他人的人际关系、个人与自然和社会环境的天人关系。

1. 开展心理健康教育，有利于学生的自我和谐

心理健康的重要标志是自我和谐。自我和谐者的动机和需要与过去的历史、对现实的认识以及对未来的期望密切相关。自我和谐者能够妥善处理冲突和选择，能够了解自我、接受自我，能够接受他人、善与人处，能够正视现实、接受现实，其人格完整和谐。

开展学生心理健康教育，有利于青少年学生的自我和谐。青少年学生是社会发展的主体，他们的心理健康是内在精神和谐的基础，也是社会和谐的基础。学校是培养人才的机构，也是构建和谐社会的重要场所。开展学生心理健康教育，就是让青少年学生平衡对过去、现在以及未来的期望，从而更好地利用生命；就是让青少年学生学会处理日常生活中的冲突与选择，减少其对学生身心的伤害；就是让青少年学生客观地评价自己，从而努力发展自身的潜力；就是让青少年学生乐于与人交往，认可他人存在的价值；就是让青少年学生处理好理想自我与现实自我的关系，从而更好地接受

挑战；就是让青少年学生各方面能够均衡发展。因此，开展学生心理健康教育，有助于促进青少年学生积极向上心理的形成，振奋民族精神；有助于塑造青少年学生良好的个性，健全人格发展，提高道德水准，净化社会风气；有助于调动青少年学生的主动性、积极性和创造性，从而以科学的态度处理各项实际工作，推动社会经济和文化的发展与进步。

青少年学生只有自我达到和谐，其心理才会健康；才会有积极的情绪、向上的理想信念、正确的价值观和高尚的精神道德追求以及坚强的意志；其内在精神才能和谐，才能与他人、与自然和谐相处，积极进取，共同发展，从而促进自我的和谐。

2. 开展心理健康教育，有利于学生的人际和谐

人际和谐，即个体与他人相处融洽，其本质是一种良好情感的社会交换的状态。人际和谐的特点包括：人与人之间能够保持适当和良好的人际关系；能够在集体允许的前提下有限度地发挥自己的个性；能够在社会规范的范围内适度地满足个人的基本需求。人际和谐或心理健康的人乐于与人交往，不仅能接受自我，也能接受他人，悦纳他人，能认可别人存在的重要性和价值；同时也能被他人所理解，被他人和集体所接受，能与他人相互沟通和交往，人际关系协调、和谐；能与所生活的集体融为一体，既能在与挚友同聚之时共享欢乐，也能在独处沉思之时无孤独之感；在与人相处时，积极的态度（如同情、友善、信任、尊敬等）总是多于消极的态度（如猜疑、嫉妒、畏惧、敌视等），因而在社会生活中有较强的适应能力和较充足的安全感。

开展学生心理健康教育，有利于青少年学生的人际和谐。学生心理健康教育的任务之一，就是让青少年学生学会与人相处，乐于与人相处，在接受自己的同时，也能接受他人，悦纳他人；就是让青少年学生能被他人所理解，能与他人相互沟通和交往，这样人际关系才能协调发展。在学校开展心理健康教育，就是要让青少年学生明白：第一，在与他人的交往过程中，公平是很重要的。人与人之间是互相平等的，如果对他人采取轻视的态度，是难以形成良好的人际关系的。第二，学会宽容。在日常生活中，人们对很多东西的理解在无形中都会加上自己的主观判断，因此才会导致误解的发生。这就需要我们学会换位思考，站在对方的角度思考问题，以宽容的态度待人接物。第三，要懂得双赢互利。和谐的人际关系应该是互赢、互利、可持续发展的。

3. 开展心理健康教育，有利于人与自然的和谐

协调人与自然的和谐关系，是构建和谐社会的主要课题之一。青少年是未来的接班人，是21世纪的主人，他们的心理健康对于在未来的发展中人与自然的和谐共处、减少环境污染和保护资源有着非常重要的意义。目前，人们对于无节制的消费给人类的可持续发展造成的威胁缺乏清醒的认识，各国政府解决就业问题的办法之一是促进经济增长，而促进经济增长的途径就是“刺激消费”。对物品的无限需求和消费变成了现代人基本的人生目标，而这势必造成人均资源消耗量的持续增长和对自然生产力的严重破坏。这种“异化消费”脱离了人的基本的、正常的生活需要，而持续发展的消费追求一种转移式的消费和发展，它要求我们从根本上改变挥霍性的消费方式和发展观，进行一场由纯物质性消费向精神性消费方式转变的革命。健康的精神消费能丰富人们对生命意义的体悟，深化人们对生存价值的认识，并且为克服全球生态危机形成强大的道德支柱和良好的社会心理氛围，促进人的全面发展。这是可持续消费的意义所在。

学校在开展心理健康教育的同时，可以配合关于国家资源与环保问题的国情教育，帮助青少年学生树立保护环境光荣、奢侈浪费可耻的人生观，树立科学的发展观和合理的消费观；使青少年学生在投入到社会的发展建设中时能够有意识地减少环境污染，避免资源浪费，加强环境保护，从而达到人与自然和谐发展的最终目的。

第三节 学生心理健康教育的目标与实施

一、学生心理健康教育的目标

心理健康教育的总目标是：提高全体学生的心理素质，充分开发学生的潜能，培养学生乐观、向上的心理品质，促进学生人格的健全发展。心理健康教育要培养身心健康、具有创新精神和实践能力的高素质人才。心理健康教育的具体目标包括：使学生不断正确认识自我，增强调控自我、承受挫折、适应环境的能力；培养学生健全的人格和良好的个性心理品质；对少数有心理行为问题和心理障碍的学生，给予科学有效的心理咨询和辅导，使他们尽快摆脱问题和障碍，调节自我，形成健康的心理素质，提高心理健康水平。学生心理健康教育的目标可以分解为基础目标、基本目标和终极目标三个层次。

（一）心理健康教育的基础目标

心理健康教育的基础目标是防治心理疾病，增进心理健康。由于心理疾病的产生有一个由量变到质变的过程，因此必须贯彻预防为主的方针，通过系统地开展心理健康教育活动来消除产生心理疾病的各种因素。如果发现学生有心理疾病的苗头，应采取积极措施，使其在量变的过程中得以解决；如果学生确实有心理疾病，则应给予积极治疗，以使其早日恢复健康。当然，心理健康教育的基础目标，除了及时发现并科学矫治学生的心理疾病外，更为重要的，就是使学生学会自我心理保健，掌握有关避免和消除心理疾病的原则和方法，对自我心理健康状况有正确的认识，能够自己排忧解难，游刃有余地应对生活中的各种挫折和困扰，保持乐观、稳定、积极向上的心态。

（二）心理健康教育的基本目标

心理健康教育的基本目标是优化心理素质，促进全面发展。心理素质是指个体所具有的心理品质和行为模式，它反映了人的身心潜能开发与利用的程度。所谓良好的心理素质，一方面是指与现代社会文化要求相适应的心理素质；另一方面是指与中小学生当前的生活相适应的心理素质。它的具体要求是：培养自主坚强的人格，帮助学生认识自己，接纳自己，提高自信心；培养学生独立和勇敢的品格；培养学生的成就动机，鼓励他们力求上进；培养学生的坚持性，使其做事有耐心；培养学生的关爱品格，帮助其形成良好的社会兴趣和交往技能；培养学生乐观开朗的性格特征。其基本目的就在于让学生学会调节和适应，一方面使学生学会正确对待自己、接纳自己、化解内心冲突，确立适当的志向水平，保持精神生活的内部和谐；另一方面使学生形成正确的适应行为，使其行为符合社会规范，消除人际障碍，改善人际关系。

（三）心理健康教育的终极目标

心理健康教育的终极目标是开发心理潜能，达到自我实现。为了开发心理潜能，必须注意引导学生认清自己的潜力和特长，确立有价值的生活目标，担负生活责任，扩大生活方式，发展建设性的人际关系，发挥主动性、创造性及作为社会成员的良好社会功能，过积极有效的生活。例如，利用学生的好奇心，培养学生的求知欲与学习兴趣；培养学生良好的学习方法与学习习惯；训练学生的思维，开发学生的智能与创造性。当心理潜能被充分发掘出来时，学生就有可能成为一个具有很强的独立与民主意识、很强的创新与实践能力、智力充分发展和品德十分高尚的人。学生成为心理高度健康及人格全面和谐发展的自我实现者，是心理健康教育的最终目标。

二、学生心理健康教育的内容

（一）自我意识的教育与辅导

自我意识是指主体对其自身的意识，即人们对自己各方面的情况以及与周围人关系的认识、感受、评价和调控，它是个体在与环境的相互作用过程中，逐渐形成和发展起来的。它包括自我认识、自我体验和自我意向三种心理成分。自我认识是自我意识的认知部分，它包括个人的自我感觉、自我观察、自我分析和自我评价等。个体在自我认识的基础上产生自我概念，形成自我形象。自我体验是自我意识中对自己的情绪、情感的体验和态度。自我意向是自我意识的核心内容，包括自我监督、自我教育、自我暗示、自我设计、自我调控、自我完善等。

自我意识教育与辅导是指运用有关心理健康教育的理论和技术，帮助个体科学地认识自我、悦纳自我、激励自我、协调自我、管理自我，促进个体良好自我概念的形成和自我意识的发展，形成自尊、自信、自重、自爱、自强、自制的健康人格的一种教育活动。它主要包括对自我认识、自我接纳和自我完善等三个方面的教育与辅导工作。

（二）人际关系的教育与辅导

人际关系是指人们在交往过程中所形成的相互之间的关系，它是交往双方彼此心理上的依恋与心理距离的一种反映，实质上是交往双方的需求在交往过程中是否得到满足以及满足程度的体现。当需求得到满足时，双方就会产生积极的、和谐的人际关系；否则，就会产生消极、不和谐的人际关系，导致双方的疏远。融洽的人际关系是心理健康的一种表现，也是心理健康的促进剂。

随着自我意识的发展，青少年产生了强烈的交往需要，交往水平也在不断提高。但由于心理不成熟、社会经验缺乏等原因，他们在交往过程中容易产生种种问题。学生人际关系的教育与辅导包括师生关系的教育与辅导、同伴关系的教育与辅导、亲子关系的教育与辅导以及异性关系的教育与辅导等四个方面。

（三）学业发展的教育与辅导

学习是青少年的主要活动，学习与青少年的心理健康有着密切的关系。学习成绩优良的学生，往往心理健康程度较高；而心理健康程度较高的同学，往往乐学、会学，并且能更好地处理学习和考试焦虑问题。学生学业发展的教育与辅导主要包括学习动机的教育与辅导、学习策略的教育与辅导、考试焦虑的教育与辅导等三个方面。

（四）生活适应的教育与辅导

对于成长的青少年而言，除自我意识、人际关系、学习考试等主要问题外，与情绪管理、职业选择和休闲娱乐消费等相关的生活问题，也是心理健康教育的重要内容。生活适应的教育与辅导是指教育者运用心理健康教育的理论和技术，帮助和促进学生的社会适应与人格发展，培养学生健康的生活情趣、乐观的生活态度和良好的生活习惯，最终促使学生形成健全的人格和优良的个性品质的一种教育活动。生活适应的教育与辅导主要包括情绪教育与辅导、休闲教育与辅导、消费教育与辅导、职业教育与辅导等四个方面。

三、学生心理健康教育的途径

（一）心理健康教育的课程建设

在心理健康教育体系中，心理健康教育课程是其中最核心的组成部分，是心理健康教育最主要的工作内容。它以课程的形式，向学生传授心理保健的知识、训练学生的心理素质、陶冶学生的心理品质，以达到全面提高学生心理健康水平的目的。本书将具体介绍心理健康教育课程的涵义、特点、类型、教学内容、教学方法、教学设计等，以利于我国心理健康教育课程的建设和发展。

（二）心理健康教育的心理咨询

在心理健康教育体系中，心理咨询是极其重要的组成部分，是专业化程度最高的教育内容。心理咨询的作用主要体现在它对于一个人的人格建设、潜能开发以及全面发展具有正向引导和促进作用。相对于心理健康教育课程而言，心理咨询与辅导，虽然也面向全体学生，可以开展小组或团体的咨询与辅导，但更关注少数有心理困扰、问题及障碍的学生，并以改善、恢复学生的心理健康为目标，进行个别咨询与辅导。因此，学校心理咨询与辅导有个别咨询与团体咨询两种形式。为此，本书将分别介绍个别咨询的基本涵义、咨询形式、咨询过程、问题评估、主要干预技术以及团体咨询的基本涵义、功能、主要技术和活动设计等。

（三）心理健康教育的学科教学渗透

在心理健康教育体系中，虽然心理健康教育课程、心理咨询与辅导是专门性、专业性的教育和辅导活动。但是，如果一个学校只有心理健康教师在心理健康课程的教授过程中、在个别辅导与团体咨询的过程中，能够做到理解、尊重、爱护学生，而其他教师仍是通过贬损、惩罚等方式来逼迫学生学习，那么这样的心理健康教育的效果将大打折扣。

学校以教学为中心，课堂教学是学校教学工作的主要场所，也是实施素质教育的主要途径。课堂教学在保证学生智育健康发展的同时，也肩负着对学生渗透心理健康教育的重任。这是因为心理健康教育是学校智育的基础，智育和心理健康教育的结合主要体现在课堂的学科教学中。因此，在课堂教学中实施心理健康教育的渗透是学生心理健康教育的重要途径之一。

（四）心理健康教育的家庭教育渗透

个体素质的全面发展，不仅是学校教育的义务，也是家庭教育的责任。要想全面提高青少年学生的心理健康水平，仅仅依靠学校的心理健康教育课程、心理咨询与辅导活动、心理健康的课堂渗透还是不够的。家庭环境对青少年学生的心理健康水平、人格发展有着极其重要的影响和作用，这已成为心理健康教育领域的共识。根据张春兴教授（1998）“病因根植于家庭，病象显现于学校，病情恶化于社会”的观点，家庭的教育与参与是提高个体心理健康水平、有效预防心理问题发生的关键和前提。

四、学生心理健康教育的原则

（一）教育性原则

教育性原则是指教育者在进行心理健康教育的过程中，要根据具体情况，进行积极中肯的分析，始终注意培养学生积极进取的精神，帮助学生树立正确的人生观、价值观和世界观。针对学生在学习、生活、交往中的矛盾和冲突引起的种种心理问题，以及由此而产生的对社会中的人和事的不满言行、错误观点甚至敌对情绪与态度，教育者不应随便附和他们的观点和思想情感。而应进行实事求是的分析，明辨是非，帮助他们端正看问题的角度，调整看问题的方法，形成积极的思维模式，使学生发展良好的心理素质，排除各种心理困扰，解除心理症结。

（二）全体性原则

全体性原则是指心理健康教育要面向所有学生。全体学生都是心理健康教育的对象和参与者，学校的一切教育特别是心理健康教育的设施、计划、组织活动，都要着眼于全体学生的发展，考虑到绝大多数学生的共同需要和普遍存在的问题。以全体学生的心理健康水平和心理素质的提高为学生心理健康教育的基本立足点和最终目标。当然，面向全体并不意味着一定要忽视个别。在实际工作中，还要考虑在实施这一原则时，具体问题具体对待，使心理健康教育发挥最大效益。

（三）差异性原则

差异性原则是指心理健康教育要关注和重视学生的个别差异，根据不同学生的不同需要，开展形式多样、针对性强的心理健康教育活动，以提高学生的心理健康水平。人是有差异性的，青少年学生也不例外，他们具有自己的个性特点，拥有不同的社会背景、家庭环境、生活经验和价值观念。心理健康教育不是要消除这些特点与差异，而是要使学生的差异性、独特性最合适而完美地展示出来。也可以说，这是心理健康教育的精髓所在。强调差异性，也就是要求心理健康教育同学校教育教学工作一样，因材施教，有的放矢，重视个别差异。根据学生心理发展特点和自身发展规律，有针对性地实施教育，使每个学生的心理健康水平得以提高，最终实现全体学生心理素质的提高。

（四）主体性原则

主体性原则是指心理健康教育要以学生为主体，所有工作要以学生为出发点，同时要使学生的主体地位得到实实在在的体现，把教师的科学教育与辅导和学生的积极主动参与真正有机地结合起来。主体性原则集中而直接地体现了心理健康教育的关键特征，要求教师的心理健康教育充分尊重学生的主体地位，充分发挥学生的主体作用。这是因为：首先，心理健康教育的目的在于促进学生成长和发展，而成长和发展从根本上说是一种自觉和主动的过程，如果学生没有主动意识和精神，处在被动的地位，教育就成为一种强迫性行为，变得毫无意义。其次，心理健康教育是一种助人与自助的活动，“助人”是手段，让学生自助才是目的。要达到自助的目的，只有让学生以主体的身份直接参与这一活动。最后，青少年时期是学生的自我意识、独立性迅速发展的时期，心理健康教育贯彻主体性原则，不仅可以发挥学生的主体作用，还可以使学生追求独立的需要得到满足。

（五）整体性原则

整体性原则是指在心理健康教育过程中，教育者要运用系统论的观点指导教育工作，注意学生心理活动的有机联系和整体性，对学生的心理问题做全面考察和系统分析，防止和克服教育工作中的片面性。心理健康教育追求学生人格的整体性发展，最后达到提高学生心理素质和整体素质的目的。从社会价值取向看，它重视学生德智体美劳全面发展；从学生自我完善的需求看，它注重学生知、情、意、行几个方面的协调发展；从系统的观点看，心理健康教育的对象是一个个完整的人，而人的心理也是一个有机整体。所以，心理健康教育工作应从个体心理的完整性和统一性、个体身心因素与外部环境的制约性及协调性等综合因素出发，全面把握和分析学生心理问题的成因，采用相应的教育与辅导对策。

（六）发展性原则

发展性原则是指在心理健康教育过程中，必须以发展的观点来对待学生，要顺应学生身心发展的特点和规律，以发展为重点，促进全体学生获得最大程度的发展。坚持发展的观点，就是要对学生、对人性持有正确的认识和信念，认识人的潜能，尊重学生的身心特点，辩证看待学生的缺点和局限，重视教育与发展的关系，对学生的成长和未来持乐观肯定的态度。心理健康教育同时兼有矫治、预防和发展三种功能，但就整体而言，应该以发展为主，辅以预防和矫治。如果心理健康教育只是着眼于预防心理问题发生，矫治青少年学生的不良心理和行为，则其目标就显得被动和消极。以处于成长与发展时期的青少年学生为服务对象的心理健康教育，在防治的同时，更应追求发展，因为发展本身就是积极的防治。只有将防治和发展结合起来，并以发展为主，才能促进青少年学生心理的健康发展。

（七）活动性原则

活动性原则是指心理健康教育要把学生作为活动的主体，重视通过活动来促进学生的发展。人的能力及各种心理素质都是在活动中培养出来的，学生在活动中才能表达自我、认识自我，实现自身的潜能和价值。活动顺应青少年学生内在成长的基本需要，实践活动是青少年学生心理发生发展的基础。因此，针对青少年学生心理健康教育的内容、形式和方法等，不能只停留在一般知识的简单传授上，应让学生在各种模拟与实际情境中去讨论、体验和训练。必要的时候，还要创造条件，使他们可以通过直接的实践活动来提高心理素质和心理健康水平，完善个性发展。通过活动可以促使学生参与教学过程，真正实现教育的目的。

（八）保密性原则

保密性原则是指在心理健康教育过程中，教育者有责任对学生的个人情况以及谈话内容等予以保密；学生的名誉和隐私权应受到道义上的维护和法律上的保护。保密性原则是心理健康教育极其重要的原则，是鼓励学生畅所欲言和建立相互信任的心理基础，同时也是对学生人格及隐私权的最大尊重。在心理健康教育过程中，尤其是在个别教育与辅导过程中，学生会向教育者透露很多个人的秘密、隐私、缺陷，以及由此而产生的心理和行为的困扰、矛盾冲突等。教育者有责任、有义务对所有这些信息保密。除此之外，教育者还不得对外公布求助学生的姓名，拒绝任何关于求助学生的调查，尊重求助学生的合理要求，这些都是保密的范围。失密，对教育者来说，就是失职；对教育机构来说，就是威信和名誉的丧失。失密的教育者或教育机构的工作人员不仅要受到良心的折磨和舆论的谴责，而且要负法律责任。

当然，替来访学生保密也不是绝对的。在某些情况下，为了求助学生和他人的利益免受伤害，为了进行科学研究和人才培养的需要，可以进行正当“泄密”，但所有这些都应该在求助学生接受心理健康教育之前进行说明，即做到“知情同意”，最大限度地维护求助学生的利益。

第二章

自我意识的教育与辅导

小兰在老师和父母的眼里一直是个很听话的“好孩子”。以前，小兰每天放学回家，总是把学校里发生的事情绘声绘色地说给爸爸妈妈听。换洗的衣服由妈妈收拾，书包也让妈妈去整理，周末总喜欢和爸爸妈妈一起出去。

可自从上了初中，小兰有点儿变了。每天放学一回家，她就走进自己的房间，把门一关，也不知道在干些什么，书包和衣服也不让妈妈收拾了。更让妈妈担心的是，小兰还自己弄了把锁，把她房间的抽屉锁上了，也不再跟爸爸妈妈说学校的事，而开始写日记了。以前小兰是不太在意自己的衣着打扮的，现在她的书包里多了面小镜子，在家的时候还时不时地在镜子前照来照去。有一天，她突然发现自己脸上长出几颗青春痘，于是上课、下课都趴在桌子上，不敢抬头，回到家死缠着爸爸要求请假不上学。

小兰的变化，相信老师们都可以在中学生身上找到一些，或许他们现在也和小兰一样：不再事无巨细地样样请教大人，开始不愿意和父母一起外出，开始厌烦父母的“唠叨”，希望有自己生活、学习的小空间，日记开始上锁，经常问自己“我是个大人吗？”“我长得美吗？”“我聪明能干吗？”……这就是学生的自我意识。

自我意识也称自我，乃是对自己存在的觉察，即自己认识自己的一切，包括认识自己的生理状况（如身高、体重、形态等）、心理特征（如兴趣爱好、能力、性格、气质等）以及自己与他人的关系（如自己与周围人们相处的关系、自己在集体中的位置与作用等）。总之，自我意识，就是自己对所有属于自己身心状况的认识。从形式上看，自我意识表现为认知的、情感的和意志的三种形式，分别称为自我认识、自我体验和自我调控。从内容上看，自我意识可分为生理自我、社会自我和心理自我。从自我观念来看，又可分为现实自我、投射自我和理想自我三个维度。

自我意识的教育与辅导是指运用有关心理健康教育的理论和技术，帮助学生科学地认识自我、悦纳自我、激励自我、调适自我、管理自我的一种教育活动。通过自我意识的教育与辅导，促进学生良好自我概念的形成和自我意识的发展，形成自尊、自信、自重、自爱、自强、自制的健康人格。自我意识辅导的内容主要包括自我认识教育与辅导、自我接纳教育与辅导、自我完善教育与辅导三个方面。

第一节 自我认识的教育与辅导

自我认识的教育与辅导是训练个体对自己的生理状况(比如身高、体重、体态等)、心理特征（比如兴趣爱好、能力、性格等）以及自己与周围人们的关系（比如师生关系、亲子关系、异性关系）进行正确的认识，培育和发展个体积极健康的自我意识和良好的自我概念。

一、“自我认识”的概念

自我认识，是指主体我对客体我的认知和评价，即自我认知和自我评价。自我认知是自己对自己身心特征的认识；自我评价是在自我认知的基础上对自己做出的某种判断。

在客观的自我认知基础上做出正确的自我评价，对于个人的心理生活、行为表现及个人在社会群体中人际关系的协调，都具有重大的影响作用。如果一个人在社会生活中，把自己看作低人一等，没有价值。那么，他就会产生自卑感，做事缺乏胜任的信心，没有主动性和积极性，其结果是无论做什么事情都难以保证质量。相反，如果一个人只看到自己的长处，那么，他就会产生盲目乐观的情绪，自我欣赏，自以为是，其结果是往往不能处理好人际关系，难以与人合作，或被他人拒绝、被群体孤立。所以，正确认识自我，对自己有一个较全面而客观的评价，是主体自我接纳、自我教育的基础和前提。如果一个人能够全面、正确地认识自我，客观、准确地评价自我，就能量力而行，为确立合适的理想自我、为实现理想自我而不懈努力。

青少年学生已有一定的自我认识的能力，但他们要正确认识自己，也非易事。为此，教师应该帮助青少年学生根据他们自我认识的特点，多角度地认识自己。

二、自我认识的途径

自我认识的难处在于自己认识自己。自我是认识的主体，又是认识的客体。要使认识具有全面性、正确性，就要凭借各种正确的参照系。只有打破自我封闭，拓宽生活范围，增加生活阅历，扩展交往空间，积极参加活动，扩大社会实践，才能找到多种参照系，才能多方面、多角度地认识自我。

（一）通过对他人的认识来认识自我

个体与社会、与他人有着密切的联系。个体要超出自身来认识自我，必须通过认识他人、认识外界来进行。所以，青少年学生应积极地投身到认识世界、改造世界的社会生活实践当中。在其中不断地丰富自己对自然、社会、他人的认识，并在此基础上进一步认识自我。深刻的自我认识是以深刻地认识和理解他人、社会为前提的。

（二）通过分析他人对自己的评价来认识自我

心理学家研究发现，个体的自我认识要受他人评价和态度的影响，并在一定程度上反映出他人的评价和态度。当然，青少年学生并不是简单地接受他人的评价。评价者的特点（是否学有专长，是否值得信任，是集体评价还是个人评价）、评价者所作评价的特点（例行公事还是私人性质、与自我评价的差异大小、他人评价的一致性、评价是肯定还是否定）都会影响到青少年学生对他人评价的接受。青少年学生在接受他人评价之前，总是先分析评价者及其所作的评价，然后才有选择地接受他人的评价，形成关于自己的观念，达到自我认识。所以，正确地开展同学间的互评，教师给予具体而有个性的正确评价，都将有助于青少年学生自我认识能力的提高。

认识你自己的二十问法

这是帮助你认识自己的一种方法，分两步进行。第一步，问你自己20次：我是谁？请你把头脑中浮现的答案一一写出来。由于这是自我分析材料，可以不给别人看，所以想到什么就回答什么，不要有什么顾虑。回答每次提问的时间是20秒，如果写不出来，可以略去，继续往下写。第二步，对自己的答案进行分析。分析的内容包括以下几方面（请先完成第一步再往下看）：

（1）答案的数量和质量，即一共写出几个答案，答案中哪些方面的内容居多。如果能写出9~10个答案，则大体上可以认为没有特别的问题。如果只能写出7个或更少的答案，则可以认为是过分地压抑自己。回答时，会以感到无聊、感到害羞、时间不够等为借口，不能回答更多的问题。

（2）回答内容的表现方式。有三种情况：符合客观事实的情况，如“我是大女儿”“我是小学生”等；主观解释的情况，如“我是老实人”“我是个胆小鬼”等；中性的情况，即谁都不能做出判断的情况。如果主观评价和客观评价都有，可以认为取得平衡；如果倾向于主观或客观，则不能取得平衡。在主观评价中，最好既说到自己好的方面（令人满意的特征），也说到自己的不足之处（不令人满意的特征）。如果只说到好的，会使人觉得自满；只作不好的评价，又令人感到没有信心。

（3）回答的内容是否涉及自己的未来。哪怕只有一个答案涉及未来（如

“我是未来的大学生”)，也说明自己有理想和抱负，在现实生活中充满生机。

如果没有一个答案涉及未来，则可能说明自己对未来考虑不多。

（三）通过与他人的比较来认识自我

个体对自我的认识，不是孤立进行的，常常需要通过与他人相比较才能实现。在与他人比较的过程中，个体才能认识到自己能力的高低、道德品质的好坏、追求的目标是否恰当等。心理学家曾做过这样一个实验：首先请希望在某单位谋职的一群大学生对自己的个人特性做出评价，然后出现一个假装谋求同一职位的人。其中，一组学生见到的是衣着讲究、温文尔雅、手提公文包的人（干净先生）；另一组学生看到的是穿着破烂、手脚忙乱的人（肮脏先生）。在以后，找借口让大学生重新填写自我评价表。结果发现，遇到“干净先生”的学生，自我评价普遍降低了，而遇到“肮脏先生”的学生，自我评价普遍提高了。这说明，人们总是不由自主地将自己与他人进行比较，在比较中对自己做出评价。在对青少年学生进行自我教育的过程中，教师要引导学生不仅和与自己情况差不多的人比，更要敢于与周围的强者比。在比较中认清自己的优势和劣势、长处和短处，达到取长补短、缩小差距的目的。

中小学生可能因借助不正确的参照系而使自我评价出现偏差，因此帮助他们找到合适的参照系是十分重要的。教师可以帮助中小学生掌握的标准有：正确的美丑标准、良好的个性品质标准、合适的自我概念标准、恰当的自我评价标准等。

（四）通过自我比较来认识自我

人们不仅可以通过与他人比较来认识自我，也可以通过把目前的“自我”与过去或将来的“自我”相比较来进一步认识自我。心理学家曾提出“自尊＝成就÷抱负”这一观点，这说明个体的自我评价不仅取决于他的成就，而且取决于他的抱负水平，取决于二者之间的比较。过去的成就水平越高，个体越容易积极地评价自己；而指向未来的抱负水平越高，个体则越不容易满足，越难对自己做出肯定的评价。所以，教师一方面应鼓励学生超越自己，不要满足于现有的成绩，另一方面也应引导学生确立恰当的抱负水平，不要一味地对自己要求过高。

（五）通过自己的活动表现和成果来认识自我

自我意识是个体实践活动的反映，个体在实践活动中的表现和成果可以为个体认识自我提供途径。个体正是在各种活动中，展示自己的聪明才智、情感取向、意志特征和道德品质的。引导青少年学生正确分析自己的活动表现和成果，有利于他们客观认识自己的知识才能、兴趣爱好，进一步挥自己的长处，弥补自己的短处。

（六）通过自我反思和自我批评来认识自我

青少年学生已经具备了一定的自我反思和自我批评的能力。教师应教育学生不断对自己的心理活动进行反思；对自己进行一分为二的分析，严于解剖自己，敢于批评自己；在自我解剖和自我批评中，更深刻地认识自我。

三、全面认识自我

一般而言，最了解自己的人是自己。个体在自我认识的基础上产生自我概念，形成自我形象。自我形象是对自己各个方面表现的看法与评价，也受我们的经验和别人的反应的影响。拥有良好的自我形象，人生将无往不利。不论是学业、事业还是人际关系，没有良好的自我形象，就难以取得成功。

如何与人相处，如何表达自己，如何互相沟通，在很大程度上依赖于学生如何评价自己。自我评价是构成自我形象的重要内容。另外，别人对自己的反应也是形成自我形象的重要来源。中小学生习惯于用别人的评语来确认、强化或改变对自己的判断。别人给他们的正面评语越多，他们的自我形象就越正面，反之亦然。帮助青少年学生正确认识自我，对自己有一个较全面而客观的评价，是进行自我教育的基础和前提。

首先，教师要引导和提高学生探究自我的积极性，使他们将认识和了解自己当作一件乐事。同时，要帮助学生积极积累与自我相关的生活经验，从而形成一个衡量自己的尺度。为此，教师不仅要引导学生客观地认识自己，而且要鼓励学生善于找出自己美好的一面。这里有几项具体方法可供参考：

- ■发现自己的优点。花一个钟头去发掘自己的优点，然后逐点用笔记下来。优点可分数类，如个人专长所在、已做过什么有益并有建设性的事、过去什么人如何称赞过自己、家人朋友对自己的关怀、受过的教育等。
- ■找出榜样人物。在认识或不认识的人中，找一个你最羡慕、最敬仰，希望自己可以成为他（她）那样的人做你的人生楷模。这人是司马迁、居里夫人还是妈妈？不管是谁，他们也一定经受过挫折，付出过代价，最终才走向成功。那么自己一时的失败，通过不懈的努力，也一定可以战胜！
- ■肯定自己的能力。每天找出3件自己做成功的事。不要把“成功”看作登上月球那样的大事。成功可以是上学时一路畅通，没有迟到，也可是今天没有被老师批评等。日常生活与学习都可以有“成功”与“挫折”之分。如果一天至少顺利地做了3件事，又怎能说自己“一事无成”“一无是处”呢？知道能把事情做好，就等于对自己能力的肯定。
- ■计算已做妥的事。计算自己做妥的事，而不是检讨自己还有多少件事没有做。人还没做的事永远多过已做妥的事。如果总想着这个没做，那个没做，便会愈想愈沮丧，真的会觉得自己能力低、无效率，并大为失意。但将已做妥的事列出来，也可以列出长长的一张单子，这样能够自信心大增，也能够对自己的能力进行肯定。

■培养兴趣与专长。在自己的优点与兴趣中，找一样（刚刚开始时，一样就够了）来加以特别培养、发展，使之成为自己的专长。专长不必难度太大，如弹钢琴、气功治病过于高深莫测。专长可以简单至小手工、小发明、游泳、记电影的中英文名字等。

■发挥自己的外在美。这就是所谓的人靠衣装。衣，固然指衣着，也指打扮。穿衣可以不必名牌，但一定要整洁、光鲜、明亮、顺眼、符合自己中小学生的身份，要做到这样，必须穿得大方、得体。

其次，教师要引导学生疏通自我的信息渠道。自我认识一般来源于将自己与他人比较、与他人对自己的态度比较、与自己行为的结果比较等自我比较的过程。这三个渠道都必须是畅通的。信息是丰富多样的，只凭个别信息做自我判断，容易导致失误。

再次，教师要引导学生正视他人的评价。他人的评价是认识自我的一面镜子，他人的评价比主观自省具有更大的客观性。但一个人不可能满足周围所有人的要求，如果自己的行动完全取决于别人的看法，那么一旦失去了别人的赞许，便会感到自己一无是处，无所适从。所以，教师要引导学生正确地面对他人对自己的评价，客观地看待自身的优缺点。

晓宇是个高二的学生。一天，他听老师说学校要进行英语演讲比赛，就想报名参加。可好友晓涛劝他说："你看咱们班那么多英语好的同学都没参加，你却去报名，你不怕别人说你逞能和不自量力吗？"听晓涛这么一说，晓宇放弃了报名的想法。

有不少同学如晓宇一样，在做事之前总爱担心"别人会有什么不好的看法""别人会不会笑话我"。这就会让别人的评论占了先导地位，并把它看得比自己的意见更为重要，使别人的赞许和批评成为一种强大的支配力量。到了中学阶段，随着自我评价能力的提高，学生之间的评价趋于增多。因此，中学生愿意倾听同龄人对自身的评价，以此作为主要依据来评价自己。中学生自尊心增强，最希望听到他人的承认和鼓励，最希望得到别人的夸奖，而不愿被别人看不起。这种感觉和愿望强烈而敏感，越是在集体场合，其获得他人认可的希望越是强烈。中学生常常通过同龄伙伴的评价来认识和评价自己，非常在乎周围人对自己的认识和评价。因此，教师要教育学生不受他人评价的过分影响。

最后，教师要引导学生进行有效的社会比较，即对各渠道的不同信息进行综合处理。例如，与别人比较就不可以只和比自己强或比自己差得太远的人比，否则会出现自我认识中的片面性；同时还要逐步培养自我剖析和反省的习惯，要有勇于肯定和勇于否定自己的气概。认识自我的方法很多，可以进行心理测验，可以进行自我鉴定，也可以与朋友或同学谈心、写日记及参与各种团队、班级活动等。

总之，正确全面的自我认识是在全面准确的自我观察、正确客观的自我评价、经常深刻的自我反思、积极有效的自我实践的基础上逐步建立起来的。

第二节 自我接纳的教育与辅导

自我接纳的教育与辅导就是培养学生的自尊心和自豪感。教师要引导学生正面评价自己，正确分析、评价自己的优点和缺点，培养自我解嘲能力，从而让学生能够认识自己的潜力与特长，了解自己的独特价值，最终达到愉快地接纳自己。

一、“自我接纳”的概念

所谓自我接纳，是指对自己的本来面目抱有认可、肯定的态度，同时相信自己存在的价值，认同自己的能力。是否接纳自我是能否发展健康的自我体验的关键与核心。它涉及一个人是以积极的态度认可自我，形成自尊、自信的人格品质，还是以消极的态度拒绝自我，形成自卑的人格倾向。自尊者对自我充满信心，乐于接受对自我的教育和要求，从而有利于促进正确自我意识的形成；自卑者片面夸大自身的缺点与不足，对自己持悲观态度，甚至否认自我存在的价值，从而会极大地阻碍正确自我意识的形成。因此，在自我接纳的教育与辅导过程中，教师应有意识地采取有效措施，培养和提高学生的自尊心和自信心。

一名中学生在给心理咨询老师的一封信里写道：

> 我是一名中学生，是一个病态的女孩。我不快乐，很不快乐！我讨厌老师偏爱成绩好的学生……每天我都把自己封闭在教室里的一个角落，不敢和别人说话，甚至害怕碰到别人的目光，总觉得大家在背后议论我。我也曾优秀过，我也曾是老师的宠儿，我也曾是同学们羡慕的眼光的聚焦点。可现在我什么也不是，什么也没有，学习成绩不好，没有朋友，不被老师关注……在人群中我永远是个另类，热闹是别人的，属于我的只有孤独。我深深地自卑着，我不知道我该如何走下去。

或许有不少青少年学生都曾有过类似的感觉，他们或多或少地对自己不满意、不喜欢自己。为此，教师应该帮助青少年学生了解自我，接受自我，而且还能够努力地发展自我。也就是说，教师要帮助青少年学生恰当且客观地评价自我的能力、性格、情绪和优缺点；努力改善可以改善的缺点，并接纳无法弥补的缺陷；乐观开朗，以发展的眼光来看待自我；既不以虚幻的自我来补偿内心的空虚，自欺欺人，也不消极回避自身的现状，更不以哀怨、自责甚至厌恶来否定自我。教师应引导学生在自我接纳的基础上，培养自信、自立、自强、自主的心理品质，从而发展自我。

二、自尊心的培养

自尊心就是尊重自己的人格、不向别人卑躬屈膝、不容别人歧视侮辱、维护自我尊严的自我情感体验。一个人如果缺乏自尊心，则任何批评与表扬都对其起不了作用。

大量研究表明，自尊心不是个体在封闭的自我意识中自然而然形成的。而是在与周围各种各样的人的接触中，通过注意他们对自己的态度、想象他们对自己的评价，并把它作为客观标准而内化到自己的心理结构的基础上形成的。也就是说，每个人对自己的形象和情感的体会是依赖于自己和他人的接触，内化他人对自己的判断和评价而形成的。可以说，自尊心的基础是个体对自己的客观认识和悦纳，教师可从以下几个方面来着手培养学生的自尊心：

（一）教育学生学会自尊自重

一个不尊重自我的人也不会得到别人的尊重，教学生学会尊重自我，是非常必要的。

第一，教师要引导他们积极地评价自己，这是促使他们产生自尊感、克服自卑感的关键。教师应引导学生明确每一个人都有自己的优点和缺点、长处和短处，对自己的长处要充分发挥，对自己的短处也要正确对待：既不能护短，也不能因有某些短处而灰心。要客观地分析短处，扬长避短。

有一个女孩子，有着美丽的歌喉，可是她非常厌恶自己的容貌。每次照镜子，她都对镜中那宽大的嘴巴和不整齐的牙齿感到伤心。有一次在学校的联欢会上，她要展现自己的容貌和歌喉，她感到十分紧张，唯恐同学们发现她不雅观的牙齿。她在台上将上嘴唇紧紧抿着，却极力地摇晃身体，希望借此吸引观众。结果弄巧成拙，掌声稀稀拉拉，很显然，她失败了。但是来宾中有一位音乐家，听了她的歌声，认为她很具有歌唱才能，于是来到后台对她说："刚才在台上你做的一切动作我都看得清清楚楚。你尽量抿着上嘴唇不使牙齿露出来。你真的以为自己的牙齿不好看吗？"听了这些话后，这名女学生眼睛忽地一闪，似有所悟。音乐家不客气地继续说："人的美丑并没有统一的衡量标准，更何况这又不是你的罪过，何必要隐瞒呢？你为了掩饰自己的牙齿，矫揉造作，肯定不会成功。你还是尽量张大嘴巴，放声唱吧，自然才是最美的！只要你毫不怯场、大方自如地表演，大家一定会喜欢上你的。"这名女学生接受了音乐家的劝告。每逢在众人面前表演时，她不再隐藏自己的牙齿，总是尽情地张开嘴巴，开怀地放声歌唱。后来，她成为一名著名的歌手，成为许多人纷纷效仿的偶像。

第二，教师要教育学生正确对待挫折和失败。教师应让学生明白每个人在成长过程中难免会有失败；同时要教育学生有勇气面对挫折，认真总结经验教训，树立不达目的决不罢休的信心。

第三，教师要教育学生积极地悦纳自我，以不骄不躁、不卑不亢的健康心态面对自我，愉快地接受自我。只有这样，学生才能正确对待自我、尊重自我，才能赢得别人的尊重。

（二）教师注意维护学生的自尊

在实际工作中，有些教师遇到一些难教的或自己不喜欢的学生，常常会说出一些很有“杀伤力”的话，诸如“你真没出息”“你真笨”等。这些否定性的语言不仅不能让学生有任何改进，反而会像毒瘤一样在学生心中生根，严重侵蚀学生的自尊心，使他们自暴自弃，形成消极的自我概念。因此，教师一定要彻底清除自己语言中的“毒素”，维护学生的自尊心，要用“你很聪明”“你真棒”“你将来一定有出息”等鼓励性的语言来激励学生，促使他们积极向上，对自己充满信心，建立积极的自我概念。在教育过程中，教师应处处保护学生的自尊心，即使在批评甚至处罚学生时，也要尊重学生的人格，不能熄灭任何一点自尊的火花。当然，教师也应教育他们正确认识自尊、他尊及其相互关系，尽早克服自尊过敏现象。

三、自信心的培养

1900年7月，德国精神医学专家林德曼独自驾着一叶小舟驶进了波涛汹涌的大西洋，他在进行一次历史上从未有过的心理学实验。林德曼认为，一个人只要对自己抱有信心，就能保持精神和机体的健康。当时，德国举国上下都关注着独舟横渡大西洋的悲壮冒险，因为已经有100多位勇士相继驾舟均遭失败，无人生还。林德曼推断，这些遇难者首先不是从生理上败下来，主要是死于精神崩溃、恐慌和绝望。在航行中，林德曼遇到难以想象的困难，多次濒临死亡，有时真有绝望之感。但只要这个念头一升起，他马上就大声自责：懦夫，你想重蹈覆辙、葬身此地吗？不，我一定能成功！最终，他胜利渡过大西洋。

林德曼凭借什么超越那些勇士胜利渡过大西洋？答案的核心在于自信。林德曼因为充满自信心，精神才没有崩溃，终于战胜困难获得成功。所谓自信心，是对自己力量的充分估计，深信自己一定能实现所追求的目标，它是个人对自己正确而积极的认识和评价。自信心是个体在成长与发展过程中不可缺少的一种重要的心理品质。它主要体现在：相信目标能够实现，相信自己有解决问题的能力；在遇到困难、挫折和失败时，能冷静、耐心、客观地分析主客观原因，合理地分析目标是否适当；如果分析认为目标适当，就能有信心反复尝试，直到最后成功。一个有自信心的人看得起自己，相信自己的能力。当他接受一项任务时，他相信“我能行”，从而可以采取积极的行动。

那么，如何使中小学生产生“我能行”的自我信念呢？教师可以从以下几方面着手：

（一）给予学生积极评价

中小学生对自己的看法受生活中重要他人尤其是教师的态度的影响。内化教师的积极评价是中小学生自信心形成的心理基础。因此，给予学生正确而积极的评价，鼓励学生“你能行”是教师要采取的首要措施。教师要尊重学生，不轻易做出否定的评价；不要单纯以考试分数的高低来评价学生。

（二）因材施教发掘潜能

学生在思想品德、知识技能、人格等方面的发展总是很不均衡的，有很大的差异。但每一个人作为独一无二的个体都有其存在的价值；每个人都有一种对自尊和来自他人的尊重的需要，这种需要的满足使他产生自信，使他意识到自己是有价值的；每个学生都应享有均等的机会来发展自己的潜能。因此，教师要在承认差异、肯定价值的基础上，因材施教，从学生的实际出发，用不同的标准要求学生，从而使每位学生在各自的起点上取得进步，形成自信，最终获得成功。

（三）自我竞赛获得自信

自我竞赛是指自己跟自己比赛，是让学生将今天的“我”与昨天的“我”进行比较，只要比过去有进步，哪怕是一丁点的进步，都是成功的。开展自我竞赛，即使最差的学生也有取得进步的机会，他们会因为不断看到自己的进步而认定“我也行”，从而产生自信。

（四）创造机会发挥特长

每个人都有自己的优点和长处，都有显示自己才华的愿望。因此，教师要多给学生创设机会，组织丰富多彩的活动，让他们在活动中看到自己的力量，看到自己比别人优秀的地方，这会使他们产生自信。这种在活动中获得的自信，有助于学生克服困难，而对困难的克服又会进一步增强学生的自信。

（五）集体评说相互尊重

每个学生都渴望得到他人的积极评价，得到班集体的认可和赞许。当学生感到自己的存在受到集体的尊重时，他们会体验到一种真正的精神上的满足，自信就会在心中萌发。因此，教师应努力营造良好的班集体氛围。教师应起到榜样示范作用，鼓励同学之间相互尊重、相互欣赏，坚决制止嘲笑、挖苦、讽刺等不良行为。

以下为中学生程扬扬写的一篇优秀的作文。在这篇文章中，她有着很清楚的自我认识，表现出她的自信，教师可以此鼓励学生。

我 是 谁

新买了一本书——《苏菲的世界》，封面上赫然印着三个醒目的大字——你是谁？

我是谁？

这三个普普通通的字在我的内心像是猛烈地撞上了什么东西，使我感到震撼：我是谁？

我是程扬扬，一个普普通通的女孩，14年前一声响亮的啼哭向世人证明了我的到来。如今我即将跨入初中三年级的大门……

我努力想把那个看似简单的问题回答得完整详尽，可这似乎并不容易。

我决心以一个旁观者的身份认真审视一下自己。

我走到了穿衣镜前。镜中也走来一个似乎有点陌生的女孩。她个头很高，有1.70米了吧。瘦高的身材显得有些单薄，美其名曰“眼下最时尚的身材”。她的发型恐怕也是“最时尚”的吧。寸把长的黑发一根根“坚贞不屈”地竖在那棱角分明的大脑袋上。因为这头短发，她早已习惯了别人用诧异的眼光看着她。她有一张平凡的脸。唯一值得骄傲的白嫩肌肤已在“新世纪的曙光”下“镀”了一层“健康色”。她并不漂亮，没有美丽的资本。

那么，她的内心世界又如何呢？

就像大多数中学生一样，她多愁善感而又愤世嫉俗。她爱哭，常为残月落花而黯然泪下，腮边挂着晶莹的泪珠，写一点感伤的文字。她多梦，当一个个五彩缤纷的幻想如肥皂泡一般破灭后，她依然带着含泪的微笑，奔波在寻找缪斯的路上。她叛逆，对待人们早已习以为常的某些观点，她总喜欢引经据典地尽力将其驳倒。她在日记里写满了所谓“逆向思维”的文字，现摘一篇，供大家读后一笑：

“‘人定胜天’？人定胜天乎？荀子先生学富五车，在2000余年前经一世研究说出如此四字，可20多个世纪过去了，人们对此似乎仍有偏爱。可怜昔日美丽的地球，在‘人定胜天’的口号声中被百般蹂躏，变得千疮百孔。唉，‘人定胜天’，谬论！人本身就是自然界的一部分，必须遵循自然的法则。恩格斯说过：我们不要过分陶醉于我们对自然界的胜利。对于每一次这样的胜利，自然界都报复了我们。在与大自然的较量中，人类，你赢了吗？”

的确，她从小就不是个“乖孩子”。上了中学后，有了独立见解的她，开始与母亲针锋相对地顶嘴。每次与母亲争辩完，她总是眼泪汪汪，虽然实际常常屈服，可嘴上依然倔强地说“不”。

她同样渴望友情，可那古怪的性格和同学们常有不大不小的摩擦，不时与好友今日反目成仇明日又打成一片。她是校文学社社员，尽管每次都要在老编再三催促下才交出“大作”，她仍“不可救药”地看着自己那寥寥无几的“涂鸦之作”被印成铅字而偷着乐。她很粗心，作业本上天天有面目可憎的红叉叉，三天两头会被数学老师叫到办公室“培养计算能力”，可一到考试时却又奇迹般地摇摇晃晃挤进前三名，还数次高居榜首，气得老师干瞪眼。

她似乎就是当代中学生的缩影，云集四面八方优缺点于一身：聪明，活泼，叛逆。她自信得近乎自负地生活在这个有60亿人口的星球上，擦干泪水，执著地对自己说：“天将降大任于斯人也。”

她？我？是的，她就是我。我如释重负地呼了口气，也许现在，我可以回答新书封面上的那个问题了：

“你是谁？”

“我是谁？”

我自信地微笑：“我就是我！”

四、积极悦纳自我

培养学生积极悦纳自我的态度，教师首先要引导他们积极地评价自己。

积极悦纳自我，还必须有客观的自我评价。个体的自我评价，还取决于他本人的自我期望。有的人在客观上取得了很大成绩，周围的人们对他做出了高度的评价，但他对自己却缺乏自信心；也有人被他人看作没有什么值得夸耀的地方，甚至表现很差，但他对自己却很有自信心和自尊心。这种差异实质上是对自己的要求即自我期望不同所致。如果个体对自己的要求很低，自信心却很强，那么只要他有一点成功，就会变得自满自足。

由此可见，悦纳自我还取决于自身内在所具有的心理结构。也就是说，个人对自身的评价最终还是掌握在自己的手里，生活中常讲“身在福中不知福”。在他人看来，某个人很幸福，生活不发愁，工作也有保证，该满意了，但他自己却感到物质生活条件不如比他条件好的人，工作条件也不如人家那么轻松，因此常常自怨自艾，自叹命苦。如果换一个能正确自我评价的人，就不会自怨自艾。生活中也常常听到人们说：“以苦为乐，以苦为荣。”有人生活条件虽然艰苦，工作也很繁重，但他拿自己的现在与过去相比之后，就会感到知足，能自得其乐；然而这种条件在另一个人看来，是会感到苦不堪言的。因此，一个人的自我评价既是客观的，也是主观的，但主要取决于个体的内在状态与自我期望等主观因素。这些主观因素决定着个体对自己的感情与态度、判断与估计，因此而产生个体的自尊、自信、自大、自卑等。

当然，在学生认识自我、接纳自我的基础上，教师还应教育学生自觉规划行为目标，主动调节自身行为，积极改造自己的个性，以适应社会的要求。这实际上就是自我完善的过程。

第三节 自我完善的教育与辅导

自我完善的教育与辅导，是指教育学生如何确立现实的有价值的自我目标及合适的志向水平。教师需要引导学生合理掌握时间，妥善安排自己的学习和生活，追求自我价值和理想的实现。同时，教师也需要引导学生自觉控制自我，学会处理自我意识问题上的困扰，努力改善自我。

一、"自我完善"的概念

所谓自我完善即自我教育，是相对于被动接受教育而存在的。它是指学生在实现自己的理想或目标的过程中，有意识地调控自己的心理和行为，充分发挥自己的主体作用。自我教育特别强调学生本人的能动性。学生能够自觉地把自己看作是教育的对象，积极寻求发展的机会。

自我完善是个体自我教育最重要的方式，它实际上是一个合理确立理想自我、努力提高现实自我的过程，也就是一个主动改变自我以达到理想自我的过程。

二、理想自我的追寻

中小学生正处在现实自我与理想自我的矛盾之中。现实自我是个体当前实际的自我状态，即"我现在是什么样子"；理想自我是个体未来期望的自我境界，即"我应该是什么样子"。这两个"自我"之间往往有一定的距离，正是这种理想自我与现实自我之间的张力，成为推动每个学生进行自我教育的强大的内驱力。这种内在动力推动学生不断去改变、发展现实的自我，努力促进二者间的转化，并通过达到一个个子目标来逐步实现理想自我的终极目标。这个过程，就是学生自我教育的过程。

（一）理想自我与现实自我的矛盾与统一

理想自我是理想中的自我形象，是个人追求的目标。它对个人的观念、情绪和行为的影响很大，是人们行为的动力和参考系。现实自我，是指个人在能力、品德、业绩等方面的实际表现。也就是说，“理想自我”是自己希望将来成为什么样的人；“现实自我”则是自己今天是什么样的人。中小学生往往富于幻想，总希望自己将来成为某种理想的人物，因而不论现实状况如何，都会悄悄地在头脑中塑造若干未来“理想自我”的形象。他们经常将这种“理想自我”的形象与“现实自我”的形象加以对比，一旦发现两个自我形象不一致，就会产生“现实自我”与“理想自我”的矛盾。如何消除两者的矛盾成为促进个体心理健康的重要关键。

大体来说，实现理想自我与现实自我相统一的途径有两条：第一，努力改善现实自我，使之逐渐接近理想自我；第二，修正理想自我中不切实际的过高目标，使之与现实自我接近。事实上，人的一生就是不断地改善现实自我，使之逐渐接近理想自我的过程，也就是不断追寻自我理想的过程。对于广大中小学生而言，虽然不断地追寻理想自我非常重要，但同样重要的是，要学会不断地修正理想自我中的过高目标，使之具有可实现性。

为了促进学生的心理健康，教师应引导学生学会合理地认识和调整理想自我。如果理想自我的目标定得太高，或根本不适合自己，就会在实践中不可避免地一次又一次地失败。理想自我永远不能实现，自然也就建立不了自信。如果理想自我的目标定得过低，就会失去前进的动力，安于现状，不求进取，也建立不了自信。只有制订一个合适的理想目标，然后全力以赴地追求，同时在实践中适时进行调整，这样才能取得成功。实践的经历就是建立自信的过程。成功有望，自信弥坚，心理健康的水平也会越来越高。能动地适应环境，根据客观情况设计自我，使理想自我与现实自我能实现基本的统一，并与客观环境保持动态的平衡，这也是心理健康的重要标准之一。

从实际情况来看，中小学生在实现现实自我和理想自我的统一过程中，可能会出现两种不同的情况，即积极的统一和消极的统一。积极的统一是用正确的、符合社会发展要求的、有利于社会进步的理想自我，去改正、完善现实的自我，使个性得到升华。如果理想自我中存在不切实际的成分（这在学生当中是非常普遍的），则应启发他们实事求是地校正所追求的目标。因为不切实际的、过高或过低的目标，都会影响人的信心，降低人的积极性。消极的自我意识统一，是降低或放弃正确的理想自我，以达到理想自我与现实自我的统一。有些青少年缺乏改变现实自我的勇气，为了解除自我意识的矛盾，以“我本来没有打算这样做”“我本来就不行”等为借口，求得自我安慰，或强调客观原因，不做主观努力；有的甚至改变现实的自我去附和错误的“理想”自我，做了错事还心安理得。这种消极的自我意识统一，是个性的退化，危害极大，应尽力防止。

最后，教师还应该让学生们领悟到：在每一个人的自我审视之中，都有两个“自我”，即现实的自我和理想的自我。虽然很多人一生都致力于追求自我理想的实现，但除了极少数人能达到二者完全重合之外，大多数人的这两种自我都总是存在着一定的距离。我们常常看到有的学生尽管在别人看来已经很不错了，但他本人仍然为自己某些方面的不足感到十分烦恼和沮丧。由此可见，倘若总是以理想的自我状态来否定或贬低现实的自我状态的话，那么人们将永远与生活中的快乐无缘。快乐的生活并不绝对取决于已经达到了什么状态，而是取决于是否对自己怀有基本的尊重、肯定态度以及是否正处在不断追求、进步的过程之中。

（二）理想自我的形成与建构

青少年时期是人生全面发展的高峰时期，也是一个人的自我意识迅速发展并在自身成长中发挥特殊作用的时期。青少年自我意识的发展集中表现为原来单一的、稳定的“我”迅速而典型地一分为二，分为主体自我与客体自我。主体自我开始集中地反映客体自我，于是认识探索自我、体验感受自我、重建自我系统的工作便开始了，理想自我也随之开始逐步地形成。

研究表明，理想自我的形成大致需要经过自我认识和探索、自我期待和设计、自我追求和同一等基本过程，并最终达到自我发展和完善的目的。当然，它们并不是循序渐进而是交叉进行、相互作用、相互影响的，其具体进程也会因个体的不同而表现出一定的差异。

1. 自我认识和探索

在理想自我形成的自我认识和探索阶段，教师帮助学生仔细回顾家庭历史以及以往学习和生活的经历，有助于归纳实现理想自我所必须满足的心理需要。譬如，教师可以帮助学生去发现：父母的价值观是什么？谁是你心目中的英雄和偶像？你现在喜欢电视或书上的哪类人物？你最重视或羡慕什么样的成就？另外，也可引导学生回顾：哪些经历最令自己欣喜？所有做过的事情当中，你认为哪件事最成功？当离开这个世界时，你希望自己的墓志铭或讣告怎么写？希望人们怀念你什么？这些问题的答案，都有助于学生勾勒理想自我的轮廓，并使其领会生活的主要动力。

2. 自我期待和设计

应当指出的是，在中学时期，许多学生对理想自我的期待和设计并不一定是正确恰当的，往往会出现过高或过低的偏差。所以，在心理健康教育工作中，教师一方面要通过各种方式，鼓励学生“志存高远”，保证理想自我的设定富有激励作用；同时，也要引导学生正确认识现实的自我，在客观的基础上进行自我设定。

3. 自我追求和同一

自我同一性的形成对青少年的成长具有重大意义，在自我同一的过程中，理想自我的正确形成发挥了重要作用，它把青少年的“现实我”和“理想我”有机地结合到一起。在青少年时期，面对五光十色的大千世界，一个人可能会产生多种目标和追求，从修饰打扮、个人的兴趣爱好到未来的学习和职业选择等。这么多的目标是可以理解的，但目标太多也会导致自身力量的分散，不利于下一阶段自我的发展和实现。所以，不管目标如何多，都必须使它们能被一个“中心主题”统辖起来才行，这就是青少年为自己确定的核心价值取向。所以，帮助学生形成理想自我的关键是在正确认识、了解现实自我的基础上，引导学生进一步认识理想中的我，并认识到二者间的差距。从而寻找从现实自我通向理想自我的途径，最终搭起通向理想自我的桥梁。

在我们的现实生活中，有些“差生”本来并不差，有些学生本来很优秀却常常自寻烦恼，还有些学生明明有许多不足，却整天停留于想象或幻想中。这些学生的共同问题是理想自我的形成存在着不同程度的障碍。由于理想自我与现实自我不能很好地兼容和同一，可能产生的心态是自以为是、把想象当现实、自卑、过度自我防卫或陷入无端的焦虑之中。因此，教师要引导学生面对现实自我，冷静而理智地对待自己的成功与失败、自己的优点与不足以及自己的各种自然条件（如长相、外貌、出身等），做到心平气和。要清楚地认识到自己的优点与成功是自身宝贵的财富，缺点是可以克服的，失败也没什么了不起。至于长相、外貌、出身，这些无法由自己主宰的因素则不必去计较它。更主要的是让学生感到自己的唯一性和独特性，自己存在的价值和未来发展的价值。这样他们就会敢于面对自己而不至于逃避现实或歪曲现实，并能产生一种真正的自尊，有了自尊和自信，也就有了规划和实现理想自我的一个重要前提。

三、自我教育的方法与途径

韩愈曾说：“凡事预则立，不预则废。”这里的“预”可理解为一种预见性、计划性。有什么样的目标就有什么样的人生。当然，仅仅有了方向还不够，还要沿着这个方向设定目标并不断调整目标。在此过程中，教师要帮助学生充分发挥自己的力量，引导他们对自己进行自我教育。

卢梭曾说过：“教师的责任不是给孩子以行为的准绳，而是促使他们去发现这些准绳。”教育过程从根本上来说应该是一个自我教育的过程，我们的学校教育也应在培养学生的自我教育方面给予充分的重视和相应的引导。唯物辩证法认为，事物发展的根本原因不在事物的外部而在事物的内部，在于事物内部的矛盾性。学校教育毕竟是学生发展的外因，为促进学生思想矛盾的转化和良好行为模式的形成，就要把外在的教育影响转化为学生内在的、持久的自我教育的需要，充分发挥学生在各种学习过程中的主观能动性。

以下方法和途径有助于学生自我教育过程的逐步进行和实现:

（一）自我设定与自我激励

自我设定与自我激励是自我教育中的动力系统，它们确定自我教育的方向并提供动力。

自我设定是指学生为了满足成长需要，自己制订出的在一定时间、空间范围内要达到或取得的具有一定价值标准的目标和结果。自我设定既包括长远目标，也包括阶段性的子目标，这就是我们通常讲的短期目标、中期目标和长期目标。教师可以指导学生如何进行正确的自我设定。如果学生对自己提出过高的阶段要求，其结果必然是产生挫折感，并降低自信心；但倘若目标设置太低，则难以达到自我激励的效果。

所谓自我激励是指在自我设定目标后，促使学生进一步进行自我教育动机的激发，使其产生和保持积极向上、实现自我的愿望，从而推进其阶段目标和终极目标的实现。因此，我们首先要了解学生的自我动机水平状况。以学习动机为例，学生那些总是被知识的内在奥秘吸引、如饥似渴地钻研的学习动机，才是处于最高水平的学习动机。教师了解学生的学习动机可以通过课内外观察、谈话，也可使用动机量表进行量化考察。其次是帮助学生强化自我动机。譬如，一开始在劳动、学习、课外活动中可布置一些轻松而容易完成的任务，使之体会满足感、成功感，然后一步步提高要求，同时给予认识上的指导和榜样示范。需要注意的是，由于环境条件的复杂性，干扰青少年自我动机的因素有很多，如拜金主义、享乐至上的观念等，因此，在培养青少年自我激励方面还需要注意排除这些外在干扰。

（二）自我监督与自我控制

自我监督与自我控制属于自我教育的调控系统，它们保证自我教育的有序进行和目标的达成。

马卡连柯曾经说过:“一个人的抑制能力是最重要的品质。不能抑制自己的人，就像一台坏了的机器。”他说的抑制能力，也就是调节、控制、管理自己的能力。学生通过自我监督、自我控制所形成的良好品质，是完成自我教育过程的有效条件和重要保障。另外，对于自我监控过程中的一些具体行为，如怎样制订行动计划、怎样确定自我目标、怎样克服自己的缺点、怎样与干扰做斗争、怎样克服不良行为习惯等，教师还应针对学生的不同情况进行辅助性的引导。

教育的根本就是以学生为本，要启发学生的能动性，受教育的人必须成为教育自己的人，别人的教育也必须成为这个人自己的教育。因此，自我教育的过程应该鼓励学生不断进行主动探究，促进学生思考的自主性和行为的自我制约。自我教育中的监控，并非学校或教师的外部监控，它的意义在于学生自觉主动地对自己的行为、心理加以监控和调适。其中，自我监督要解决的问题，是让学生自己随时检查自己的行为与预先所设定的行为模式、目标是否存在偏差；自我控制则要求个体对自身的行为能主动掌握、调整、力求使自己的思想或行为符合预定的目标。

（三）自我体验与自我强化

自我体验、自我强化属于自我教育过程中的反馈系统。从实质上来说，自我反馈是学生对自身行为结果的自我检查，它关系到能否更好地实现自我奋斗的目标，并且能否增强自己的自我教育能力。在自我教育中，目标具有规定自我教育的方向和诱发动机的双重效应，而最终的总体目标，是由逐步达到一个个具体目标而实现的。因此，每个阶段性目标的实现都关系到总体目标的实现。在这个历程中，需要不断地将自己行为的结果与阶段性目标相对照。如果通过反馈，学生感受到达到甚至超过了预期阶段目标，就会由此产生成就感，无疑会促进学生自我教育行为的进一步增强；如果检查结果是未达标，也能促使学生警惕、思索、改进。

总之，自我教育的本质和核心乃是让学生真正成为自己的主人。换言之，自我教育是教育的过程，同时也是教育的目的。在这个过程中，教育者也要摆正自己的位置，既不能越俎代庖，也不能放任自流，而是起引导、点拨、帮助、监督、检查等协助作用。同时，教育者还应该创设有利于学生自我教育的环境，形成有利于学生自我教育的氛围。因此，在这个过程中教育者的工作可以说不是变得轻松了，而是压力更大、要求更高、任务更重了。

第三章

人际关系的教育与辅导

在现实社会生活中，每个人都不能离开社会孤立地存在，都必然要同他人发生联系，进行交往、相互影响。人与人之间的交往和相互作用，就形成了各种各样的人际关系。所谓人际关系，是人与人之间在交往活动过程中直接的心理上的关系或心理上的距离，它反映了个体或群体寻求满足其社会需要的心理状态。人际关系是个体社会化的重要媒介，也是个体重要的社会支持系统。因此，个体对人际关系的认识和处理技能对自身的学习、生活、工作和心理健康都具有重要的影响。

人际关系的教育与辅导，是指运用有关心理健康教育的理论和技术，指导学生的人际交往过程和人际交往活动的一种教育活动。它可以促进学生的人际互动和社会适应，克服人际交往障碍，提高人际交往质量，进而促进学生的人格成长和成熟。其目标是培养学生的交往意识，发展其交往技能，使学生乐于交往、善于交往，乐于助人，善于合作与竞争，消除人际交往障碍，提高交往效能，使学生可以建立一种和谐、融洽的人际关系，最终促进其人格成长和心理健康。

人际关系教育与辅导的内容主要包括师生关系的教育与辅导、同伴关系的教育与辅导、亲子关系的教育与辅导、异性关系的教育与辅导四个方面。

第一节 师生关系的教育与辅导

一、师生关系的特点与类型

（一）师生关系的特点

师生关系是教育过程中人与人之间关系中最基本、最重要的人际关系，是教师和学生在教育活动中通过交往互动而形成的、对教育效果具有重要影响的特殊的人际关系。从宏观的角度来看，师生关系包含在整个社会关系中，它反映和包含了一定的社会、经济、政治、道德等关系。从微观的角度来看，师生之间的直接关系也是一种非常复杂的关系：从指向的目标来看，有为完成教育任务而发生的工作关系，有为了满足交往需要而形成的人际关系；从发生的方式来看，有以组织结构为表现形式的组织关系，也有以情感、认知等交往为表现形式的心理关系等。

由于教师在学生心目中具有领导者、权威、指导者、知识的传授者等崇高的地位，所以教师的行为必然对学生的各个方面产生重要的影响。教师的行为不仅会影响学生的学习态度和学习成绩，也会影响学生的个性发展和心理健康。

在小学阶段，学生对教师经常是无条件服从，崇拜教师的学生比比皆是。到中学阶段，学生对教师无条件服从、信任和佩服的程度降低，开始有分析地认识教师和理智地对待教师。同伴之间的交往逐渐增多，教师在学生心目中的地位有所下降，同伴的态度和价值观的影响逐渐超过教师。学生开始倾向于独立处理所遇到的问题，反对凡事依赖教师，厌恶同伴“打小报告”，师生之间的沟通受到一定的阻碍。学生常在一起对教师进行讨论和比较，对自己认可和喜欢的教师更加亲密和崇敬；对不喜欢的教师则保持一定的心理距离，有的出现疏远和反抗。

在初中阶段后期，随着学生判断能力和独立思维的发展以及个人知识和经验的丰富，师生关系出现了一些新的特点：①学生在师生交往中要求有更多的独立和自尊，同时期望关心和抚慰。他们既反对刻板呆板和婆婆妈妈式的管教，力图提高自我管理的地位，又反对教师对自己冷漠放任、不管不问；②教师在学生心目中的地位进一步降低，学生不再把教师看成绝对的权威，而是更注重其理智的作用，把教师看作获得知识和技能的辅助力量，教师对他们的奖惩和激励作用逐渐降低；③学生和教师在情感上的亲密联系开始具有选择性，学生对教师的亲密度开始普遍降低；④学生对教师的要求和期望更高、更全面、更深刻。许多研究表明，中学生在心目中对教师已形成明确而苛刻的标准，一般包括智慧、人格、品德等因素。他们常常用这种理想的标准来比较和评价现实中所接触的教师，并产生积极或消极的态度体验。

（二）师生关系的类型

师生关系可以根据不同的角度分成不同的类型。心理学家西伯曼把教学情境中的师生关系分为四种类型：友好型、冷淡型、关怀型和拒绝型（具体见表3.1）。

在这四类师生关系中，对于关怀型和拒绝型的学生，教师都表现出比较多的关心和互动。但是对于前者，教师关注的是学业成绩和情感抚慰；对于后者，教师关注的是行为问题和管教问题。

（三）师生关系中常见的问题

首先，从现在学校中的实际情况来看，师生关系基本上是以工作关系、组织关系和正式关系为主导，以感情和个性为基础的人际关系的成分还比较少，师生关系的心理距离还比较大。这可能和教师的教育者的地位、角色有关，也可能和我国教师职业

表 3.1 师生关系的类型

类型	学生特点	教师行为
友好型	学业成就高，对教师顺从、与教师合作，喜欢接近教师	喜欢这类学生，但交往中大多不公开表示喜欢和偏袒
冷淡型	被动、退缩，不引人注目，对教师无个别要求	和这类学生交互活动的频率较小，较冷淡或不太关心学生
关怀型	学业成就低，但迎合教师的要求，期望教师的关心	在合理范围内接纳这类学生的要求，公开关心与互动较多
拒绝型	学业成就低，有违纪和不遵守纪律的倾向	对这类学生期望消极，较多注意其行为问题，忽视其学习问题，师生互动较多

的传统模式有关。

其次，从师生关系冲突的来源来看，教师对学生的教育态度、教育方法、期望要求和学生的心理需求、实际能力和行为表现间存在着比较大的矛盾和冲突。国内许多关于“中学生心理健康状况调查”的资料表明，中学生和教师的人际关系问题是心理健康问题中的重要方面，并且对不同年级、不同学校和不同性别的中学生的调查结果有很大的一致性。调查显示，其中70%左右的中学生很少得到教师的表扬；65%左右的中学生在教师面前难以自由表达心中的想法；58%左右的中学生认为教师不是很关心自己；47%左右的中学生认为教师一点也不了解自己。2002年，华中师范大学心理咨询中心与《湖北招生考试》杂志社，曾联合对湖北省39个城市中的445名高三学生做了一次心理健康调查。研究者着重分析了高考考生的心理状态与师生相处有困扰的关系。其结果表明，高考学生的师生关系质量与其心理健康水平之间存在着一定的关联，而且师生关系困扰愈严重的学生，其心理健康水平愈低。由此可见，师生关系中的各种困扰对学生的心理健康水平有一定的影响。

师生关系并不是一种平等的关系。虽然从理论或期望上可以说，无论交往双方年龄长幼，都应该尊重对方的人格和权利，建立民主、平等的关系，但是在实际的教育和生活中必然存在着教育与被教育、指导与被指导、领导与被领导的不平衡关系。因此，教师在师生关系中处于主导性地位，师生关系的促进和改善也应以教师为重点。

二、师生关系的改善途径

（一）更新教育观念，尊重每一个学生的人格

在社会发展和教育进步的新形势下，教师要打破原有的不适应时代发展的教育观念，同时还应树立教育好每一个学生、注重学生全面发展的教育观念。教师应以学生为主体，尊重学生的人格和个体差异，促进学生主动、和谐地发展。

（二）注重师生互动，关注每一个学生的学习

“我是一名中等生。老师把关注的目光都投给了差生，希望的眼神又全停留在三好生身上，我们这些中等生真的很寂寞。有时候，我会有个傻傻的想法：每当我坐在孤独寂寞的角落里望着老师给差生耐心地讲题时，我真嫉妒他们！假如我也可以坐在老师旁边，老师能单独给我讲讲什么，哪怕是轻轻地问一声：‘你哪儿不会？’那时，我一定会感到我是世界上最幸福的人……”在一次作文比赛中，河北省唐山市唐马路小学一名五年级学生在作文中这样写道。

教师应改变传统的以教师为中心的教学模式，教师在课堂中要根据需要，不断改变自己的位置，增加和学生交流的频率和强度。同时，要鼓励和引导学生发言和提问，提高学生主动交往的积极性，尤其要注意和学习成绩差的学生的交流和互动。以下是教师对待好学生和差学生的区别，教师要注意尽量避免。

■教师把差学生安排在远离自己的地方，或集中安排在一起。

■在教学的过程中，教师较少注意差学生，较少将目光转向他们，较少对他们微笑。

■教师较少让差学生在课堂上回答问题或公开演示。

■当叫到差学生回答问题时，如果他们不能立刻回答，教师等待的时间比较少。

■当叫到差学生回答问题时，学生如果回答错了，教师就不给他们留思考或纠正错误的时间。

■当学生在回答公开提问时出现错误，教师经常批评差学生，而对于同样情况下的好学生，教师则经常是不批评的。

■当学生正确回答公开提问时，教师对差学生不经常表扬，而对好学生则经常表扬。

■当公开提问的答案介于对错之间或不充分时，教师对好学生给予鼓励和指导，而对差学生不给予鼓励和指导。

■教师对差学生提供的反馈与对好学生提供的反馈相比，既不精确又不详细。

■教师对差学生的回答经常提供负面反馈。

■教师要求差学生完成的学习任务和付出的努力，比起好学生来说要少。

（三）充分利用课余时间，促进师生的自由交往

教师要充分利用课余时间与学生进行非正式的师生交往，使师生在自由自在、无拘无束的气氛中进行交往，缩短社会角色等外来因素所造成的心理距离。

来自浙江省嘉兴市某中学的施蕙同学讲述了自己的一段经历：“我小时候很顽皮，凡是和我相关的纠纷，老师都会先来责问我，但其实很多事不是我的错。后来我也懒

得辩解，他们爱怎么说就怎么说。”这种“破罐子破摔”的心态一直持续到有一个细心的老师找她详谈，“他告诉我，无论老师怎么说，我必须把自己的看法和态度摆出来，要用好的心态主动找老师沟通。”自那以后，施蕙开始了让老师“刮目相看”的成长。“课上是个严师，课下是个朋友，该严时严，该松时松，我希望我的老师是这样的。”施蕙说，这并不只是她一个人的想法。

（四）采取民主的教育态度，促进自身的教育行为

教育研究和实践都表明，民主型的教育态度是一种教育效果较好的态度，也比较容易受到学生的欢迎。当然，在注重师生民主的同时，仍要注意保持教师的权威，这样才能增强感召力和影响力，保证教育的效果。教师在实际的教育和教学活动中，要在民主和权威之间选择一个比较好的平衡点。教师可以利用下面的一些问题来衡量自己的教育态度和行为是否适当，是否受到学生的欢迎：

■是否鼓励学生在课堂上自由发问或发表意见；

■是否喜欢称赞学生；

■是否了解学生；

■是否偏心；

■是否大声责骂或嘲笑学生；

■对学生是否有耐心；

■是否严厉；

■是否打人；

■是否骂学生笨；

■处罚学生是否公平；

■是否因部分学生犯错误而处罚全体学生；

■是否重视学生的自尊心；

■脾气是否不好；

■是否鼓励学生独立思考与判断。

（五）了解学生的需要，培养良好的人格品质

《都市快报》刊载了一项对学生的调查报告，这项调查的内容涉及“你最不喜欢老师怎样对待学生”“你觉得老师最需要改进的是什么”这两个问题，对于前一个问题，45.1%的学生选“讽刺挖苦”；对于后一个问题，则有72.4%的学生选“与学生的沟通”。记者在访谈中发现，学生对现有的师生关系颇有微词。有一位学生说道：“我们数学老师蛮尽心尽力的，可他的心、他的力用得不得法，使我们感觉到的不是他的关心、他的爱，而是他对我们的不信任。你说我们对他又怎么亲得起来？有时候，埋怨之余替他想想，觉得他挺不值的，蛮可怜。”还有的学生说：“我们班主任真的很不得人心，我们没一个不私下里骂他的。”

教师良好的人格品质可以改善和促进师生交往，有利于建立融洽的师生关系。心理学的研究指出，从学生的角度来看，受欢迎的教师具有下列人格特点：具有同情心，和蔼可亲，乐于助人；对学生有耐心，态度怡人，情绪稳定，能自我控制；相信学生能更好，了解学生；待学生公平，与学生同乐，既是学生的朋友，又是负责的成人。学生不喜欢的教师通常有下列不足：无知浅薄、不学无术；上课照本宣科，枯燥无味，啰里啰嗦，不得要领；布置作业多，又不认真批改；对工作不负责任，对学生要求不严；偏听偏信，处事不公；只说不做，言行不一；上完课就走，不与学生接近；态度专横，表情呆滞，令人望而生畏；说话刻薄，爱讽刺挖苦人；自以为是，文过饰非。

第二节 同伴关系的教育与辅导

一、同伴关系的特点与类型

（一）同伴关系的特点

对中小学生来说，亲子关系和师生关系是一种权威性的关系，并且具有不可选择的强制性，而同伴关系是一种平等关系。所以，彼此平等是同伴关系的主要特征。在同伴关系中，个体可以根据自己的态度和喜好进行自由选择。同伴之间有着更多共同的兴趣、爱好和心理发展水平，没有强迫性的指导和批评，个体可以自由尝试新的角色、新的想法和新的行为。学生还能够了解自己的内心想法和外部表现是否和同龄人一致，并进而自觉地进行调整和改变。

同伴关系是学生人际关系中最基本的关系，良好的同伴关系使学生视对方为朋友，彼此喜欢对方，并互相帮助、相互信赖。心理学家研究表明，从青少年开始，学生的交往对象从家庭、教师逐渐转向了同龄的伙伴。在学校里，一个学生是受到同学欢迎还是被同学拒绝，对他的心理发展及心理健康的影响非常深远。中小学生普遍都有强烈的交往需要，中小学生的生活环境和思想都相对单纯，在人际交往中没有重大利益的直接冲突。因此，人际关系也相对较简单。但是，中小学生正处于身心迅速发展的时期，社会经验不足，本身充满着各种内部和外部的矛盾，使他们情绪不稳，冲动性强，因而经常为同学之间发生的事情苦恼。他们可能为了一点小事就和同学闹得不欢而散，也可能为了一句话就相互猜忌，疑虑重重。他们不知道如何才能与人和睦相处，常常只是从自己的角度去考虑问题，满足自己的需要，却没有想到别人也有同样的需要。因此，教育学生与人和睦相处，教师需要培养他们相互尊重、换位思考的交往意识和习惯。教师还应培养他们的理解、友善、信任、宽容等良好性格特征，在与人交往的实践中，不断提高自己的交往能力。

（二）同伴关系的作用

同伴关系对中小学生心理发展的影响，具体来说主要体现在以下几个方面：

- 同伴关系影响中小学生的价值观、态度、能力和认识方法的社会化。许多研究表明，同伴关系在中小学生的社会化过程中有着重要的作用，它可以给中小学生提供期待、榜样和强化的作用，从而使他们形成各种不同的社会行为、观点和态度。
- 同伴关系是中小学生未来心理健康水平的预测因子。建立和保持与他人相互依赖、合作的关系，是心理健康的基本表现。大量研究结果表明，小学和初中阶段的不良同伴关系，预示着高中阶段可能会出现心理问题，也预示着成年可能会出现心理问题。
- 同伴关系影响中小学生青春期问题行为的产生。和什么人交朋友，加入什么样的同伴群体，这对青少年是否会出现暴力或其他问题行为有很大的影响。
- 同伴关系给中小学生提供了学会控制攻击冲动的环境。在同伴关系中，中小学生可以学会控制自己的攻击冲动；在与同伴的交往中，中小学生得到了平等的相互攻击的实验机会和反馈结果，从而可以调整自己的行为。
- 同伴关系影响中小学生性别角色同一性的发展。中小学生首先在和父母的相互作用中对人的差别做出了区别，但同伴文化使这种认识进一步扩展，并使之具体化和详细化。例如，中小学生的交往可以对适当的性别行为进行鼓励，同伴的榜样也可以促进适当的性别态度的形成。
- 同伴关系使中小学生获得用他人眼光看问题的能力。用他人眼光看问题的能力是认知发展和社会发展中的一种最重要的能力。它可以有效地取得信息和综合信息，建设性地解决冲突，促进对他人的积极态度，从而顺利地适应环境。通过和同伴的交往，中小学生可以培养用他人眼光，而不仅仅是从自己的观点出发来认识情境和发现问题的能力。
- 同伴关系影响中小学生的教养抱负和学业成绩。有多项研究表明，学生的教养抱负，在很大程度上受到同伴的影响。弗雷曼回顾了大量的研究认为，同伴比其他学校因素对学生的教养抱负和实际学习成绩有更大的影响。

当然，在不同的发展阶段，同伴交往具有不同的特点，因而也具有不同的功能。中学阶段，同伴关系是其最主要的人际关系，具有向成年人过渡的性质，因此具有更加重要的意义。赫洛克指出，朋友关系对中学生的心理发展具有下列积极的作用：满足稳定感和归属感；提供健康的娱乐场所；获得社交经验；提高宽容能力和理解能力；学习社交能力和技巧；培养社会洞察力；发展对集体的忠诚；提供求爱行为的经验。

（三）同伴关系的类型

“知己难求”“人生得一知己足矣”，这些古老的谚语表达了知己的可遇而不可求，也表达了知己的可贵。在我们的生命中，倘若能找到莫逆之交的好友，真是人生的一大幸事。在对中小学生的调查中，我们发现很多同学渴望与人建立一种超越普通朋友、可以诉说内心秘密的深层关系。其实，不论什么年龄段的人，都会有寻求知己好友的心理需求。

在中小学阶段，人们比较关注同伴关系的亲密程度。瑞娜按照社会距离和亲密程度将中小学生的朋友关系分为以下几种类型：①知心朋友：完全信赖、心心相印的朋友；②亲密朋友：可以交流个人问题的朋友；③好朋友：相处很融洽，但没有觉得有特别深的情感上的温暖；④熟人：相互认识，比较熟悉；⑤集体内共同活动的人：共同参加一项活动，在其他方面没有相互往来；⑥集体内不共同活动的人：共同在一个集体中，但不参加共同的活动，在其他方面也没有往来，如校友；⑦旁观者：只知道名字，相互之间没有来往。

赫洛克则把中小学生朋友关系分为三种类型：①挚友：相互信赖，不可分离的朋友，相互之间有共同的价值观和生活原则，了解比较深，有共同的情感因素，但性格和情绪可能存在差异；②好友：因尊敬或爱戴等因素而结成具有共同情感和排他性的团体，可能是有共同兴趣、共同目标而结成的比较持久稳定的团体，也可能仅仅是具有共同兴趣；③伙伴：结合程度比较松散，有共同的兴趣和爱好，亲密程度比较低。

心理学家威廉姆指出，我们每个人都有三种基本的人际需求：爱、归属和控制。爱的需求反映一个人表达和接受爱的欲望，归属的需求是希望存在于团体中的欲望，而控制的需求是希望成功地影响周围的人与事的欲望。他认为，可以根据两个人互相满足对方心理需求的程度来区分点头之交、普通朋友和知己好友。这一分类也是目前影响较大的分类方法。

1. 点头之交

点头之交是指那些我们知道其名字，有机会时会和他们谈话，但与他们的互动在质和量上都很有限的人。在中小学生的同学之间，许多人都是点头之交，除了班里必要的接触外，从来都没有主动联络过，在其他场合的会面也纯属偶然。

2. 普通朋友

相处久之后，我们会和许多认识的人发展出较亲近的关系。朋友就是那些我们自愿和他们建立更多个人关系的人。例如，阿健和大天偶然被分到一组做物理实验，原本很陌生的他们由于都对实验合作很满意，所以决定下课后一起吃饭。他们彼此都感到相处很愉快，阿健就邀请大天加入他们的羽毛球活动组，从此保持了固定的联系，建立了友谊。

你想到“朋友”这个词，心里会有什么感觉？好朋友具有以下的特点：第一是温暖、有感情。朋友之间能相互支持、相互鼓励，相互之间会有情感的交流。第二是值得信任。信任是指相信朋友不会出卖自己、背叛自己和伤害自己。第三是能自我表露。由于感受到温暖并有彼此的信任，我们会向朋友自我表露，与他分享个人的情感。自我表露的深度与关系的亲密程度密切相关，关系越亲密，自我表露就越深；反之亦然。第四是有所承诺。好朋友在对方需要时会想办法彼此协助，愿意为对方付出。第五是朋友们期待关系的增进和持久。转学、换工作、搬家都不会破坏友谊，有些朋友一年只见一两次面，却仍然是朋友，因为他们在一起时，总能自在地分享想法和感情，并且能彼此给予忠告。

3. 知己好友

知己好友是最亲密的朋友，是那些可以和我们分享内心深处的感受和秘密的人。知己好友不同于一般的朋友，虽然普通朋友之间有某种程度的自我表露，但他们并没有分享生活的每一个层面，而亲密朋友则能了解同伴内心最深的感受。这种亲密度也表现在一个人愿意为了自己亲密朋友的利益和感受而放弃与其他人的关系，同时也会比其他人更多地涉入对方的生活，给对方更大的影响。

（四）同伴关系中常见的问题

1. 同伴关系中的矛盾冲突

同伴冲突是同伴之间的内部情绪对立或公开的行为对抗，可能产生于同伴个体之间，也可能产生于学生群体之间。一般来说，年龄比较小的学生之间的冲突比较明显、公开。进入中学之后，年龄比较大的学生同伴的冲突比较隐蔽、不外露，不同的性格特点造成的冲突比较多。

2. 同伴关系中的心理问题

- 自卑心理：对自己缺乏客观、正确的认识，容易低估自己，交往中不自信，觉得自己不如别人，缺乏交往的信心和勇气。
- 自傲心理：同样是对自己缺乏客观正确的认识，容易高估自己，总是觉得自己比别人优秀，在交往中盛气凌人，自以为是。
- 自恋心理：过分地自我关心、自我欣赏，抱怨别人不重视自己、不关心自己。
- 害羞心理：在交往中过多地约束自己的言行，表情羞涩，神情不自然，经常不能充分地表达自己的思想和感情，表现比较被动。
- 防御心理：为了保护自己不受到别人的伤害，倾向于把自己的思想和感情掩盖起来，过分地自我克制，往往使人无法了解其真实的心理状态，因此交往不深入。

■猜疑心理：在交往中对别人的言行过于敏感，对他人行为的动机容易产生怀疑，容易把一些无关的事情和自己联系起来，所以在交往中顾虑比较多。

■恐惧心理：害怕见陌生人或在公共场合讲话，在交往中经常不由自主地紧张、害怕或担忧，表现为语无伦次或不知所措，严重的可能导致交往恐惧症。

■孤僻心理：行为孤僻、偏执、孤独，不愿与人交往，很少有知心朋友，独来独往。

■逆反心理：在交往中喜欢和别人对着干，对他人的语言、行为和观点不加分析地加以反抗和抵制，因此常常导致交往双方关系紧张、交往不顺。

■自私心理：在交往中以自我为中心，以满足自己的要求和欲望为目的，不顾他人的利益和需求，因此经常会引起同伴的不满和反感。

■嫉妒心理：对别人的长处、优点、荣誉或成绩不满、憎恨，有时候进行嘲讽或打击。

■虚假心理：在人际交往中对他人缺乏真诚，在同伴群体中虚情假意，嘴巴乖巧但不见行动，只做表面文章。

■支配心理：在交往中喜欢指使他人、控制他人，利用他人为自己服务。

■敌视心理：在交往中对他人充满敌意，厌恶别人，认为人与人之间没有真诚的友谊，只有尔虞我诈、互相欺骗和利用。

3. 同伴关系中的行为问题

在同伴交往中，中小学生除了内部的心理问题外，还有一些是社交行为问题，大多是由于缺乏一定的社会交往技能造成的。社交技能是个体在社会化过程中习得的，能够保证个体有效、适当地与他人进行交往的能力和技巧。如果中小学生在家庭教育和学校教育中的某个环节出现问题，如家长的过度保护、同伴交往剥夺、集体活动过少、教师过分强调学生的知识学习而忽视其人格发展等，往往会导致中小学生的人际交往技能缺乏，从而产生人际关系问题。

二、同伴关系的改善途径

许多中小学生不知道怎样才能满足自己与同伴交往的心理需要，因而在实际交往中，常常事与愿违，感到十分苦恼。解决学生同伴关系中的冲突，对学生进行同伴关系的教育，可以从以下几个方面入手：

（一）充分利用课堂教学，促进同伴之间的互动

随着社会对人才需求的变化和教育的发展，培养学生的人际理解能力、合作能力、沟通能力已成为教育的重要任务之一。因此，教师必须学会在课堂上利用群体

动力学的理论和技术，来安排课堂上教师和学生之间以及学生与学生之间相互作用的活动，使学生在互动和交往的过程中，不但能够更好地学习科学知识，而且还可以培养社会交往技能，促进同伴之间的关系。

（二）了解学生同伴关系的现状，公正及时地处理同伴冲突

从预防的角度来说，教师要注意学生和教师两个方面的因素。一方面，教师要了解每个学生的个性、学生间的人际关系现状，了解学生同伴之间、同伴团体和同伴团体之间的关系，这样可事先预防冲突或矛盾激化。另一方面，教师要平等对待每一个学生，防止学生产生不公平或受到委屈、被忽视的想法，将不满和敌对情绪转向受重视的学生。

从同伴冲突的解决来说，首先，教师要客观全面地了解实际情况，努力做到公正、平等，尤其注意不要歧视学习成绩比较差的学生；其次，教师要根据冲突的具体情况提出解决的办法和途径；再次，教师要引导和鼓励学生自己处理和解决面临的同伴冲突和矛盾，培养他们解决人际冲突的能力。

（三）建立班级活动的规则，重视和利用非正式团体

班集体必须建立详细具体的规范，说明在班集体中同伴之间如何交往、如何互动等。这样学生就明确了同伴交往的规则。学生干部的选举要公正、民主，他们要在同学中有一定的威信。在学校里，除了班集体、少先队和团组织等正式团体外，在同伴自由交往中还形成了各种非正式团体。教师要充分利用这些非正式团体，尤其是要重视争取非正式团体中的核心人物来促进良好的同伴关系。

（四）营造积极向上的班风，促进良好的同伴关系

同伴关系主要发生在班级环境中，因此，班风对同伴关系的性质具有重要作用。积极、友爱、团结、信任、支持的班风，有助于形成良好的同伴关系；消极、冷漠、分裂、敌对的班风，对同伴关系具有非常不利的影响。教师在班级形成和建设的过程中，要注重营造良好的班级风气。

（五）帮助学生提高人际认知水平，调整交往认知结构

良好的人际关系基于一定的人际认知水平。一般来说，人际认知水平的提高可以从对自己的认识、对他人的认识、对和周围人们关系的认识、对人际交往中的因果关系的认识等几个方面入手。教师要帮助学生认识人际关系的本质，使他们知道建立良好的人际关系需要每个同学的努力。教师可向学生介绍一些交友的原则：

第一，善交益友。对自己的思想、工作、学习有帮助的朋友称为益友。益友能促使自己上进。这样的朋友是应该多交的。我国古代教育家认为益友分为三类：友直（品行上正直的朋友）、友谅（诚实守信的朋友）、友多闻（知识丰富有学问的朋友）。在善交益友的同时，学生应给自己提出一个要求，那就是不断地完善自我。只有不断地完善自我，才能从品德、学识、技能等各方面提高自己，才能成为他人心目中的益友。否则，别人会喜欢和自己交朋友吗？

第二，乐交诤友。能够直言不讳地指出自己的错误、批评自己的朋友是诤友。这种坦诚的批评可以使自己拥有更清醒的头脑，进步更快。朋友之间不能都是“老好人”“你好、我好、大家好”，这样是不真实、不真诚的。缺少内心交流的友谊，自然就不会牢固。陈毅元帅曾说过，“难得是诤友，当面敢批评”。我们在交往中应乐于和诤友交往。

第三，不交损友。对自己的道德品行产生不良影响的朋友称为损友。孔子发表过对损友的见解：“损者三友：友辟（心术不正的人）、友柔（华而不实的人）、友佞（阿谀奉承、花言巧语、谄媚的人）。”

（六）帮助学生学习社会交往技能，主动参与交往活动

小青是一名初一的学生，进入中学以来，她感到很孤独。在小学的时候，她有很多朋友。当学习遇到困难时，她可以向身边的伙伴请教，共同探索知识的宝藏；当闲暇时，她可以和同学一起跳橡皮筋、玩捉迷藏、踢毽子……但现在呢？她感觉同学都不理她，她很想和大家打成一片，就像小学时候一样，可是为什么就不行呢？小青感到很困惑……

只有正确的人际认知并不能保证人际交往的成功。许多人际交往问题是由于缺乏必要的人际交往技能，尤其是出现社会交往退缩行为、攻击行为以及异性交往困难等。所以，训练人际交往技能是人际关系辅导的一个重要方面。人际交往技能的训练一般可通过解决问题、榜样示范、人际敏感训练、角色扮演法等方法来落实。有关这些方法的具体使用，我们将在第六章进行具体阐述。

当然，有了正确的人际认知和良好的人际交往技能仍然不够，还要克服各种心理束缚，主动参与人际交往活动。同时，也只有真正参与到各种人际交往活动中，才能够运用人际认知技能和交往技能，促进人际关系的发展。

第三节 亲子关系的教育与辅导

一、亲子关系的作用与类型

亲子关系是指父母与其亲生子女、养子女或继子女之间的关系。从家庭的角度来说，亲子关系是夫妻关系之外的第二种基本、重要的关系，是维系家庭的第二纽带，具有永久性，是不可选择和不可改变的。

（一）亲子关系的作用

亲子关系无论是对父母来说，还是对子女来说，都具有重要的意义。对父母来说，亲子关系具有血脉相连的特殊意义，其中包含着自己未来的希望和寄托。具体来说主要有以下几个方面的意义：第一，子女是自己生理和心理的延伸，是父母对人类社会价值的延伸，子女常给父母一种充实感；第二，父母可以通过子女的成长满足或了却自己未完成的心愿；第三，子女的成长和发展，尤其是在学习或工作中取得的成就，使父母感到门庭的荣耀和家庭的成就；第四，父母在日常对子女的照顾和关爱中不断表达和感受着人性和亲情，生命得到升华；第五，对子女的依赖和需求的满足，使父母感受到个人和人类生命中的价值感；第六，心目中对子女的期望和子女的成长现实使父母既感受到教育的成就，也体验到理性的现实感。

对子女来说，亲子关系是孩子最早建立、也最亲密的人际关系，这种关系的好坏不仅影响子女身心的发展，而且也将影响子女以后形成的各层次的人际关系。具体来说主要有以下几个方面的重要意义：第一，父母为子女提供的最早、最基本、最具有奠基性的教育、指导和训练，是孩子成长的基础；第二，父母培养子女规范的信念、态度和行为模式，这是子女成功走向外部世界的条件；第三，父母对子女无条件的接纳、支持和关爱可以为子女提供情绪上的安全感，可以舒缓和消除子女走向外部世界过程中遇到的紧张和压力；第四，父母根据社会文化的要求和准则对子女的行为进行约束和控制，对文化传统进行传承是子女早期社会化的主要渠道；第五，父母为子女无条件提供的一切养育条件和资源是子女生存的保障。

此外，亲子关系对子女的心理健康具有特殊而深远的影响。第一，父母对子女早期的生活照顾是否充分，会深刻地影响子女将来的智力、情绪、性格以及身体健康的发展；第二，父母对子女教养态度的温和与冷淡、宽容与严厉、专制与民主会决定子女性格的弹性、神经质倾向的强弱、人际关系的顺利与否以及攻击行为的强度与表现方式等；第三，父母与子女的关系是否和谐，可以决定子女是否能从父母身上学到相应的行为方式、能否学习如何做一个男人或女人以及如何做一个父亲或母亲。

（二）亲子关系的类型

由于历史传统、种族繁衍、个体发展阶段等因素的影响，一般来说，父母对子女主要承担着管教或教养的责任。父母在亲子关系中处于主动和支配的地位，父母对子女的影响也远远大于子女对父母的影响。所以，我们可以根据父母对子女的管教方式或行为方式来划分亲子关系的类型。心理学家一般根据父母对子女的情绪态度（是温暖、接纳还是敌意、拒绝）和控制程度（是过度限制和要求还是忽视放纵）两个维度，把父母对子女的教养方式分为四种类型：民主型、专制型、放纵型和疏忽型。因此，亲子关系也可以分为这四种类型。父母的不同行为方式对子女的心理环境及行为会造成不同的影响（具体可见表 3.2）。

表 3.2　亲子关系类型及其影响

父母类型	父母的行为模式	子女的行为
民主型	对子女温暖、接纳、关心，对子女的需要敏感，以子女为中心；合理地规范子女的行为，并且坚定地执行规范；考虑子女的要求和期望，并征求其意见；赞许和支持子女的建设性行为；对子女的期望合乎实际，并参与其活动。	正向：活泼、外向、亲切、独立、自信、大胆、敢于表达自己的见解；具有创造性、幽默感和安全感；不怀恨别人，无深藏的敌意，无压抑的怒气，对压力适应良好；社交能力强，合群；能够自我控制；奋发向上，具有成就动机。 负向：偶尔出现不服从、不礼貌或反抗性行为，但都可以驾驭。
专制型	疼爱子女，但多限制或严格管束。	正向：顺从、理智、守规矩、整洁；侵犯性和支配性行为较少。 负向：懦弱、严肃、依赖；较缺乏竞争性、独立性和创造性；有时潜意识中怀有敌意、怀恨父母及他人；社会行为、好奇心、主动性、灵活性等因受到限制或压抑而流于呆板，难以正常发展。
	厌恶子女，多限制或排斥。	正向：较少，表面服从。 负向：易将愤怒情绪和行为抑制或内化，对现实不满，好幻想，甚至引起神经质反应，敏感、猜疑、对人缺乏信任，充满恐惧、不快乐、不友善、潜藏敌意、怀恨父母及他人；被动攻击并具有愠怒的退缩性；缺乏自尊和自信，学业成就低，人际关系不良，反抗权威，甚至出现违法犯罪行为。
纵容型	对子女过分溺爱、放任，并纵容其行为；对子女要求不清楚、不执行，任其为所欲为，常对子女的抱怨和苦恼行为屈服让步，并忽视甚至接纳子女的不良行为；管教态度常不一致，对子女成熟独立的行为较少要求或期望。	正向：很少。 负向：缺乏自信，成就动机很低；自我控制力差，行为常出轨或偏离社会规范；情绪不稳定，喜怒无常，变化快；对大人反抗、不服从，对父母不尊敬；常不能面对挫折与挑战，社会适应困难；生活没有目标，活动缺乏导向；待人处事具有攻击性，自我中心，作威作福，操纵他人。
疏忽型	厌恶子女，纵容子女。	正向：很少。 负向：除易出现上述纵容型负向行为以外，还可能将不满情绪表露出来并付诸行动；反抗父母和权威，甚至出现问题行为或犯罪行为，危害社会安全。

（三）亲子关系中常见的问题

在亲子关系中，父母处于成人地位、支配和教育孩子的地位；子女处于未成年人地位、受支配和受教育的地位，所以父母在亲子关系中的态度和做法比较容易受到重视。一般来说，父母下列一些态度和做法比较容易引起中学生的不良反应或反感：父母过于强调理由，只讲道理，不理解和接纳子女的内心感受；教训式或布道式地讲大道理；忆苦思甜式地拿自己为例讲道理；低估子女遇到的真实情境，或对子女的问题不屑一顾；父母自怜式地教育子女等。

上海市社会科学院的田晓虹认为，当前我国亲子关系主要面临下列矛盾：第一是父母的攀高、争名次心理期望和孩子的实际能力之间的矛盾；第二是父母对孩子物质上和教育上的从众、赶“时髦”与孩子的内在需要、条件和自我选择之间的矛盾；第三是父母披露孩子隐私与保护孩子心理健康之间的矛盾；第四是重抚养轻教育、重智育轻德育与培养孩子健全人格之间的矛盾。

根据天津市教育科学研究院“少年期亲子关系研究课题组”的研究，当前我国少年亲子关系中的问题比较严重的情况主要有下列几种，这也普遍反映了中小学生亲子关系中的主要问题：一是家长对子女状况感到不安，采取过度保护的管教方式；二是家长对子女期望过高、干涉过多、支配过头、教育过于严厉；三是家长对子女过于溺爱和盲从；四是有些家长对子女采取忽视和放任的态度和做法。

父母和子女之间生活的时代不同，心理发展水平有别，生活经验各异，长幼的角色不同，常常会造成亲子关系的某些问题。其中，最主要的问题是父母的教养态度和子女的心理需求之间的冲突，在进入青春期的青少年阶段表现尤为突出。在这种分歧中，成年人往往由于经济、社会角色方面的优势而占据着主动、支配的地位。这就更容易激起青少年学生的逆反心理，促使他们采用激烈、极端的方式来处理彼此的关系，从而激化矛盾，引发冲突，如与父母公开对抗、离家出走、甚至杀害父母等。要解决这些冲突，建立良好的亲子关系，父母和孩子双方都要付出努力。因此，亲子关系的教育与辅导就是教育青少年学生更多地理解父母、尊重父母，并帮助他们有效地与父母沟通；同时也使父母更好地理解孩子，满足孩子的合理需要，正确处理代沟问题，以形成和谐的亲子关系。

二、亲子关系的改善途径

（一）父母学会理解和尊重孩子

教师要引导学生的父母，使他们更多地理解孩子、尊重孩子、满足孩子的合理需要。父母要注意以下几个方面：明确良好的亲子关系的特征；采取恰当的教养态度；了解子女对父母的期望；更新教育观念，调整对子女的期望值；在孩子不同的发展阶段进行不同的教育。具体的教育措施，我们将在第十章具体阐述。

（二）子女学会理解和尊重父母

教师要教育青少年学生更多地理解父母、尊重父母，并帮助他们有效地与父母沟通。教师应教育学生认识到：①在任何家庭里，父母与孩子之间都会出现矛盾或冲突。美好的家庭不是没有矛盾和冲突，而是善于解决、处理矛盾或冲突。②良好的人际关系的基础是满足交往双方的需要，特别是心理、情感的需要。因此，要处理好亲子关系，我们既要考虑自己的情感需要，也要考虑父母的情感需要。言语行动还应遵守社会的行为准则，以免激化矛盾，造成彼此的伤害。③尽量学会站在父母的角度想问题。虽然父母有时做得不对，但其出发点一般是好的，我们应该多体谅，尽量避免与父母发生冲突。学会与父母进行有效的沟通，一方面要向父母表明自己可以理解他们，感谢他们的关心；另一方面也应让父母了解自己的想法，让父母感到自己确实长大了，懂道理了，从而改变其态度。同时，自己的错误一定要及时改正，如果家庭矛盾是由自己的不良行为引起的，一定要有承认错误和改正错误的决心和行动，这是解决矛盾或冲突的最好方法。

第四节 异性关系的教育与辅导

渴望、喜欢与异性交往是青春期学生性心理发展的必然。随着年龄的增长，男女生开始对异性同伴产生朦胧的神秘感和渴望。然而，由于受各种因素的影响，学生在异性交往方面却出现一些不良的倾向。比如，有的学生由于受传统“男女授受不亲”的思想的影响，或个人早期生活中不良经验的影响，或个性的内向、胆小、缺乏自信等因素，在与异性交往时表现得过分害怕、紧张，甚至恐惧；有的学生则受西方文化或现代社会风气的影响，而表现为与异性交往过分随便、没有分寸，甚至放荡不羁。这两种情况都不利于学生的心理健康成长。

由于传统文化思想的影响，无论是家长还是教师，对学生的异性交往问题，都是持比较反对的态度，或以各种理由约束之，或明确反对。尤其是对女生，父母发现其与男生交往，往往非常紧张，甚至反复叮嘱其警惕男性。这种消极的反对态度不利于青春期学生的健康成长。正确的做法是：教师和家长应在了解青少年性意识发展的基础上，引导青少年正确认识异性交往的原则，并教育他们学会以正确的方式方法与异性同学大方相处。

一、青少年学生性意识的发展

青少年学生正处于性别角色分化和性意识急速发展的时期，其发展一般需要经历以下过程：

（一）对性知识和异性的探求和了解

进入青春期后，第二性征的出现使两性的身心差异增大。自我性意识觉醒的青少年学生既对此颇感好奇、敏感，又迫切希望掌握性知识，对自己和异性的生理变化进行探求和了解。调查显示，青少年学生对性知识和异性的了解与渴望主要指向：男女生殖器的构造、性生理现象、生殖及性行为、解脱性烦恼的方法等。

（二）对异性的疏离与排斥

青少年学生对异性的兴趣与爱恋，有一个逐渐产生、发展的过程。其前兆往往表现为对异性的疏离与排斥。青春期初期，由于对性别、性角色的心理认同感增强，以及对第二性征发育现象的不安与烦恼，不少青少年学生对异性产生心理封锁，同性交往趋向增强。同时，由于完全缺乏与异性交往的技巧，对异性的陌生、畏惧感尚未消除，一些青少年学生以反向的方式来表达自己对异性的关注，容易在异性面前表现出不安和羞涩，这就出现了常见的“心相近而形相远”的现象。

（三）对异性的关注与接近

言诺是一名初三的男生，热情奔放，自信乐观，对未来充满憧憬。但是，有着阳光般笑容的言诺最近却多了几分忧伤的愁绪。因为有一个叫玉儿的女孩，当言诺一走近她时，他的心就扑通扑通地跳，这令言诺很烦恼，他就像患了流行感冒似的，出现了可怕的症状：头晕目眩、茶饭不思。每天，言诺既渴望见到她又害怕见到她，心中有一种莫名的期盼，期盼她的目光，期盼与她一起学习、聊天。只要能看到她的身影，听到她的声音，心里就能平静，感到很幸福。由于常想着她，言诺上课时已不能认真听课，成绩急剧下降。中考快到了，言诺很着急，不知道自己该怎么办。

言诺的困惑是步入青春期的中学生经常遇到的苦恼。进入青春期的少男少女，随着生理发育的日益成熟以及性意识的萌发，对异性产生好感、爱慕，并渴望与之接近、交往，是极为正常的心理。对异性向往的心理发展结果便是接近异性的行为，其表现主要为两方面：其一，刻意修饰打扮自己，以良好的自我形象吸引异性的注意，中学生这一阶段注意自己的衣着打扮、容貌身姿者明显增多，且女生多于男生；其二，以各种理由接近异性，以男子气或女性化表现来博取异性的喜欢，男女同学愿意在一起活动、游玩、运动、学习，主动接近异性者增多。

（四）对异性的追求与爱恋

随着对异性的关注增多，接近频繁，青少年学生会感受到异性吸引的情感撞击和性欲的冲动。当这种心理较为专一地指向某一异性时，便进入了纯洁、幼稚的初恋阶段，并产生相应的追求行为。

二、青少年学生的异性交往教育

（一）正确认识青少年学生的异性交往

对异性交往的正确认识和态度，是帮助青少年学生建立正常异性关系的前提。青少年学生心里萌发的异性吸引，是性心理和性生理走向成熟的必然结果，是一种正常的自然表现。对于青少年学生而言，异性同学之间的正常交往不仅有利于学习的进步，而且也有利于个性的全面发展。研究表明，男女青少年学生的交往有利于增进对异性的了解，丰富自身的情感体验，扩大社会交往的范围，在学习上得到异性同学的帮助，增进与人沟通的社会交往能力，促进人格的全面、健康发展。一般来讲，既有同性朋友又有异性朋友的青少年学生，往往性格比较开朗，为人诚恳热情，乐于帮助同学，自制力也比较强。那些只与同性同学交朋友的人，往往缺乏健全的情感体验，不具备与异性沟通的社会交往能力，社交范围和生活圈子也比较狭小，人格发展不甚完善。

（二）青少年学生异性交往的原则

教师在指导青少年学生进行正常异性交往时，要告诫或建议他们把握好“自然”和“适度”两个原则。

所谓自然原则，就是在与异性交往过程中，言语、表情、行为举止、情感流露及所思所想要自然、顺畅，既不过分夸张，也不闪烁其词；既不盲目冲动，也不矫揉造作。消除异性交往中的不自然感是建立正常异性关系的前提。自然原则的最好体现是：像对待同性同学那样对待异性同学；像建立同性关系那样建立异性关系；像进行同性交往那样进行异性交往。同学关系不要因为异性的加入和存在而变得不舒服或不自然。

所谓适度原则，是指异性交往的程度和异性交往的方式要恰到好处，应为大多数人所接受。既不为异性交往过早而萌动情爱，又不因回避或拒绝异性而对交往双方造成心灵伤害；既不过多地参与异性之间的“单独活动”，又不在异性面前如临大敌，拒不接纳异性的热情与帮助。当然，要做到为大多数人所接受是不容易的，这里面还有个自然、适度的异性交往能否为周围大多数人（包括教师、家长及同学）所承认和接纳的问题。青少年学生不要受周围环境、态度的牵制与影响，只要做到自然、适度，心中无愧，就不必过多考虑外界的接受程度。

（三）青少年学生异性交往的方法

1. 克服羞怯

与异性交往时要感情自然，仪态大方，不失常态。初次见面的羞怯与退缩是难以避免的，女生尤为如此。但是，多次接触后仍然羞怯，就会引起对方误解，因为只有恋人之间才以羞怯间接表达自己的情感。所以，在正常的两性交往中，尤其是女同学要注意克服不自然的羞怯心理，以免使正常的异性交往误入歧途。

2. 真实坦诚

在交往过程中做到坦荡无私、以诚相待、相互信任是建立和发展良好异性关系的前提和基础。这是指异性交往的态度问题。也就是说，与异性交往，要像结交同性朋友那样结交真朋友，切忌以“友谊”或“友情”的幌子招摇撞骗，贪图个人私欲，或者心术不正地骗取异性的感情。

3. 留有余地

虽然是结交知心朋友，但是所言所行要留有余地，不能毫无顾忌。比如，谈话中涉及两性之间的一些敏感话题时要尽量予以回避。交往中的身体接触要把握好分寸，不能过于轻浮，也不要过分拘谨。在与某位异性的长期交往中，要注意把握好双方关系的程度，不要走得“太深”“太远”，以免超越正常异性交往的界限。

（四）青少年学生异性交往中的常见问题

随着社会的发展和观念的更新，越来越多的青少年学生开始结交异性朋友。但是，由于许多学生对异性交往认识不够，对异性交往缺乏正确方法，从而在不同程度上存在着诸多的异性交往心理问题。主要有以下几个方面：

- ■个体间异性交往的困扰：在集体交往或小组交往的过程中，某些异性同学之间难免会形成比较频繁、亲密的个体间的交往。这些交往本来可能是正常的同学来往，但也很容易引起同学、老师和家长的猜疑和议论，从而带来压力和困扰。这种异性间的交往也可能逐渐超越正常友谊的界限，过早地涉入爱河，给学生的学习和生活带来不利的影响。
- ■单相思：某些青少年学生由于对异性言谈举止的误解和迷惑，或由于自己的各种主观情感体验的影响，单方面地对某个异性同学产生爱意，从而陷入情感的烦恼中。
- ■拒绝异性交往：某些青少年学生由于父母不正确的管教方法、以往生活经历的不利影响或自身性心理障碍的影响，回避或拒绝与异性交往，严重的甚至厌恶或仇视异性同伴。
- ■害怕与异性交往：某些青少年学生由于从小缺乏和异性同龄人的交往经验，或对自己各方面缺乏信心，虽然心里也渴望和异性交往，但又害怕和异性交往。这类学生在不得不和异性待在一起的时候，容易出现脸红、不能自由表达、行为不自然等表现。

值得注意的是，随着社会的开放、观念的更新和价值观的多元化，再加上青春期心理特点的影响，青少年学生的异性交往中也存在着下述不健康和不适当的因素：

■交友观不正确：某些青少年学生以交异性朋友为荣耀，甚至互相攀比，看谁的异性朋友多，谁交的异性朋友漂亮，通过这些来满足自己的虚荣心。还有些青少年学生交异性朋友是为了满足自己的私欲。

■超越友谊界限：某些青少年学生在异性交往中不能把握自己的感情，超过了友谊的界限，有个别青少年学生甚至过早地发生了两性关系。

■交往的方式不恰当：目前有许多青少年学生的交往活动是通过正常的途径如学习、课外活动等进行的，交往的场所也主要是在学校里。但某些青少年学生为了逃避教师和家长的监督，与异性单独到社会上的某些娱乐场所进行交往活动。

■随意性交往：由于社会认知能力和判断能力的限制，某些青少年学生在与异性交往中过于随便，不加选择，交往的对象比较多。有的学生结交社会上自己并不很了解的异性，这样很容易对自己造成不良影响。

■择友标准不正确：大多数青少年学生以学习好、能力强、有特长、思想品德好等作为选择异性朋友的主要标准，但也有些青少年学生受某些社会不良风气的影响，注重物质利益和没有原则的"义气"。

三、引导青少年学生区分友谊与爱情

欣诺14岁了，长得清纯美丽，学习刻苦努力，是一个品学兼优的好学生，在班里担任文艺委员。平时在学习和班级活动中，欣诺与班上一个名叫林可的男同学很要好。林可在班里担任副班长，能力很强，幽默感十足，也是一个积极上进、学业成绩优良的好学生。两人经常在一起组织班级活动，学习上互帮互助，是班主任和任课老师的得力助手。但不久的一天早晨，欣诺和林可走进教室后引起同学们的哄堂大笑，原来不知是谁在黑板上写下：欣诺LOVE林可！

自从这件事发生以后，关于欣诺和林可的各种猜测和俏皮话像长了翅膀一样，在本班和邻班越传越多、越传越神秘，最后传到了班主任的耳朵里。欣诺和林可随即被叫到办公室，一番"教诲"之后，欣诺委屈地哭了，低着头说："老师，请不要这样看我们！"在一阵沉寂之后，林可字字入耳地问道："老师，请问当初你们做中学生的时候，就没有过被异性同学理解和关爱的渴望？难道同学之间的相互支持和帮助就是恋爱吗？”

欣诺与林可的遭遇在今天的中学校园里并不少见。许多同学之间正常的异性交往常常被周围的同学拿来开玩笑，戏谑为谈恋爱。有些老师和家长则给学生贴上“早恋”这个标签。这种情况往往会导致两种结果：一是被误解的双方中止正常的同学交往，并且为了避免闲话也会疏远其他异性同学，时间长了容易引起将来与异性相处的心理障碍；二是被误解的双方真的在同学们的种种“暗示”之下，从一般的同学关系转变为情窦初开的爱慕关系。两个人开始关注、思考、培养所谓的“爱的情结”，这会严重影响他们正常的学习生活与身心发展。

中学阶段是异性交往的敏感期，也是异性交往的频繁期。恰当的异性交往可以促进中学生形成性别角色，学会在正常的社交场合对异性采取正确的态度，保持适当的行为方式，取得和异性交往的经验和技巧，为将来成人后的恋爱和婚姻生活做好心理准备。目前，中小学生异性交往中比较常见的心态是既渴望和异性进行交往、了解异性，又担心和异性交往会给自己的学习、生活带来新的烦恼，尤其是怕引起别人的误解和非议。

由于青春期的学生过于敏感，富于想象，他们中不少同学在与异性交往过程中，把握不好友谊与爱情的界限，常将友谊误认为是爱情，导致心理的困扰；或者因为没有处理好感情与理智的位置，有的学生陷入早恋之中，影响其学习效率和心理的平衡。在对青少年学生进行异性交往教育时，教师要帮助学生认识到友谊与爱情的界限，并使学生认识到早恋对自我发展的不利影响，从而使其端正思想，树立正确的异性交往观念。目前，早恋问题是一个比较敏感的话题，许多学校与教师都采用避开的态度或禁止的方式来对待这个问题。然而，由于学生的逆反心理，加上社会风气的影响，早恋现象不但未减，反而有上升的趋势。因此，对这个问题的正面引导是刻不容缓的。教师在进行教育时，需要注意调节自己的情绪，尽量以理解、宽容的态度来与学生进行交流。如果教师能够设身处地体谅学生的情感需要，并从学生的利益出发来引导学生端正认识，帮助他们处理好异性交往中的各种烦恼和挫折，则将获得学生的信任，从而达到帮助学生的目的。

第四章

学业发展的教育与辅导

学业发展的教育与辅导，简称学习辅导，是指教育者运用心理健康教育的理论和技术，对学生的学习动机、学习策略和考试焦虑等与学习有关的问题进行辅导，最终培养学生良好的学习心理品质和帮助学生学会学习的一种教育活动。总的来说，是帮助学生解决愿不愿学、能不能学、会不会学的问题。愿不愿学是学习的态度与动机问题，能不能学是学习的智能问题，会不会学是学习的方法和策略问题。通过学习辅导，解决学生在学习过程中的各种心理困扰，引导学生开发自己的学习潜能，培养良好的学习心理品质，提高学习效率，顺利完成学习任务。

第一节 学习动机的教育与辅导

一、学习动机的涵义与功能

学习动机是指直接推动学生进行学习的一种内部动力，是激励和指引学生进行学习的一种需要，是影响学生学习的一种重要的非认知因素。学习动机的内容主要包括：学生对知识价值的认识（知识价值观）、对学习的直接兴趣（学习兴趣）、对自身学习能力的认识（学习能力感或自我效能感）、对学习成绩的归因（成就归因）等四个方面。

曾有一个学生对任课老师说："老师，你教的这些知识有什么用呢？我看不到它的用处，你也不要太用心去上课，那样好辛苦，又没意义。你就把要考试的内容告诉我们，我们去背背就得了。"

这个学生的表现就是学习动机缺乏。学习动机是否是学习必需的？心理学家认为，人类生活中的大量学习，也是可以在没有任何学习意向的情况下偶然发生的。动机对于那些无组织的、短期的学习可能并非必要，但要有效地、长期地进行有意义的学习，动机绝对是必不可少的。学生的学习活动是一项长期的、艰巨的任务，它是为一定的学习动机所支配的。

学习动机和学习效果之间是辩证关系，正如奥苏伯尔（D. P. Ausubel）所指出的：学习动机与学习效果之间的关系是典型的相辅相成的关系，绝非一种单向性的关系。一方面，学习动机对学习效果具有促进作用；另一方面，学生在学习过程中所学到的知识反过来又可以增强学习动机，学习本身就是进一步学习的动机。

心理学研究表明，学习动机的强度与学习效率的关系是倒“U”形曲线关系。也就是说，动机强度处于中等水平时，学习效率最高；当学习动机的强度超过最适宜的中等强度时，学习效率反而会下降。例如，过度考试焦虑现象主要是由动机过强造成的。耶克斯－多德森定律表明（如图4.1），各种活动都存在一个最佳的动机水平；动机不足或过分强烈，都会使工作效率下降。动机的最佳水平随任务性质的不同而不同。在比较容易的任务中，工作效率随动机的提高而上升；随着任务难度的增加，动机的最佳水平有逐渐下降的趋势。也就是说，在难度较大的任务中，较低的动机水平有利于任务的完成。

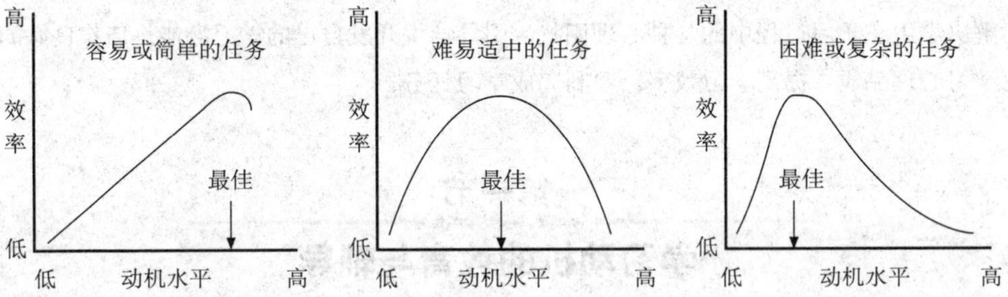

图4.1　耶克斯－多德森定律

二、学习动机的激发途径

所谓学习动机的教育与辅导，主要是针对学生的成就动机进行心理健康教育，帮助学生正确认识自己的能力，认识成就动机对学习的重要作用，进而确立恰当的抱负水平。培养和激发学生的学习动机，具体策略有以下几点：

（一）培养学生的学习兴趣

学习兴趣不仅使学生渴望获得知识，具有促进学习的作用，而且在学习过程中伴随愉快的情绪体验，有助于学生产生进一步学习的需要。学生容易对下列事物或环境产生兴趣：过去经历过并获得成功结果的事情；抱有成功希望的事情；符合本人能力水平的活动；新颖的能引起好奇和注意的事物。

教师在培养学生的学习兴趣时应注意以下几点：①教育学生明确学习知识的社会意义是形成学习兴趣的重要条件；②使学生参与力所能及的学习活动，运用所学知识解决实际中的问题，从中体验到学习的欢乐和成功的愉快，是形成学习兴趣的重要途径；③获得某一领域的知识和经验，是对该领域产生兴趣的基本条件；④各种课外活动小组、兴趣小组在培养学习兴趣和增强学习动机上常常起着不可估量的作用。

在课堂教学中增强学生的学习兴趣，教师要注意以下几点：①向学生提出具体而明确的学习目标；②利用灵活的教学方式使课堂教学趣味化；③加强课堂内容的新颖性、形象性和具体性；④实施启发式教学，创设问题情境，激发认识兴趣和求知欲；⑤充分调动学生在课堂学习中的主动性；⑥组织合理的课堂活动结构，实施合作式学习。

（二）及时反馈和适当评价

学习反馈是指告知学生关于其学习活动的进展情况及所取得成绩的信息；评价则是指对这种进展及成绩的价值进行评判（肯定或否定），并给予相应的强化（表扬与奖励、批评与惩罚）。反馈和评价是紧密相连的，教师的任何反馈对学生来讲实质上都有评价的意义，而任何评价也都反馈了一定的关于学业情况的信息。

教师在运用反馈时应注意以下几点：①对学生学习结果的反馈要及时，对低年级学生更应如此。教师要及时批改和发还学生的作业、测验和试卷等，“及时”是利用学生刚刚留下的鲜明记忆表象，满足其进一步提高学习水平的愿望，增强学习信心。②反馈的内容应包括学生对教师课堂提问的回答、课内外作业和各种考试结果的反馈。③反馈应使学生知道什么是正确的，这比知道什么是错误的更重要。④应随时让学生了解距离自己订的学习目标还有多远。⑤对学习成绩不理想的学生，不能单纯看其分数的高低，还应从各个学习环节中发现其可取之处，并给予表扬和鼓励，以增强其自信心和上进心。

教师如何对学生的学习进行评价是影响学生的学习动机最重要的外部因素。评价的主要原则应是对指向掌握目标（学习目标）的活动（或努力）做肯定评价，而不是进行成绩导向的评价，即不是通过比较学生间的差异而进行竞争性评价。特别是低成就的学生，在竞争性评价气氛下，无论他怎么做也很难得到肯定，他就会自暴自弃。实际上，对学业成绩排名次感兴趣的人，总是那些名列前茅的人，很少会有学生在看到一张自己注定要“叨陪末座”的名次表时，还会继续努力。

教师在运用评价时应注意以下几点：①要使学生对评价有正确的态度，尤其是正确对待考试和考试分数。②教师评价时要尽量客观公正、实事求是，坚持以正面表扬为主。具体表现在：要多表扬少批评，表扬应与严格要求相结合，批评中应带有鼓励；对于学习较差且自卑的学生，可以通过表扬其某一方面的特长来带动其学习的积极性，在其即将取得成功时要及时给予鼓励；要考虑到学生受表扬和受批评的历史；表扬和批评应建立在师生间融洽的关系以及相互尊重的基础上。③评价时应考虑学生的年龄特征、心理发展水平和个体差异。例如，对小学生要多表扬，对自信心差的学生要多表扬；对女生而言，表扬比批评更有效，而对男生而言，批评比表扬似乎作用更大些；表扬对学习困难的学生作用更大，而批评对优秀学生作用更大；对内向型学生，表扬的效果比批评好，而对外向型学生批评似乎更有效。

（三）科学使用奖赏和惩罚

奖赏主要是外部奖励，运用奖赏激发学生的学习动机是外部动机激发的主要方法。但有研究表明，外部奖赏不一定都能提高学生学习动机。因此，科学有效地使用奖赏，应注意以下几点：①奖赏要以精神奖励为主、物质奖励为辅，可给学生发一些他们喜欢的学习用品、书刊等作为奖品；②奖赏要与学生实际付出的努力相一致；③对同一个学生而言，奖赏不可用之过久，应注意逐渐撤消；④奖赏方式要适合学生的年龄特征；⑤淡化奖赏的外部控制作用，尤其是对中等生、学习困难学生，教师应向他们讲明奖赏的目的在于肯定他们学习上所取得的进步，而不是他们学习的报酬。

在学校中，使用惩罚的目的是让学生通过努力去避免惩罚，而不是通过不及格去体验惩罚。尽管惩罚对学习有一定的促进作用，但在使用时必须注意以下几点：①偶尔使用惩罚；②使学生明白为什么要受惩罚；③给学生提供一个可选的方法以获得某种积极的强化；④强化学生与问题行为相反的行为，亦即当实施惩罚后，如发现学生有积极的表现，应停止惩罚；⑤避免使用体罚；⑥避免在非常愤怒或情绪不好时使用惩罚；⑦在某个行为开始而不是结束时使用惩罚。

此外，教师在运用惩罚时要坚持对事不对人的原则，执行惩罚时既要公平一贯，又要灵活有差异。例如，学生第十五次迟到和第一次迟到时所受的惩罚就应有所差异。教师在对学生进行惩罚后，要给予学生积极的帮助，使学生受惩罚后，不仅不再犯错，而且在同样情境下，学会以适当行为代替不良行为。这是一种负强化，是惩罚的积极目的，从而使惩罚具有教育价值。

（四）科学设置难度，激发成就动机

1. 成就动机理论

成就动机是指个体积极主动地从事某种自认为重要或有价值的工作，并力求达到完美地步的内在推动力量。阿特金森（J. W. Atkinson）的成就动机理论认为，人的成就动机可分成两个部分：其一是力求成功的意向，其二是避免失败的意向。也就是说，成就动机涉及对成功的期望和对失败的担心两者之间的情绪冲突。在学习活动中，成就动机的作用和水平可以从学生对待学习任务的态度、选择任务、坚持性以及学习成绩等方面显示出差异。高成就动机的学生能积极地向中等难度的课题或任务挑战，并选择有可能完成的学习任务，以求得成功。而低成就动机或无成就动机的学生往往选择不恰当的任务以避免失败，即不是太容易的就是太难的任务。容易的任务不太可能失败，难度极高的任务失败了，也无人会责备；而且还经常性地变动所选定的任务。

按照阿特金森的成就动机理论，最好的是高希望成功倾向和低避免失败倾向的结合。这就要求我们在学习动机辅导过程中，要考虑给学生什么程度的学习任务能起到激励作用。若学习任务太难，则可能导致希望成功倾向降低，避免失败倾向增强，可能会使学生最终放弃学习任务；若学习任务过于容易，不需要经过努力即可达到，对学生就起不到激励作用。因此，针对不同层次的学生，设计出他们经过努力能够完成的学习任务，是学习动机辅导的难点之一。

除了学习任务的难易外，评分的标准也是影响成就动机的一个重要因素。如果评分标准太严，不论怎么努力也不能及格，那么学生就会放弃学习；如果评分标准太松，学生认为100分来得很容易，那么学生也不可能努力学习。因此，这就需要教师适当地掌握评分标准，达到激励学生学习的效果。

此外，高成就动机学生（或追求成功者）在失败的情况下有耐心、有毅力、能坚持，倾向于内归因，即把失败归因于缺乏努力，认为这种状况自己是可以控制和改变的。低成就动机学生（或避免失败者）在失败的情况下会半途而废、见异思迁，倾向于外归因，即把失败归因于运气、机遇，认为这种状况自己是无法克服和改变的。在正常情况下，学生的成就动机越强，学习效率越高，成绩也越好。值得注意的是，学生的成就动机过强，则会适得其反。

2. 成就动机训练

阿特金森认为，最初的高成就动机来源于孩子生活的家庭或文化群体，特别是幼儿期的教育和训练的影响，也可通过专门训练加以培养。成就动机训练的目的是让学生学习高成就动机者的思想、言论与行动方式，增加主动积极的行为。训练步骤如下：

第一步，实施主题统觉测验（TAT），了解学生的成就动机。麦克兰德（D. C. McClelland）创造了一种投射测验，认为成就动机可以展现在人们的想象或幻想中，这些想象能表现出动机。主题统觉测验的材料包括一系列含义模糊的图片，测验时要求被试就图片中所描绘的人物或事件构思出一个故事。如图4.2，这张图片要求被试按这些问题编写故事：这个男孩是谁？他在想什么？将要发生什么？麦克兰德认为图片提供了一个屏幕，人们的主导动机可以在他构思的故事内容中投射出来，他还和同事们一起编制了一个编码系统，对被试所编写的故事进行解释。如果某一被试多次认为，图片中的男孩是在自豪地回想自己在一次考试中取得的优异成绩，并打算争取到一份奖学金或梦想将来成为一名优等生，那就说明这个被试具有高成就动机。

图 4.2 成就动机 TAT 测验图片

第二步，通过阅读有关资料、观看录像片，识别高成就动机者的思想和行为特征。

第三步，通过集体讨论和个别谈话，帮助学生认识自己的动机倾向（是追求成功还是避免失败），了解高成就动机在学习、生活中的重要意义。

第四步，组织学生参加投环、掷镖等游戏，从中学习像高成就动机者那样，确立与自己实际情况相符合的目标，获得成功的体验。鼓励学生对自己提出挑战，选择那些成功概率约为50%的任务，形成新的思想，尝试新的行为方式。

第五步，在学科教学活动中，教师要针对不同层次的学生，设计经过他们的努力能够完成的学习任务。同时，教师鼓励学生确立符合自己实际情况的学习目标，让学生体会成功的经验，进而确立高成就动机。

（五）进行归因训练，促使学生努力

1. 归因理论

如果说成就动机理论是从原因来谈论学习动机的引发，那么归因理论则是从结果来阐述学习动机的激发。20世纪60年代，心理学家用因果关系推论的方法，从人们行为的结果来寻求行为的内在动力因素，并称之为归因。美国心理学家韦纳（B.Weiner）在总结海德、罗特等人研究工作的基础上，提出了学习动机的自我归因理论（或成败归因理论）。他认为，能力、努力、工作难度、运气、身心状况、别人的反应是人们在解释成功或失败时知觉到的六种原因，并将这六种原因分成稳定性（原因在性质上是稳定的还是不稳定的）、控制点（把成败归于自身内部原因还是外部原因）和可控性（原因是否由自己控制）三个维度（见表4.1）。

表4.1　韦纳成败归因理论的三维度分析

成败原因	成败归因维度					
	稳定性		控制点		可控性	
	稳定	不稳定	内部	外部	能控制	不能控制
能　　力	✓		✓			✓
努　　力		✓	✓		✓	
工作难度	✓			✓		✓
运　　气		✓		✓		✓
身心状况		✓	✓			✓
别人的反应		✓		✓		✓

归因理论认为，学生对自己学业成败的归因倾向将影响其未来学习活动的选择、坚持性和动机强度。如果将学业成功归因于内部、稳定、可控制的因素，学生会产生自豪感，会积极去争取成功，进而提高学习动机。如果将成功归因于外部、不稳定、不可控的因素，学生则会产生侥幸心理，不会产生多大的动力。如果将失败归因于内部、稳定、不可控制的因素，学生会产生羞愧、绝望的感觉，表现出冷漠、压抑、自

暴自弃或“丧失动机”，进而产生习得性无助感（learned helplessness）。如果将失败归因于外部、不稳定因素，学生会生气；归因于可控制的因素，学生则会继续努力。

至于什么样的归因模式是理想的适当的归因模式，取决于许多条件，研究者从不同条件出发所得的结论也不完全一致。由于努力程度可受个人意志的控制，因此，当学生把学业失败归因于自己努力不够时，就会增强其进一步学习的动机。但有人研究指出，仅使学生认识到自己努力不够或仅强调学生必须不断努力，还不足以使他们在学业上取得成功，同时还要创造条件，使他们不断地感到自己的努力是有效的。安德森（Anderson，1980）在研究中发现，学生在学业上失败时，将失败归因于学习方法与策略更能提高其学习积极性。

2. 归因训练

学业的成功与失败是学生在学习活动中经常遇到的。不同的归因倾向会引起不同的期望和情感体验，由此而产生不同的学习行为。因此，对学生进行归因训练，是激发学生内部学习动机的重要策略。

归因训练的目的是帮助学生建立积极的归因模式，引导学生将成功归因于自身内部因素，这样可使他们体验到成功感和有能力感，进一步增强其今后承担和完成任务的信心；将失败归因于努力不够等不稳定性因素，则会使学生相信改变未来的失败是可能的，成功的期望会增强。同时，应防止学生将失败归因于能力差、任务太难等稳定且不可控的因素，因为这种归因方式会严重挫伤学生的学习积极性和自信心；还应防止学生将成功归因于运气与难度低等外在因素。韦纳在前人研究基础上总结出的归因训练模式如图 4.3 所示。

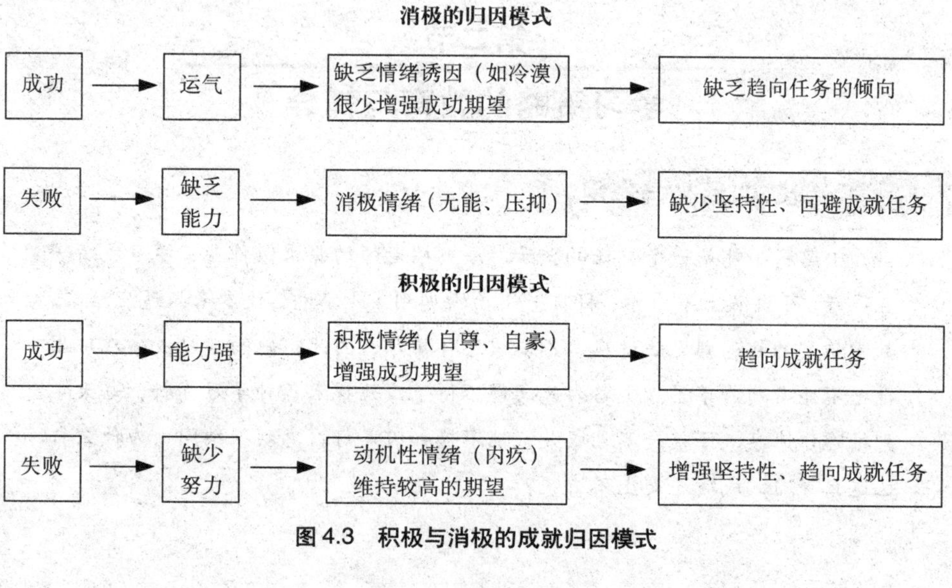

图 4.3 积极与消极的成就归因模式

归因训练方法主要有团体发展法、观察学习法、强化矫正法等。

(1) 团体发展法。这种方法是以集体讨论的形式进行的，小组成员一般为3~5人。首先由辅导教师向小组成员介绍有关成败归因方式及其在学习活动中作用的知识，然后让学生在一起分析讨论影响学习成绩的原因，并填写归因量表。辅导教师要求学生从一些常见的备择原因中选出与自己学习成绩最有关系的因素，并且对几种主要因素（能力、努力、任务难度、运气等）所起的作用程度做出评定。辅导教师对其归因和评定及时做出反馈，指出归因误差，对学生正确的归因予以肯定、鼓励；对错误的归因加以纠正，帮助学生建立起积极适当的归因模式。这种方式比较适合于小学高年级以上的学生。

(2) 观察学习法。让学生观看有关归因训练的录像片。录像片的内容是学生在完成任务后进行归因的情况，片中每当学生做对题目时，就给予纪念品奖励并显示绿灯，并且告诉大家："他做对了，说明他努力做了。"当做错题目时，不给奖励并显示红灯，并且告诉大家："他答错了，还应更加努力，才能做对。"学生在观看录像后重复类似的任务，以促使其将观察学习的效果迁移到自己的行动之中。在运用观察学习法时，应使录像片中学生的特征，如性别、年龄、文化背景等，与接受训练的学生尽可能相似，所从事的任务也尽量与受训者的实际学习任务相一致，以提高观察学习的效果。

(3) 强化矫正法。让学生在规定时间内完成不同难度的任务，然后要求学生在事先预备的归因因素中做出选择，对完成任务的情况做出归因，填写归因量表。每当学生做出比较积极的归因时，就及时鼓励或奖励（即强化），并对那些很少做出积极归因的学生给予暗示和引导，促使他们形成正确的归因倾向。

第二节 学习策略的教育与辅导

一、学习策略的涵义与作用

小璐从小就是一个听话的孩子，每天按老师的要求做作业，学习成绩一直很好。可自从上了中学，科目一下子增加到了七八科，使本来只适应语文、数学学习的她感到无法适应，不知该怎样学习，因此，她的学习成绩在班里再也不能名列前茅了。小璐为此急得不得了，她找来各种学习资料，每天学到很晚才休息，可就是不见成效。她不知如何是好，感到很纳闷：为什么自己这么努力，成绩还是上不去呢？

像小璐这样的情况在学生中是非常典型的。有很多学生通常学习十分努力，但收效却不大，问题就出在缺乏有效的学习策略上。

“策略”一词源于希腊语，意为“将才”，指行为或行动计划以及为解决某问题、达到某目标而有意识地实施的一套活动。现代心理学认为，学习策略是指学生在学习活动中有效学习的程序、规则、方法、技巧及调控方式。它既可是内隐的规则系统，也可是外显的操作程序和步骤。它一般包括认知策略、元认知策略和资源管理策略等类型。

在一次班会上，老师请学习成绩一直很好的王亮、李伟、周明等几位同学介绍学习经验。

王亮说：“我有一个习惯，晚上放学后不急于写作业，因为经过一天紧张的学习，大脑已经很疲劳了。我一般先睡上一觉，然后再学习，这样学习效率很高。”

李伟同学也有自己独特的方法，就是很少背，英语从不背单词，只是背课文；政治不背，只重视基本理论的理解；历史、地理也不背……

周明同学的意见不同于李伟，他说自己的优异成绩正是得益于坚持不懈的“死记硬背”。尤其是外语和语文。他将6～9个单词作为一组写在一张卡片上，随身携带，每天利用零散的时间背英语单词，效果非常好……

他们的做法都有一定的道理，对同学们的启发也很大。但过了一段时间，老师发现，班里有些同学总是不能完成家庭作业，调查得知他们中有的回家吃完饭倒头便睡，说是睡一会儿再学习，可一觉就睡到了天亮。英语老师也反映班上有的同学听写单词时错误太多。也有的同学抱怨说：“周明不会是骗我们吧？我照他的方法背单词，前两天觉得还好，可背多了就容易混淆。”……

上面这个例子给我们的启示是：第一，学生要想取得好的学习成绩，必须拥有合理的、较好的学习方法；第二，每个人都会有自己独特的学习方法，不是每一种学习方法都适用于任何人，适合自己的才是最好的学习方法；第三，要学会借鉴一些好的学习方法，在运用的过程中加以体会，然后将其加以改动，使之变成自己的学习方法，让自己的学习事半功倍；第四，死记硬背、题海战术并不是一种有效的学习方法。对于多种学科的学习，尤其要注意不要仅以一种学习方法来应付。学习过程中要将良好的思维习惯与学习方法结合起来，互相促进，运用多种学习策略来提高学习的效果。因此，教师要注重对学生学习策略的辅导。

埃德加·富尔在《学会生存》中指出：“未来的文盲将不再是不识字的人，而是那些不会学习的人。”而学习策略辅导就是要教学生学会学习，解决学生“会不会学”的问题。学习策略辅导要求教师不仅要掌握学习策略的原理和方法，还要懂得如何去训练和培养学生的学习策略。

二、认知策略及其学习

认知策略是加工信息的一些方法和技术，这些方法和技术能使信息较为有效地从记忆中提取。认知策略主要包括复述策略、组织策略、精细加工策略、支持策略四种。

（一）复述策略

复述指为了保持信息而对信息进行多次重复的过程。在学习中，复述是一种主要的记忆手段。例如，对于地名、人名、时间、数理符号等简单的知识，我们一般采用复述策略，通过一遍遍地读、写、看来记住它们。学习英语单词的时候，也常常要用到复述策略，如抄写、反复背诵。在实际学习过程中，具体的复述策略有：及时复习、过度学习、集中复习和分散复习相结合；反复阅读和试图回忆相结合；整体识记、部分识记和综合识记相结合；防止前摄抑制和倒摄抑制，排除干扰；注意首位效应和近位效应；注意情景相似性和情绪生理状态相似性的影响；注意心向、态度和兴趣的影响等。

在进行复述策略指导时，教师应注意以下几点：经常要求学生复述，培养复述习惯；通过多种方式发展学生的复述能力，如要求复述新内容、要求学生用自己的话复述材料的主要内容等；对学生进行具体的复述策略指导，不能把复述搞成简单的死记硬背，对复述的要求应逐步提高。

（二）组织策略

所谓组织，就是指对材料进行加工，按照材料的特征或类别进行整理、归类或编码。组织的具体方式、方法或途径就是组织策略。常用的组织策略有列提纲和制作关系图。

1. 列提纲

列提纲是以简要的语词写下主要和次要的观点，也就是以金字塔的形式呈现材料的要点。在教列提纲技能时，教师可先提供一个列得比较好的提纲，然后解释这些提纲是如何统领材料的，下一步就给学生提供一个不完整的提纲，分步对学生进行训练：①提供一个几乎完整的提纲，需要学生听课或阅读时填写一些支持性细节；②提供一个只有主题的提纲，要求填写所有的支持性细节；③提供一个只有支持性细节的提纲，要求填写主要观点。

2. 制作关系图

制作关系图是运用图示或连线、箭头等手段表示知识之间内在联系的方法。它包括重要概念的确定和概念之间相互关系的说明。例如，学生在学完各种凸四边形的关系后，可制作如下关系图（见图4.4），揭示各种四边形之间的关系。

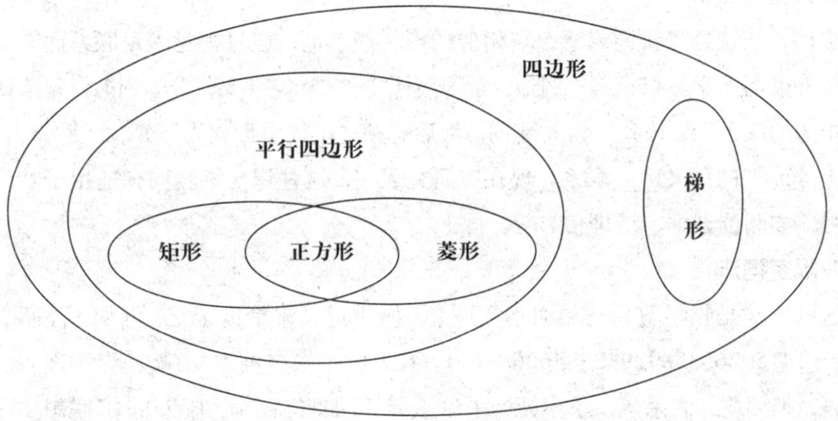

图4.4　凸四边形关系图

（三）精细加工策略

精细加工，就是指通过把所学的新信息和已有的知识联系起来，以此来增加新信息意义的加工。也就是说，我们应用已有的图式和已有的知识使新信息合理化。它和组织策略一样都属于深加工范畴，但组织策略的关键是构建或突出新知识点之间的内在联系，使信息易于编码；而精细加工策略则是使新知识与已有知识取得联系，增进对新知识的理解。

精细加工策略具体运用时有许多种，其中有些被人们称之为记忆术，它能在新材料和视觉想象或语义知识之间建立联系，进而有助于将信息储存到长时记忆中去。

1. 首字连词法

这种方法是将材料中每个词的第一个字（或首写字母）连结成有意义的词或词组，以便于记忆。例如，“HOMES”是由美国五大湖（Huron，Ontario，Michigan，Erie，Superior）的首写字母联结而成。再如，《辛丑条约》内容为：①要清政府赔款；②要清政府保证禁止人民反抗；③允许外国在中国驻兵；④划分租界，建领事馆。我们可用“钱禁兵馆”（谐音“前进宾馆”）来帮助记忆。

2. 位置记忆法

这种方法是把所要学习或记忆的项目，与一个特选的熟悉的地方或位置上的事物联系起来帮助记忆。例如，某人要到超市购买些食物（黄油、牛奶、苹果），就可以将要记忆的食物与房间里的物件配对联系，假定房间里有一张桌子、一盏灯、一台电视机和一些日用品。他想象的是：桌子上的黄油、奶色灯具和电视机上面的苹果。回忆时，只要他顺着房间里原有物件（桌子、灯、电视机）搜寻，便可回想起黄油、牛奶、苹果。

3. 关键词法

这种方法就是将新词或概念与相似的声音线索词，通过视觉表象联系起来。这种方法对外语词汇学习很有效。例如，学习英语中的“gas”（煤气）一词时，先选择与之发音相似的汉语词“该死”为关键词，然后想象“煤气中毒死人”，从而使关键词“该死”与“gas”的词义建立联系。现在有研究表明，这种记忆术也同样适用于其他信息的学习，如阅读理解、地理信息等。

4. 限定词法

这种方法是指学习新材料时运用联想，假借意义来帮助记忆。例如，背诵圆周率（$\pi = 3.14159265358979323846 26\cdots\cdots$），有人编了顺口溜，“山巅一寺一壶酒，尔乐苦煞吾，把酒吃，酒杀尔，杀不死，乐尔乐”；又如将黄金分割点0.618联想成“拎点油要吧”。这些都是对无意义的数字赋予意义，利用视觉表象和语义联想去记住一系列材料。

（四）支持策略

支持策略是指促进学习活动的一些外显的操作程序和步骤，如画线、做笔记、写提要等。

1. 画线

在重要信息下面画线（或标着重号），能使学生快速找到和复习课文中重要的信息。画线必须有选择性、针对性。有研究发现，画出无关信息将降低对重要材料的回忆。因此，画线技术训练应该与有意识地培养学生区别重要信息与次要信息的能力相结合，教学生谨慎地使用画线。

对学生进行画线技术训练时，教师应注意：①教师要帮助学生辨别学习材料中的重要信息，如关键词、主题句、重点段及主要章节等；②学会谨慎地画线，也许只是一个词、一个句子，只画出与目标相关的信息；③教学生用不同的记号来标明不同性质的重要文字，如使用不同颜色的标记等；④教学生复习和用自己的话解释画线的内容。

有时一味地只是画线，并不是学习材料的好方法，因为它不能提供思考材料的机会，画线应与眉批、脚注、注释相结合。有学者提出在画线的旁边做注释可能是一种更为有用的方法，常用的具体方法有：①圈出不知道的词；②标明定义；③标明例子；④列出观点的原因或事件的序号；⑤在重要的段落前面加上星号；⑥在混乱的章节前画上问号；⑦给自己做注释，如检查上文中的定义；⑧标出可能的测验项目；⑨画箭头标明关系；⑩注上评论，记下不同点和相似点；⑪标出总结性的陈述。

2. 做笔记

做笔记是一种重要的信息选择技术，它有助于指向并维持对某些信息的注意，有助于促进新信息的精细加工和整合。不同类型的笔记在信息选择中的作用是不同的，逐字逐句的笔录式笔记效果较差，用自己的话做简要的、纲目式的笔记效果较好。教师指导学生做笔记，应注意以下几点：①教学生在笔记的每一页的左边（或右边）留出几厘米的空白，做笔记时保留这部分空白；②记录教师讲课的要点（包括重点、难点、疑点）；③运用速记符号，尝试用自己的话记录重要概念；④教师可讲授得慢一点，重复复杂的主题材料；⑤教师给学生提供结构式的辅助手段，以呈现做笔记的线索；⑥教师要在黑板上写出重要的信息；⑦给学生提供完整的笔记样例；⑧做完笔记后，在空白处用词和句子简要总结笔记。

三、元认知策略及其训练

（一）元认知策略的涵义

元认知是美国心理学家弗拉维尔（J. H. Flavell）于1976年首先提出来的。弗拉维尔（1985）指出：“元认知通常被广泛地定义为任何以认知过程与结果为对象的知识，或是任何调节认知过程的认知活动，它之所以被称为元认知，是因为其核心意义是对认知的认知。”从元认知的构成成分来看，它包括元认知知识、元认知体验和元认知监控三种成分（董奇，1989）。

元认知知识是对有效完成任务所需的技能、策略及其来源的意识——知道做什么，是在完成任务之前的一种认识。它主要包括：①对个人作为学习者的认识。在完成某一任务时，学习者首先要有对自己或他人作为学习或思维的认知加工者的一切特征的认识。②对任务的认识。对学习材料的性质、长度、熟悉性、结构特点、材料的呈现方式、逻辑性等因素以及学习目标和任务的认识。③对有关学习策略及其使用方面的认识。对各种学习策略及其优点和不足、应用条件和情境以及效力的认识。

元认知体验是指伴随着认知活动而产生的认知体验或情感体验。元认知监控是指个体在认知活动进行的过程中，对自己的认知活动积极进行监控，并相应地对其进行调节，以达到预定的目标。其中，元认知监控是元认知的核心。

元认知策略包括计划策略、监控策略和调节策略。它指导和监控认知策略的运用，也就是说，元认知策略是解决认知策略为何用、何时用、何处用、如何用等问题。因此，元认知策略有时也叫作自我监控策略。我国学者董奇、周勇等紧密结合学习的具体过程，从宏观上提出学习的自我监控由学习之前、学习之中、学习之后三方面的具体内容构成（见表4.2），并编制了学习自我监控量表。

表 4.2　学习自我监控的结构框架

维度名称	维 度 涵 义
	I. 学习活动前的自我监控
计划性	指学生在学习前对学习活动的计划和安排。例如，学习之前先做好计划，对学习哪些内容、如何去学以及学习时间安排等进行计划。
准备性	指学生在学习前为学习活动做好各种具体的准备。例如，学习之前准备好学习用具，创设好学习环境，调节好情绪与精力。
	Ⅱ. 学习活动中的自我监控
意识性	指学生在学习活动中清楚学习的目标、对象和任务。例如，上课时知道老师为什么要讲这些内容。
方法性	指学生在预习、上课、做作业、复习等学习活动中讲究策略，选择并采取合适的学习方法。例如，预习时在不懂的地方做上记号，听讲时弄清老师讲课的思路，采取理解记忆的方法。
执行性	指学生在学习活动中控制自己去执行学习计划，排除有关干扰，保证学习的顺利进行。例如，坚持在完成学习任务后才做其他事情。
	III. 学习活动后的自我监控
反馈性	指学生在学习活动后对自己的学习状况及效果进行检查、反馈与评价。
补救性	指学生在学习活动后根据反馈结果对自己的学习采取补救性措施。例如，一旦发现某一部分内容学得不好，就多花些时间或想一些办法去学好它。
总结性	指学生在学习活动后思考和总结学习的经验和教训。例如，总结自己或借鉴别人和书本上好的学习方法和经验，不断提炼和完善自己学习的方式、方法。

（二）元认知策略的训练

1. 示范法

首先，教师通过出声思维来示范元认知过程，这被称为“心理示范”。示范法就是教师在进行监控的同时，用语言描绘自己自我监控时的思维过程，使得元认知过程中不可直接观察的心理过程能清楚地呈现于学生面前。示范法可使学生准确地认识和体会元认知监控过程，减少模糊的认识和猜测。示范法是一个具体的动态过程，下面有一个例子能很好地说明如何进行心理示范。

> 教师：我想让你们看看，当我遇到不理解的词时都想到了什么。我将大声说出我是怎样思考的，然后你们要像我这样做。[读]“The cocoa streamed fragrantly”。我以前见过“fragrantly”这个词，但我不理解它在这里的涵义。I know one of “streamed”，一次我看到一壶沸水，从里面冒出蒸汽……一壶热咖啡正在炉子上冒着热气，但还不能解释“fragrantly”的意思，让我再来想“炉子上的热可可茶”，努力运用我对可可茶的了解。热可可茶气泡、热气

和……气味！热可可茶闻起来很香！[读]"The cocoa streamed fragrantly"，这个词的意思是闻起来很香！从我对热可可茶的了解进行思考，帮助我弄懂了"fragrantly"这个词的涵义。

在这个例子里，教师通过出声思维进行了心理示范，学生从中便可获得大量在运用策略时如何一步步推理的信息，因而减少模棱两可的猜想。

其次，学生通过出声思维来练习自我监控和体会监控过程。出声思维可直接用于元认知监控的练习与实践，即学生在进行某项活动的同时，将其思维过程和监控的过程用语言表达出来，从而加强对监控策略的练习。例如，在阅读理解过程中进行大声思维："从题目来看，这篇文章的内容是关于绿化环境的""下一段会讲为什么地球的气温在升高"，这是在练习监控预测过程；"在我眼前出现了辽阔的草原，那里有蒙古包、成群的牛羊和唱着歌的牧羊女"，这是在练习监控想象过程；"我有过这样的经历……"，这是在练习监控分析联系过程；"这和我所预料的不同"，这是在练习监控理解结果；"我最好重读""这是个生词，我要查查它的意思"，这是在练习监控理解障碍的补救过程。

2. 自我提问法

自我提问法就是在元认知策略训练中，通过提供一系列供学生自我观察、自我监控、自我评价的问题单，不断地促进学生自我反省而提高学习特别是解决问题的能力。例如，解决问题时参照美国数学家波利亚总结的解决数学问题的四个阶段，结合元认知理论，可提出以下一系列供学生自我提问的问题：

- 理解问题阶段：这个问题是哪方面的问题，该问题要求我们干什么？它涉及哪方面的知识，这方面的知识学过吗？题目中哪些是有用的、关键的信息，哪些是无关紧要的信息？已知条件足以确定未知量吗？多余还是不足？如不具备有关知识，则应先学习该方面的知识。
- 拟订计划阶段：过去见过这种问题吗？若见过，它是否是以稍许不同的方式出现的？我能应用一个具有相同或相似未知条件的熟悉问题解答当前的问题吗？如果不能，则应问：我能从已知条件中发现什么有用的东西吗？使用所有的条件和数据了吗？是否能确定一个容易达到的中间目标？从结果反推回去又怎样？还有其他的办法吗？如果……将会怎样？下一步又该做什么？
- 执行计划阶段：我正按计划接近目标吗？每一步都是对的吗？有必要重新制订计划或调整策略吗？
- 回顾阶段：我能检验结果是否正确吗？有无矛盾之处？采取的措施哪些起了作用而哪些没有？这道题有何奥妙之处？有没有尚需改进的地方或更好

的方法？我能把这个结果或方法运用到其他问题上吗？

以上问题，显然对物理、化学等其他学科也同样适用。

3. 直接指导法

学生的元认知水平与其拥有的元认知知识有极大关系。因此，教师在教学中要自觉地传授元认知和学习策略方面的知识，引导学生把这些知识应用到各科学习中去，并在学习活动中不断强化这些知识的应用。以阅读理解为例，教师进行元认知知识直接指导的内容应包括:

■策略是什么？教师应描述策略的关键点和已知特征，或指出策略的涵义。

■为什么进行策略的学习？教师应解释策略的目的和作用，让学生了解策略的学习是从他控学习转变到自我监控学习的必要步骤。

■如何进行策略的学习？教师应将策略加以分解，尽可能清楚地解释策略的每一种成分和各种成分之间的关系。如果学习过程是内隐的，可辅助以大声思维、类比等方法。

■何时何地运用策略？教师应指出策略的适用条件，并举例说明一些不适于运用策略的情况。

■如何评价策略的运用情况？教师应让学生了解如何对策略运用的成功与否做出评价，并提出建议和补救策略。

4. 自我调控法

齐姆曼提出的十四种自我调控策略，学生普遍可以操作，现摘录部分如下:

■目标确定和计划制订：确定自己的学业目标，以及对与这些目标有关的程序、时间的计划安排和具体行动等。例如，“考试之前我制订一个两周的复习计划”。

■安排环境：自己选择或安排学习环境，以便学习能够顺利进行。例如，“我避开容易使自己分心的事情”“我关上收音机，集中精力做我正在做的事”。

■寻求知识：完成作业时，努力寻求与任务有关的知识。例如，“我在开始动笔之前，先去图书馆查找尽可能多的、与主题有关的资料”。

■组织和转换：自己对学习材料的重新组合和安排。例如，“我在写作文之前先列一个提纲”。

■记录与监督：自己动手记录课堂讨论内容和学习结果。例如，“我记录小组讨论的要点”“我列一个自己的错别字表”“做一本自己的错题集”。

■自我预测结果：对自己学习成败所可能得到的奖惩进行想象和安排。例如，“如果我考得好，我就去看场电影”。

■练习和记忆：通过多种方法的练习记住学习材料。例如，“为了准备数学测验，我一直默写数学公式直到记住它们”。

- 寻求社会帮助：主动寻求同伴、教师的帮助。例如，“如果我在完成数学作业中遇到困难，就找个同学帮助我”。
- 自我评价：在学习活动中有意识地对自己学习的成效进行检查与评价。例如，“我检查了自己的作业，没有发现错误”“我检查了数学作业，发现有两道题做错了”。

四、资源管理策略的使用

在学习的过程中，仅仅使用认知策略与元认知策略是不够的，学习者还需要一定的学习资源作为支持。学习的时间、付出的努力、他人的帮助等，都属于学习资源；而资源管理策略就是帮助学生有效地管理和利用好这些资源，以提高学习效率和质量。

（一）时间管理策略

在学习过程中，合理安排自己的时间，是一种非常重要的策略。一个优秀的学习者应该是一个好的时间管理者。大量研究发现，学业成就高的学生，他们的时间管理能力通常也很高，他们善于统筹规划和安排；而那些学业成就低的学生，则表现出较低的时间管理能力。

1. 统筹安排学习时间

每个人都应当根据自己的总体目标，对时间做出总体安排，并通过阶段性的时间表来落实。对每一天的活动，都要列出一张活动优先表来。在制订学习计划时，要注意将学习计划落实在学习成果上。在执行学习计划时，要有效防止拖拉作风。

北方某著名高校的一位高年级学生周雍在回顾他自己的学习经历时，认为高三那年对他来说是非常重要的一年。

“高三那一年，我们的班主任对我们产生了非常深刻的影响。如果不是他的努力和教育得法，我们这个班级是不可能取得如此优异的成绩的。”周雍充满感激地说。当年，他们班有40多人上了本科线，这在他上学的那所高中是非常少见的。

在谈到自己时，他说道：“刚进高三时，班主任就给我们制订了高三全年的学习计划，并要求我们每个人都要制订出自己可操作的详细计划。由于平时野惯了，加上又不怎么听话，我当时就犯倔了——不就是复习吗？犯得着吗？再说了，订了计划就有用吗？话虽这么说，但毕竟到了高三，高考在我们心中的分量不轻，何况班主任在我们心中威望很高，他讲的话我不能不听。所以，我也只好按他的要求耐着性子坐下来做起了自己的计划。制订计划时，实际上只是参照老师的整体安排，把一年的复习划分为几个阶段，再据此确定自己在每个具体阶段该干些什么事情。按照制订的计划，在以后的复习中，我逐渐认识到计划的好处，认识到计划有助于让自己知道在每个具体的阶段该复习哪些内容，该做哪些类型的题目。现在想来，如果不是这些计划的帮助，凭我的基础和一贯的做法，我能在复习和后来的高考中取得如此好的成绩是难以想象的。”说这些话时，他毫不掩饰对恩师的感激之情。

心理学家和教师们都认为，在学习上，每个人都应该制订一个清晰的、适应各个阶段任务与目标的学习计划。只有制订了一个合乎自己情况的科学的学习计划，学生的学习才不会盲目地进行，才能达到事半功倍的效果。

2. 高效利用最佳时间

小涛就读于一所重点高中，他是一名借读生。为了赶上借读学校上课的进度，他起早、熬夜，时间抓得非常紧。进入高三下学期，他们班的考试越来越多，他还要补习英语、物理等科目。小涛每天早上6点不到就起床，夜里一般都是1点多才睡觉，他每天看上去都是忙忙碌碌的，非常刻苦。但似乎他每天早读的效果都不太理想，白天上课他经常打瞌睡，晚自习一开始还好，后来他便趴在书桌上睡起来，醒来之后又揉揉眼睛看书，直到再也挺不住了才去睡觉。尽管如此，小涛的成绩并没有取得进步，有的科目还时好时坏，极不稳定。另外，小涛的身体素质开始变得很差，经常生病，进而影响了他复习迎考。小涛对此很苦恼，不知如何是好。

上述案例中的这位学生知道学习任务的紧迫性，并抓紧一切可以利用的时间来学习。由于时间安排得不当或不确切、不具体，他没有有效地利用时间，反而影响了身体和学习，结果适得其反。在不同的时间里，人的体力、情绪和智力状态是不一样的，也就是说，学习的质量在不同的时间里可能是不一样的。教师应指导学生合理安排学习时间：首先，要根据自己的生物钟安排学习活动；其次，要根据一周内学习效率的变化安排学习活动；再次，要根据一天内学习效率的变化来安排学习活动。此外，还要根据自己的工作曲线安排学习活动。随着学习的进行，人的精神状态和注意力会发生变化。一般来说，存在三种变化模式：先高后低；中间高两头低；先低后高。每个人要根据自己的模式，安排学习内容，确保状态最佳时学习最重要的内容。

3. 灵活利用零碎时间

首先，可以利用零碎时间处理学习上的杂事；其次，读短篇文章或看报刊杂志，拓宽自己的知识面，或者背诵诗词和外文单词。此外，可以进行讨论，与他人进行交流，在轻松的气氛里与人交流，有助于启发创造性思维。

（二）努力管理策略

有效的学习既需要付出时间，也需要付出努力。为了更好地进行学习，学习者还需要运用一些策略来保证自己有效地将精力用于学习。我们将这一类策略称为努力管理策略。下面介绍几种有效的努力管理策略。

1. 情绪管理

学习过程中有时会出现一些消极情绪，比如紧张、焦虑、厌烦等。在这个时候，就需要运用一些方法来调整自己的情绪。例如，在紧张、焦虑的时候，可以进行一些放松训练，遵照放松训练程序对身体进行放松，或者是运用想象性放松法、深呼吸放松法等。放松训练对于应付紧张、焦虑不安非常有用，可以帮助振作精神，镇定情绪。还可以给自己一些语言的暗示，比如说“这个问题不难，以前讲过的，肯定没问题的”“时间还很充足，不要着急，慢慢来”等。

2. 动机控制

我们做某件事情的动机可能不止一个，而且在同一时间内，我们可能会有好几件想做的事情。在学习的过程中，学习者需要处理好动机的关系，尤其是要优先考虑和学习有关的动机，尽量避免其他事情的干扰，防止做其他无关事情的动机占据优势。学习者可以预先设想一下自己完成学习活动的结果，以此强化自己的学习动机，或者利用一些言语指导维持自己既定的意图。

3. 环境管理

学习者既可以通过情绪管理和动机控制来促进学习，也可以通过选择或者改变周围环境来促进自己的学习。例如，在学习时尽量避免接触电视、收音机之类的娱乐设备；选择安静的简单的空间，如教室、图书馆，这样可以帮助学习者集中注意力，排除分心的刺激；还可以和成绩好的、效率高的同学一起学习，在互不干扰的前提下，互相监督和促进。

第三节 考试焦虑的教育与辅导

一、考试焦虑及其成因

考试是一种常见的教育现象，随着社会发展和教学改革，考试的内容、手段、方式等都发生了新的变化。但它作为评价教学质量、衡量教学效果、鉴别人才素质和选拔人才的功能却很少改变。考试是学生面临的主要应激源之一，对学生的身心健康有很大影响。

为了迎接中考，班上一次又一次地进行摸底考试，各科老师一次又一次地强调摸底考试的“重大意义”，说摸底考试平均成绩就等于大家的中考成绩，要同学们务必提高警惕，绝对认真对待。

丁丁心里烦躁极了。最近几次摸底考试，老师刚发试卷，他就开始心跳加速，脑子里不断浮现出父母为他忙碌的身影，老师“丁丁一定能上重点”的话又在耳边响起。手上刚拿到试卷，丁丁大脑里就一片空白，好像哪个题目都见过，但所需要的公式、原理和相关知识一点也想不起来，连平时轻而易举就能做出的题目也跟他作对。听着时钟的“嘀嗒”声，丁丁心里非常着急，感觉手心直冒汗，心脏狂跳，脑子嗡嗡作响……

丁丁同学遇到的烦恼就是考试“怯场”，即考试焦虑。考试焦虑是一种复杂的情绪现象，考生在考试期间心理上的紧张、不安、担心、忧虑、恐惧等情绪反应，都可称之为考试焦虑。考试焦虑产生时，会伴随着一系列的生理反应和心理反应。生理反应有肌肉紧张、心跳加快、血压增高、出汗、手足发凉等。心理反应有苦恼、烦躁、无助、担忧等情绪体验，有时考生会产生胆怯、缺乏信心和自我否定的心理等。考试焦虑对学生的学习和考试造成的影响是双重的。适度的考试焦虑有助于学生精力更加集中，知觉更加敏锐，思维更加灵活，对学习和考试具有积极的作用。但过度的考试焦虑对学生的学习和考试具有不利的影响，它会降低学习效率，影响考试成绩，甚至使学生形成焦虑性人格，进而对其身心健康造成潜在的危害。目前，学生中存在的严重考试焦虑是一个亟待解决的心理健康教育问题。

图4.5是一个关于考试焦虑形成的图示，可以帮助教师理解考试焦虑形成的原因。

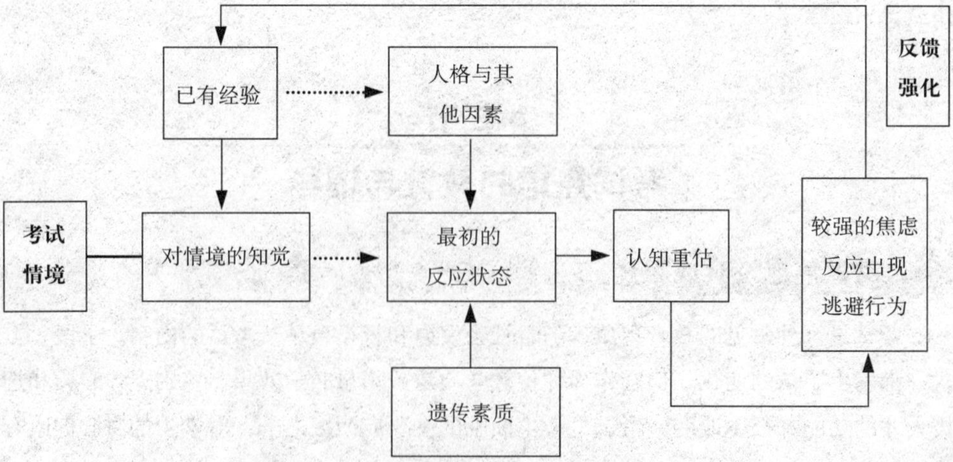

图4.5　考试焦虑成因分析示意图

1. 不正确的认知

不正确的认知是一个人对客观事物产生的不正确的认识和评价。一个人对客观事物认识与评价的正确与否，直接影响一个人的行为。考试焦虑的同学对考试的认识和评价主要表现为：这次考试一定会很难，觉得自己能力不行，考不好会名落孙山，万一这次考砸了就一切都完了……这些不正确的认识和评价是产生考试焦虑的"罪魁祸首"，是焦虑产生的主要原因。

2. 来自各方面的心理压力

这是一位同学的求助信：

我是一所重点初中三年级的学生，平时学习还可以，但临近中考，我的心很乱。学校和老师强调要抓紧复习，注意考试技巧，不要紧张。回到家里，爸爸妈妈给我好吃的、好喝的，他们为了不影响我复习，不看电视，把电话线掐断，就连说话也是小声小气的。但这些并不能让我感动。我反而觉得犹如大敌压境，有一种快要窒息的感觉。我更感到责任重大，每每想到自己如果考不好会对不起父母和老师，就心跳加快，有一种莫名其妙的紧张、担心。我的学习效率明显降低，饭也吃不香，觉也睡不着。老师，请您帮帮我，我该如何摆脱这种困扰啊？

显然，这位同学的考试焦虑来源于其父母和老师施加的压力。引起学生产生考试焦虑的压力主要包括以下几方面：

- 来自父母的压力。父母普遍有一种补偿心理，期望通过子女来实现自己的理想。因此，按照自己的期望来设计孩子的未来，培养孩子的兴趣爱好，并在学习上不断给孩子施压。孩子感到肩上的担子很重，难以达到父母的目标和要求，容易出现抑郁、逆反心理，加重心理压力。
- 来自老师的压力。教师对学生常常有种期待心理，期望学生能考出好成绩，为学校和老师增光。教师也往往偏爱好学生，而学生也十分珍惜教师的这种"关爱"，总希望自己能考出好成绩以谢师恩，并得到教师的赞赏，既为自己也为教师争光。教师的这种期待心态，无疑会给学生增添几分压力。
- 同学之间的竞争。同一班级的同学，由于彼此之间存在着竞争，大家争先恐后，唯恐别人超过自己。尤其那些成绩拔尖的同学之间竞争更是激烈，彼此间有一种对抗心理、相互暗暗努力，加班加点地学习，疲惫加劳累，久而久之，就会产生一种无形的心理压力。
- 学生自身的心理压力。一是自我期望过高，梦想自己一举成功，幻想自己考试时能超水平发挥，当感觉自己力不从心时，紧张和焦虑的心态便油然而生。二是自我暗示的压力。有些学生对自己的能力估计不足，不断给自己施加压力，拼命地做题、演算、背外语、练作文，以期考个好成绩。三是自信心不足，自尊心强的学生，总有一种害怕被淘汰的心理，其实自己已经很努力了，但一旦成绩不理想，就丧失自信心，低估自己的能力和知识水平，遇到一点挫折、失败就垂头丧气。

3. 过分要面子，过分苛求自己

有的学生的学习目的和动机不明确，他们仅把学习好、考大学作为一种人生追求的筹码，而不是内心里对知识有一种自觉的追求，因而难以专注于学习，没有学习动力。但是，极强的自尊心和面子又迫使他们去学习，并把奋斗目标定在自己能力所不及的范围内，一定要考上重点大学，否则心理不平衡，在老师、亲人和朋友面前觉得没有面子。因此，他们常常好高骛远，盲目攀比，过分苛求自己。

4. 缺乏良好的情绪和意志品质，不能有效地自我调节

有些考生在考前及考试过程中情绪处于极度兴奋或极度抑郁状态。情绪波动大，有时一点小事也能引起他们内心的巨大震撼。情绪难以受理智控制，容易心烦意乱，喜怒无常，无精打采，稍遇不顺便怨天尤人，或认为自己一无是处。

5. 应试技能差

参加一次考试好比参加一场战斗，出击前要做好一切准备：一是要了解自己的知识水平，制订并完成好复习计划；二是要调整好应试状态，把自己的心理调到最佳应试状态。有些考生平时不按计划学习，基本功不扎实，复习时间分配不合理，准备不充分；临考前拼命地临阵磨枪，夜以继日，加班加点，而真到考试时却已经疲倦不堪，怎能发挥出最佳水平呢？！

6. 具有焦虑人格特征或患有某种心理疾病

一个人焦虑与否与人格特征有关系。人格包括很多方面，如气质、性格等。不同气质类型的人，其行为反应截然不同。例如，胆汁质的人较粗枝大叶，做事莽撞；多血质的人注意力不稳定，做事不求甚解；粘液质的人反应迟钝，缺乏创新意识；抑郁质的人敏感、多疑。这些气质中的消极因素若不注意克服，就容易产生各种各样的问题，影响考试水平的发挥，而不同性格特征的人对同样的处境反应也不相同。例如，有人易惊慌，有人易受暗示，有人平静，有人优柔寡断。“特质性焦虑”是人格特征的一种，具有这种人格特征的人，容易“风声鹤唳”“草木皆兵”，易于把本来没有危险的人和事视为对自己的严重威胁而处于惶惶不可终日的状态。了解人格特质，注意扬长避短，对考出好成绩非常重要。

二、考试焦虑的调适方法

针对考试焦虑的学生，教师要帮助他们掌握正确的调适方法，保持良好的应试心理状态，提高考试技巧。

（一）端正应试动机，减轻心理负担

每位考生对考试的意义要有客观正确的认识，树立正确的应试动机。考试作为一项复杂的脑力劳动，需要考生保持清醒的头脑和中等程度的焦虑，以保证在应试中正常发挥水平。如果把考试的意义片面夸大，甚至把考试与个人终生的成就、事业和幸福等紧紧联系在一起，把考试当成最重要的事情，考试还未来临就惶惶不可终日，带着强烈的求胜动机和沉重的心理负担去复习、考试，结果就会事与愿违。因此，越是临近重大的考试，越要调整好自己的心态，做到轻装上阵。这样，考生反而可以保持旺盛的精力和积极的心理状态来参加考试。

（二）做好充分准备，形成良好的应试状态

充分而良好的准备状态，是预防考生产生过度焦虑最有效的方法。考前的准备工作很多，如物质准备、知识准备、体能准备、心理准备等，可谓缺一不可。物质准备（如带齐考试时所需要的证件、文具等）充分的话，可以保证考生心理踏实，不必为意外的缺失而分散注意力。知识准备主要指在考试前一段时间里全面而认真的复习。一轮又一轮的复习，可以使考生对所学的知识形成体系，考试的时候易于提取知识。当考前的物质准备、知识准备已达到最高限度时，影响应试结果最显著的就是考生的体能准备和心理状态。比如，一些考生在考前拼命复习功课，开夜车，作息时间颠倒，生理功能紊乱，睡眠不足，缺乏体育锻炼和文娱活动，致使大脑过度疲劳，体能下降，精力不济。这无疑极大地损害了考生考前良好的体能准备，加之心理上的紧张焦虑，考生临场时“晕场”的可能性增大。如果缺乏良好的心理准备，考前忧心忡忡，好似大祸临头，就会严重影响考试状态。因此，每位考生在考前都应积极调整好自己的心态，既要对应考时的各种困难和挫折做出客观而科学的评估，又要有克服困难和挫折的充分心理准备。

（三）掌握和提高考试策略和技巧

教师对学生进行考试心理辅导时，可教授以下一些常用的考试策略和技巧：

- 充分做好考前的准备工作，包括物质准备、知识准备、体能准备和心理准备等。
- 做好答卷前的前沿性事项的准备。
- 全面浏览考题，统筹考试全局。主要是了解试卷的分量、题目的难易程度，确定答题的先后顺序和时间分配等。

■审题要稳。答题前要细心、认真审题，明确题意和答题要求，以免答非所问或遗漏问题。

■答题时，要处理好质量和速度的关系。

■注意不同题型的解题策略，答题时既要考虑简明扼要，又要避免过于简单。

■对试题答案无法确定的题目，要冷静分析、仔细推理，必要时可进行合理的猜测。

■保持卷面工整、美观，增加隐性得分的可能。

■重视复查环节，把好最好一关。

■科学把握时间，不必提前交卷。

（四）冷静处理“怯场”

怯场是考生在考试过程中，在考试情景与考试本身的强烈刺激下，引起情绪高度紧张和焦虑，难以控制自己的心理活动，使心理活动暂时中断或失调的现象。这种情况轻者可称为怯场，重者叫作晕场，怯场是考试焦虑中最典型的一种。当怯场现象发生时，因考生经验不足，缺乏有效的处理方法，结果严重干扰了自己的正常应试。但只要有所准备，掌握必要的技巧，也可以顺利度过这一危机时期。

当考生意识到自己已出现怯场现象时，最重要的是冷静、镇定，最忌惊恐慌乱，否则会加重不良反应。有几种缓解方法可供借鉴。其一是安静下来，暂停阅卷、答卷，静静伏在桌子上稍作休息，转移注意力，停止有关应试活动的强制性回忆。一般情况下，短时间内就可以消除怯场，正常应试。其二是遇到怯场，可用“调整呼吸法”，即遇到情绪极度紧张时，停止有关活动，全身放松，多次做深而均匀的呼吸，这样也会很快消除怯场。其他的方法还有，遇到怯场时，暂时停止答卷，转移注意力，默数数字，从“1”一直数下去。或闭上双眼，全身放松，想象一个大气球有一个小孔漏气，气球由大慢慢地变小。这些方法都可反复使用，不仅有助于克服怯场，还对考生一般的考试焦虑有缓解作用。

为了防止应试过程中的怯场，考生还可以在考前短暂的几十分钟里，做一些积极的准备活动。例如，考前的半小时内，不要继续进行高度紧张的复习，避免谈论和考虑有关考试的问题，听听轻松悦耳的音乐，独自或与同学散散步、聊聊天，简单活动活动身体。天气炎热时可以用较短的时间冲个凉，喝杯凉开水。考前不要急于进入考点、考场，稍有提前即可。进入考场后要简单熟悉一下环境，然后安静地在自己的座位上坐下来。拿到试卷后，先填写有关身份的栏目，然后再挑选试题中难度小、最有把握的题目开始做起，答题时先慢后快，以逐渐适应考场内的紧张气氛，不断获得成功，自我鼓励，增加信心。这些活动及过程都有助于减轻心理压力，防止怯场发生。

第五章

生活适应的教育与辅导

生活适应的教育与辅导是指教育者运用心理健康教育的理论和技术，培养学生健康的生活情趣、良好的生活习惯、乐观的生活态度和较强的生存能力的一种教育过程。它有助于促进学生发展个性、增强才干，同时让学生学会生活、学会做人，进而创造成功的人生。生活适应的教育与辅导主要包括情绪教育与辅导、休闲教育与辅导、消费教育与辅导和职业教育与辅导。

第一节 情绪教育与辅导

情绪教育与辅导对学生来说是非常重要的内容，人的很多行为是受人的情绪直接影响的，情绪教育与辅导是要使学生能够认识人类情绪情感的丰富多样性，掌握控制、表达、发泄情绪的适当渠道和方式，变消极情感、冲突情感为积极情感、健康情感。

一、情绪教育与辅导的涵义与内容

（一）情绪教育与辅导的涵义

情绪情感是人对客观事物是否符合自己的需要所产生的态度的体验。情绪情感是人类重要的心理活动形式。它们不仅对个体其他的心理和行为活动起着重要的调节作用，对社会交往和适应具有信号和协调功能，而且对个体的身心健康具有重要的意义。

情绪教育与辅导，又称情感教育，是指运用有关心理健康教育的理论和技术，帮助学生认识、接纳和恰当地表达自己的情绪，识别他人的情绪并能有效地沟通，掌握控制、疏导不良情绪的适当渠道和方式的一种教育活动，从而防止和克服消极、冲突的情感，培养良好的情感品质。

（二）情绪教育与辅导的内容

情绪教育与辅导有两个目标：一是培养积极的情绪和情感；二是调控消极的情绪

和情感。其主要内容包括情绪认识、情绪识别、情绪沟通、情绪控制和情绪熏陶五个方面。

1. 情绪认识辅导

情绪认识辅导主要是让学生明白情绪的内涵、功能、分类，了解情绪对学习、生活、工作、心理健康的重要意义，认识人类情绪的丰富多样性、先天遗传性及社会文化制约性，懂得乐观与悲观是情绪序列上的两极，掌握其间的区别。

2. 情绪识别辅导

情绪识别辅导是指训练学生能更好地察觉和认识自我情绪，进而正视和理解自己的情绪，敏锐地体察他人的情绪。有些人在生活中之所以受欢迎、麻烦少，就是因为他们能敏锐地知觉与评估自己和他人的情绪，并能及时地对自己的情绪进行有效的调节和控制。另一些人往往对自己和他人的情绪都不能及时地知觉和了解，这样，在现实生活中就容易制造不快，处处碰壁。例如：聊天时，在对方出现厌烦情绪时，能迅速察觉到并能主动地结束谈话的人，被认为是善解人意的；不注意观察谈话对象的情绪反应，明明人家已经不喜欢听了，仍然滔滔不绝地讲个不停的人，则使人反感。因此，丹尼尔·戈尔曼（Daniel Goleman）认为：情绪自我察觉能力（亦即当某种情绪刚一出现时便能察觉的能力）乃是情绪智力的核心。

3. 情绪沟通辅导

某高中生，因体质的关系，头发稀疏得可怜，因此同学们都叫他“秃头”。表面上看，他似乎对头发稀少之事满不在乎，总是乐观开朗的样子，所以，大家也就都不太在意，无所顾忌地叫他“秃头”。可是谁都没有想到，有一天，他竟然自杀了。同学们听到这一消息后，都觉得非常奇怪。后来，从“秃头”留给父母的遗书以及他自己的日记中，才获悉他自杀的原因。原来，“秃头”虽然平时笑口常开，性格开朗，但在内心深处却充满自卑、苦恼和绝望。由于头发稀少，他在精神上感到非常的压抑、痛苦和无奈，最后，竟走向了死亡。

同学们知道“秃头”自杀的真实原因后，都非常后悔，也都很内疚。同时也在问自己，为什么平时一点也没有察觉出“秃头”内心的真实情绪呢？如果知道“秃头”如此的痛苦，大家就应该多给他一些关心、尊重和同情，少拿或不拿人家的生理缺陷开玩笑，也许他就不会自杀了。所以，大家都非常伤感。由此可见，在生活中准确地知觉和评估他人的情绪有多么的重要。

生活中，我们身边或许就有因对自己的情绪不了解而烦恼、困惑的同学。对他人真实的情绪判断错误而造成的误解和遗憾也经常出现。为了避免这样的遗憾，教师要实施情绪沟通辅导。情绪沟通辅导着重训练学生运用非言语手段和言语手段正确、合理、适当地表达自己的情绪与情感，善于理解他人的情绪与情感，培养学生移情（即同情心、同理心）的能力。移情即“感人之所感”，并同时能“知人之所感”，这是既能分享他人情感，对他人的处境感同身受，又能客观地理解、分析他人情感的能力。

4. 情绪控制辅导

情绪控制辅导主要是指让学生学会排解、控制和疏解消极情绪（诸如自卑、厌烦、紧张、急躁、忧虑、沮丧、冷漠、消沉、嫉妒、抑郁、悲观、孤独、焦虑、恐惧、愤怒、憎恨、生气、情绪不稳定等）。

齐达内是法国国家足球队主力球员，在足球场上脚法细腻、优美、准确，被誉为现今世界球坛的“球王”。他曾带领法国队获得世界杯、欧洲国家杯、欧洲冠军杯等多个大型赛事的冠军。

2006年7月10日凌晨，德国世界杯决赛在柏林举行，意大利队与法国队在柏林奥林匹克体育场争夺本届世界杯的冠军。上半场开场仅仅6分钟，法国队赢得点球。法国队队长齐达内将球罚进，法国队1比0领先。尽管第18分钟意大利扳平比分，但是法国队依然占据场上优势。然而让全世界球迷意料不到而又扼腕叹息的是，当比赛进行到109分钟时，齐达内突然丧失冷静，将头部顶向意大利后卫马特拉齐的胸口，马特拉齐应声倒地，主裁判向齐达内出示了红牌。

这位三届世界“足球先生”得主此前曾退出国家队，不过为了拯救法国足球，他毅然选择了重披国家队的战袍。可惜，这一次不冷静的犯规，让他以大家意料不到的方式结束了自己的职业足球生涯，也使法国队与大力神杯失之交臂。尽管齐达内拥有无与伦比的足球天赋，他最后的行为，却让人们对他的美好回忆抹上了阴影。

再来看一位同学在课堂上的行为:

一堂自习课上，同学们在认真地看书、做作业。这时有几个同学在嘀嘀咕咕，偶尔还发出笑声。突然间，有个同学从座位上站起来，重重地拍了一下桌子，愤怒地喊道:“不要讲话!”没想到，那几个同学满不在乎，还用鄙夷的目光看着他，愤愤地骂道:“关你什么事，神经病！”这个同学再也无法控制自己愤怒的情绪，跑到讲台上使劲地拍桌子，然后跑到那几个同学面前，准备动手。其他同学都惊呆了，这时幸好老师及时安抚了他激动的情绪，否则课堂将是一片混乱，甚至产生严重的后果。

我们在为齐达内顶人的不冷静行为惋惜的同时，还想到了什么？这个同学在课堂上的行为适当吗？其实，这只是因为当时他们无法克制自己冲动的情绪。冲动的情绪其实是最无力的情绪，也是最具破坏性的情绪。许多人都会在情绪冲动时，做出使自己后悔不已的事情来。因此，教师应该教育和辅导学生学会采取一些积极有效的措施来控制自己冲动的情绪。

5. 情绪熏陶辅导

情绪熏陶辅导是指培养和强化学生积极、健康的情绪，诸如学会爱与被爱、自信、乐观、幽默、高兴、喜悦等；养成学生求真、求善、求美的高尚情操，让快乐、乐观等正向情绪成为学生的主导情绪。但在学生的学习和生活过程中，不愉快的负向情绪是不可避免的，而且负向情绪也具有提示、警觉和适应的功能。因此，只有正向情绪而无负向情绪，不但是不可能的，而且不利于学生身心的健康发展。关键是正向情绪要多于负向情绪，进而在学生的情绪比例中占主导地位。此外，在情绪辅导中，还要培养学生自我情感修养的能力，最终形成学生的理智感、道德感和审美感等。

二、情绪教育与辅导的实施策略

（一）情绪情感识别训练

情绪情感识别训练可以帮助学生敏锐地觉知自己和他人正在发生的情绪情感，了解各种感受的前因后果。

情绪情感识别训练的主要方法有：情感辨析技术和情景体验法。情感辨析技术就是帮助学生辨别与分析其内在情绪情感的复合状态，使他们明晓其中所涵盖的各种情绪的性质、强度和比例，使其情绪情感状态在意识层面上从“混沌”趋向“有序”；情感辨析技术主要包括运用情感性质甄别表、情感强度指示器和情感比例百分图等三项子技术。情景体验法就是通过教师的设计，让学生进入模拟情景、实际情景或想象情景中去体验、思考、分析，了解自己的心理反应，获得情绪情感体验的一种方法。

（二）移情训练

移情训练是指教育学生关心他人，体察他人的情绪，理解他人的情感，为他人着想，富有同情心，站在他人立场上看问题的训练方法。

移情训练法包括情绪追忆、情绪换位、作品深化等三个子方法。情绪追忆是运用言语指示唤醒学生在过去生活经历中亲身感受到的最强烈的情绪体验，加强情绪体验与特定社会情境之间建立的联结；情绪换位则是提供一些假定的社会情境，让学生转换到他人的位置去体验情境。例如，假设情境：“如果你是一个行动迟缓、无人照顾的老人，你的心情如何？你觉得，该怎样对待老人？”通过情绪追忆和情感换位，学生更易于把过去的情绪体验迁移到相应的社会情境，使自己置身于其中，加强对情境中他人状态的替代性情绪情感反应。作品深化则是对上述活动的引伸，让学生用书面语言记录自己的真情实感，使他们不再拘泥于具体情境，而是掌握抽象的普遍性的情绪情感规律。学生描述自己的情感后教师应提供反馈信息，强化学生作品中的正确反应。

（三）情绪沟通训练

情绪沟通训练可运用哑剧表演和空椅对话技术等方法。哑剧表演是指教师提出一个主题或一个情景，要求学生不用语言而用表情和动作表演出来。例如，让学生表演喜怒哀乐的面部表情、愤怒时的动作表情、喜欢别人或讨厌别人时的肢体表情等。运用哑剧表演的方法，可以提高学生识别情绪与合理表达情绪的能力。空椅对话技术只需一个人表演，其具体做法是将两张椅子面对面放好，要学生坐到一把椅子上，面对另一把椅子，先大声说出自己的某一观点，然后坐到对面椅子上扮演他人，站在对方的立场上说话。这种方法可以增加扮演者的自我觉知和对他人的觉知。

（四）情绪调节训练

在进行情绪调节训练时，首先要让学生了解何为不良情绪、不良情绪对个体身心健康的危害，承认不良情绪存在的事实。在此基础上，要教给他们正确控制和宣泄情绪的方法。情绪调控的方法主要包括理性情绪疗法和合理宣泄。

理性情绪疗法是心理健康教育活动中常用以进行情绪调节的一种方法。认知理论认为，人类生而兼具理性的思考和非理性的、歪曲的思考倾向。问题的形成原因不是事件，而是个体对事件的判断和解释。理性情绪疗法认为，情绪并不是由某一诱发事件本身直接引起的，而是由经历这一事件的个体对这一事件的解释和评价引起的。因为，理性情绪疗法的做法是通过分析情绪背后的想法，消除这些不合理信念，建立合理信念，从而达到消除或调节不良情绪的目的。其操作步骤依次是：了解目前要解决的情绪问题，确定情绪的诱因，寻找情绪背后的想法，针对情绪背后的想法进行剖析，形成新的合理的想法，感受新想法下的新情绪。

合理宣泄是指从情绪本身方面控制可能发生的冲动行为，采取合理或间接手段适当宣泄，化消极不良情绪为积极健康的建设性行动。例如，可以化嫉妒为动力、化愧疚为助人、化悲痛为力量等。不良情绪积累过多，得不到合理适当的宣泄，就会导致身心的紧张状态。学生通过不良情绪能量的清除或建设性的情绪宣泄，能够恢复身心状态的平衡。情绪宣泄可以从身心两个方面着手，如在适当的环境下放声大哭或大笑，对亲近和信任的人倾诉衷肠、给自己写信或写日记、阅读文艺作品，或合上眼睛听音乐、让自己的感觉随音乐流动，或进行剧烈的体力劳动、体育运动，大声歌唱、尽情舞蹈等。

第二节 休闲教育与辅导

马克思非常重视休闲时间及其对于人的价值。他把自由时间的增加、人的充分发展和劳动生产力的发展密切联系起来，揭示了休闲时间对人和社会发展的意义：“自由时间，可以支配的时间，就是财富本身。”休闲教育与辅导就是指教育学生善用闲暇时间，使其获得身心休息和愉悦，并发展其才能和个性的一种教育活动。

一、休闲教育与辅导的涵义与内容

（一）休闲教育与辅导的涵义

休闲是指每个人在完成学习、工作和自理生活后由他自己自由支配时间的一种状态。它是一种活动，也是一种生活方式；它是人权的一部分，也是社会制度的重要环节。休闲生活是每个人生活中必不可少的重要组成部分。英国教育家斯宾塞称：“完美的生活，应包含求生存的职业生活、健康卫生的生活、公民生活、社会责任的生活及休闲的生活。”有休闲生活，生活才会多姿多彩。终身教育之父——法国教育家朗格郎认为：“教育既要与劳动联系起来，也要与闲暇的时间联系起来。休闲辅导的主要任务和内容是：培养科学的闲暇观，形成积极的生活态度和主动的创造精神；发展人的志趣、才能和个性；培养享受丰富的精神生活和陶冶情操的能力。”

休闲教育与辅导是指运用有关心理健康教育的理论和技术，帮助学生确立正确的休闲观念和态度，获得必备的休闲知识和技能，学会选择和安排有益的休闲活动方式，从而获得充实而丰富的休闲生活，发展才能与个性的一种教育活动。

正确的休闲观念与态度主要包括：①要意识到休闲是生活的重要组成部分，明确个人休闲的意义、权利和责任；②理解休闲与学习的辩证关系；③了解自己休闲方面的爱好、志趣或偏向，认识到自己有权利、有能力和有机会去支配、利用自己的休闲时间。

必备的休闲知识与技能主要包括：①了解社会上各种闲暇活动的方式、过程和发展趋向等，能欣赏、评判休闲生活的不同模式；②掌握休闲生活所必备的各种基本知识与技能；③根据自己的休闲知识或技能，去设计、计划各类有意义的休闲活动。

在选择和安排休闲活动时要注意：①了解自己的休闲活动所产生的后果及给他人和社会所带来的影响；②注重个人需求与社会价值取向的一致；③能从自己的兴趣、愿望和特长出发，选择具有独特个性或风格的休闲活动。

（二）休闲教育与辅导的内容

休闲教育与辅导的目标是帮助每个学生确立正确的休闲态度和休闲目标，提高休闲生活的质量，获得一种充实的、丰富多彩的休闲生活，进而培养学生良好的个性、高尚的情操，并使整个生活得到升华。其内容主要包括以下三个方面：

1. 认识休闲的功能

休闲既是一门科学，更是一种艺术，休闲对学生的身心健康有着越来越重要的意义。它主要具有以下功能：

（1）缓解压力、促进身心健康。一般情况下，无论做多么喜欢的工作、学习多么喜欢的知识，时间长了，学生都会有一定的疲倦和厌烦的感觉。这时，休闲活动让学生从重复、单调的工作或者学业中解放出来，暂时忘掉工作或学习，把绷紧的弦放松一下，有利于学生以饱满的精神状态再次面对挑战。如果长时间都处在来自外界的高压、紧张的状态下，而没有内心的自由感、满足感和喜悦感，学生的身心都会出现问题。由于很多休闲活动都是有肢体活动的，所以，它对学生身体和心理两方面的健康都有促进。

（2）促进人际交流，加强社会支持系统。通过各种各样的休闲活动，学生可以扩大自己的交往圈，认识更多的朋友。由于休闲活动是以自己的真心喜欢为特点的，所以参与相同活动的学生更容易产生认同感，更容易成为志同道合的朋友。我们可以看到很多同学参加了社团组织，他们对该社团的认同感有时候甚至要超过对班级的认同感。

（3）完善自我，实现自我。学习是学生目前最重要的任务，但并不是生活的全部。有些时候学习并不能满足学生的所有需要，也不见得能够让学生所有的潜能得到发挥。学生需要通过适当的休闲活动来获得尊重、获得潜能的实现、获得美的享受。通过一些志愿者活动，如到福利院或者养老院做一些帮助他人的工作，或者通过一些艺术类的休闲活动，如歌唱、绘画、弹琴、舞蹈等，都有助于学生更好地完善自我、实现潜能。

2. 学会选择休闲活动

休闲活动从内容上可划分为娱乐、体育、交往、审美、求知五个方面，教师要教育学生选择那些能增强精神力量、充实精神生活和获得精神财富的休闲活动。教师要引导学生在选择休闲活动方式时掌握以下三条原则：

（1）符合自己的时间和消费特点。休闲活动种类繁多，对别人非常适合的，对自己未必适用。有些活动需要很多时间，有些需要很多费用，有些需要条件支持，所以选择休闲活动一定要适合自己。在选择休闲活动时，需要考虑自己的时间和经济特点。对于还在上学的学生来说，选择花费不太高、时间上和学习不冲突的休闲项目，是比较理想的。此外，在选择休闲项目的时候，一定要保证安全，避免选择太过冒险的活动。如果要从事有风险的活动，一定要做好充足的准备。

（2）符合自己的性格特点。不同的休闲活动适合于不同性格的人。如果自己是一个内向的人，就没必要强迫自己选择团体式的活动，可以考虑一个人进行的项目，比如慢跑、游泳、书法、摄影等；如果自己是一个热心的、乐于助人的人，则可以考虑参加一个志愿者组织，定期地做一些公益事情。总之，符合自己个性特点的活动，可以使人更容易得到内心的满足，更少体验到冲突。

（3）符合自己的需要。按照马斯洛的理论，人们有五种需要：生理需要、安全需要、爱和归属的需要、尊重的需要以及自我实现的需要。有些学生在班级中没有机会当班干部，那么到某个符合自己特长的社团组织中担当领导角色，就是利用休闲活动来满足自己“尊重”的需要；有些学生在专业课上能力得不到充分发挥，那就可以到自己喜欢的领域充分发挥自己的创造性；有些学生的身体健康需要保障，那么明确固定一项运动项目，就是好的选择。

总之，学生的休闲活动宜以兴趣为主，以和学习互补为宜，以实施便利为宜。

3. 懂得休闲的伦理

教师还要教育学生懂得休闲伦理：首先，要防止消极的、有社会危害性的休闲生活方式；其次，休闲要遵守社会伦理道德，不得损害他人利益，不得败坏社会风气；再次，休闲要遵守生态伦理道德，即休闲时要爱惜环境、保护环境，如在旅游景点不乱涂乱写、不乱丢垃圾等。

二、休闲教育与辅导的实施策略

（一）教师应树立符合现代“休闲观念”的教育价值观

符合现代“休闲观念”的休闲辅导的价值取向应是什么呢？

首先，休闲辅导要立足于素质教育。事实上，人的素质很大部分是在闲暇时间内形成的，人的全面发展主要是在闲暇时间实现的。目前中小学生存在的素质缺陷，在一定程度上与学校剥夺了学生的休闲生活有着很大的关系。学生吸收文化知识不仅仅是在课堂上，从发展学生丰富多彩的个性来讲，闲暇也许更重要、更积极。因此，教师的育人观念要全面，不能狭义地理解：只要按教育常规上好文化课就完成任务了。教师往往会忽视另一种课堂，即中小学生的休闲辅导。具有较大时空自由度的闲暇时间，为真正实现由应试教育向素质教育转变提供了契机。学校、社会、家庭应充分发挥主导作用，找准休闲教育与素质教育的切合点，把养成教育、规范教育延伸到社会和家庭，使素质教育更全面、更丰富。

其次，休闲辅导要着眼于未来教育，将休闲辅导视为终身教育的一部分。青少年时期正是学习的黄金时期，中小学生休闲教育就是培养学生积极利用闲暇时间的各种能力，尤其是沿着正当方向独立支配闲暇时间的自由意识。

再次，休闲辅导要着眼于学生的自我开发。休闲辅导的主体是学生，这不仅因为休闲辅导属于教育的范畴，而且因为闲暇时间完全属于学生自己所有。认识到这一点，才能依照主体的身心特点和培养目标有的放矢地进行教育。因此，闲暇时间应由学生自己安排，教师和家长不能横加干涉，也不能包办代替。只有这样，主体的潜在能量、能力、创造力才能充分释放和发挥出来。

（二）引导学生正确认识闲暇时间，学会做时间的主人

闲暇完全是个性化的，闲暇的本质是自由。对闲暇的认识和开发是人类从必然王国向自由王国迈进的重要途径和标志。但是，如同任何事物一样，闲暇也有两重性，人对闲暇时间的认识不同，在休闲生活中的表现也就不同。休闲有主动与被动、积极与消极、有益与有害、有效和无效的区别。教师对中小学生进行休闲辅导时，首先必须帮助学生树立正确的闲暇时间价值观。珍惜时间，合理安排好时间，学会做时间的主人，善于利于闲暇时间，这是非常重要的。

（三）教会学生有意识地支配自己的休闲生活

积极的休闲生活有助于学生的身心健康，发展其个性，陶冶其情操，而消极的休闲生活会对中小学生起腐蚀作用。为此，教师应指导学生有意识地支配自己的休闲生活，提高休闲生活的质量。

1. 要使休闲生活多样化

中小学生的课余生活，就像是春兰秋菊、夏荷冬梅，不仅品种繁多、千姿百态，而且赤橙黄绿、五彩缤纷。与此相适应，中小学生的休闲生活也应该尽可能多样化一些，比如唱歌、跳舞、吟诗、作画、书法、摄影等属于艺术型休闲；打球、长跑、游戏、登山、滑冰、下棋等属于体育型休闲；集邮、剪辑、采集标本等是鉴赏型休闲；看电影、电视、戏剧和各种表演是观赏型休闲；弄花、养鱼、散步、猜谜语、逛公园等是消遣型休闲。实践证明，多样化的休闲生活，不仅可以培养学生广泛的生活情趣，有助于提高文化素养，培养高尚情操，增强生活技能，而且对“课内”学习也会产生许多有益的影响。对世界文化史上许多著名人物的分析表明，他们之所以能在多种领域内取得巨大成就，是与他们在休闲生活中培养起来的广泛生活情趣分不开的。例如，爱因斯坦爱好拉小提琴，喜欢划船；居里夫人爱好旅游、游泳、骑自行车；巴甫洛夫喜欢读小说、集邮、画画、种花等。充满情趣的“课余”生活，不仅不会妨碍学生的学习，相反，能够活跃学生的情绪，调节其神经系统，使其精力更加充沛，意志更加坚强，智力发展更快。

2. 要使休闲生活知识化

中小学生的休闲生活是丰富多彩的。在学生多样化的休闲活动中，多读书是万万不可缺少的。学生不失时机地利用闲暇时间多读书、读好书，不仅可以汲取丰富的精神营养，提高自己的知识水平和文化素养，而且对于学生正在发展中的个性来说，也是一种很好的陶冶。

3. 要使休闲生活个性化

休闲生活的安排，不仅要考虑本人的兴趣、爱好，还要考虑到个性的其他方面，诸如气质、性格、能力等。为此，教师要引导学生注意这样两种趋向：一种是顺向的趋向，即与自己的个性相一致的趋向，例如，好动脑筋、喜欢思索的学生，课余不妨约上几位棋友杀上几盘；性格活泼、喜欢交际的学生，星期日不妨约几个好友外出远足，如此等等，都是顺向安排休闲生活的例子。另一种是逆向的趋向。例如，性情急躁的学生，不妨有意识地培养自己对需要耐性的棋类游戏或河边垂钓的兴趣；粗枝大叶的学生，课余不妨学学工笔画或者练练刺绣；生性好静的学生，课余不妨去打打球、跑跑步；性格孤僻的学生，不妨注意与同学的交往，认真体味社交的乐趣和益处，以提高交际能力等。

4. 要使休闲生活文明化

所谓休闲生活文明化是指：其一，审美趣味要高尚，务必要警惕一些低级趣味对本人的诱惑、困扰和腐蚀；其二，要遵守国家法令、集体公约和社会公德，要照顾左邻右舍，同时也要尊重别人的兴趣爱好。例如，有的学生喜爱欣赏音乐，但不应在夜深人静或在别人休息时任意放大音量。

（四）整体配合，优化休闲活动环境

休闲辅导是一项综合系统工程。学校、社会、家庭应形成整体合力，既保证中小学生在闲暇时间得到充分休息，又积极创造条件，指导他们参加有益活动，促进他们身心的健康发展。为此，教师在形成休闲辅导整体合力方面，应做好以下几方面的工作：

1. 重视和指导学生家庭的休闲辅导

家庭是休闲辅导的主阵地。学生的闲暇时间增多，从某种意义上讲，也就是学生在家庭中活动时间的增多，因此，如何帮助子女科学地安排好闲暇时间，成为家长的重要职责。班主任可利用书面联系、家长会等形式，向家长积极宣传并进行科学指导，从而推动家庭教育整体水平不断提高。要引导家长有意识地创造良好的家庭文化氛围，注意发挥家庭教育点点滴滴、持久渗透的特点，及时发现孩子的兴趣、爱好、特长和闪光点，并有针对性地加以指导，为其进一步创造条件；家长不能主观臆断，强迫孩子向某一方面发展。家长不但要指导孩子参加读书、科普活动，引导孩子自觉锻炼身体，还要指导孩子参加力所能及的公益劳动和家务劳动，提高他们自理、自立、自律的能力。

2. 呼吁全社会重视和关心中小学生休闲辅导

中小学生正处于人生的关键时期，社会环境的优劣无疑会对他们产生深刻的影响。因此，全社会都要重视和支持中小学生的休闲辅导。报刊、电视要为中小学生的休闲生活提供高品位的精神食粮；公共场馆（如体育馆、图书馆、博物馆、美术馆、纪念馆、文化馆、少年宫、青年宫等）要积极发挥作用，讲究社会效益，多向中小学生开放。全社会要形成社会教育网络，定期开展富有时代特色、有利于中小学生健康成长的休闲辅导活动。

第三节 消费教育与辅导

消费教育与辅导是指引导学生树立正确的消费观念，掌握必要的消费知识，在消费过程中考虑到自己家庭的承受能力，懂得尊重父母的劳动，从而引导学生注意消费要适合自己的正常需要，如身体发育需要的饮食、增长智力需要的书籍、培养多方面才能的文艺和体育训练等。

一、消费教育与辅导的涵义与内容

（一）消费教育与辅导的涵义

消费教育与辅导，也称消费教育、消费辅导或理财教育，是指运用有关心理健康教育的理论和技术，向学生传授消费知识和技能，帮助学生确立正确的消费观念和态度，获得必备的消费知识和技能，学会保护消费者的权利，提高自身消费素质的一种教育活动。

在美国、英国、日本和巴西等一些国家，越来越多的学校制订了消费辅导计划，把消费辅导列入中小学的必修课。例如，在美国，把消费辅导称为“从3岁开始实现的幸福人生计划”，以让孩子学会赚钱、花钱、与人分享钱财、借钱和让钱增值为主要内容的消费辅导，已经融入少年儿童的整个教育之中。在英国，一个儿童从5岁开始，就必须在学校里接受以“善用金钱”为主题的理财教育。初级的课程包括：钱是从哪里来的，它有什么用途；7岁以后，便要逐步学习如何妥善处理自己的金钱，如何用储蓄来照应日后的需要，了解影响人类使用金钱、储蓄金钱的各种因素，使他们懂得如何使用自己的零用钱、控制预算和善用金融服务。目前，面对经济全球化的趋势，我们应该借鉴外国的消费辅导理念，尽快在各级学校中开展消费辅导。

（二）消费教育与辅导的内容

消费教育与辅导的目标是培养学生科学、合理的消费观念；帮助学生了解和掌握消费经济学常识、商品知识和商品养护知识；帮助学生获得科学的消费知识、技能和方法；培养学生文明的消费习惯和消费方式；培养学生能动的、强烈的维护消费者权益的意识；倡导学生的消费行为有利于经济社会可持续发展的责任感。其内容主要包括以下几方面。

1. 消费观念辅导

消费观念辅导是要把学生的消费行为引向正确的方向，使其树立科学、理性的消费观念。学会正确处理消费需求和消费可能的关系，正确处理鼓励消费和节俭消费的关系，正确处理近期消费习惯和长远消费承受的关系。

消费观念是从一个人的价值观引申而来的，是使用一种价值判断衡量事物，并且在这种判断标准的指导下，避开不利的、消极的、价值判断不接受的消费行为，而去追求积极的、价值判断为美好的消费行为。在消费过程中，从最简单的是否购买、购买什么、什么时候到什么地方购买，到为什么有这样的消费行为而不是那样的消费行为，归根到底是由消费价值观决定的。因此，对学生的消费辅导首先要促使学生形成正确的消费价值观。

2. 消费知识和消费技能辅导

中小学生在购买决策中带有较强的冲动性，购买决策中情绪性特点较明显，容易受环境因素的影响，容易受营销人员的诱导。对假冒伪劣商品、欺诈性的经营手段鉴别能力较差，容易上当受骗。同时，缺乏基本的商品知识和购物技巧。对商品的质量、价格、功能等基本情况了解不够，羞于讨价还价。在消费过程中，缺少保护自己权益的意识，或保护手段不力，使自己在经济利益或精神上受到损害。因此，教师对学生要实施消费知识和消费技能辅导。消费知识和消费技能辅导要让学生了解和掌握消费经济学常识、商品知识，掌握消费技巧、技能以及常用消费品的选择、评价、鉴赏、使用、保护与维修方法，掌握购物技巧等。

3. 消费习惯和消费方式辅导

消费习惯和消费方式辅导是要对学生的日常消费活动加以引导，培养学生适度的消费习惯，帮助学生学会制订和执行消费计划，养成健康合理的消费行为方式。

消费行为具有一定的刚性，一旦养成了某种消费习惯往往就比较难以改变，正所谓“乍贫难改旧家风，乍富不知新受用”。如果学生现在用父母的钱不懂得珍惜，养成大手大脚的习惯，今后自己挣钱自己花，但收入不是很高就很难满足已经形成的高消费习惯。中小学生自我意识尚未成熟，社会阅历还较浅，自己选择商品的能力较弱，产生消费愿望或购买商品时，受外界影响较大。他们主要参考别人的消费方式，模仿他人的消费方式，或者当别的消费者购买了某一式样、某一品牌的商品时，就会激发他们同样的消费愿望，如学生中广泛存在模仿明星的服装、发型或追逐大众媒体、广告明星推荐的品牌的消费行为。因此，要指导学生克服消费过程中的猎奇心理、摆阔心理、攀比心理、从众心理和享乐心理等消费心理，培养学生文明的消费习惯和合理的消费方式。

4. 消费维权意识和维权能力辅导

消费维权意识和维权能力辅导是让学生了解消费者权益保障的政策法规、商品标识鉴别等知识，对各种损害消费者权益的行为善于识别，学会抵制，学会保护自身的权利。

二、消费教育与辅导的实施策略

（一）学校要多途径开展消费辅导

目前我国已基本实现小康，消费水平、消费结构、消费方式与以前相比发生了重大变化，但消费辅导却没有得到相应发展和普及。消费辅导是素质教育的一个重要组成部分，既可以培养中小学生正确的消费观，又可以增长其消费智慧。消费辅导不仅关系到学生的权益能否得到保护，而且关系到学生的健康成长和全面发展。学校推行消费辅导可以从以下几个方面着手:

1. 开设消费知识课程

自20世纪60年代以来，在不少国家，特别是在日本、马来西亚、美国，消费辅导发展很快。20世纪60年代，日本在全国各地设置了“消费者生活中心”，专管消费辅导，并将“保护消费者”的内容引入学校教育之中。20世纪90年代初，日本明文规定:小学从1993年开始，中学从1994年开始，大学从1995年开始，全面实施消费辅导。马来西亚把各级学校变成消费辅导的重要平台：六年小学、三年初中、两年高中，都在有关课程中进行消费辅导，把消费辅导和素质培养结合起来。高等学校的法学院、社会学系、教育系、经济系也开设消费辅导课程。美国政府也有专门机构负责消费辅导，并将消费辅导纳入学校教育之中，或开设消费教育专门课程，或将消费辅导的内容融入其他课程之中。其他不少国家也是如此。目前，我国面临大力实施素质教育的良好契机，在中小学开设专门的消费知识课程已成为必要。学校可通过消费辅导课程让学生知道什么是广告、什么是消费者的权益、购买物品时应注意什么、怎样合理安排家庭开支、如何制订和执行消费计划、如何在进行个人消费时理性选购物品、如何讨价还价等。

2. 开设消费知识讲座

学校可以不定期地聘请有关投资、金融专家给学生做有关讲座，介绍一些实用的、先进的经济知识和理财方法，保证学生的理财信息与时代同步。

3. 注重实践教育

学校可充分利用各方面的资源，有计划、有组织地引导学生参与消费活动，在消费实践中培养消费技巧。例如：利用节假日去商场或看展销会了解交易情况，鼓励学生在亲友的帮助下购买自己的生活用品和家庭物品等。通过实际锻炼，可使学生逐步了解有关商品的知识，增强学生的生活能力。

（二）引导家长教育孩子学会理财

家长的消费价值观对孩子的消费观念有着潜移默化的影响，学校因此要引导家长从自身做起，有意识地提高自身的消费素质，再对孩子进行正确的消费引导。可以引导家长这样做：

其一，在日常消费中以身作则，给孩子做个好榜样。

其二，向孩子公开家庭收支。作为父母，要定期向孩子介绍家庭收支情况。例如，一年中家庭收入多少，支出多少，结余多少，让孩子了解这些，可以使他们在消费时充分考虑家庭的收入状况，合理提出需要，合理支出，知道消费要建立在劳动的基础之上，帮助孩子树立健康的消费观念。

其三，支持孩子开展储蓄存款。现在的孩子逢年过节、过生日，都会有长辈和亲友送给他们一些钱或礼物等，平常家长也给孩子一些零用钱。作为家长，不妨让孩子把这些钱存到银行，用于交学费、购买图书文具等，让孩子从存折上支出，这样有助于孩子养成把钱“用在刀刃上”的好习惯。

其四，指导孩子科学购物。家长对孩子花钱应有科学指导，既要鼓励又要限制，就是说，在孩子花钱时，要问清这笔钱的用途是否合理，应该花的要支持孩子，不应该花的要向孩子说明金钱来之不易，不可乱花钱。如此逐步使孩子学会用钱，把钱花好。

（三）社会要提供良好的消费大环境

中华民族素有“成由勤俭败由奢”“一瓢一斛，当思来之不易”的古训，有勤俭节约的传统美德。如今，社会主义市场经济正在逐步发展，消费辅导在社会生活中还是个薄弱环节。这就对全社会提出了要求，即在增强人们的消费意识、提高消费水平的同时，让人们认识到消费问题对孩子潜在的影响。我们需要提倡“简朴代替奢靡”“见利思义”“先义后利”“诚实守信”的价值观，从小培养孩子健康合理的消费观念，让他们在一个良好的消费氛围中茁壮成长。

第四节 职业教育与辅导

职业教育与辅导是指帮助个人选择职业、准备职业技能、进入某项职业以及在某项职业上求发展的过程。因此，职业教育与辅导是综合性地激发个人发展的一个过程。

职业教育与辅导是职业发展不可缺少的要素之一。

一、职业教育与辅导的涵义与内容

（一）职业教育与辅导的涵义

所谓职业，就是人们在社会中所从事的作为主要生活来源的工作种类。社会上的职业多种多样、千差万别，但它们都是由下列几个要素构成。其一是职业的劳动属性。任何职业都离不开劳动，离不开劳动创造，不劳而获无所谓职业可言。其二是劳动的专门化职能。每一种职业都有其专门的职能，就是指从事某种职业的人进行工作所应达到的目的和要求。其三是职业的岗位特性。每一种职业都具有其特定的工作岗位，都要求从业者具备相应的条件，如身体条件、知识与技能、思想品质、心理素质等。

职业教育与辅导，也称职业生涯辅导或职业辅导，是指教育者运用心理健康教育的理论和技术，以学生的职业生涯发展为着眼点，帮助学生树立正确的职业观，帮助学生认识职业、探索职业、选择职业、准备职业、安置职业，并在职业上取得成功的一种教育活动。

（二）职业教育与辅导的内容

职业辅导的目标是培养学生的择业意识，帮助学生树立正确的劳动观、职业观、择业观；帮助学生了解社会、了解职业、了解自己的职业能力、职业兴趣和职业气质等心理特点；帮助学生处理好个人专业、职业兴趣与社会需要之间的关系；帮助学生提高升学和择业的决策能力与技巧。其内容主要包括以下几方面：

1. 职业生涯规划和职业生涯决策能力的辅导

职业辅导要指导学生在多种活动中进行职业探索，培养学生的择业意识，帮助学生了解职业、专业和社会；协助学生学习如何规划人生，在面对各种抉择情境时，能够明确界定问题，搜集并运用资料，以提高职业生涯的规划和决策能力。

2. 了解自我状况和澄清个人价值观的辅导

职业辅导要协助学生了解自己的职业能力、职业兴趣和职业气质等心理特点；学会辨析和澄清个人的职业价值、个人生涯发展的状况；了解职业的现实状况、有关的信息，结合个人的期望和价值倾向选择职业；进行职业观、职业理想和职业道德教育。

3. 升学和就业的辅导

升学和就业是每个人生涯发展所要面对的任务，生涯辅导要协助学生为升学选择专业和就业选择职业做好准备，教给学生填报升学志愿和求职面试的方式、方法和技巧，同时也要帮助学生了解生活中其他各种可能的选择。

4. 开发自我潜能的辅导

职业辅导还要发现并培养学生的潜能，给予学生充分的机会，以独特的方式去发展和表现才能；同时还要协助学生适应快速变迁的社会与职业环境，以达成其职业生涯发展目标。

二、职业教育与辅导的实施策略

在职业教育与辅导中，教师要引导学生了解职业和专业的分类及关系，探索自己的职业心理特点，学习升学志愿填报和择业的技巧。

（一）了解职业和专业

1. 了解职业的分类

目前对职业的分类大致按照三种方式进行：

第一是按照脑力劳动、体力劳动的性质进行分类。

第二是按个性心理特征进行分类。如美国著名的职业指导专家霍兰德（Holland）提出了个性类型和职业类型学说，他把人的个性类型划分为六种：现实型（R型）、研究型（I型）、艺术型（A型）、社会型（S型）、企业型（E型）和常规型（C型），对应于这六种个性类型，他把职业也划分为六大基本类型，任何一项工作都可以归属于这些类型中的一种或它们的某种结合。霍兰德理论的核心思想是：个体趋向于选择最能满足个人需要、实现职业理想的职业环境。最理想的职业选择是使个性类型与职业类型相互协调与匹配（见表5.1）。

表5.1　个性类型与职业类型适配表

型态	人格倾向	典型职业
现实型（R）	顺从、坦率、谦虚、自然、坚毅、实际、有礼、害羞、稳健、节俭	一般工人、农民、土木工程师
研究型（I）	分析、谨慎、批评、好奇、独立、聪明、内向、条理、谦逊、精确、理性、保守	数学和生物方面的工程师、科研人员
艺术型（A）	复杂、想象、冲动、独立、直觉、无秩序、情绪化、理想化、不顺从、有创意、富有表情、不重实际	诗人、艺术家
社会型（S）	合作、友善、慷慨、助人、仁慈、负责、圆滑、善社交、善解人意、说服他人、理想主义、富有洞察力	教师、牧师、辅导人员
企业型（E）	冒险、野心、独断、冲动、乐观、自信、追求享受、精力充沛、善于社交、获得注意、知名度	推销员、政治家、企业经理
常规型（C）	顺从、谨慎、保守、自控、服从、规律、坚毅、实际、稳重、有效率、缺乏想象力	出纳、会计、秘书

第三是按企业、单位、行业中的类似职业或工种分类。我国1985年实施的《国民经济行业分类和代码》按照企业、事业单位、机关团体和个体从业人员所从事的生产

或其他社会经济活动的性质的同一性进行分类。该分类适当照顾行政主管部门业务管辖范围的需要，将国民经济各行业划分为门类、大类、中类、小类四级，其中门类共有13个，如农业、林业、牧业、渔业、水利业，工业，建筑业，教育、文化艺术和广播电视事业，金融业、保险业，等等。

2. 了解学校课程与职业的关系

让学生了解学校课程与职业的关系（见表5.2），可使其明白学习活动与未来职业的关系，进而激发学生的学习动机，提高学生的职业意识。

表5.2　学校普通课程与职业关系表

课程名称	相关的职业
语文	教师、作家、诗人、编辑、记者、法官、律师、演员、演说家、速记员、打字员、校对员、接待员、推销员、售货员、通讯员、图书管理员、职业咨询者、电台播音员、政治科学家、社会团体工作者等
数学	会计、木匠、电工、测量员、机械师、配镜师、工程师、建筑师、飞行员、航海员、化学家、统计学家、经济学家、牙科医生、银行出纳员、保险统计员、电子技术员、部分学科的教师等
物理	电工、设计师、摄影师、配镜师、药剂师、飞行员、领航员、制图员、机械工、制模工、管子工、消防人员、遗传学家、气象学家、核工程师、电力工程师、矿业工程师、航空工程师、地震观察者、金属制造工、平版印刷工、物理学家、电子学工程师、原子物理学家、无线电修理工、电视修理工等
化学	侦探、焊工、兽医、摄影师、化验员、药剂师、地质学家、植物学家、动物学家、陶瓷学家、冶金学家、实验技术员、生物化学家、化学研究者、原子科学家、手足病医生、营养学研究者、X光透视技术员、自然学科的教师等
外语	作家、医生、律师、教师、演员、导游、翻译家、外交家、作曲家、歌唱家、接待员、售货员、历史学家、人类学家、图书管理员、海关检查员、外交服务人员等
生物	兽医、园艺家、园林工人、农民和农场工人、生物学家、内科医生、外科医生、免疫学者、动物学家、植物学家、昆虫学家、营养学家、人类学家、牙科卫生学家等
音乐	演员、作曲家、歌唱家、舞蹈家、合唱指挥、音乐指挥、幼儿教师、音乐评论家、钢琴调音师、乐器演奏者、戏剧审稿员、电台播音员、职业疗法者等
美术	画家、裁缝、木匠、美术家、细木工、制图员、建筑师、油漆工、雕刻家、摄影师、整容专家、艺术教师、广告设计员、平版印刷工、舞台设计师、室内装饰工、服装设计师、陈列室展览工作人员等
生理卫生	整形外科医生、施行骨疗者、公共卫生工程师、病毒学家、X光技师、护士、牙科医生、牙科助手、牙科卫生学家、兽医、救生员、专业运动员、有机化学家等
体育	按摩脊柱治疗者、公共健康教育家、理疗者、职业治疗家、裁判员、体育教练员、救生员、专业运动员、游泳指导员、社会工作者、体育教师等

3. 了解专业和职业的关系

专业是大专院校和一些职业技术学校根据社会分工需要所分成的学业门类，它通常按照学科和技术门类进行划分。一种专业可以针对某一具体职业，也可以面向多个职业或一个职业群。从某种意义上讲，选择专业就是选择职业。当学生选择某一专业时，不仅意味着要进行这个专业的学习，同时也意味着必须接受这个专业所界定的职业范围。因此，教师应指导学生了解专业和职业的关系。

（二）探索自己的职业心理

1. 了解自己的职业或专业兴趣

职业或专业兴趣是指对某种职业或专业的倾向性和指向性。了解、诊断学生职业兴趣的方法有很多，我国学者改编、修订的《专业兴趣调查表》就可用于了解学生的专业兴趣。

2. 了解自己的职业能力

职业能力是指直接影响职业活动的效率，以保证职业活动顺利进行的心理特征，它包括一般职业能力和特殊职业能力。任何一种职业活动，都要求具备与该职业活动内容相符合的特殊职业能力。学生只有了解自己的职业能力，才能扬长避短，选择适合自己的职业或专业。例如，抽象概括能力和创新能力较强，习惯于利用智慧、符号和观念进行学习的中学生，适合选择科研、理工科等职业或专业；口头表达能力较强、活动能力强的中学生适合于从事教学、外交、咨询、公关等职业。

3. 了解自己的职业气质

不同气质类型与职业选择也有一定的关系，不同的职业有不同的气质要求。四种典型的气质类型所适宜的工作见表5.3。当然，气质类型与职业选择的关系也是相对的，许多职业，如教师和作家，各种不同气质的人都可以从事，且都可以取得很高的

表5.3　气质类型与职业类型适配表

气质类型	适宜的职业类型
胆汁质	导游、演讲者、节目主持人、推销员、外事接待人员、演员、运动员、航空员、勘探人员等
多血质	外交工作者、管理人员、驾驶员、纺织工人、服务人员、医生、律师、运动员、新闻记者、演员、检票员、军官、士兵、侦探、警察、公关人员、艺术工作者等
粘液质	科学研究人员、法官、医务人员、出纳员、保育员、话务员、播音员、会计师、调解员、图书管理员等
抑郁质	文书、打字员、校对人员、排版人员、化验员、检查人员、雕刻工作者、刺绣工作者、保管员、机要秘书、办公室职员、作家、画家等

成就。此外，典型的属于某一气质类型的人也不是很普遍，多数人往往属于两种或多种气质特征的中间型或混合型，这便为选择职业开拓了更为广阔的途径。

（三）学习升学和择业技巧

1. 填报升学志愿的技巧

首先，搜集专业信息。这些信息应包括各种不同专业的多方面情况，如各专业的课程设置、培养目标、将来的就业趋向以及对考生的一些特殊素质和健康条件的要求等。通过获取这些信息，考生才能对他们要选择的对象有个全方位的认识和评价，才能进行充分的比较，做出正确的选择。

其次，掌握填报志愿的策略。这些策略包括充分了解招生信息、清醒地把握自己、按自己的特点选择专业类别、了解招生工作的政策和方法、正确分析市场供求关系、认真推敲志愿的梯度等。

2. 选择职业的技巧

首先，做到“三个”了解。合理选择职业应做到了解自己、职业和社会。了解自己包括了解自己所受的教育、求职意愿、能力倾向、个性、健康、动力等；了解职业包括了解职业的内容、报酬、要求及合作共事者的特点等；了解社会包括了解社会需求量、竞争系数及社会的发展趋势等。

其次，把握“四个”准则。在正确职业价值观的指导下，选择职业时应把握四个准则，即择己之所爱、择己之所长、择己之所需、择己之所利。在实际择业过程中会出现许多矛盾，这就要分清主次，进行科学决策。在对能力、兴趣与满足需要三者进行考虑的权重上，应以能力是否胜任为前提；在能力与兴趣一致的情况下，职业价值应与社会现实统筹考虑，应从可能谋求的职业中选择那些能满足心理需要的职业。

3. 撰写求职信的技巧

一封内容简洁、文字漂亮的求职信有利于学生规范地概括自己的职业目标和能力；有利于学生简单明了地向招聘单位做自我介绍，使招聘者对求职学生产生兴趣，以达到面试的目的。

求职信的内容应包括以下几个方面：姓名、地址、电话、职业目标、学历、专业知识、工作经历、特长等。求职信的撰写应从积极的角度推销自己，但不能夸大其词；要概括地反映个人的基本情况；格式要规范化，尽量用电脑打印；求职信还应附相关证件和成绩单的复印件等。

4. 面试的技巧

首先，要了解对方情况。例如，了解单位概况、员工待遇、地理位置与环境等。

其次，做好面试前的准备工作。例如，了解面试谈话的主要内容；做好服饰方面的准备；做好文凭、证书、自我介绍信、推荐信等资料的准备；进行模拟训练，等等。

最后，把握面试中的注意事项。例如，要有信心，留下良好的“第一印象”；回答问题时要态度坦率、简明扼要；遇到令人尴尬的问题，要善于随机应变；要表达出自己的见解和自己能胜任的任务等。

第六章

学生心理健康教育——课程建设

学生心理健康教育课程是实现心理健康教育目标的主要途径和手段,是学生心理健康教育系统的重要组成要素，在学生心理健康教育系统中起核心、中介和桥梁作用。学生心理健康教育课程是多渠道、全方位的课程，它由心理健康教育学科课程、心理健康教育活动课程、心理健康教育环境课程和融合型心理健康教育课程等部分组成。这就要求我们树立大课程的思想,把各种类型的心理健康教育课程作为一个有机的整体，统一于学生心理健康教育整体课程体系的设计与实施中。

第一节 学生心理健康教育课程的涵义

认识学生心理健康教育课程的涵义与实质，把握心理健康教育课程的特点和类型，对于把握这门课的精神、上好这门课至关重要。正因为它不是传统意义上的学科课程，而是帮助学生认识自己内心世界的特殊课程，所以它有与学科课程截然不同的特点和意义。

一、学生心理健康教育课程的体系

所谓学生心理健康教育课程，是指学生在学校情境中获得的关于心理健康发展、心理素质提高方面的全部教育性经验(含种族经验和个体经验)。在这一定义中,“教育性”区分了经验的性质，即只有那种对学生心理健康发展和心理素质提高具有教育意义的经验，才是心理健康教育课程。全部教育性经验既包括人类文化长期积累而发展起来的种族经验,这种经验以一定的逻辑序列或系统的方式加以组织而呈现出来就是学科课程；又包括个体通过亲身的尝试、实践而积累起来的个体经验，主要是直接经验和即时信息。个体经验常常是个体直接感知的结果，这种结果往往是零散的、无序的。如果要使个体经验从零散到系统，从无序到有序，那么就必须将个体的直接感知系统化、序列化。在这方面，活动课程更容易体现出来。因而，学生心理健康教育课程包括心理健康教育学科课程和心理健康教育活动课程，它们都是心理健康教育的显性课程。此外，由于学校教育环境（包括物质的、文化的和社会关系结构的）会有意或无意地影响学生心理健康方面经验的获得，因此学生心理健康教育课程还包括心理健康教育环境课程（亦称隐性课程）。心理健康教育的学科课程、活动课程、环境课程构成了“独立型心理健康教育课程”的三大块。由于人的心理是人的各种活动的基础，所以心理健康教育课程还包括融合于其他学科课程、活动课程、环境课程中的“融合型心理健康教育课程”。

学生心理健康教育课程是由心理健康教育学科课程、心理健康教育活动课程、心理健康教育环境课程和融合型心理健康教育课程四部分组成。其中，心理健康教育活动课程是核心部分；心理健康教育学科课程是基础部分；心理健康教育环境课程和融合型心理健康教育课程是必要部分。这些课程相互联系、相互促进、相互制约，共同影响和促进学生心理素质的发展。在学生整体素质结构中，心理素质占有重要的地位。它不仅制约着生理素质的提高，而且是思想品德素质和文化科学素质得以形成的核心机制。正是人的心理素质在人的素质中的这种特殊地位和心理素质形成的特殊方式，决定了学生心理健康教育课程是一种多渠道、全方位的课程。这就在本质上要求我们树立大课程思想，把各种类型的心理健康教育课程作为一个有机的整体，统一于学生心理健康教育整体课程体系的设计与实施中，这种课程体系可用图6.1来表示：

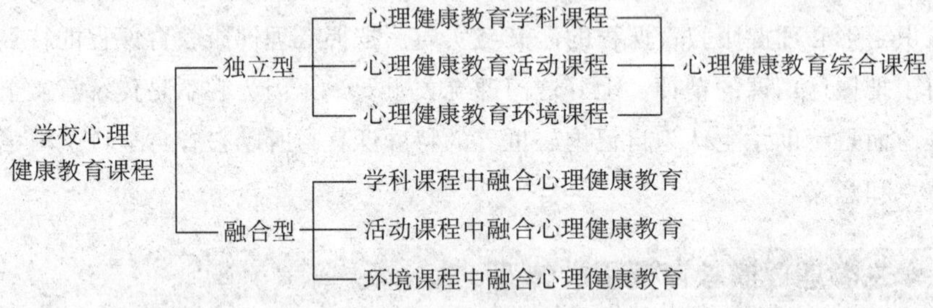

图 6.1　心理健康教育课程体系

二、学生心理健康教育课程的性质

学生心理健康教育课程完全是基于学生的心灵成长而设计与运作的，与传统学科课程相比，有以下区别：首先，课程目标不同。传统学科课程目标强调认知性、封闭性和预成性，传统学科课程中教师与学生在大多数情况下顺应既定的方案，课程实施的结果是可预料的。心理健康教育课程目标更注重个体心理的体验性，所指向的是人的内心世界，心理健康教育课程的目标对每一个学生都具有不同的意义，需要每一个个体带着自身的体验去解读。其次，课程内容不同。传统学科课程以间接经验为基础，以传授系统的学科知识为目的。而心理健康教育课程则是以直接经验为基础，学生参与课程内容的商定、建构和运作。再次，课程实施不同。传统学科课程以讲授为主要形式；心理健康教育课程则以活动为主要形式。最后，课程评价不同。传统学科课程的评价重视的是对预定目标和计划的达成程度，即对客观目标达成程度的一种外在评价，书面考试是传统学科课程的重要评价方式。而心理健康教育课程的实施效果（即学生的心理品质得到何种程度的发展）很难通过考试等书面形式完整地反映出来。书面考试的评价结果并不能真正代表心理健康教育课程实施的结果以及学生心理品质的发展状况。因而，心理健康教育的评价更加强调的是动态性评价、质性评价、情境性评价和协商对话式评价。具体而言，心理健康教育课程具有如下特点:

（一）学生心理健康教育课程是一种体验性课程

体验性是学生心理健康教育课程的基本特征，其课程能否取得实效，很大程度上取决于主体内在是否产生真切的体验以及体验的程度。体验所指向的不是活动的结果，而是活动的过程。心理健康教育课程是以学生为主体、以活动为轴心来进行的。但是，学生不能为活动而活动，它追求的不是活动本身，而是借助活动这一载体来丰富学生的心理体验。只有经历学生主体内在的心理历程，并使学生在情感交流和思维碰撞中产生深刻的情绪和情感体验的心理健康教育课程，才能真正促进学生的心理品质和心理能力的发展。

心理健康教育课程注重学生自身的体验性不仅是一种学习方式，也是外在的物质力量内化为学生心理品质的基础。体验是情境陶冶与内心感悟的有机融合，是基于经验与直觉的内在提升。体验不是获取答案的手段，体验过程就蕴含着答案。心理健康教育课程将体验作为心理建构的桥梁，关键在于它能激发心理的内化机制，在内化过程中生成与建构，促进心灵的成长。因此，教师应确立学生在课程中的主体地位，多营造、多创设健康的能让学生“亲身经历”的体验活动，促使学生去体悟、琢磨、探究，从而促进心理的反思和建构。

（二）学生心理健康教育课程是一种学生本位课程

学生对前人积累的心理知识的理解是在他们已有经验的基础上主动建构的。学生心理健康教育课程实施的过程就是教师促进学生自己主动建构心理知识的过程。在此过程中，教师的作用在于为学生理解和建构心理知识搭起一个“脚手架”。因此，课程实施必须从学生自己的经验出发，通过创设一定的情境，开展小组合作活动，促进他们的原有经验发生转化和新的理解的形成。它不是一种静态的课程，而是一种不断生成的动态课程。从这个意义上说，学生心理健康教育课程是一种“学生本位课程”，是融学科课程与活动课程于一体的新型课程。

学生心理健康教育课程是在学生高度自主的前提下进行的，强调学生是课程的中心。课程进行的过程就是学生主动探索和积极创造的过程。课程的结果也难有统一的答案，这就为个性化学习和个性发展提供了充分的可能性。所有这一切都是以学生的“自动自觉”为前提的。学生心理健康教育课程的产生是对传统课程的一种变革，将人的心理作为课程设计的对象，以人的心理品质的发展作为课程发展的目标，它是与传统课程具有本质区别的新型课程。这一课程无法沿用传统学科课程的运作方式，而“学生本位课程”的理念正好能够适应心理健康教育的要求。在“学生本位课程”思想的指引下，学生心理健康教育课程的展开凸显了学生的主动性和心理的自主建构，使这种课程成为直接塑造主体自身的实践活动。

（三）学生心理健康教育课程是一种生成性课程

学生心理健康教育课程否定了循序渐进的直线式课程设计模式，批判预先设计好课程的行为目标，认为课程目标和内容不仅可以先于活动，而且可以在活动中产生。课程目标是教育要求的一个方向，但是在具体的课程实施中又不能不注意灵活的变通，这也就体现了学生心理健康教育课程目标的不确定性和建构性。随着课程的进行，教师和学生之间不断地互动，使学生与教材之间相互作用。在这个过程中，课程目标也得到越来越明确的诠释。教师和学生通过活动进行情感交流，使彼此的思维不断地发生碰撞，这也是课程目标在活动中不断调整和完善的一个重要因素。学生心理健康教育课程的服务对象是绝大多数正常的学生。课程的目的是帮助学生解决成长过程中遇到的各种发展性问题，充分开发学生的潜能，促进全体学生的心理在原有的基础上得到可持续的、全面的发展。

学生心理健康教育课程强调学生自身作为一个开放的系统所具有的自组织特性，把学习看作是主体对自身的心理结构的主动建构过程，主体的发展就体现在建构过程之中。所以，课程不应该是事先设定好的静止物或是一件成品，而是“一个不断前进的过程”。学生心理建构的过程就是自我不断生成的过程，自我的生成又不断地促进心理建构。因此，学生心理健康教育课程是不可以在事前借助于现存资源和答案进行“完备”设计的。教师也不能真正控制课程的进程。对于学生来说，当其进入心理健康教育过程时，并不希望听命于某种固定的程序，而是期待着某种发现、感悟或是帮助，尽情表达心灵深处的情感。所以，学生心理健康教育课程的设计是一个生成（而非预成）的过程，是教师与学生借助于现实活动而进行协作的过程。

（四）学生心理健康教育课程是一种回归生活世界的课程

“回归生活世界”是现代教育的走向，心理健康教育的凸显可视为教育回归生活世界的一个侧面。长期以来，我国基础教育课程教材的编制远离学生的生活世界，尤其表现在一些逻辑性较强的学科上，过分推崇基础知识和基本技能，较少顾及学生生存的生活世界，致使课程内容单调枯燥，缺乏适应学生心理需求的生活气息。学生心理健康教育课程的内容所倡导的是与传统“教材”完全不同的取向。它从学生的心理实际出发，在生活世界中选择适合学生心理特点的典型材料，在具有生活化的活动情境中，通过学生自主的认知、体验、反省来提升心理品质。从这个意义上说，学生心理健康教育课程是发端于生活世界又依附于生活世界的一种新型课程，其课程内容并不追求文本的知识性、学术性和结构性，而是注重心理生活场景的设计和情境的渲染，呈现具有生活气息的心理空间。

三、学生心理健康教育课程的主要类型

从课程结构形式来看，可以把学生心理健康教育课程划分为两大类：独立型心理健康教育课程和融合型心理健康教育课程。其中，独立型心理健康教育课程又可分为心理健康教育学科课程、心理健康教育活动课程和心理健康教育环境课程三种类型；融合型心理健康教育课程也可分为学科课程中的融合、活动课程中的融合和环境课程中的融合。

（一）学生心理健康教育学科课程

心理健康教育学科课程是传授较系统的心理发展和心理健康基础知识的一种课程形式，它是学生心理健康教育整体课程体系的基础部分。心理健康教育学科课程能够教给学生这门学科的基本知识结构，使学生获得必要的心理健康知识和心理发展知识，有助于学生实现对自身心理的认知。如果在学生心理健康教育工作中不重视基础知识的传授，仅仅开展一些活动，学生就只能获得一些在具体情境中如何应对的心理技能，而很难获得整体心理水平的提高。因此，心理健康教育学科课程在学生心理健康教育整体课程体系中处于基础地位。学生心理健康教育学科课程具有以下几个特征：

- 知识性。心理健康教育学科课程是以课堂教学的形式来进行的。它的主要任务是传授给学生必须掌握的心理发展和心理健康的知识。这就要把心理健康教育学科课程和其他心理健康教育课程（包括活动课程、环境课程和融合课程）加以区别。心理健康教育学科课程具有知识性的特征，只能完成知识教学这一独特的任务，而心理品质的训练、陶冶和某一方面特殊心理品质的培养则是其他心理健康教育课程的任务。
- 基础性。心理健康教育学科课程传授给学生的是心理发展和心理健康最基础的知识。这就要把心理健康教育学科课程和专业的心理学课程加以区别。心理健康教育学科课程当然会涉及心理学的基础知识和基本理论，但二者的对象不同、教学目的不同，因而内容的重点也不同。心理健康教育

学科课程的教学内容应以心理学、心理健康教育学等诸多学科作为依据，但是直接出现在课程中的并非是这些学科的直接结论和理论形态，而是经过处理的比较浅显实际、生活化的阐释和形态。

■问题逻辑性。心理健康教育学科课程的内容选择和编排应遵循问题逻辑性，这就要把心理健康教育学科课程和其他学科课程加以区别。心理健康教育学科课程能否为学生所接受，在相当大的程度上必须依赖和借助于受教育者的主观体验，即学生通过自身生活经验和课程内容之间的相似性联系来认同和接受它。因此，心理健康教育学科课程应该是问题逻辑和生活逻辑的，要根据学生身心发展的特点和成长中遇到的实际问题，来安排教学内容，确定叙述方式，构建教学体系。

（二）学生心理健康教育活动课程

心理健康教育活动课程是指教师根据学生心理发展的规律和特点，有目的、有计划、有组织地通过学生主体性的活动项目和方式，使学生的心理品质受到实际锻炼，进而培养和提高学生心理素质的一种课程形式。心理健康教育活动课程是为了培养学生良好的心理品质，因此有时也叫作“心理训练课”。它是学生心理健康教育整体课程体系的核心部分，这是由学生心理健康教育的特殊性以及活动课程的优点所决定的。心理健康教育的教学目标、教学内容、教学组织形式以及教学效果的评价等方面都不同于其他教育。心理健康教育的内容呈实践性特征，重视学生直接经验的获得，强调学生心理素质的提高。活动课程符合人的心理形成、发展的规律以及心理健康教育的特殊性，有利于学生心理健康教育全面、有针对性地开展。因此，心理健康教育活动课程是学生心理健康教育理想的、有效的载体，在学生心理健康教育整体课程体系中居于核心地位。学生心理健康教育活动课程具有以下几个特征：

■活动性。心理健康教育活动课程以现代活动课程理论为依据，寓心理健康教育于活动之中。人的心理发展是在人与人的相互交往、人与环境互动的活动过程中实现的，活动是将心理学知识转化为心理品质的中介环节。因此，活动性是心理健康教育活动课程的突出特征，表现为教师根据心理知识并围绕学生生活组织相应的活动，使学生在活动中获得心理体验、发展心理素质。从这个意义上讲，心理健康教育活动课程是以学生活动为主，不同于以普及知识为主的心理健康教育学科课程。

■系统性。活动理论认为，人的活动具有客观现实性、社会历史性和主观能动性，这为我们科学地设计活动课程提供了理论依据。因此，我们在设计心理健康教育活动课程时，要把社会的需要和学生心理素质全面协调发展统一起来，要有明确的活动目的，不能为活动而活动；活动的内容应该丰富多彩，形式应多种多样、生动活泼，以适应学生成长的多样性要求。从这个意义上讲，它有明确的活动目的和系统的活动内容，且有教师指导，不同于临时组织的班级活动以及学生自发性的游戏。

■ 主体性。心理健康教育活动课程是以现代心理学理论为基础的。现代心理学理论认为人的心理活动来源于客观世界，强调认识起源于主客体之间的相互作用，活动是认识的中介。心理健康教育活动课程是以活动为中介的课程形式，实施活动时，强调学生的参与意识、实践意识、主动意识。学生始终是以主体活动者的角色出现，充分发挥学生的主体性是心理健康教育活动课程的优势所在。

■ 互动性。心理健康教育活动课程是以群体动力学理论为基础的一种集体心理辅导模式。群体动力学理论认为，人与环境的相互作用将直接影响行为的产生，学生间良好的人际环境，必然有利于学生良好行为的产生，从而促进其良好个性的形成和发展。心理健康教育活动课程能调动学生自身的教育资源，在平等协商对话中有效地培养温暖感、信赖感、亲切感，形成互相尊重、独立自主等人际关系和良好人格。心理健康教育活动课程能够发挥积极的双向互动的人与人之间的群体动力效应。

（三）学生心理健康教育环境课程

心理健康教育环境课程是指学校通过教育环境（包括物质的、文化的和社会关系结构的）有意或无意地传递给学生关于心理发展方面的非公开性教育经验的一种课程形式。心理健康教育环境课程建设的关键是营造有利于学生充分发展潜能、形成健全人格的教育环境。

心理健康教育环境课程是学生心理健康教育整体课程体系的必要部分。这是因为学校的物质环境、学校中的人际关系状况、校风、班级组织机构、学校中的次级文化与各种非正式团体组织以及各种社会“背景因素”，如政治制度、教育体制、社会环境等，都会对学生的心理发展产生重大影响。因此，如何充分发挥环境课程对学生心理发展的积极、正向作用，研究环境课程在学生心理健康教育中的实施问题，以便创设良好的心理发展环境，无疑是学生心理健康教育课程设计与实施的一个重要发展趋向。学生心理健康教育环境课程具有以下几个特征：

■ 全局性。从心理健康教育课程范围来看，它不仅包含显性心理健康教育课程所涉及的领域，而且其课程范围还拓展到学校校园环境及学生在学校生活的各个领域。从时间结构上看，不仅包括有限的显性心理健康教育课程的学习，而且包括在学校生活的各个时间段的学习，即隐性心理健康教育课程（或心理健康教育环境课程）的学习，呈现出一种“全天候”“随时随地”获得心理素质提升的状态。

- 导向性。隐性心理健康教育课程对学生心理素质的影响作用是由其本身的特点决定的。因为显性课程在传递社会的意识形态方面，痕迹比较明显，而意识形态总是带有一定的强制性和权威性，这往往会引起学生的不愉快和逆反心理。隐性心理健康教育课程则使学生在无意识中接受教育，同时能增强显性心理健康教育课程的愉悦性，从而绕开学生的逆反意识而进入学生的心田。在现实的学校环境中，从物质环境到文化传统，从集体规范到人际关系，从教师的举止仪表到教室的装饰布置，都给学生提供了一个参照系，并传递一定的价值观信息，对学生态度和意识的形成发挥着导向作用。
- 陶冶性。“知道为智，体道为情”，没有情感体验的心理健康教育注定收效甚微。当前，学生心理健康教育面临的最大问题莫过于学生的认识与情感联系的断裂。情感的形成离不开隐性心理健康教育课程体验、熏陶、感染的作用机制。隐性心理健康教育课程对学生情感的陶冶可分为美的陶冶和氛围陶冶。隐性心理健康教育课程对学生美的陶冶主要表现为学校物质环境的美对学生的陶冶，以及教学美对学生的陶冶。氛围陶冶集中通过班风和校风表现出来。一个班级乃至一所学校中学生的学习态度、精神状态、价值观念、行为方式是每一位学生和教师共同参与而创造的，一旦形成便对每个成员发生作用。
- 规范性。学生的行为方式是学生心理素质的重要外在标志。隐性心理健康教育课程对学生良好心理品质形成和发展的规范作用，实质上就是对学生的行为方式具有一定的制约和约束作用。学校中的物质环境、精神氛围、师生交往等都渗透着学校的道德要求与教育意志，是一个有情感色彩的具体生动的心理健康教育环境。它可以通过暗示、舆论、从众等特殊机制对学生产生潜在的心理压力和动力。学生自觉感受到这种要求并按照这种要求去规范、约束自己的行为，使这种影响不带有强制性。

（四）学生心理健康教育融合课程

融合型心理健康教育课程是指在学校常规教育教学活动中，在传递知识、教授技能、培养学生良好行为习惯的同时，注重挖掘学科课程、活动课程和环境课程中的内在心理健康教育资源，并引入心理健康教育的方法和技术的一种课程形式。它帮助学生提高认知和技能、情意特质和人格素养，从而完善心理机能。它包括学科课程中融合心理健康教育、活动课程中融合心理健康教育和环境课程中融合心理健康教育。

融合型心理健康教育课程是学生心理健康教育整体课程体系的必要部分。学校的各科教学以及班团队活动、科技文体活动等活动课程，都蕴藏着丰富的心理健康教育资源，这需要全校教师充分挖掘其隐性的教育价值，协同发展学生的心理潜能，提高其心理素质，也就是在常规的教育教学活动中培育学生的心理素质。融合型心理健康教育课程的实施可使全校教师参与全体学生的心理健康教育，可最大限度地集中教育的人力资源，给学生施以更全面的影响；它还有利于提高每个教师的责任感和自觉意识，易于形成最大的教育合力。因此，融合型心理健康教育课程的实施符合学生心理健康教育工作的本位化发展方向，能有效地改变当前我国学生心理健康教育工作专业人员较少的状况。融合型心理健康教育课程具有以下几个特征：

- 整合性。从融合型心理健康教育课程的内在机制来看，它是一种整合型课程，即心理健康教育的目标是有机地融入常规的教育教学之中的，而不是“人为的”“强加的”，也就是使心理健康教育目标内化为其他学科与活动课程的子目标，通过挖掘各学科与活动课程的内在教育价值来整合心理健康教育目标。
- 潜隐性。融合型心理健康教育课程具有隐性课程的特点。它是在各学科教学和活动中，在教授学科教学与活动所要传递的知识技能的同时，在潜移默化中塑造学生的心理品质。寓教于无声无息之中，论道而不说教。
- 依附性。从融合型心理健康教育课程的实施来看，它依附于各科教学与活动，不同的学科与活动都以其特有的方式负载心理健康教育资源，但各自又都能为心理健康教育所用，共同提高学生的心理素质。依附性的特点决定，只有在充分达成学科与活动课程目标的基础上，才能达成心理健康教育目标。

四、学生心理健康教育课程开设的意义

开设学生心理健康教育课程是学生心理健康教育的发展方向和趋势，符合现代学生心理健康教育工作的发展教育型模式。开设该课程是学生心理健康教育的主要途径和重要保证，是课程改革的重要补充。

（一）有利于心理健康教育工作的顺利开展

课程作为任何一种教育体制的“心脏”，从属于教育的根本目的，又是实现目的的动力机制。它始终处于教育体制的中心地位，教育体制中的任何一个侧面，包括师资、设备、管理、评价等，都紧紧围绕着课程的实现。课程在教育中处于核心地位，最能发挥学校教育的优势。学生心理健康教育主要是面向全体学生的共性问题进行的以发展和预防为主的教育，其目的在于提高全体学生的心理素质，凭借课程有可能将这种目标较为全面地实现。因为心理健康教育课程有专门的教材和详实的教学指导用书，

教师在学习一定理论的基础上，经过培训、研讨、实践、总结、提高等一系列环节后，有可能把握心理健康教育课程的基本要求，这就为学生心理健康教育的顺利开展提供了必要的保证。

（二）有利于优化课程的结构

传统课程结构的弊端是：要素不全，内部关系不协调，缺乏整体性和协同性，没有心理健康教育课程，没有心理健康教育教材。这样就导致学生心理素质发展不良，最终会使学生的素质片面畸形地发展。因此，心理健康教育课程的开设是改变这种状况的根本出路。应该说，心理素质在学生的各种素质中居于十分重要的地位，是各种素质的基础与核心。而到目前为止，针对其他素质均有相应的课程设置，唯独心理素质没有独立的课程设置，这是极不合理的现象。提高学生心理素质的一个重要举措，就是在学校中开设心理健康教育课程。课程结构要符合社会需求、学科体系及学生发展三大要素，如果说原有结构更注重前两个因素的话，那么心理健康教育课程的开设，则是加强了学生自身发展的权重，使得三大要素逐步达到动态平衡，进而使得课程结构更趋合理。

（三）有利于完善课程的功能

传统课程结构中学科课程的主要功能是将社会文化和知识传递给学生，以知识为载体，以知识传递为中介，使学生获得智慧和技能。它是以社会发展为基本出发点的。它的局限在于常常难以顾及个体发展的差异性、情意性和需要，难以发挥个体的主动性、积极性和创造性。心理健康教育活动课程的主要功能是促进个体心理健康，以个体经验为载体，以活动为中介，使学生获得学习、生活、社会适应与发展的技能。它是以个体发展为基本出发点的，可以极大地调动学生学习的主动性、积极性和创造性，而这恰恰是对学科课程的改革和补充。

（四）有利于充分发挥学生的主体性

注重人的主体性发展是现代教育的重要特征。人的主体性又集中体现在自主性、能动性、独特性与创造性等心理层面，因此人的主体性需要心理健康教育来培养。尊重学生的主体地位，发挥学生的主体性，通过各学科和活动课程融合心理健康教育内容是现代课程思潮的重要表现形式之一。心理健康教育课程表现为一种课程目标，它对课程目标的作用就在于课程编制和实施过程中注重学生的心理层面，充分考虑学生的认知特征及需要、动机、情感、个性等非认知因素，并结合各学科课程和活动课程的实施发展学生的心理潜能、提高其心理素质。心理健康教育课程更表现为一种实施策略，各学科和活动课程如何实施，都有其特定的结构和目标体系。各学科和活动课程融合心理健康教育是对其实施结构的积极建构，是课程实施策略的改进和提升，能兼顾课程的情意、人格目标，从而拓展课程的视野。

第二节
学生心理健康教育课程的教学

一、学生心理健康教育课程的教学内容

（一）学生心理健康教育课程的目标

学生心理健康教育课程内容是实现心理健康教育课程目标的手段。因此，明确心理健康教育课程的目标是确定教学内容的首要问题，因为它是选择教学内容最直接的准则。心理健康教育课程的总目标也就是心理健康教育的目标，它的实现有赖于各种类型的心理健康教育课程具体目标的实现。心理健康教育学科课程的目标在于促使学生认识自身的心理，实现对自己心理的“认知”；心理健康教育活动课程的目标着眼于心理品质的“训练”；心理健康教育环境课程的目标着眼于心理品质的“陶冶”；融合型心理健康教育课程侧重于与某种学科的学习及某种形式的活动相关的心理品质的认识与训练。从这个角度来看，中小学最适宜开设心理健康教育综合课程。因为它综合、融合了不同类型的心理健康教育课程的目标，能够全面实现心理健康教育课程的总目标。

准确地把握心理健康教育课程的总目标和具体目标，可以为这门课程确定科学的教学目标序列，同时也可以根据这一教学目标序列，确定适当的教学内容。

（二）学生心理健康教育课程教学内容的结构

学生心理健康教育课程教学内容的结构主要包括五个基本要素，即认知经验要素、意志品质要素、情感经验要素、社会经验要素和生活经验要素（吴增强，1998）。

- 认知经验要素。心理健康教育课程要把认知经验要素摆到突出的位置，在教育活动中让学生学会正确的认知。让学生懂得哪些是非理性的认知，并自觉取得老师或同伴的疏导和干预，建立正确的、健康的、理性的认知。这是一个健康人最基本的条件，也是使人得到发展的最基本条件。
- 意志品质要素。意志品质要素是人的精神力量的标志，是人取得成功的动力维持系统。学生所有的学习生活都可以有目的地进行意志品质的训练。心理健康教育课程要结合学生日常的生活以及各种随机发生的问题，把它们作为课程训练的内容，从而达到意志品质训练的目的。
- 情感经验要素。这是衡量人的心理健康的重要指标。一个正常的人不仅有积极、健康的情绪，而且能自觉地调节自己的不良情绪，使之及时恢复正常。心理健康教育课程要通过各种活动和情境，让学生体验各种情绪反应，

学会调节和合理宣泄不良情绪，获得追求美好、追求真理的情感动力。

■社会经验要素。教育就是要把学生培养成为社会的人。心理健康教育课程必须组织学生参与社会活动，在了解社会、适应社会、服务社会中，懂得热爱工作、热爱生活、热爱生命，勇于克服困难，善于与人合作。心理健康教育课程在社会活动中培养学生独立处理问题和解决问题的能力。

■生活经验要素。这是现代人需要具备的要素。心理健康教育课程要组织各种活动让学生体验生活，学会过正常、愉快的生活，学会过健康的休闲生活，学会正常的消费，懂得幸福生活的来之不易，珍惜生活。

（三）学生心理健康教育课程教学内容的组织方式

1. 逻辑式组织

由于学生的心理发展是一个由简单到复杂、由具体到抽象、由低级到高级、由他律到自律的自组织过程。该过程既具有连续性，又有阶段性。因此，教学内容的组织应适应这一规律，注重逻辑性，由易到难，由浅入深，有条不紊，纲目井然，宜采用螺旋式上升的形式来组织心理健康教育内容。不同年龄段、不同年级学生的心理发展水平不同，因此教学内容的难易度和侧重点应有所区别。

2. 心理式组织

它是以学生在学习、生活、成长过程中所发生的心理现象来组织教学内容，也就是按学生心理发展的各个类别顺序来组织。这种组织方式是以学生为本位，注重学生的兴趣与需求。

认识顺序：了解自我、认识自我、悦纳自我、欣赏自我、完善自我、实现自我；认识家庭、认识环境、认识学校、认识班级、认识社会、认识国家、认识世界。

学习能力顺序：智力（注意力、观察力、记忆力、想象力、思维力）；非智力（动机、兴趣、情绪情感、意志、性格）。

人际交往顺序：礼貌、交友、合群、乐群、友情。

情绪情感顺序：体验、感受、意识、反应、调节、控制。

社会适应顺序：在参与社会活动中接受自己、减少对父母和长辈的依赖、培养独立处理问题的自主和自信能力、分析自我以选择职业、培养有社会责任感的言行、形成科学的世界观和人生观及价值观。

一般来说，心理健康教育课程的教学内容应采取折中式组织，也就是调和上述两种组织方式，充分发挥它们的优点。当然，两种组织方式的比例不是机械的、固定的，而应该根据不同年级的学生有所侧重。

二、学生心理健康教育课程的教学方法

学生心理健康教育课程也与其他课程一样有着共同的教学方法，如讲授法、谈话法、讨论法、演示法、实验法、参观法等，但心理健康教育课程又有别于其他学科，它重在活动，重在学生参与，通过师生共同活动，达到提高学生心理素质的目的。这就决定了心理健康教育课程有一些特殊的教学方法，常用的教学方法有以下几种：

（一）角色扮演法

角色扮演法就是通过学生扮演或模仿一些角色，重演部分场景，使学生以角色的身份，充分表露自己或角色的人格、情感、人际关系、内心冲突等心理问题，进而起到增进自我认识，减轻或消除心理问题，发展心理素质的一种教学方法。角色扮演有澄清问题、疏解情绪、塑造行为和成长心智的功能。角色扮演的基本过程包括准备阶段、实施角色扮演阶段和终结阶段。实施角色扮演有教师、剧本、扮演者、观察扮演的学生、舞台等五大要素。在心理健康教育活动中可应用的角色扮演方法有以下几种：

■哑剧表演法。此方法是要求学生不以语言或文字来表达其意见或感情，而用表情和动作来表情达意。表演可以是一人或多人，如表演“见面时”“生气时”“幸福时刻”“等待”等，这种方法可以促进学生非言语沟通能力的发展。

■角色互换法。角色互换有两种涵义：一是在剧中A和B交换各自的角色，通过角色交换，A理解B，B理解A，同时也理解了两人的关系，理解了自己；二是扮演一个与自己现实生活中的角色完全不同的角色。例如，现实生活中总欺负人的学生，表演一个总被欺负的学生，可以通过表演，加深对他人的了解以及自我理解，学会与他人共情，学会用他人的眼光看自己。

■镜像法。这是指看别人扮演自己的方法。例如，爱说粗话、不讲礼貌、缺乏教养的A看到B表演自己的所作所为，通过看别人演自己而客观了解自己生活中角色的言行，激发A改变的主动性，促使A改变不适当的行为。

■空椅子表演法。这种方法只需一个人表演，适合于让学生扮演内心相冲突的双方或扮演学生所不满的另一人。具体做法是将两张椅子面对着放好，要学生坐在一把椅子上，面对另一把椅子，大声说出自己的某一类观点，然后再坐到另一把椅子上说出相对立的另一类观点。若是表演与他人有冲突，则在另一把椅子上扮演他人，以此来增加扮演者的自我知觉和对他人的知觉。

■小品表演法。这种方法是把幽默、讽刺或赞许的语言与滑稽的动作结合起来，展示学习、生活中的一些事情，告诉同学们其中的道理及处理问题的

方式等。小品表演大多是由多个同学参与，以便接近生活，使情境显得较真实，富有感染力，如表演“同学病了”“同学来我家做客”“给妈妈过生日”等内容。

（二）集体讨论法

集体讨论法是指学生在教师的引导和组织下，对某一专题发表自己的看法、表述自己的意见、进行研讨的一种教学方法。通过讨论可以沟通意见、集思广益、解决问题。在心理健康教育活动中常用的讨论方法有以下几种：

■小组讨论法。针对某一问题情境，教师将全班学生分成若干小组，每个小组内的成员均可充分发表自己的看法，畅所欲言。然后，形成小组意见，在小组间进行讨论或辩论，或每个小组的发言人做交流，其他学生可补充，最后由教师做总结。分组方式应多样化，如自愿组合、报数组合、生日组合、异质组合等。这样不仅可以扩大学生的接触面，还有利于保持学生的新鲜感，增强活动的吸引力。其中异质小组的组合，要求将学习水平、性格、气质、兴趣行为等处于不同层次的学生组合在一个小组，这有利于学生之间的互动和互补。

■辩论式讨论法。将全班学生分成两组，就一个讨论话题分成正反两方，意见对立。学生站在自己所在方的立场上，与对方辩论。

■配对讨论法。就某一主题，两个人先讨论，得出结论。然后与另两个人讨论协商，形成4个人的共同意见。再与另4个人一起协调，获得8个人的结论。之后，还可以推选出本组代表参与全班的讨论。这种讨论方法每个学生都能参与，还要求学生有独立的见解，善于辩论、协商，因而讨论的效果会比较好。

■脑力激荡法。此方法允许学生针对一个问题自由地考虑可采用的方法。它利用了集体思考和讨论的方式，目的是在一种兴奋、有趣、安全及接纳的气氛下使思想观念相互激荡，发生连锁反应，以引出更多的意见或想法。教师应鼓励学生真诚地提出意见，不管有无价值，甚至对类似开玩笑或引人注意的意见，也要接纳。教师应特别鼓励有创意的学生。

（三）操作法

这种类型的教学方法主要是通过学生的言语和动作的操作活动来达到心理健康教育的目的。在心理健康教育活动中常见的操作法有以下几种：

■叙事法。它是通过学生自己述说事情的经过和感受，以达到情绪宣泄和增进自我认识的一种方法。在心理健康教育活动课程中，教师应有意识地引导学生讲述自己对某一件事情的感受、某一次经历和成长过程等。低年级学生还可以通过“自画像”，让学生认识自我。通过自述，让情绪感染大家，容易产生情感共鸣。这不仅培养了学生个人自我认识、自我反省的能力，增强了学生的自信，还可锻炼学生的思维能力与口头表达能力。此外，学生在这个人际互动的过程中，通过认识自己、了解他人，容易产生认同感。这种方法对于克服自卑、消除焦虑等是十分有效的。

■测验法。这种方法通过让学生做智力、气质、性格、兴趣、职业能力、心理健康等各种心理测验，帮助学生了解自己的特点，分析自己的长处和不足，促进学生的自我发展。同时，这种方法还可以激发起学生运用心理知识认识自己的心理、提高自己心理素质的兴趣。

■游戏法。游戏是学生普遍喜欢的活动，有益的游戏能带给他们快乐并使他们从中受到教育。游戏能尊重参与者人格的尊严，能宽容参与者真情的流露，能满足参与者展示自我的需要。它具有欢乐性、自主性、创造性、契约性和互动性等特征。游戏法可应用在心理健康教育的很多内容中，如协助交往的游戏、增强团队凝聚力的游戏、提高学习效果的游戏、增强耐挫力的游戏、增强自我意识的游戏等。游戏法的实施一般包括选择游戏、学习规则、观察行为、调节情绪、澄清讨论和再来一次等六个步骤。游戏对学生的发展具有身体、智慧、交往、道德、治疗等方面的价值。

以上这些方法的分类不是绝对的，不同种类的方法之间有一定的交叉或包含关系。一般说来，单用一种方法进行教学活动的心理健康教育课是极少数的。这是由学生心理现象的复杂性、活动方法的多样性决定的。这就要求教师根据教学目标和每种方法的特点，合理地选择和组合各种方法，以使教育活动达到最佳的效果。

三、学生心理健康教育课程的教学实施

（一）学生心理健康教育课程的实施程序

学生心理健康教育课程的实施是一种创造性的过程，没有十分严格的课堂结构。各地在心理健康教育实践中总结出了许多颇具特色的心理健康教育课程的课堂结构或教学模式。例如，成都市十二中总结的“七环节教学法”包括“引入话题—创设情景—展开讨论—树立榜样—联系自我—反馈矫正—总结深化”这样七个环节。又如，沃建中主编的《中小学生心理导向》一书中提出的课程实施程序，包括“明镜台、智慧泉、回音壁、启思录”四个环节，明镜台的环节是让学生了解自己的真实情况或水平；智慧泉的环节是让学生改变观念，接受心理训练，提高心理能力，获取智慧；回音壁是学生的反省时间，又是确立目标之处；启思录是启发学生进一步思考。再如，伍新春主编的《心理健康教育》一书中将课程实施分为“心灵故事”“心灵智慧”“心灵训

练”和“心灵拓展”四个环节。“心灵故事”部分以青少年朋友生活中的真实案例为切入点，以此引起大家的思考；在“心灵智慧”部分，重点介绍相关的心理学原理与专家观点，让同学们了解这些事件背后的深层规律所在；“心灵训练”的目的，是在课堂中提供一个练习的机会，让同学们学习掌握新的行为模式，改变原有的处理问题的方式方法；在“心灵拓展”部分，则是给出一些作业和要求，希望同学们把所学到的知识、策略、方法应用到现实生活中去。

一般而言，学校心理健康教育课程的实施是按照课时一节一节地进行的。每一节课的进程，往往包括以下步骤：①课程的引入。教师根据本节课所要解决的中心问题，运用预热方法、澄清方法、介绍方法等起始活动技术，激发学生参与活动的积极性，引导学生进入活动。②课程的开展。教师说明活动的方式与要求，指导学生开展活动。教师要根据学生的活动，提出学生普遍关心的热点问题，启发学生在已有心理体验的基础上思考，寻求答案。③分组讨论。在激活学生思维的基础上，分组进行讨论，然后小组长代表小组发言，使学生在相互交流中获得领悟。④课程的升华。教师对学生活动所取得的结果进行评价，指出其成功与不足之处，同时将学生获得的感性认识上升为理性认识，升华为心理保健知识与技巧。⑤课程的延伸。教师联系生活实际拓展学生所获得的心理保健知识与技巧；同时，要求学生课后继续实践，从而使学生的心理素质得到进一步的锻炼与提高。当然，以上五个程序必须在紧扣活动目标的前提下进行，并应保证尽量使学生在主动活动中寻求发展。

（二）学生心理健康教育课程的“交往”本质

传统课程的实施模式是一种认识与被认识、改造与被改造的“主一客”关系或“我一它”关系，是人与对象的关系。而学生心理健康教育课程的模式是交往的模式，是“主一主”或“我一你”关系，是人与人的一种精神性交往关系。这种关系以民主平等的对话为基础，不再是一种简单给予和被动接受的关系。正是基于这种关系，心理健康教育课程成为主体与主体之间的能动、互助的精神建构过程。参与者的关系成为一种交流、沟通、协作、对话的关系。心理健康教育课程所追寻的正是这样一种交往关系。

在传统教学中，教师一直被置于前台的位置，围绕教师展开教学进程是基本模式。在学生心理健康教育课程中师生关系的转换更为明显，教师无法“包办”学生的心理成长，心理的发展与建构只能由学生自己来进行。心理健康教育课程要提供的是学生自主活动的“舞台”，由学生来唱主角，教师只是活动的一个“配角”。此时，教师更近似于一个合作者而不是长者。

学生心理健康教育课程的实施应贯穿一个基本原则：师生双方在民主、平等基础上的协作。首先，教师与学生在这一课程里要形成某种“契约”，即对课程目标、课程进程的协商约定。学生有权根据自身需要选择适合自己的课程，成为积极主动的求助者和发展者。教师则成为学生成长和发展的引导者。其次，还要看到在本课程的顺利开展中，师生有效协作，依托一种更为开放的、更为民主平等的教育人际环境。一方面，教师与学生都以主体的身份进入教育过程，教师的职责不是控制活动的进程，而是着眼于活动情境的设计，营造民主、平等、宽松、和谐的活动氛围，激发学生心理发展的动因，为双方的协作提供外在保障。另一方面，对学生的指导并非是教师单方面的责任，而是需要学生的积极投入和密切配合。随着课程的进展，师生关系越来越融洽，双方的协作也会不断向纵深方向发展。

从学生心理健康教育课程的实施过程来看，它是一个开放的系统。教师要给学生独立判断和选择的权利，让学生在问题的解决过程中拓展自己的思维，反思自己的感受和问题解决的步骤，从而内化成自己的心理素质。在这种新型的师生交往中，师生对话具有自主建构的特征，学生的心理发展不是由外部力量塑造的，而是通过他们的自主活动，在与外部世界和教师的相互作用过程中能动生成和自主建构的。只有这样，才能使外在的教育要求内化成学生追求心理健康的自觉行动。

四、学生心理健康教育课程的教学评价

学生心理健康教育课程的评价体系是保证该课程顺利实施的支持系统之一。学生心理健康教育课程是发端于生活世界又依附于生活世界的一门新型课程。人的心理的复杂性、心理健康教育的非学科性以及心理健康教育课程的灵活多变性等，都给该课程的评价带来了诸多困难，其实施效果（即学生的心理品质得到何种程度的发展）很难通过考试等书面形式完整地反映出来。书面考试的评价结果并不能真正代表心理健康教育课程实施的结果以及学生心理品质的发展状况。实践表明，课程评价方法与技术的“滞后”，已经成为制约一些学校开展心理健康教育的“瓶颈”。因此，科学有效地进行心理健康教育课程评价，是提高心理健康教育质量、推进心理健康教育的重要环节。

（一）学生心理健康教育课程评价的环节

根据心理健康教育课程的特点，其课程评价主要集中在三个环节：课程起始评价、课程实施过程评价和课程实施结果评价。

1. 课程起始评价

学生心理健康教育课程起始评价，是指在教学活动开始之前进行的评价。它的主要任务是评价学生进入新的教学活动前所具有的前提条件，包括对学生能力、个性特点、各种优点和缺点、各种心理或行为问题类型等的了解。其目的是把握学生所具有的不同的学习准备状态，进而确定明确具体的教学目标和选择有针对性的活

动内容。起始评价还包括对课程目标进行评价，即评价教师设定的目标是否明确具体、是否针对学生的心理实际、是否偏离总目标的方向等。起始评价可通过查阅心理健康教育档案来进行，起始评价所得的资料既可为课程设计提供参考，又可为教学效果的评价提供依据。

2. 课程实施过程评价

学生心理健康教育课程实施过程评价，是指在教学活动进行过程中进行的评价，即形成性评价。注重实施过程评价的目的在于对正在实施的心理健康教育课程及时进行监控和评定，对教学活动各个环节的实施情况进行诊断分析，找出哪些地方偏离了教学目标，哪些地方还需进一步完善，从而为课程的调整提供及时的反馈信息。

3. 课程实施结果评价

学生心理健康教育课程实施结果评价，是指在一门课程结束或一个教学方案结束时所进行的结果评定，即总结性评价。总结性评价通常采用事先设计好的评价表或事先选定的测验等，在课程结束时让学生填写，然后进行分析，了解学生对教学活动的满意程度、活动感受及行为变化状况，以便客观评定课程实施的效果。评价方式有以下几种：一是通过心理测试来了解学生在实施课程后心理素质的变化；二是对学生的内省材料进行分析评定，如可通过学生的心理课学习体会、周记来对其心理变化进行评定；三是对学生学习心理课后发生的行为变化（如学习习惯、人际交往等）进行评定。总之，对心理健康教育课程实施结果的评价重点应放在学生心理素质的提高以及相应行为的改进上，而不应过分强调知识掌握的多少。

由于学生的心理素质和心理健康水平的提高不是一时的问题，而是需要长期的努力，这就要求我们在对课程实施结果进行评价时还要考虑到长期效果、课程效果持续时间会有多久。为此，要进行追踪性评价，目的是了解教学效果能否持续，是否对学生的学习、生活产生了长期的积极的影响。如果长期效果不佳的话，我们就要考虑通过怎样的手段和跟进措施才能进一步延续或强化心理健康教育课程的后效。

（二）学生心理健康教育课程评价的特点

1. 从封闭性评价到动态性评价

在多尔（2000）看来，现代主义框架中的课程评价基本上是用来“区分胜利者和失败者”“考试几乎普遍地作为区分手段而不是对话的起点”，而建构主义已消解了现代主义课程评价标准的单一性、封闭性，强调评价标准的多元性和动态性。动态性评价能够表明能力是发展的，并能预测学生将来如何独立操作。学生心理健康教育课程评价的动态性，表现在以下两个方面：其一，应坚持目标达成评价和过程评价相结合，课程目标是评价的一个标准，心理健康教育课程的实施过程也是一个重要的评价依据。在评价过程中，评价者要积极关注学生在活动中的“生存状态”，即学生的兴趣爱好、情绪情感。其二，应坚持在日常生活中积极关注和评价学生行为。心理健康教育课程的一个重要特征，就是基于过程性或情境性。学生在心理健康教育课程中的情绪状态、参与程度、思维见解，是与其日常生活密切相关的。也就是说，学生在一种情境中的表现，必然有一定的根源。所以，在评价时应当积极关注学生的日常行为，关注事件的起因，这样的心理健康教育活动课程的评价才是比较全面的。

2. 从量化评价到质性评价

学生心理健康教育课程评价在反思传统量化评价的基础上，愈来愈强调情境性、真实性、过程性的质性评价。质性评价与量化评价是相对的两种评价方式。质性评价方法通常记录学生的各种行为表现、作品或思考等描述性内容，而不仅仅是一个分数；质性评价方法多以描述和记录为主，即可真实、深入地再现学生心理发展的过程。相比之下，量化评价方法更多地表现为数字，反映的是学生发展的结果。质性评价方法主要有评语、行为观察、情境性测验、档案袋评价等。质性评价是一种着眼于学生的整体发展，兼顾认知、情意、技能的整体课程评价；质性评价要建立相关资源库，达成资源共享的目的，能够适应学生的个别差异，呈现个别化的学习进程；质性评价要求师生共同参与评价内容的设计和评价标准的确立，以提升学生沟通与合作的能力。

3. 从书面性评价到情境性评价

传统课程评价注重书面性评价，常见的方式之一是书面性考试和测验，书面性评价能较好地反映知识性内容的掌握程度及一定的问题解决技能，而对于如何增进学生心理发展的课程评价则具有较大的局限性。情境性评价就是针对书面考核成绩对评价学生心理成长状况的不足而提出的。情境性评价是指设计与学生学习、生活相关的活动场景，使其在较为自然的状态下表达自己的内心世界，从而对学生心理成长状况进行评价。

对学生心理健康教育课程的评价就是要提倡在真实情境中通过让学生完成操作任务来进行教学的真实性教育和基于胜任能力的教育。对学生学习结果的评价也应建立在高度情境化的操作任务上，提倡采用真实性评量和操作评量等多元化的方法。目标自由评价观认为，若不根据预先确定的目标向评价人员提供信息，那么评价就会比较真实。因此，课程的效果在情境中评估符合目标自由评价的要求，它是一种既便于操作又受学生欢迎的课程评价方法。

4. 从定论式评价到协商对话式评价

传统课程评价倾向于以教师为中心的定论式评价，学生几乎没有参与评价的机会，这是一种单向的、归纳式、下结论式的评价。学生心理健康教育课程评价则从根本上转变了传统的评价方式，从定论式评价转向协商对话式评价。学生是以主体身份参与课程评价的全程，因而心理健康教育课程评价蕴含着学生的声音，它是以师生互动为基础的对话式评价。

对心理健康教育课程的评价，应摒弃那种教师绝对权威的评价方式，构建一种师生协商对话式的评价。学生（被评价者）也是评价的参与者、评价的主体。多尔认为，教师是“平等者中的首席”。我们所倡导的师生之间协商对话式的心理健康教育课程评价正是建构在上述理论基础之上的，它改变了以往教师作为唯一评价者的身份，通过教师与学生之间的协商对话来对课程效果进行评价。

心理健康教育课程中采用协商对话式评价，是发挥学生能动作用的一大举措。传统课程评价是游离于学习进程之外的某种调控机制，而学生心理健康教育课程的评价则是学习进程的一部分，即课程评价本身也是对学生进行心理健康教育的过程，其中协商对话式评价最能表达心理健康教育的涵义。协商对话式评价可以分为师评、师生互评、学生自评三类，三者共处于师生对话的情境之中。从心理健康教育的要求出发，协商对话式评价是平等的、非定论性的，体现了师生之间新型的“我—你”关系，课程评价过程就是心理健康教育的过程。

（三）学生心理健康教育课程评价的有效方式——档案袋评价

档案袋评价，也称之为成长记录袋评价，属于质性评价的一种，在国外已有十余年的发展历史，在我国才刚刚起步。档案袋评价是一种典型的过程性评价、发展性评价，它作为一种从实践中涌现出来的课程评价方式，集中体现了建构主义心理健康教育课程评价发展的趋势。它作为等级化、分数化评价的一种替代，有其旺盛的生命力。这种评价方式着力于收集课程学习中学生努力与进步的作品，调查每一个学生获得的经验和兴趣，探究各个阶段的学习过程，通过编制“成长档案”，来把握每一个学生的学习轨迹。它的优势就在于为学生提供了一个学习的机会，使学生能够认识自己，判断自己的进步。档案袋评价的档案可以分三类：学生用档案；教师用档案；共同档案。

档案袋评价是学生心理健康教育课程评价的有效方式，这一点已经为广大教师的实践所证实。例如，某小学在开展心理健康教育过程中就运用了档案袋评价，在班级的“闪亮光荣簿”上，让学生记下自己的每一次成功、每一个进步，使其看到自己的成绩，增强自信，产生设计新的理想自我的动力。

第三节
学生心理健康教育课程的设计

学生心理健康教育课程的设计需要遵循一定的原则，只有了解课程设计的原则，才能掌握从针对学生心理健康教育具体内容的单个主题设计、多个主题的系列设计以及各类教育资源中充分挖掘心理健康教育资源的综合设计。

一、学生心理健康教育课程的设计原则

（一）以学生为中心

学生心理健康教育课程强调以学生为中心，学生是心理意义的主动建构者。因为学生的心理成长是在学生自主选择的活动中实现的。在价值观日趋多元的社会，人的心理空间也日趋复杂，教师无法为学生设定不变的准则，因而要使学生从单纯接纳转变为自主选择。心理健康教育课程是一种“为我”的课程，即是从主体自身的需要、兴趣、动机出发，而不是从外在的目标出发来组织和开展课程。主体自身始终处于活动的中心位置，活动的结果是主体性的发展和心理的成长。心理健康教育课程是学生能动性的活动过程，学生积极、主动、自觉地进行心理的建构，而不是消极被动地受外力控制。事实表明，教师对心理健康教育课程的计划、安排、设计等只能算是一种教育的“意向”和具有导向性质的“组织”，而能否影响学生的心理发展以及学生的心理在何种程度上得到发展，最终依赖于主体自身的心理建构。这一切都说明“自主性”是心理健康教育课程的精髓。心理健康教育课程促进学生心理品质发展的前提是自主性的发展。

（二）以情境为中介

学习总是在实际情境中进行的，不同活动情境对心理的作用及引起的心理感受是不同的。因此，学生心理健康教育课程的组织首先应该是情境的组织。情境的设计既是课程开展的前奏，也是维系课程的保障。真切的情境氛围为课程的开展提供了易于感受、易于体验、易于激发的心理空间，使置身于其中的每一个人都受到感染和熏陶，并激发其探究的心向，为课程的开展做出铺垫。学生心理发展的目标是无法通过直接传授知识达到的，而需要提供良好的发展情境。情境设计的关键是强化主体的积极能动性，自主地投入到活动之中，进行心理的自主建构。心理健康教育课程要提供一种真切的情境，才能把学生带入“可思可感”的境界，直指自身的心理世界，进而建构自己的心理结构，生成自己的价值理念。学生心理健康教育课程还强调所学心理知识的情境性和特异性。不能把所学知识看成死板的教条，而要鼓励学生把学到的心理知识应用到自己的生活当中，在生活的具体情境中来总结和检验新学到的知识，使学习走向“思维中的具体”。

（三）以经验为起点

学习是学生通过新经验与原有经验反复的、双向的相互作用，主动建构自己的知识经验的过程。正如冯 · 格拉塞斯费尔德（Von Glasersfeld）所指出的：“我们应该把知识和能力看作是个人建构自己经验的产物，教师的作用将不再是讲授事实，而是帮助和指导学生在特定的领域建构自己的经验。”学生是一个个“经验着”的个体，他们

对生活、对人生、对自我的意义获得均是在经验中完成的。只有在个体的亲身经历中，学生才能聆听到发自其本性的、自我完善的声音，也只有在经验中，学生才能使自己全身心地投入到对生命意义的追求中，才能使自身的“知、情、意、行”获得和谐发展。在学生心理健康教育课程的设计中，不能无视学生的原有经验另起炉灶，而要把学生原有的知识经验作为新知识的增长点。因此，学生心理健康教育的一个很重要的任务就是了解学生的原有心理经验。学生心理健康教育的根本途径不在于教育者长篇大论式的说教，而应转向学生所愿意进行的丰富多彩的活动。教师必须融入到学生生活世界里，在过程中发现学生的各种心理问题，并适时提供帮助。

（四）以活动为载体

学习就是知识内化为经验、经验外化为知识的过程，离开主体的活动，知识建构就无法进行。心理学研究和生活实践表明，人的心理品质是在活动中展示也是在活动中发展的。活动是主体与客观事物交互作用的过程，是个体内部心理活动外显的过程，也是外部客观信息内化的过程。学生心理品质的发展是通过一定的教育引导，使主体自身在活动中自主定向、自主选择、自我完善、自我建构的过程。因此，通过活动来实施心理健康教育最为真实，也最为自然。从一定意义上说，人的心理机能的发展是难以通过直接的“教”的方式来进行的。“教”只是提供外围的情境、提供有助于心理发展的心理空间、提供有助于学生自主选择的物质与精神条件。学生心理健康教育课程要求教师设计自主性活动，教师可以进行活动的设计和导向，但无法主宰活动的进程，更不应该剥夺学生交流和选择的机会。可见，学生心理健康教育课程是一种自我教育的课程，这种自主性是通过学生的自主活动来实现的。

（五）以过程为重心

学生心理健康教育课程具有过程性的特点，是一种生命的存在，是在过程中不断生成、不断建构的，以适应人的心理发展过程。这种课程的开放、流动和生命意识，要求该课程必须以一种生态化的过程视角来设计，即以一种互动的、成长的、延展的生命观念来建构课程内容，从而使课程获得生命关怀的整体意识，激发起学生的生存意志和生命智慧。生命活动、生活事件是个体心理素质发展的平台，心理品质的发展存在于个体生命活动的过程中，存在于个体生活的具体场景中。为此，心理健康教育课程的设计不能只依据理论的逻辑还应依据生活的逻辑来建构；发展学生的心理素质就不应只是依靠知识讲授或道德说教，而要让学生经历积累个人经验的过程，基于自己的生活经验建构自己的心理品质。这也是个体自我对经验的反思过程，在这个过程中，个体的主体自我（当下的我）与客体自我（过去的经验）会产生互动。当下的我会觉察、反思过去的经验，从而进行调整和提升。

（六）以合作为主线

在心理健康教育课程中，师生双方是民主平等的协作关系。教师是“平等者中的首席”，即师生之间不存在教导与接受、先知者与后知者的必然鸿沟，而是作为一个群体在共同探究有关知识领域的过程中相互对话、相互合作。教师要尊重、理解、信任学生，以平等、宽容、发展的眼光来看待学生，重视个体发展的独特性。在心理健康教育课程的教学过程中，学生不是被动地接受教师传授的知识和现成的各种理论，而是与教师共同探讨成长中所遇到的各种心理困惑，教师与学生不仅是互主体性关系，而且是“对话”式的伙伴合作关系。教师与学生的“对话”，是彼此尊重、沟通、理解的基础，包含着相互之间的信息传递、思想启发、观点更迭、情感激发及智慧提升。就课程实施而言，此时教师的作用被重新建构，从外在于学生的情境转变为与学生情境共存，权威也就进入这种情境之中。教师在课堂上要给学生充分表达的自由，让学生倾听“异己”的声音。教师与学生、学生与学生之间建立一种和谐的对话式协作关系，这就消除了“教师中心”和教室中的“话语霸权”。

二、学生心理健康教育课程的主题设计

（一）确立主题名称

主题设计是指如何针对某一具体心理健康教育内容制订实施计划，也就是说，备好一个主题的课。主题设计要考虑每个主题的名称、教学目标、课时、教学场地、教学活动方式、教学前所需的准备工作、教学活动的程序等。例如，一个以人际沟通为主要内容的主题，可以确定各种名称：认识学校的环境、我们都是好同学、如何与人和睦相处等。每一名称具体标志着活动的特定内容。

（二）确定主题的教学目标

这里的主题活动目标是指某一具体的活动主题所要达成的目标，每个主题都应该有一个明确的切合实际的目标。例如，在“我们都是好同学”这个主题名称下面，可以确定如下目标：①帮助学生了解并认识同学之间和睦相处的重要性；②促进同学之间的相互了解、相互认识，促进同学团结；③教育学生学习一些必要的人际交往常识。在实际工作中，许多教师在确定活动目标时贪高求全，结果是欲速则不达。例如，一位教师给扩招的二年级新生上心理健康教育课，活动内容是每个学生用一句话介绍自己，然后玩一个“折筷子”的游戏，教学目标赫然写着：①增进对自我的了解；②学会与别人合作共处；③增强班级的凝聚力。作为一个刚组建的班级，如果教师把目标定位在促进学生间的初步相识，为形成有凝聚力的班集体做准备，显然更符合实际。还有的教师指望通过一堂课的情绪教育，让学生从此不仅自己能保持良好的心境，而且能帮助别人摆脱情绪困扰；或者通过气质测量、性格分析，就能塑造出良好个性，这

些目标显然都不切合实际。

（三）确定课时和教学场地

一个主题所需课时通常是1～3节不等，一般根据主题内容的多少确定课时。心理健康教育活动课由于应用的方式方法不同，所以活动不能只局限于教室，可以根据实际情况选择适当的场所，可在学生心理健康教育室或户外场地进行。

（四）选择教学活动方式

可以根据前面介绍的心理健康教育活动课程的教学方法选择活动方式，具体选择哪种活动方式较佳，应综合考虑活动内容的适合性、学校具备的条件、时间、地点和精力是否许可等多方面的因素。在一般情况下，心理健康教育活动课程的教学是以小团体（即学生小组）的活动形式进行的，因此在活动中如何组成小组就显得十分重要。通常用下列方法划分小组：①可以用全班报数的方式组成小团体或小组。②每个小组的组合可以有特殊要求。例如，要求每个小组中男女各半或者同性，或者由同一月出生的人组成一个小组。③按教室的位置来划分小组。例如，可以由同一排或同一行的同学形成一组，也可以按教室的东西南北方向来分组。④在充分考察个体的参与情况后再作分组。例如，可以把积极参与心理健康教育活动的同学和不积极参与心理健康教育活动的同学平均分配到某一组中去。⑤让学生依自己的意愿选择小组。每一小组一般以6～8人为宜。

（五）做好课前准备工作

主题设计要做好课前准备工作，如提前准备好教学所需的电教设备和材料、教学游戏所需的玩具、短剧表演用的简单道具、角色扮演所需的道具和台词等。

（六）拟订教学活动程序

这是主题设计的主要部分，它规定了教学活动过程的具体步骤，从活动开始到活动结束的每一个步骤都应有具体的说明。例如，在“怎样了解我自己”这个主题中，教学活动可包括如下八个步骤：①教师讲述由于不了解自己造成不良后果的故事，以激发学生的学习动机；②讨论了解自己的好处与重要性；③欣赏幻灯片“我是谁”，并讨论内容；④每个同学提出“我是谁”的问题，并自己说出五句话回答此问题；⑤每个同学就听到的最感兴趣的（或最有疑问的）答案提出一个问题，问“我是谁”的当前回答者；⑥教师发给每个同学两张白纸，在一张白纸上写出自己的优、缺点各三项，在另一张白纸上写出班上三个同学的优、缺点各三项；⑦师生共同讨论自己的看法与别人的看法是否一致，就别人对自己的误解加以澄清；⑧教师归纳说明了解自己的方法和如何自我检讨。

三、学生心理健康教育课程的系列设计

系列设计有一个明确的主题，并由多个（8～10个）同类或相关的主题组成。如

果把主题设计比作菜谱，那么一个系列设计就是把不同花色的菜组合成一个套餐。因此，如果已经有了设计好的大量心理健康教育活动课程的主题，在此基础上进行系列设计就容易多了。

例如，下面是训练中学生管理才能的系列设计（表6.1），它包括十个主题的教学，该系列的活动对象是那些来自中学各个班的学生，这些学生学习成绩差，具有攻击性，但智商较高，有管理潜能，因而常常是学生帮派的头头。通过这个系列设计的训练，可以发展这些学生的长处，控制和削弱他们不适当的外向性行为。

表6.1 “管理才能训练”系列设计表

主题	主题名称	活动目标
1	萍水相逢	促使学生参与团体活动并互相认识
2	喜怒哀乐	培养学生的人际敏感性，增进彼此的进一步了解
3	旋转沟通	增加团体凝聚力和相互熟悉程度
4	第三只眼	增进学生的自我了解，形成明确的自我观念
5	七嘴八舌	培养学生学习一种客观公正的态度，学习尊重他人不同的意见
6	我是国王还是兵	训练学生分配任务、承担责任和善用权利等管理才能
7	和事佬	促使学生掌握调解冲突的能力
8	武功秘诀	培养学生明确问题并加以解决的能力
9	生活馅饼	让学生形成时间管理的观念和学会自己调配时间
10	相约未来	让学生回顾和评价所参加的主题系列活动，并展望他们未来应有的良好行为

这是一个很好的系列设计，其主题明确，活动方式多样，安排得当，能做到循序渐进，在不同的活动阶段实施不同的训练重点。因此，这个系列设计在训练具有外向行为问题学生的管理才能方面，将会取得良好的效果。

四、学生心理健康教育课程的综合设计

学生心理健康教育课程的综合设计是指在各类教育资源中充分挖掘心理健康教育资源，使心理健康教育落实到学校具体的教育教学和管理工作过程中去。这里以学科课程为例，来阐述在学科课程的教学过程中怎样融合、渗透心理健康教育。

（一）学科课程目标的融合

学科教学的目标不仅仅是知识，还应该包括认知、情意和行为。任何一门学科课程的目标都应同时反映学生的心理层面才能形成完整的目标体系。一方面，学科内容传递的过程以人的心理发展为基础，服从心理规律，使学科内容心理化，这是解决教育过程中学生与课程矛盾问题的正确策略；另一方面，学科内容的传递是着眼于学生

整体发展的，即掌握知识和技能、发展能力、完善人格是相互交融、并行不悖的。正是在这一意义上才能体现出融合型心理健康教育课程的学科位置与教育价值。传统的学科教学强调社会本位和知识本位，学生要适应教学，从而忽视了学生的心理发展与主观需求；而学科课程中融合心理健康教育则强调学生的主体地位与主体需要，教学要适应学生发展，促进学生潜能的开发、创造性的培养。注重情意因素是近年来国内外现代化课程设计的一个显著特点。当前流行的“情知课程”“情知教学”，强调的就是课程的组织与实施应该是以心理活动为基础的情感过程和认知过程“双轨式”的统一。下面我们以小学社会课《我家的邻居》为例，说明学科教学中怎样融合心理健康教育的目标。该课的教学目标有：①认知方面的目标，懂得良好的邻居关系的重要性；②情感方面的目标，培养关心他人、帮助他人的良好情感；③行为方面的目标，主动维护住宅公共部位的环境卫生，并且能主动与邻居打招呼、关心邻居。

（二）学科课程内容的融合

现行的德、智、体、美、劳“五育”课程内容中都蕴含着十分丰富的心理健康教育素材，经过适当利用和挖掘，可以起到心理健康教育的作用。德育课程中对学生道德意识倾向性（道德需要、道德动机、道德信念、道德理想等）和道德心理品质（道德认识、道德情感、道德意志等）的培养本身就是心理健康教育的内容。德育对学生心理健康的发展起定向和动力作用。德育的重要内容之一是对学生进行正确的人生观和科学的世界观教育。人生观和世界观是个体心理和行为的最高调节器，是维护心理健康、防止心理异常的根本条件。在对学生心理素质的培养过程中，德育与心理健康教育是相互重叠、相互融合的，教师要善于挖掘德育课程中的心理健康教育内容。

智育课程以传递知识、发展智能为宗旨，其中发展智能就蕴含心理健康教育的内容，同时还要进行各种非认知因素的培育。在语文教学中，通过选择典型的文学内容，可以开发训练学生再造想象和创造想象的能力；通过教材内容的情感体验和典型人物分析，可培养学生良好的情感、意志和个性品质；全面发展学生的思维品质是语文教学中心理健康教育的独特任务。在数学教学中，心理健康教育的独特任务是发展学生逻辑思维的品质，同时还可培养严谨的学习态度，锻炼克服困难的意志。在物理、化学等自然学科教学中，心理健康教育的独特任务就是培养学生创造思维的品质和科学精神、科学态度。在社会学科中，心理健康教育的任务是唤起学生的精神需求，培养其对他人、对集体、对民族、对社会、对人类的美好情感。

体育课程的教学可以为培养学生良好的心理品质奠定生理素质的基础，同时还可以培养学生的耐力、意志品质、合作能力和竞争意识等。美育课程，如音乐、美术等，是进行心理健康教育的良好载体。声音、律动、色彩、线条等能够陶冶性情，唤起美好的心理感受，丰富学生的想象力，培养感受美、鉴赏美、表现美、创造美的审美心理；促进形象思维品质发展与美感、道德感的形成，是这类学科教学中心理健康教育的独特任务。劳动技术教育在培养学生劳动观念、劳动习惯、劳动技能的同时，能够形成学生积极的生活态度、崇高的社会情感和克服困难的意志品质。

总之，学科课程中融合心理健康教育内容广泛、方式多样，涉及学科教学的一切，包括学生学习习惯的培养、学习动机的激发、学习策略的指导等。这就要求教师在教学过程中要灵活处理教材，善于把握教材内容中心理健康教育的涉及点、学生学习过程中心理健康教育的接触点，在整个教学过程中融合一条心理健康教育的线索。

（三）学科课程教学的融合

从学科课程教学中的心理层面来分析，它是知、情、意、行交互作用的过程。融合型心理健康教育课程集中反映在学科课堂心理环境的创设与优化上。在课堂教学中，通过改善课堂教学心理环境，使学生既能有效地掌握学科知识和提高能力，又能发展良好的个性和提高心理素质。

优化课堂心理环境，是指教师根据培养学生心理品质的目标和对学生心理特点的了解，通过把握和调整自己的教学行为，来优化课堂教学中各因素之间的关系，使学生产生积极心理状态和学习行为，以营造课堂教学气氛的过程。它是学科课程中融合心理健康教育的基本方式。上海市南洋中学“优化课堂心理环境研究”课题组，根据教学环境论原理，创造性地提出了优化课堂心理环境的过程（见图6.2）。

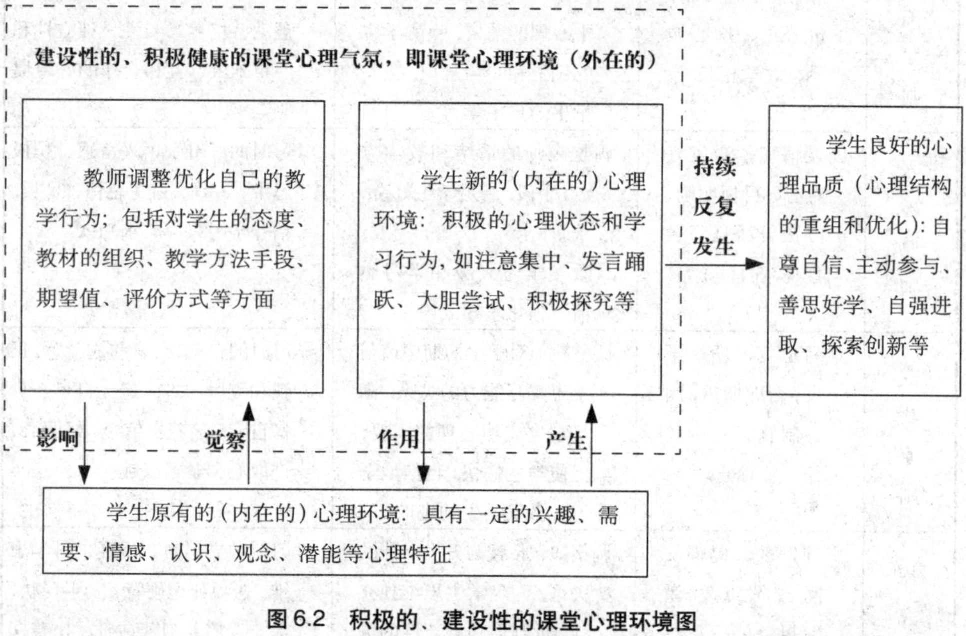

图6.2 积极的、建设性的课堂心理环境图

从图6.2可以看出，教师对自己行为的调整是优化课堂心理环境过程中的操作变量。在这一变量作用下，发生了师生之间的影响与觉察、学生与学生之间相互作用的互动关系；这种互动关系的结果就形成了建设性的、积极健康的课堂心理气氛；这种气氛既包含教师自身的因素，也包含学生的因素，它相对于学生原有的心理环境来说是一种新的外在的环境；学生在这种新的外在环境作用下产生了新的内在的心理环境；而正是这种学生内在的心理环境的持续反复发生，使学生的心理结构得到了重组和优化，塑造了学生良好的心理素质。

优化课堂心理环境是在教学过程中通过贯彻心理健康教育原则来实施的。教学过程中心理健康教育原则主要有和谐原则、民主原则、兴趣原则、成功原则和探究原则等五大原则，表6.2是教师贯彻课堂教学心理健康教育原则的操作要素、转化机制和心

表6.2　课堂教学心理健康教育原则的操作要素、转化机制和心理效应

原则	操作要素	转化机制	心理效应
和谐原则	亲切和蔼、尊重人格、设身处地理解、情感共鸣、真诚耐心、宽容谅解	调整教师对学生的态度，满足学生独立、自尊和被关爱的需要；保护和增强学生的自尊心，调动学生学习的积极性、主动性	学习时的自尊感、安全感、愉快、自律；避免焦虑、恐惧、厌学情绪；培养自尊心、对人的信任感、学习的积极性和主动性
民主原则	全面兼顾、机会均等、平等对话、评价公正、虚心诚恳、教学相长	调整教师主导与学生主体的关系，满足学生自主和公平心理的需要；唤醒学生的民主和参与意识，激发学生的自主学习	学习时的平等感、积极参与、独立思考、虚心聆听；避免依赖、被动；培养参与性、独立性和尊重他人、互相合作的好习惯
兴趣原则	创设情境、激发好奇心、目标明确、方法灵活且新颖直观、内容丰富	调整教师的情绪和教学方法、手段，满足学生好奇、求新、求异、求知的需要；激发学习兴趣和学习热情，强化求知欲望	学习时的好奇心、兴奋感、积极思维、专注；避免怠惰、呆板；培养学习兴趣、求知欲
成功原则	难易适度、循序渐进、合理期望、因人制宜、发现长处、及时鼓励	调整教师对学生的期望值与学生实际能力的关系，满足学生成功心理的需要；促使学生愉快、自信地学习，激发学生的进取心	学习时的自信、自豪和成就感，正视和克服困难；避免自卑、自暴自弃；培养自信心、好胜心、进取心和学习兴趣
探究原则	引导发现、提倡发问、启发点拨、激发想象、反思过程、指导学法	调整知识传授与开发潜能的关系，满足学生思维独立性、批判性和创新性的需要；激发学生独立思考、积极探究和创新的意识	学习时独立思考、质疑、科学思维；避免死记硬背、安于现状、保守；培养刻苦钻研、执着探索精神、求知欲和创新意识

理效应。优化课堂心理环境要以建设良好的师生关系为核心，以情感沟通为桥梁。教师以自己的教学行为来满足或引导学生的心理需要，激发学生的行为动机，就会使学生产生积极健康的学习行为，进而形成一种良好的学风班风；而这种良好的学风班风又会反过来对学生的学习行为产生积极的影响，形成一种良性循环。在这种良性循环中，学生逐渐养成积极健康的学习习惯，这种习惯的保持最终会形成新的心理结构，从而使学生的心理品质获得健康的发展。

（四）学科课程评价的融合

课程评价是研究课程价值的过程。传统的课程评价受“应试教育”的干扰，对教与学的评价是以知识理解为中心，是单维的、片面的评价。这种评价重视终结性评价，忽视形成性评价；重结果，轻过程；重标准化答案，轻创造力考核；把考试与评价等同，把分数与效果（即学生的价值）等同起来。这种评价只关注预期的、静态的、客观的目标，而忽视了其他方面的因素，尤其是主体心理层面的因素。它单纯追求分数、升学率，学生负担重，创造性、个性受到摧残，压抑了师生的积极性、主动性和创造性，损害了学生身心整体素质的全面和谐发展。

融合型心理健康教育课程带来了传统学科课程评价的变化。它要求评价的多元化，注意评价的心理层面，兼顾学生心理发展的各个要素和各个层面。它尊重学生心理发展的个别差异，确立课程评价的心理指数，从而促进学生全面、健康的发展。

第七章

学生心理健康教育——个别咨询

在学生心理健康教育体系中，心理咨询是极其重要的组成部分，是专业化程度最高的教育内容。心理咨询包括个别咨询和团体咨询。心理咨询的作用主要体现在它对一个人的人格建设、潜能开发以及全面发展具有正向引导及促进作用。本章将介绍个别咨询的基本涵义、咨询形式、咨询过程、问题评估及其主要干预技术。下一章将讨论团体咨询的相关内容。

第一节 个别咨询的涵义与类型

个别咨询也称为"一对一"式的咨询，适于较深入地探讨来访者个人化的心理问题，提供深层而持久的心理支持与帮助。由于心理咨询是由个别咨询发展而来的，因此狭义的心理咨询就是指个别咨询。它在学生心理健康教育中具有非常重要的地位。

一、个别咨询的涵义

（一）"个别咨询"的概念

1942年，罗杰斯（C. R. Rogers）在《咨询与心理治疗：实践中的新概念》一书中指出："咨询是一个过程，在这个过程中来访者能从咨询师所提供的关系中获得一种安全感，从而可以从容地开放自己，甚至可以正视自己过去曾经否定的经验，然后把那些经验融合于已经转变了的自己，做出整合。"我们认为，从狭义来看，个别咨询是一个助人自助的过程。它是由受过专业训练的咨询师运用心理学的理论和技术，借助语言、文字等媒介，与咨询对象建立一定的人际关系，进行信息交流的过程。它可以帮助咨询对象消除心理问题与障碍，增进心理健康，发挥自身潜能，有效地适应社会生活环境。从广义来看，个别咨询是为了促进人的全面发展。来访者在咨询过程中学会面对难题以及解决难题的基本原则，进而能够积极、均衡地发展自己的人生。

（二）个别咨询的特点

1. 心理性

个别咨询解决的是来访者心理或精神方面存在的问题，而不是帮助他们处理生活中的具体问题。例如，一名生活孤单的中学生，希望咨询师帮他找一个有共同爱好的朋友；一名考试焦虑的中学生，希望咨询师替他和学校交涉缓考的问题等。很显然，这些问题都不属于心理咨询的工作范围。咨询师应对此加以解释，并引导来访者把解决问题的着眼点放在自己的心理问题上，通过咨询使来访者的消极情绪得到调整，以积极的态度面对自己生活中的实际问题。

2. 职业性

个别咨询是一种从心理上为来访者提供帮助的职业化行为，而不是一般的帮助活动。在日常生活中，人们也可以互相帮助，通过谈心交流来缓解别人的紧张情绪，缓解别人的伤感，但这不是个别咨询。个别咨询有特定的目的和任务，有专门的理论与方法，它重在帮助人们分析内心的矛盾冲突，探讨影响其情绪和行为的原因，协助他们进行自我改变，而不是人与人之间一般意义上的的社会交往。假如一名多情的女学生在咨询中获得了帮助，进而对咨询师表示了爱意，那么咨询师在咨询期间及咨询结束后一段时间内绝不能与之发展恋爱关系。

3. 限制性

个别咨询强调良好的人际关系。咨询师对来访者的理解和帮助是真诚的，态度是诚恳的，接受是无条件的，因此咨询过程中人际关系的深度要远远超过一般的人际关系。在这种良好的人际关系中，来访者可以向咨询师袒露自己的隐私、痛苦和软弱，咨询师则帮助对方重新认识和接纳自己。这种良好人际关系的氛围是有治疗功能的，也是非常独特的。但是，咨询师和来访者的良好人际关系，通常只能限定在咨询时空内，它一般会随着咨询活动的结束而结束，不能将这种关系引向咨询活动以外。

4. 保密性

个别咨询中良好的人际关系，是在特定时空内建立起来的具有隐蔽性和保密性的特殊关系。来访者不希望将咨询内容和咨询关系公开化，咨询师有责任为来访者保守秘密，这是咨询师职业道德要求必须遵守的原则。如果咨询师未经来访者同意向其他任何人公开来访者前来咨询一事及其内容，这是严重违反心理咨询的伦理要求的。

5. 成长性

通过个别咨询，来访者从不能自立自强到能够自立自强，从不能正确对待自己和他人到学会正确对待自己和他人。来访者减少内心矛盾和冲突，从不善交往或具有交往焦虑的困扰到学会怎样与他人和谐相处，以致最终在生活的各个领域发展个人的潜能。这些都是在个别咨询过程中实现的学习和人格方面的成长。学校心理咨询更多遵循着教育的而不是治疗的或医学的模式。因此，咨询师应清楚地认识到，个别咨询的最终目的虽然是解决问题，但自己在整个咨询中应作为一个旁观者、引导者、参与者，而不是作为“问题包办者”与“事情解决者”出现。咨询师应该相信来访者有能力在一定的指导与帮助下学会自己独立地面对问题，最终在对自我充满信心的基础上依靠自己的力量去解决问题。

6. 自愿性

个别咨询是来访者的自愿行为。一般来说，只有当来访者感到心理不适，产生主动寻求咨询的愿望时，咨询才有效果。即使当事人有明显的心理问题，但他并没有主动来求助，咨询师一般也不可主动地给予帮助。因为这样做只能使当事人产生戒备心理，不可能有好的效果。自愿性这一特点给予来访者充分的自主性，能够在来访者内心诱发两种反应：一是强化求助动机，即认知到“我有一些心理困难”；二是增强自主感，即认识到“我能够自主支配自己”。只有当来访者意识到困难同时又希望得到他人帮助时，才能在发挥自身积极性、主动性的基础上产生探索自我、改善自我的需要，咨询也才能收到良好的效果。

7. 个别性

个别咨询是咨询师为一位来访者所提供的咨询，主要采用面谈方式。个别咨询具有针对性强、保密性强、咨询具体深入等优点，也有费时、社会影响较小的限制。

二、个别咨询的种类

（一）当面咨询与替代咨询

当面咨询是由咨询师对来访者直接进行咨询。当面咨询的特点是通过咨询师与来访者的直接交往，使问题得以解决。当面咨询有助于咨询师对来访者的问题准确了解和对症下药。

替代咨询是指当事人（来访学生）与咨询师并不发生直接联系，而是由咨询师通过当事人（来访学生）的家长、朋友、教师等了解其心理问题，并通过他们实施心理辅导。替代咨询的特点是在咨询师和当事人之间增加了一道中介。当事人的问题靠中介人向咨询师介绍，咨询师对当事人的指导意见也由中介人权衡后付诸实施。这种咨询的效果取决于如何正确处理好咨询师与中介人的关系，使咨询师的意见为中介人接受并合理实施。学生心理健康教育实践以当面咨询为主，以替代咨询为辅，在适当条件下宜将替代咨询转化为当面咨询。

（二）发展咨询与障碍咨询

发展咨询，其重点在于帮助来访者更好地认识自己和社会，增强适应能力，充分开发潜能，提高人生质量，实现全面发展；其对象是比较健康、无明显心理冲突、基本适应学校环境的学生；其目的是为了帮助来访者更好地认识自己，扬长避短，开发潜能，提高学习和生活的质量，追求更完善的发展；其内容包括家庭教育个别咨询、职业发展个别咨询、恋爱婚姻个别咨询等。发展咨询的特征决定了其特别适合学校的环境。发展咨询是我国学生心理健康教育现实、必然和正确的选择。积极地推进、自觉地运用发展咨询，必将有助于规范个别咨询的发展方向，促进个别咨询健康、快速地发展，真正使个别咨询成为学生心理健康教育的重要组成部分。

障碍咨询，其对象是具有心理疾病、心身疾病及其他各类心理障碍的学生，重点在于去除障碍和不适；其目的是通过系统的心理咨询和治疗，帮助来访者克服障碍，缓解症状，恢复心理平衡，尽管心理障碍患者的比例极小，但在学校心理咨询中的分量并不小；其咨询内容主要包括神经症、性心理障碍、人格障碍和情绪障碍等。咨询师要注意鉴别严重精神障碍学生并及时将其转介至专科医院。

（三）长期咨询、短期咨询与限期咨询

学校情境下的长期个别咨询指咨询的时间较长，如超过两三个月，甚至长达数年。因咨询的目的不仅在于问题的解决和症状的消失，而且还要改善咨询对象的性格及行为的方式，促进其心理成长，所以需要的时间较长。长期咨询的重点放在深层心理的探讨、心理与行为的改进与维持上。

学校情境下的短期个别咨询指咨询的时间较短。至于多长期限为短期，咨询界意见不一，可能是三四次的会谈，也可能是十次左右，时间历经一两个月。短期咨询的重点在于问题的解决和症状的去除。做短期咨询时，要把咨询的重点弄清楚，不把范围无限制地扩大，以致无法在短期内结束。

学校情境下的个别咨询开始时，咨询师应与来访者共同订立咨询计划，对咨询的次数或期限做出规定，如五次、十次或两个月等。这种事先确定咨询期限的做法，叫作限期咨询。其目的在于让彼此有个事先的计划与了解，并可针对此约定的期限去尽量努力，求得具体的改善。

一般而言，对学校情境下的个别咨询，大多数来访者受时间及其他因素的制约，倾向于做短期咨询或限期咨询。只有遇到特别的情况，在双方同意的原则下，才会做长期的个别咨询。

（四）直接咨询与间接咨询

1. 直接咨询

直接咨询包括门诊咨询和现场咨询等形式。其中，门诊咨询指来访者到专门的心理咨询机构进行心理咨询。目前，大多数中小学、综合性医院、精神专科医院及相关科研单位都建有心理咨询室，经常性地面向学校和社会进行义务或有偿服务。门诊咨询有许多优越性：第一，门诊咨询的形式使来访者可以充分详尽地倾诉。来访者可将

自己的烦恼、焦虑、不安或困惑都直接告诉咨询师。咨询师在耐心倾听的基础上，可与来访者进行面对面的磋商、讨论、分析和询问。这种面谈形式与信函咨询和电话咨询等其他形式相比，更为直接和自然。第二，门诊咨询可使咨询师对来访者进行直接观察，有助于对来访者的个性、心理健康状况、心理问题的严重性及其心态进行观察、了解和评估。第三，门诊咨询的时间一般是50分钟左右，比较宽裕，加上没有旁人在场，所以较易为来访者信任和接受。

现场咨询是咨询机构的专业人员深入到基层，为广大来访者提供多方面服务的一种心理咨询形式。咨询人员深入现场，通过观察、调查，现场提出解决方法，不仅对当事人本身，对现场其他人也有较积极的作用。目前，我国学校心理咨询服务尚缺乏足够的人员和有力的技术保障，专业人员适当深入基层开展心理咨询，能够较好地满足广大人民群众特别是中小学生的需要。

2. 间接咨询

间接咨询包括信函咨询、电话咨询、专栏咨询和网络咨询等形式。这些形式各异的咨询的共同特点是咨询师和来访者并不见面，而是通过不同媒介进行咨询。其中，信函咨询是通过书信形式进行心理咨询。其优点是来访者可以打破地域的限制，向心理咨询机构请求书面帮助。有人不愿向咨询师当面诉述自己存在的心理障碍，为了避免当面交谈可能带来的尴尬局面而愿意进行信函咨询。但信函咨询也有不足之处：一方面，由于双方不能直接面谈和对话，因而不易深入了解情况，咨询师只能给一些原则性的疏导意见，很难深入、具体地指导来访者；另一方面，受来访者文字表达能力的限制，或由于其字迹潦草等原因，咨询师有时无法把握来访者问题的关键，会影响咨询效果。

电话咨询是指通过电话进行交谈，这是一种较为方便而又迅速及时的心理咨询方式。在一些发达国家，电话咨询已通行多年，它在防止由于心理危机而酿成的自杀与犯罪方面起到了良好的作用。电话架起了心理沟通的桥梁，当一个人由于一时冲动而准备采取某种冒险行为的时候，当他苦恼至极痛不欲生的时候，如果拨通了心理咨询电话，就可能得到意想不到的关怀和温暖。如果求助者能够在心理上得到开导和慰藉，咨询师甚至能把求助者从死神手中拯救出来。在我国，一些大城市开设电话咨询，在及时帮助有心理问题的人排除忧愁方面起到了很好的作用。目前在心理健康教育领域使用电话咨询也是比较快捷高效的办法之一。

专栏咨询是指通过电视、报刊、广播、板报等大众传播媒介对广泛存在的心理问题进行个别咨询。在学校等人群密集的场所，可以在报刊上连续进行咨询。这种形式既能帮助当事人，也能帮助看到专栏的普通人群，因此具有高效的优点。

网络咨询是指通过计算机互联网进行心理咨询。这种形式目前尚属探索阶段。已经有许多学校开始利用电子邮件、自建心理健康教育网站的论坛、通过即时通讯工具（如QQ或MSN）进行网络咨询。其优点为：方便快捷且咨询时间相对自由和宽松、受学生喜爱、便于存档、隐秘性高、避免来访者产生紧张感和压迫感。其缺点为：对咨访双方的计算机设备和使用水平有要求、咨询师不易把握来访者的真实情况（由于缺少面对面的交流，来访者情况反映得不够全面，对其分析难度加大）、保密方面有漏洞。可以预见，在不久的将来，网络咨询会迅速发展并发挥重要的作用。

值得指出的是，以上各种咨询方式是互为补充、互为促进的。许多来访者通过专栏咨询，了解自己的心理问题或症状，再进行信函咨询、门诊咨询、电话咨询或网络咨询；有些门诊咨询来访者，回到异地工作、学习或生活的处所后，通过信函咨询、电话咨询、互联网咨询继续得到咨询师的指导；现场咨询中发现的心理障碍严重的来访者，需要转介到医院进行门诊咨询。因此，多种形式配合，有利于心理咨询的广泛开展和咨询效果的提高。

三、学校个别咨询的对象

（一）学校个别咨询对象的选择

学校情境中个别咨询最一般、最主要的对象是健康的或存在心理问题的学生，和心理治疗的主要对象不同。即使排除了来访者患有精神病、严重人格障碍和脑器质性病变等生理原因的可能性之后，也不是所有来访学生都适合个别咨询。在选择适合个别咨询对象的过程中，要注意来访者的特点应包括以下几点：

（1）具有一定的智力基础。来访者的智力一般需要在基本正常的范围内，因为他们需要能够叙述自己的问题以及其他相关情况，要能理解咨询师的意思，还要有一定的领悟能力。所以，一定的智力水平是必需的，否则，咨询进行起来将相当困难。

（2）内容符合个别咨询的范围。并非任何与心理有关的问题都可以通过个别咨询获得较满意的解决。有些内容适合个别咨询，而有的内容则不太适合。一般说来，心因性问题，尤其是与心理社会因素有关的各种适应不良、情绪调节问题、心理健康教育与发展问题等，适合个别咨询的领域。特别严重的神经症病人，发作期、症状期的精神疾病求助者，由于与外界接触不良，缺乏自知力，难以建立人际关系，因此，一般不属于个别咨询的范围。

（3）具有基本的沟通能力。那些能够较清楚、明白地表达自己的问题，能顺利体会咨询师话中的涵义，并随之采取行动的人，较适合进行个别咨询。相反，年龄过低、不能表达自己的意愿、因为各种原因不能与人交流的人，都不适合进行个别咨询。

（4）具有正确的求助动机。来访者有无正确的求助动机会直接影响到咨询的效果。那些缺乏咨询动机、经咨询师反复做工作后仍缺乏动机的来访者，一般不适合做个别咨询。来访者不仅要体会到自己有心理或行为的问题，而且确实因其问题而感到痛苦。因有痛苦，才会想解决问题，减轻和消除症状，改善心理与行为。来访者要有相当的勇气，能承认自己的短处、缺陷或问题，而且愿意与咨询师谈论自己的短处、缺陷或问题，而这些都取决于来访者接受个别咨询的动机。

（二）学校个别咨询对象的分类

1. 学生与师长

学校个别咨询对象群体中人数最多的是学生。随着社会的发展、人们心理健康意识的加强，越来越多的学生主动或被师长建议前往学生心理健康教育机构中的心理咨询部门。他们越来越多地使用心理学资源来为提高自己的心理健康水平服务。一个很好的趋势是寻求发展的学生越来越多，他们更加愿意探讨自己的性格特点、职业规划等。

学校个别咨询对象群体中人数比例较小的是教师和家长。他们来访的共同的原因是为了学生的心理健康。当他们发现靠自己已经不能解决“有问题学生”的困难时，才会想起利用学校个别咨询。这些咨询更多的是围绕着调适甚至是矫治学生的心理问题而展开。当然，也有教师因为自己的心理困扰来访，这在目前学校个别咨询中所占的比例极小，但这也说明了学校个别咨询的作用和影响越来越大。

2. 主动与被动

学校个别咨询对象群体中人数最多的是学生，大部分学生是自己主动预约咨询的。自愿前来咨询的学生一般比较配合，也积极进行自我探索，收获也较大。年龄越大的学生，自愿咨询的比例越大，这是因为他们自我意识的水平较高，也更加关注自己的心理健康状况和问题。

前来咨询的学生中也有被师长建议甚至是要求而来的。他们可以说是被迫前来的。他们一开始往往不太配合咨询师的努力，但经过咨询师的工作，有些学生在咨询意愿上可能会发生转变，进而也会积极进行自我探索，收获也较大。年龄越小的学生，被动咨询的比例越大，这是因为他们自我意识的水平较低，没有努力关注自己的心理健康状况和问题。

第二节 个别咨询的目标与过程

一、个别咨询的目标与价值

（一）个别咨询的目标

一般而言，个别咨询的终极目标可笼统地说是“协助个人真正了解自己，进而促进自我成长”。由于此目标是人人均应达成的，故任何学生都可以要求咨询，不应有所限制。但就“咨询的特定目标有哪些”来探讨，便找不出一个范围明确具体、又可以被所有学者接受的结论。因为每一个咨询师在从事咨询时所设定的目标，必然受其训练背景、价值体系、对角色的认定及来访者的需求等因素所影响。在咨询过程中还会有个别目标，这是针对来访者的具体问题的解决或咨询过程中的某一阶段的特定任务而制订的咨询目标。根据心理问题的复杂程度和个别咨询的次数，个别目标还可以进一步划分为各个层次的个别咨询的阶段性目标。

学者们大致上都同意咨询最基本的目的是：“协助来访者改变其行为，以使其能过上更积极且自我更满意的生活。”简单来说就是助人自助，具体来说就是：能将咨询过程中所学习到的知识与技能迁移到咨询以外的情境；能了解并接纳冲突中的自我；能去除一些心理症状；能加强自我的功能；能逐渐认清自己内在的潜力与资源；能应对并适应周围的环境；能化解内在负向或冲突的思想与情感。个别咨询的目标是帮助来访者学会自我调适和自我发展。

1. 帮助来访者学会自我调适

自我调适包括调节与适应两方面。调节针对主体自身内部的心理问题，其重点是自我认知和情绪体验。学会调节就是要学会正确认识自己、接纳自己、对待自己，确立适当的志向，保持个人心理空间的内部和谐。适应是处理人与环境的关系问题。学会适应就是要掌握正确的思维方式，形成积极的生活态度，养成良好的行为习惯，建立和谐的人际关系，同时要有能够及时发现和矫正错误的态度与行为方式。

2. 帮助来访者学会自我发展

自我发展是针对部分来访者中存在的妨碍自身发展的问题提出的，要解决的主要是如何充分发挥自身潜能、促进自我实现的问题。寻求发展就是要客观评价自己的能力与潜力，确立适合自己的发展目标，发展建设性的人际关系，充分发挥自身的主动性与创造性，使自己的生活更加积极和有价值。这两个目标中，学会调适是基础目标，寻求发展是更高层次的目标。

大多数学生在其发展过程中的某些时刻,均会体验到生命的不连续性与无意义感。现代社会生活中，也充满了“冲突的年代”“失落的一代”等象征性名词。学生处于烦扰时，不知如何做决定。因此，学校个别咨询的一个重点是协助学生培养计划与决策人生的能力，过一种有意义的生活。

（二）个别咨询的价值

个别咨询能够为学生提供全新的人生经验和体验，可以展示不同的思维、情感和行为方式。对于那些发展性个别咨询的来访学生来说，咨询所提供的全新环境可以帮助他们认识自己与社会，处理各种关系，以便更好地发挥人的内在潜力，实现自我价值。对于那些障碍性个别咨询的来访学生来说，他们可以在个别咨询的帮助下，逐渐改变与外界格格不入的思维、情感和反应方式，并学会与外界相适应的方法，提高工作效率，改善生活品质。具体来说，个别咨询可以帮助学生:

1. 建立人际关系

一名真正富有成效的咨询师应具有健全的心理特质，能够以来访学生为中心，并且掌握丰富的人类行为知识和一套熟练的帮助别人的技巧，这为咨询师与来访学生之间建立一种不同以往的新型人际关系创造了条件。在与咨询师的关系中，来访学生可以直抒胸臆而不必顾虑破坏性的后果。在咨询中，来访学生可以做出过激的或冷淡的情绪反应,咨询师用积极的态度去回应,促使来访学生做出新的建设性的积极反应,并成功地运用于其他人际交往中。

2. 纠正错误观念

来访学生通常确信他们十分清楚自己需要什么和在干什么，而实际上并非如此,他们往往是以种种非理性观念欺骗自我,个别咨询促使他们对自己的错误观念进行认真思考，代之以更准确和更全面的理性观念。

3. 深化自我认识

个别咨询可以帮助来访学生认识到，大部分心理困扰是源于自己尚未解决的内部冲突，而不是源于外界。外部环境不过是一个舞台，内心冲突就在这个舞台上面展开。咨询师引导来访学生进行自我探索，当他们真正认识自己时，也就认识到了自己的需要、价值观、态度、动机、长处和短处，而一旦认识了自己，就可以随时根据自己的情况规划自己的人生。

4. 学会面对现实

前来咨询的学生一般善于逃避现实,往往会花很多时间来回味过去、计划未来,话题总离不开昨天和明天，而回避现在。来访学生不仅通过躲避现实以减少自己的焦虑,并总想按照自己的愿望摆布现实，而且还经常想方设法求得周围人的支持以利于他们逃避现实。咨询师应促使其认识到这一点，引导其面对现实。

5. 增加心理弹性

大多数前来寻求个别咨询的人至少在一个相当重要的方面缺乏心理弹性，咨询师协助他们给自己的心理以更大自由的机会，接受矛盾和不完美。只有协助来访学生采取可以满足需要的合理而有效的行动，才能减少其内心的烦恼。

二、个别咨询的设置

影响学校个别咨询效果的基本要素包括咨询的时空、咨询师和来访者。来访者的内容已经在上文讨论过了，在这里主要探讨个别咨询的时空要素。

（一）个别咨询的空间

个别咨询是一项专业的助人工作，个别咨询中的空间要素，有非常严格的要求。咨询空间的设置包括两个方面：一方面指具体的咨询环境的设置，即通过专业的设计和布置，刻意创造一个安全、温暖、放松的环境，好的咨询环境本身就可以让来访者进入到个别咨询之中。另一个方面指咨询的地点。一般正规的个别咨询，都是来访者通过提前预约时间，来到心理健康教育机构的咨询地点，接受咨询师的帮助。这项设置，一是为了保证咨询的效果，在设置好的环境里，可以避免不必要的环境因素的干扰；二是为了保护咨询师，让咨询师可以全身心地投入咨询当中。一般不宜在咨询室以外的空间为学生提供职业性的个别咨询。

（二）个别咨询的时间

个别咨询是一种需要花费时间的助人活动，因此时间因素就在咨询师与来访者的关系中间具有了特别的经济和心理意义。清晰稳定的时间设置，一方面是对来访者内心世界进行观察的参照体系，通过观察、分析、解释一系列与设置相关的行为与情感反应，帮助来访者加深对自己的认识；另一方面对维持良好的咨访关系产生重要的影响。因此，咨询师应当对时间设置给予充分的关注与重视。

图 7.1　个别咨询室一角

时间的长短对于来访者而言，代表着咨询师对自己关注的多少。来访者的心理痛苦与无助所激起的巨大的依赖和不安全感，使他幻想和渴望着与一个良母慈父般的咨询师永远保持咨询关系。但是，咨询师不可能使这种需要得到满足。学校个别咨询人员常常处于应接不暇的状态。因此，公布咨询机构的运行时间表和每次具体咨询的时间和次数限制，就显得特别重要。个别咨询中进行时间

设置具有以下四种作用:

（1）时间设置使咨询师与来访者都保持一种现实感。不管咨访双方之间产生了何种移情关系，时间设置都有助于使咨询师和来访者把强烈的移情关系限制在一种有节制的工作关系当中。

（2）稳定的时间设置易使来访者产生安全感。来访者通过确定自己可以在这段时间内见到咨询师，重新形成外部世界是可以预测和理解的认识。这种安全感对于良好咨访关系的建立和保持起着重要的作用。另外，时间的限制也模拟了一种分离，一种短暂的分离，帮助来访者慢慢学习独立。

（3）时间设置也为咨询师提供一种保护。它能使来访者认识到不能随时依赖咨询师，使来访者能够珍惜并有效地利用时间，也使咨询师的正常生活秩序不被干扰，与来访者保持一个清楚的界限。需要特别提及的是，学校心理咨询基本上采取向来访学生免费的方式运行，就更需要通过个别咨询时间的设置来保证每一个学生都有接受咨询的权利，而不仅仅是少数人的专利。

（4）时间设置为理解来访者的内心世界提供研究框架。咨询的地点、人物尤其是时间如果相对比较稳定，那么它本身就能提供一个参照系，咨询师可以通过观察来访者对这一参照系的态度、表现，如提前来、迟到、先准时后迟到等，进而了解到由此所反映出来的来访者的处事模式与情感反应，并能将这些现象的意义揭示给来访者，使他们也更容易了解自己。如果时间设置不固定，经常变化，就缺少了这个对来访者内心世界进行研究的参考框架，我们就无法把握这些现象的意义、更无法利用这些现象帮助来访者了解自己。

个别咨询时间一般都会控制在50分钟左右，在第一次的咨询中，由于要涉及对问题的诊断与评估，而不是直接进入咨询的实施阶段，时间可以适当延长，但不宜超过90分钟。这样的设置对于咨询效果来讲，是非常有意义的事情。50分钟左右，是人的注意力最能集中的一段时间，来访者和咨询师都能够全神贯注地投入到当下，关注到咨询中的任何现象，而超出了这个时间段，效果就会大打折扣。另外，个别咨询时间的设置还要考虑来访学生的年龄，中小学生的咨询时间应该短一些，大学生的咨询时间可以规定得长一些。

三、个别咨询的过程

个别咨询是一种过程，包括一连串有序的步骤和阶段，了解和重视每个阶段的任务以及重点、难点和注意事项，有助于工作的顺利开展和效果的提高。虽然个别咨询形式多样、流派各异，但是个别咨询的过程一般都可以划分为咨询的启动、实施和结束阶段。

（一）咨询的启动

个别咨询的启动阶段包括信息收集和分析诊断等阶段。

1. 信息收集阶段

信息收集阶段的主要任务是广泛深入地收集与来访者及其问题有关的所有资料，并与来访者建立初步的信任关系。其主要步骤和要求有：

首先，要建立良好的关系。咨询师要给来访者以良好的第一印象，给他们以职业上的信任感，并使他们感到咨询师乐意帮助他们。同时，咨询师要以热情而自然的态度、亲切温和的语言，消除初次见面的陌生感，使来访者的紧张情绪得以放松。

其次，通过来访者的自述和询问，咨询师要了解他们存在的问题和要求，此时要注意了解他们的基本情况、社会文化背景和存在的问题。在这一阶段，咨询师要注意倾听对方的谈话，不要随意打断，避免过多提问和追问，必要时才加以问询和引导。

通过收集信息，咨询师对来访者的主要问题以及问题的性质可以有一个基本的了解与认识，可为下一步的详细诊断和确定咨询目标奠定基础。

2. 分析诊断阶段

分析诊断是心理咨询的重要步骤。其主要任务是根据收集到的材料和有关信息，对来访者进行分析和诊断，明确来访者问题的类型、性质、程序等，以便确立目标，选择方法。其要求和注意事项有：

首先，要弄清来访者是否适宜做个别咨询。例如，来访者是由家人、亲友、单位送来，而非本人自愿，没有求助的咨询动机；某些人的文化水平和智力水平极低，缺乏领悟能力；某些人对咨询师采取不信任的态度等，这些人都不适宜在一般情况下进行个别咨询。为此，要在这一阶段进行分析、诊断和确认。

其次，要对来访者的问题及原因、形式、性质等进行分析诊断。来访者求助的有些问题可能包括精神病的症状，这属于精神病学范畴，要注意区别和转介。咨询师要对来访者的问题进行辨认，并对其严重程度予以评估，特别是对问题的原因进行分析，必要时可结合心理测量等手段进行诊断和分析。

另外，此阶段还要进行信息反馈。咨询师要把自己对来访者问题的了解和判断反馈给来访者，以求证实和肯定，使来访者做出进一步决定，考虑是否继续进行咨询。反馈要注意尽可能清晰、简短、具体和通俗易懂。

（二）咨询的实施

个别咨询的实施阶段包括目标确立、方案探讨和行动实施等环节。

1. 目标确立阶段

目标确立阶段的主要任务是个别咨询的双方在心理分析和诊断的基础上，共同协商和制订个别咨询的目标。通过个别咨询目标，引导个别咨询过程，并对咨询过程的进展和效果进行监控评估，促使双方积极投入咨询。

确立目标应注意以下几点：首先，目标是具体的。具体的目标应有一些客观标准，如很清晰、可接近，最重要的是可操作、可测试。其次，目标是现实可行的，要根据来访者的潜力、水平及周围环境来制订。再次，目标应是心理方面的，可以通过心理学的手段来达到，而非依靠生物学或其他的干预手段。目标应限制在心理品质和行为特征的改变上，不应以生活干预作为咨询的基本目标。

2. 方案探讨阶段

方案探讨阶段的主要任务是根据问题性质及其与环境的联系，还有来访者自身的条件、资源、能力、经验等，结合既定的个别咨询目标，设计达到目标的方案。通俗地说，也就是双方共同拟订类似日程表一样的方案，明确双方在什么时间、做什么事件、怎么去做、做完如何评价等。

方案探讨阶段应考虑以下问题：首先，咨询方案应由双方共同探讨、协商确定，不能由咨询师单方面直接拟订，也不能仅依靠来访者来拟订；其次，双方共同探讨有效性、可行性，应首先设想多种可能的方案，然后对这些方案的优劣进行权衡、评估，最后选择一个合适的、有效的、可行的方案。当然，最后选定的方案还应该是经济的、简便的。

3. 行动实施阶段

行动实施阶段的主要任务就是根据拟订的方案采取行动，达到个别咨询的目标。在此阶段，咨询师应以心理学的方法和技术帮助来访者消除各种心理问题，改变不良心理状态，提高心理健康水平。这一阶段是个别咨询中最关键的、最具影响力的、最根本的阶段。咨询师对来访者的帮助，常采用领悟、支持、解释和行为指导等方法，支持和引导来访者，积极进行自我探索。在此基础上产生新的理解和领悟，克服不良情绪，开始新的有效行为，巩固一些新的生活方式，借此产生真实的转变。

行动实施阶段应注意以下问题：首先，咨询师要介入到来访者的行动过程中，对其遇到的困难、不明白之处予以及时讨论或指导。其次，保持对行动过程的监控或做必要的调整。再次，随时注意评估进展情况，并创造一种积极的氛围，保持双方良好的关系。

（三）咨询的结束

个别咨询结束阶段的主要任务是对咨询情况作小结：帮助来访者回顾咨询工作的要点，检查目标的实现情况，指出来访者的进步、成绩和需注意的问题。此阶段要注意处理好关系结束和跟进巩固等问题。

首先，处理好咨询关系的结束。成功的咨询关系在结束时会使来访者感到一些不情愿、焦虑，甚至依恋，因为他担心失去一位最知心的朋友，并要独自面对挑战。因此，咨询师应及时说明，今后仍然会关心他的情况，还会有一些跟进咨询（有时称随访），随时提供一些必要的支持。

其次，为学习迁移和自我依赖做准备。针对来访者的情况，个别咨询的双方要讨论：在结束个别咨询后一段时间如何自我依赖，并运用在个别咨询中学到的知识和技能处理新问题，或应用到以后的生活里，从而扩大咨询效果，促进成长发展。

个别咨询是一个过程，由不同的步骤和阶段构成，每个阶段都有各自的任务和侧重点。它们相互关联，相互重叠，形成完整的统一体。对于从事这一实际工作的教育者来说，重要的并不在于知道全过程究竟包括几个阶段，而在于懂得个别咨询的每个过程、每个环节、每个阶段与步骤都是极其重要的，都需要高度重视。

四、个别咨询的转介

个别咨询的转介是指把不适合咨询师的来访者介绍给其他咨询师或专科医生的过程。转介的原因主要是该来访者不适合做个别咨询或该来访者不适合某一位咨询师。下面总结了需要转介的来访者的特点，可供大家参考。

1. 咨询内容与咨询师不匹配

这种转介是最常见的一种。由于每位咨询师所受训练的不同，加之自身年龄、性别的限制，其擅长或适宜咨询的内容也会有所不同。比如，有些来访者的问题已经达到重性心理疾病的程度，而咨询师没有能力予以解决；又如，学校咨询师可能对家庭婚姻咨询不很熟练等。在学校实际咨询工作中，一旦遇到这种情况，恰当的做法是把来访者转介给其他适宜的咨询师或专科医生。

一个需要转介的来访者

基本情况：李某，女，高一年级学生。认为班上有很多男生看上自己，很多同学说自己自作多情，在背后对自己说三道四。自己心里想的总能被别人知道。“上初中，军训的第一天就有一个男生盯上了我，一定要我做他的女朋友。那个男生的学习成绩很好。班上很多男生喜欢我，那些女同学其实并不了解情况，开学初她们要向我介绍男朋友，我就故意说我有男朋友了。她们其实是嫉妒我，她们说我是自作多情，她们总在背后对我说三道四。总有同学说我很傻，说我总是发呆。特别是这个星期说得特别多。最让我难受的是一些男同学也在说。原本我想也许他们是在说别人，可是他们说的内容和自己是有联系的、是相匹配的。比如，昨天上机，我对边上的女同学说，‘额前的刘海太长了老挡着眼睛’，结果就听见那几个男生在说，‘嫌长了去剪短好了’。他们为什么总是要这样来说我呢？”

咨询师观察到，李某，中等个头，皮肤较黑，扎着马尾辫，瘦弱。她表情平淡，神情冷漠；身体紧缩，双手紧握；言语不连贯。

她是在班主任的陪同下来到学校心理咨询室的。据班主任反映，该同学总是疑神疑鬼，多次向班主任反映说班上有同学说她傻，说她发呆，对她说三道四。老师向许多同学了解后发现并没有这样的事，曾多次向她解释，但她不相信。经过一番深入调查，老师了解到该女生曾对同寝室的某同学说，班上有男生老是注视她，对她有意思即喜欢上了她。后来这事传开，那男生写了一封信，大意是说明一下并没有喜欢她的意思，而且请她不要败坏他的名声。这件事后，她上课老是趴在桌上，时而会哭，不断地向班主任反映有同学对她说三道四，说她自作多情等。今天，她更是几次跑到办公室，要求班主任解决这件事，否则就要回家不读书了。

学校咨询师面谈过程中发现，她对同学对她说三道四这件事深信不疑，耿耿于怀，请人报复的念头很强烈。她对那些男生喜欢自己深信不疑，沾沾自喜，而当问及她有没有把自己内心的想法告诉那些男生时，她又回答说从来没有，显示其说话内容前后矛盾，有很多不合现实的情况存在。

学校咨询师与其父亲电话联系，了解到最近一段时间里，李某常向父母抱怨，她心里想的事情隔壁的老太太全知道了；她还说走到街上，别人总是对她说三道四的，总骂她，说她不正经。父母多次跟她说这是不可能的，但她总是不相信。家里人为此也很担心。

学校咨询师对李某的初步诊断：根据病与非病的三原则，李某的知、情、意已经不统一，主观和客观不一致，对自己的心理问题没有自知力，没有主动求助的行为，逻辑思维已经混乱，有幻听、被害妄想、关系妄想、钟情妄想、被洞悉感等典型精神病的症状，因此可以考虑诊断为精神疾病。

学校咨询师和李某进行了一个多小时的面谈，对李某的情况作了多方面的充分了解。同时，在面谈中给予李某无条件的积极关注，对她内心的焦虑、担心给予了充分的理解。李某也向咨询师坦言，感觉心里舒服多了。李某的情绪有所缓解，状态相对稳定了一些。

李某具有典型的精神病性症状，属于精神病性障碍，已经超出了学生心理健康教育教师的职责范畴，本着对学生负责的态度，学校心理咨询师建议其家长带其上精神专科医院做进一步的诊断和治疗。老师与其家长取得了联系，进行了及时的沟通，并应其家长的要求，及时联系有关医院的专家门诊，对李某进行及时的诊断、干预。李某被医院诊断属精神分裂症发病期，现正服药，休学在家。

咨询感悟：多年学校心理咨询工作实践表明，对学生中存在的心理问题做出正确的诊断和及时转介具有深远的意义。对一些严重心理问题的鉴别诊断，有利于及时、有效地进行危机干预，避免一些诸如自伤、伤人等校园伤害事件的发生；有利于当事人家人及早发现问题，有利于来访者心理疾患的治愈。

2. 价值观念与咨询师不相容

在个别咨询活动中，咨询师要想完全避免或隐藏自己的价值观是不可能的，而且要想完全排除价值干预或价值影响也是难以做到的。随着咨询的进行，有些咨询师发现，自己与来访者在根本的价值观念上有明显分歧或尖锐对立时，则往往不适合继续做个别咨询。比如，咨询师在性的问题上很保守，而来访者在性的问题上过分开放；咨询师是坚定的无神论者，而来访者是虔诚的宗教徒等。遇到这样的情况，若条件允许的话，咨询师最好将来访者转介给合适的咨询师。

3. 个性与咨询师不相容

有些咨询师与来访者在个性等方面存在着某种不协调。比如，有的咨询师不能容忍来访者的盛气凌人，有的咨询师不喜欢过于内向、退缩的来访者，有的害怕异性来访者、害怕有移情发生等。在这种情况下，如果咨询师没有能力去排除这种因素对咨询活动的影响，就需要进行转介。

4. 与咨询师有双重关系

有些来访者与咨询师有双重关系。比如，来访者是咨询师的亲戚、朋友、熟人等。来访者与咨询师之间的这种关系，常常增加来访者的顾虑，影响其述说自己的内心私事，增加双方的尴尬，这无形中增加了咨询的阻力。此外，咨询师给予指导和建议时，也常会失掉其客观性及职业性，影响咨询效果。一般来说，咨询师应避免给那些与自己有私人关系的来访者做个别咨询，要将其转介给没有私人关系的其他咨询师。

第三节 个别咨询的技术

个别咨询不仅仅是交流信息，还是一种具有特殊意义的人际交往和关系。有效的个别咨询是需要技巧的，所以要提高个别咨询效果，就必须掌握基本的技术和技巧。咨询的技术一般有建立关系的技术、评估测量的技术、倾听询问的技术、影响干预的技术和非言语技术等。

一、建立关系的技术

在个别咨询过程中，咨询师与来访者之间的关系是非常重要的。由于咨询关系如此重要，所以一些学者甚至认为个别咨询就是一种人际关系。个别咨询与治疗专家帕特森（Patterson）曾写道："咨询或心理治疗是一种人际关系，请注意，我不是说咨询或治疗涉及人际关系，我是说它就是一种人际关系。"对此，尽管意见不一，但绝大多数专业工作者认为，咨询师与来访者之间的关系，是个别咨询工作中最重要的方面，更是决定个别咨询成败的关键因素。在建立良好关系的过程中，咨询师的态度和相应技术起着主导作用。罗杰斯认为，建立关系的基本技术有共情、尊重、真诚和积极关注等。

（一）共情

共情又叫共感、同感、移情、同理心等。所谓共情，罗杰斯认为就是能体会来访者的秘密世界，仿佛身临其境。通俗地说，共情是能设身处地去体会来访者的内心感受，达到对来访者境况的心领神会。用别人的眼睛看世界，就是共情的形象说法。共情包含同情的成分，但又不是同情，同情不一定能理解和体会对方的感受。共情不仅有同情，更有理解。也就是说，在个别咨询过程中，咨询师不但要有能力正确地了解来访者的感受和那些感受的意义，同时还要将这种对感受的理解和体会准确地传达给双方。由于共情，来访者感到自己被理解和接纳，这样有助于建立良好的咨询关系，使咨询师了解来访者更多的情况。

咨询师要准确地表达出共情，应注意：①要从来访者内心的参照系出发，设身处地体验他的内心世界；②要以言语准确表达对来访者内心体验的理解；③可借助非言语行为如目光、表情、姿势、动作变化等表达对来访者内心体验的理解；④表达共情应适时、适度、因人而异；⑤重视来访者的反馈信息，必要时可直接询问对方是否感到被理解。

（二）尊重

无条件的尊重，就是对来访者接纳、关注、爱护的态度，意思是指要尊重来访者的现状、价值观、权益和人格。这是建立良好咨询关系的重要条件，也是使来访者人格产生建设性改变的关键条件。尊重来访者，其意义在于可以给来访者营造一个安全、温暖的氛围，这样的氛围可以使其最大程度地表达自己，获得一种自我价值感。特别是对那些急需获得尊重、接纳、信任的来访者来说，尊重和接纳具有明显的助人效果，是咨询成功的基础。

为了表达对来访者的尊重，咨询师需注意以下几点：①尊重意味着完整地接纳一个人，包括他身上的消极面和缺点；②尊重意味着以真诚为基础，并非是无原则的迁就；③尊重意味着一视同仁，不管男女、贫富、出身、职位；④尊重意味着以礼相待，对来访者热情相待，礼仪周全；⑤尊重意味着信任对方；⑥尊重意味着保护对方的隐私。

（三）真诚

真诚就是咨询师在咨询关系中真实地展现自己，表里一致，言行一致，诚恳忠实地对待来访者。真诚有两层涵义：一是咨询师真实地展现自己；一是真诚地对待来访者。真诚对于咨询关系是非常重要的，因为咨询师的真诚不仅给来访者一种安全感，而且为来访者提供了一个榜样。受咨询师的真诚感染和暗示，来访者也会逐渐诚实地开放自己，表达自己，袒露自己的内心。真诚与其说是一种个别咨询技术或方法，还不如说是一种人生态度。若要有效地帮助来访者，则需要更高层次的真诚。

恰当地表达真诚，不仅是一种技术，更是一种艺术，因为那是一种真诚的自然流露。因此，咨询师需注意：①真诚不等于说实话。真诚与实话实说有联系，但不能等同。真诚应符合对来访者负责、有助于来访者成长的原则，所以真诚不是什么都可随意地、直接地说出来，有时实话未必要实说。②真诚不是自我的发泄。过多地宣泄自己，会产生负面效果。真诚应实事求是，不必在来访者面前过多地表现自己的完美，增加修饰成分，要实事求是，既不夸大自己，也不妄自菲薄。

（四）积极关注

积极关注也称之为正向关注，是指以积极态度对待来访者，对来访者言语、行为中的积极面、光明面、长处、优点予以有选择的、特别的关注，强调正面的优点，使来访者逐渐拥有正向的价值观。积极关注是一种共情的态度，涉及对人的基本认识、基本评价和基本情感。如果咨询师想帮助来访者有所改变，就必须相信他是能够改变的，而且已具有改变自身的积极因素；不仅如此，相信每个人身上都有优点和长处，都有一种向上成长的动力，都可以通过努力改变自己，使自己变得比现在更好。这一观点对咨询师来说，十分重要。没有这样的理念，个别咨询就不可能真正发挥作用。

咨询师对来访者的积极关注不仅有助于建立咨询关系，促进沟通，而且本身就有咨询的效果。积极的关注往往能帮助来访者全面地认识自己和周围的环境，发现自己的长处、光明面和未来的希望，从而树立信心，增强战胜困难的勇气。有效地使用积极关注，应注意以下几方面：

（1）应避免盲目乐观和过分悲观。片面理解积极关注的咨询师，会表现出对来访者过分乐观，淡化来访者的问题性质，对来访者保证“天下太平”。另有一些咨询师被来访者的自我描绘所迷惑，自己也感到沮丧无望，消极悲观，从而强化了来访者的消极悲观心理。

（2）要立足于实事求是。积极关注不能无中生有，应以事实为基础，要符合来访者的实际情况，否则，来访者会觉得咨询师只是哄自己、安慰自己、取悦自己，是咨询师无能的反映，这样的积极关注会适得其反。

（3）要促使来访者发现自身的优势和长处，从而促进自我成长。总之，要建立良好的咨询关系，咨询师需要掌握各种专业技能。但是，如果没有咨询师本人的全身心投入，技术发挥不了多大作用，甚至可能适得其反。因此，真正能带进咨询关系中的最重要的、最大的资源就是咨询师本身。

二、评估测量的技术

个别咨询的评估测量是个别咨询过程中的一个重要环节，它可以为咨询服务提供依据，有助于咨询师及时了解和调控咨询过程，并验证咨询效果。在个别咨询中，有必要对来访者进行心理测量和评估，区分来访者是心理还是生理问题、是否适合个别咨询、是否需要及时转介到精神病院就诊。心理评估测量是运用心理学的方法和技术来评估人的心理状态、心理差异以及行为表现，并确定其性质和程度。

心理评估测量的方法很多，包括观察法、测验法、访谈法、调查法等。在个别咨询中，心理评估的常用方法包括会谈评估和心理测验。

（一）会谈评估

会谈是通过谈话来评估来访者心理状态、心理差异的方法。会谈的优点是自然灵活，有助于来访者更真实、自由地表露内心活动，但它受主观影响较大，不利于客观测量。

会谈根据咨询进程以及评估目的的不同，主要可以划分为收集资料式会谈、诊断式会谈和咨询式会谈。收集资料式会谈也是初次会谈，一次即可，目的是了解来访者的基本情况和需要帮助的问题，来访者个人面对自己问题的基本想法及态度以及与这些问题有关的各种人物、条件、环境因素和来访者的性格等。诊断式会谈，一般是1~3次，可借助于心理测量手段，主要区分来访者是否适合进行个别咨询，分析来访者的主要问题。咨询式会谈是指咨询师运用不同的心理咨询理论、技术与方法，帮助来访者产生积极的改变。这类会谈耗时往往较长。

在进行会谈之前，咨询师要精心设计会谈提纲，注意使用会谈技巧。会谈提纲是纲领性的行动方案，其作用是帮助咨访双方聚焦问题症结、探讨有效解决问题的方案，促使来访者全面发展与进步。在个别咨询过程中，一般会谈提纲要涉及开始、促进、深入、结束四个阶段的内容。

在会谈开始和结束时，咨询师都要对来访者的信任表示感谢，向来访者郑重承诺资料保密、绝对尊重来访者的隐私权，并对来访者主动求询、关爱自己的勇气和行为表示钦佩和欣赏。在会谈过程中，咨询师常使用开放式问题来提问和收集资料，用封闭式问题来帮助澄清与诊断，采用鼓励和重复语句促使来访者愿意倾诉，并及时回应来访者的情感表达及反应。

会谈提纲可以用表格形式印制出来。内容包括：使用温暖性的语言及非语言技巧，快速建立来访者对咨询师的信任关系；交替使用开放式问题和封闭式问题，收集资料和诊断问题；耐心倾听并积极回应来访者的倾诉和情绪反应；在结束会谈前共同商讨下次会谈的时间和地点；咨询师对来访者要始终保持开放的、接纳的态度，并尊重来访者的决定及意见。同时，在会谈中还要注意使用非语言技巧，如目光接触和身体姿势等。

（二）心理测验

心理测验是采用心理测量技术，用分数或等级对人的心理行为进行量化的描述，用来比较、鉴别和评估不同个体之间心理行为上的差异，或者同一个体在不同时期、不同条件、不同情况下的心理反应和心理状态。

一个有效的测验，必须具备常模、信度、效度和标准化这些基本要求。常模是用来解释测验结果的依据。测验结果只有与常模相比较才能说明其意义。信度是对测查结果一致性的统计估计。当测验条件保持不变，施测者使用同一测验，重复地对同一个人或同一组人进行测查，重复测验的结果相同或一致，便说明该测验具有很高的信度。信度是测验稳定性的指标。效度是指测验的准确性，即一个测验能否测出它所要测量的特征或功能以及测量结果与测验目标的符合程度。标准化是指测验应具有固定的测验内容、测验方法、统一的答案和记分方法，还包括施测的程序，如统一的指导语。心理测验的标准化，可以排除无关因素对测验结果的影响，保证测验数据的准确性和客观性。

1. 使用心理测验的意义

在个别咨询过程中，使用心理测验不仅可以帮助咨询师明确来访者的问题所在，而且有助于咨询师确立咨询目标、评估咨询效果等。其意义具体体现在以下几个方面：

（1）心理测验可以帮助咨询师界定来访者的基本情况和主要问题。测验是咨询师收集来访者的信息来源之一。从测验分数上，咨询师可以比较和发现来访者的求助动机、主要的和潜在的问题、能否与咨询师建立良好的关系等重要信息；在测验过程中，咨询师还可以发现来访者合作态度如何、有无捣乱行为等。

（2）心理测验有助于咨询师提出具体的、符合来访者情况的咨询目标和咨询计划。测验的根本目的是为咨询服务，提供制订咨询目标和计划的依据。

（3）心理测验有助于咨询师判断是否需要把来访者转介到其他机构。测验结果可以使咨询师据此判断自己是否有能力解决来访者的问题，在征求来访者意见的基础上，为维护其权利，将来访者转介给其他个别咨询机构或咨询师。

（4）心理测验有助于咨询师及时了解和调控咨询过程，并检验咨询的有效性。在咨询过程中和咨询结束时，心理咨询师要对来访者的问题再度进行评价，以确定咨询效果，并在此基础上调整和改进咨询目标、方法和技能。

2. 常用的心理测验及其功能

心理测验种类很多，有智力测验、能力倾向测验、成就测验、人格测验、兴趣和态度测验以及临床心理学量表。智力测验是对智力进行量化的活动，可以分为个别和团体测验。常见的个别测验有《韦氏智力测验量表》《比奈量表》和《中国儿童发展量表》等。常见的团体智能测验有《瑞文推理测验》《学习能力和学习适应性测验》等。人格测验是对人格进行系统的描述，常用的有《卡特尔16种人格因素测验量表》(16PF)、《艾森克人格测验》(EPQ)、《明尼苏达多相人格调查表》(MMPI)、《投射测验》等。常用的临床心理学量表包括《90项症状校核表》(SCL-90)、《心理健康诊断测验》(MHT)、《小学生心理健康评定量表》(MHRSP)、《中国中学生心理健康量表》、《考试焦虑自我检查表》等。

3. 使用心理测验的注意事项

在个别咨询中，心理测验需慎用，对测验结果要进行合理和科学的解释，并要特别注意测验结果与工具的保密。

首先，防止心理测验滥用。在个别咨询中，心理测验并不是必须使用的，因为心理测验只能描绘症状的质的区别和量的差异，它对心理评估只起辅助作用。而对症状背后的深层原因的分析与咨询，还需要咨询师结合会谈和观察的方法。因此，不能过分依赖心理测验或者机械地使用测验结果，更不能受好奇心驱使而实施测验，甚至将心理测验作为获取经济利益的手段。

其次，合理解释测验结果。心理测验应在来访者同意的情况下施测，测验结果出来以后，由咨询师负责对结果做出解释。测验具有即时效应，它只是来访者当下心理状况的一定程度的反映，不代表过去，也不预示未来，因为人的心理状况具有可逆性，是不断变化的。而且测验分数只具有相对意义，是与其他人相比较的差别性分数，没有包含每个人的具体情况，所以测验分数不能作为衡量一个人心理健康水平的绝对依据。如果咨询师没有对来访者的测验分数做出客观、合理的解释，测验结果有可能会增加来访者的心理负担。这样就失去了心理测验的意义，严重的还可能对来访者造成负面影响，延缓咨询进程。

最后，对测验工具和测验材料进行保密。如果来访者预先知道了测验内容，必将造成测验结果失真。因此，测验手册、量表、记录纸等，应由专职人员妥善保管。同时，在做研究报告和回答有关机构的查询时，要注意切实保护来访者的合法利益不受损害。

三、倾听询问的技术

倾听并不是简单地听，而是全身心投入、专注地听。咨询师对来访者的谈话不仅仅是听听而已，还要借助各种技巧，真正听出对方所讲的事实，所体验的情感，所持有的态度。倾听的习惯和态度，比倾听的技巧和技术更重要。因为在现实生活中，有很多人愿意说不愿意听，习惯于说不习惯于听。倾听时应注意以下技巧：

（1）充分运用开放性提问。在倾听时，通常使用“什么”“怎样”“为什么”等词语发问，让来访者对有关问题、事件做出较为详尽的回答，这就是开放性提问，这样的提问会引出来访者对某些问题、思想、情感等详细的说明。在使用开放性提问时，应重视把它建立在良好的咨询关系上，只有来访者信任咨询师，他才会在提问时做更多的回答。另外，咨询师要注意提问的方式、语调，不能太生硬或随意。

（2）恰当运用封闭性提问。封闭性提问的特征是以“是不是”“对不对”“有没有”“行不行”“要不要”等词语发问，让来访者对有关问题做“是”或“否”的简短回答。咨询师使用这种封闭性提问，可以收集信息、澄清事实真相、验证结论与推测、缩小讨论范围、适当中止叙述等。回答这些问题，只需一两个词、字或一个简单的姿势（如点头或摇头）等，简洁、明确。但过多使用封闭性提问，会使来访者处于被动的地位，压抑他自我表达的愿望与积极性，产生沉默和压抑感及被审讯的感觉。所以，采用封闭性提问要适度，要和开放性提问结合起来。

（3）善于运用鼓励和重复。鼓励就是咨询师对来访者所说的话直接重复或仅用某些词语，如“嗯”“讲下去”“还有吗”等，来强化来访者叙述的内容，并鼓励其进一步讲述。重复来访者叙述中的某些话语或内容，是鼓励对方的一种主要方法。鼓励与重复除了促进会谈继续外，另一个重要作用就是引导来访者的谈话朝着一定的方向深化。表面上看起来，这是一种很简单的技巧，然而正是这一简单的技巧，使咨询师得以进入来访者的内心精神世界，展现出对来访者的关注和理解。

（4）准确运用说明和反馈。说明又叫释义，就是咨询师把来访者的谈话内容及思想，加以综合整理后，用自己的语言反馈给来访者。说明最好是引用来访者谈话中最有代表性、最敏感、最重要的词语。说明使来访者有机会再次剖析自己的困扰，重新组合那些零散的事件和关系，深化谈话的内容，更清晰准确地做出决定。同时，反馈也有助于咨询师确认一些关键的信息与线索，为会谈的深入打下坚实基础。

（5）有效运用情感反应。情感反应与说明十分接近，区别在于说明是对来访者谈话内容的反馈，而情感反应则是对来访者情绪情感反应的反馈，也就是咨询师把来访者的情感反应进行综合整理后，再反馈给来访者，如“你对此感到伤心”“这事让你很不愉快”等。情感反应的最有效方式是针对来访者现时的情感，而不是过去的，如“你现在很痛苦”“你此时的心情比较好”等。另外，在运用这一技术时，要及时准确地捕捉来访者瞬间的情感体验，并及时进行反应，使来访者深切体验到被人理解的感觉。这时，咨询就可能朝着更深入的境界迈进。

（6）避免容易犯的错误。初学个别咨询的人，不愿意倾听，不重视倾听，喜欢不停地说。这是初学者惯常犯的错误。除此之外易犯的错误还有：急于下结论；轻视来访者的问题，不认真听；干扰、转移、中断来访者的话题；对来访者的话题做道德或是非的评判；不适当地运用参与技巧，如询问过多、概述过多等。

四、影响干预的技术

会谈时注意倾听的技术对帮助来访者自我成长十分重要，但仅靠这一方面还不够。因为只关注倾听会显得缓慢，缺乏咨询师的干预性。咨询师积极投身于会谈过程，主动采用影响对方的技术，那么来访者的改变将会更快、更有效。咨询师运用自身的知识、经验和能力来积极影响来访者并促其成熟。从咨询关系这一角度出发，这时的会谈就真正成为一种人际间的相互作用、相互影响。影响的技术有指导、解释、忠告、自我开放等。

（一）指导

指导就是咨询师直接指示来访者做什么和说什么，或者如何说、如何做，指导被认为是最具影响力的咨询技术之一。指导的本质在于直接造成行为改变，它明白地指示学习什么、改变什么以及如何改变、如何学习，所以指导有强烈的行为取向色彩。尽管一些学派不赞成用指导技术，但不同学派的咨询师都或多或少地使用指导。指导方式有如下几种：其一是指导言语的改变，就是指导来访者改变言语表达，如要求来访者把“我应该”改为“我希望”；其二是给予特殊的建议和指导，如向考试焦虑的学生建议修改作息制度、每天坚持适量的娱乐和锻炼；其三是自由联想式指导，如指导一个有强迫观念的来访者用自由联想的方式，回想童年时的经历等；其四是角色指导，即采用角色扮演、角色替代等方法，指导来访者获得新的经验；其五是训练性指导，如放松训练、脱敏训练、宣泄训练等。

（二）解释

解释是咨询师依据某一理论或个人经验，对来访者的问题做出合理的说明和分析，使来访者能够从一个新的角度来认识自己和自己的问题。解释是最重要的影响技术之一，它可以使来访者的世界观产生认知性的改变。“听君一席话，胜读十年书”就是这种效果的写照。解释的依据主要有两种：一种是来自各种不同的理论；另一种是根据咨询师自身的经验、实践与观察。针对来访者不同的问题，咨询师可以创造出各种不同的解释。应该说，解释是影响来访者技术中最为复杂的一种，也是最有创新性的一种。运用解释时要注意：第一，要注意了解情况，准确地把握问题，根据来访者的特点因人而异，确定解释的理论和依据；第二，要注意解释不能强加于人，最好在来访者有足够的思想准备时进行解释；第三，解释不能过多，防止来访者否认咨询师的参照体系。

（三）提供信息

提供信息是指就来访者关心的问题向其提出建议和忠告，给予指导性和参考性的信息，以帮助来访者思考问题，做出决策。在与来访者面谈时，咨询师提供信息、提出建议、提出劝告都是十分必要的，在个别咨询中尤为重要。在学校个别咨询中，因为学生的经验、阅历、知识有限，咨询师提供建议和忠告的价值则更大。但在使用这一技巧时，需注意：第一，防止这一技术技巧给会谈带来潜在的危害，如来访者对建议或忠告不以为然，这将会妨碍咨询的继续进行；第二，要注意建议和忠告的话语含蓄而委婉，如“如果我是您，我可能会……”；第三，提供的建议和忠告一般不宜太多，过多使用会失效。

（四）自我开放

自我开放也叫自我暴露、自我揭示等，是咨询师公开、开放、暴露自己的某些经历、经验、思想、情感等，与来访者共享。自我开放，有利于建立良好的咨询关系，为来访者树立好的榜样，从而增进来访者自我开放的程度，以达到影响对方的目的。自我开放有两种形式：一种是向来访者表明在会谈时对来访者言行问题的体验，如“我很高兴，你这么信任我”“我和你一样，感到失望”；另一种形式则是告诉来访者自己过去的有关经历和情绪体验，如“你说的这种情况，我过去也遇到过……”。自我开放需建立在一定的咨询关系之上，而且要适量。咨询师过多开放和暴露自己，就会挤占来访者的时间，并可能超出其心理预期，认为咨询师的心理也不太健康。另外，咨询师过度开放，可能给来访者的心理带来负强化，增加消极影响。

（五）影响性概述

咨询师把自己所叙述的主题、观点、意见等组织整理后，以简明扼要的形式表达给来访者，这就是影响性概述。当会谈的一个自然段落完成或一次会谈结束时，咨询师可使用概述作为一个小结。影响性概述的作用之一是使会谈显得有结构、富有条理，避免会谈混乱；作用之二是使双方有机会对刚才的谈话做一番检查，强调某些重要内容，加深印象；作用之三是为下一步会谈的主题做好准备。运用概述时，要注意：第一是条理分明，重点突出；第二是简明扼要，通俗易懂。

（六）面质

面质是指咨询师质疑来访者言辞表达和行为方式中不一致的地方，进而促进来访者反思和成长的方法。例如：来访者绝对化的言辞表现在他常使用“所有人”“总是”“从来没有”等极端化词汇，咨询师质疑这些言辞能够促使来访者学到更正确的思维；来访者一贯的行为方式并不能使其适应环境时，咨询师可以质疑。咨询师的面质虽然不是批评、责备，但是仍然会引起来访者的反感，因此，咨询师使用这个技术时，要首先使用共情技术或情感反应技术，再面质来访者。

五、各种非言语技术

个别咨询并非只是说和听、问和答，人们不仅用口头语言说话，咨询时还要通过非言语的表情、声调、姿态、手势等进行交流。个别咨询是言语内容和非言语行为交互作用而达成的，许多时候，非言语行为所表达的信息比言语表达的信息更多、更准确、更真实。

（一）目光注视

在人的面部表情中，眼睛具有十分重要的意义，人们形象地称眼睛为“心灵的窗户”，可见它的意义所在。咨询师与来访者在会谈时，常会有目光的接触，通常咨询师注视来访者，表示对他的谈话感兴趣。当咨询师说话时，他与对方视线的接触会少些。一般讲话多的人比听话多的人更少注视对方，如果一方开始说话了，就会先把目光从对方身上移开，说话结束时，又会重新注视对方。视线的接触在会谈时因谈话的内容、气氛、场合等有不同的反应和表现形式。咨询师应注意自己的目光，如果对方谈话时，咨询师却在那里看着别的东西，或者东张西望，目光游移不定，就会妨碍来访者继续表达。目光的使用怎样才比较合适呢？一般情况下，当咨询师倾听对方叙述时，目光可直接注视着对方的双眼，目光注视的范围以人的面庞为宜。另外，目光不要始终注视对方，如发现对方有意避开目光接触时，就不要紧盯着对方。

（二）形体动作

人的姿态、手势是极为丰富的，是一种特殊的身体语言。咨询师在来访者面前，总的原则应是使自己的身体语言融入到咨询过程中，以有利于个别咨询。比如，会谈时，咨询师借助于一些手势能加强言语表达的涵义，但会谈不是讲课和演讲，手的动作不宜过大，也不要对来访者指指点点。还有，在倾听来访者谈话时，咨询师要使自己面对对方，身体稍微倾向于来访者，并用点头示意等表示对对方的注意和肯定。另外，在来访者面前，咨询师不必正襟危坐，但应注意姿态端正，不宜过于随便，如有些咨询师在来访者面前翘起腿，这是可以的，但翘起的腿抖动不停，让来访者感到心烦意乱就很不合适。总的原则是，在会谈中，咨询师的身体既要真正表现出自在自如，又要表现出对对方的真切关注。

（三）声音特征

声音特征指咨询师说话的音量、音调、语速、语气和节奏等。这些特征的变化，对咨询关系的建立和咨询的效果均会产生影响，来访者在听咨询师说话时，咨询师说话的内容对来访者来说是理性化的东西，而从声调、语气中，他可以感受到某种情绪和态度，并由此诱发出来访者自身的态度和情感。那么，作为一个咨询师，其声音是否能让对方感到舒服、顺耳、温暖，就特别需要注意了。例如，当一个来访者进入咨询室的时候，咨询师语言表达的内容是欢迎和关心，但声音是淡漠和敷衍，来访者更相信声音的涵义而不是语言的意义，因为语言比声音容易作假。只有对来访者做到真切关心和尊重，咨询师的语言中才有了灵魂，说的话语才能打动人心。因此，应注意：咨询师说话的声音不要太大，以等于或低于来访者说话的音量为宜；语速应稍缓，尤其是来访者激动时的语速加快，咨询师的语速应更缓，让对方平静；语调要有些抑扬顿挫，不要太平淡、单调。还有一点，咨询师要注意使用停顿，以引起来访者重视，集中注意力，产生领悟和思考等。

（四）距离和角度

咨询会谈时，咨询师与来访者的空间距离和相对角度也是一种重要的非言语行为。每个人都有一个无形的空间，以保持自己的独立、安全和隐私的需要。侵入这一空间，人就会产生不安、焦虑、不满和反抗。咨询中，双方相距太远会使对方产生冷漠、疏远、孤独的感觉；相距太近，又会使对方感到局促不安。双方距离的适宜性，应视具体情况而定。如室内和室外、同性和异性等，就有区别。一般来说，不宜太远，接近一些较好。当然，所谓距离的远近，应以来访者觉得合适为宜。双方位置互成直角较好。因为完全正面相对，会使人产生无法回避的感觉，易导致局促不安。直角相对既可以相向又可以侧身，能保持视线既不长久对视又可随时接触，使人感到轻松。

（五）沉默

会谈时出现沉默，并由此产生一种无形的压力，可能使双方不知所措，严重时影响双方继续进行咨询的信心。对此，咨询师既不能听之任之，也不能惊慌失措。出现沉默时，咨询师应迅速判断和分析沉默的形式：创造性沉默、自发性沉默和冲突性沉默，同时还要分析沉默是来自于咨询师还是来访者。在这些问题比较清楚时，咨询师应付沉默就会自如了。例如，当看到来访者陷入长久的沉默之中时，咨询师可以适时地问“能告诉我你在想什么吗”，如果来访者由于思考而沉默时，咨询师最好以微笑、目光、微微点头表示自己的关注、理解和鼓励，以等待对方打破沉默；若沉默时间过久，咨询师可以关切的询问提示对方。总之，沉默并不可怕，表面上看，它可能是咨询中出现的危机，但也可能是一种巨大的契机。咨询师对沉默现象应予以高度重视，仔细分析，把握机会，跟踪追击，这样往往就会有大的突破。

第八章

学生心理健康教育——团体咨询

个别咨询与团体咨询的目的都是帮助来访者维护心理健康，克服成长过程中的种种困难和障碍，迈向自我实现。但在帮助那些有着相似心理困扰的学生时，团体咨询是一种更经济而有效的方式。在学校教育情境下，尤其适合开展团体咨询。因为在学校内，团体自然而然地存在。成长中的学生有着共同的人生发展课题，而且他们更认同同龄群体的肯定与欣赏。团体心理咨询重在团体成员的互动，实践性强，形式多样，生动有趣，适用面广，在心理健康教育课、各类课外活动、班级管理和团队活动中都可以应用。因此，团体心理咨询与活动将会成为协助学生成长发展、学生自我教育的主要方法之一。

第一节 团体咨询的涵义与价值

团体心理咨询作为心理咨询的一种重要形式，具有极其重大的意义和价值。团体咨询能够使咨询师在短时间内有效地帮助更多的学生，是一种经济、高效、服务面广泛的心理咨询形式。

一、团体咨询的涵义与类型

（一）“团体咨询”的概念

团体是指两个或两个以上的人，为了达到特定目标而互相结合、互相影响，组成的群体。团体中的成员必须有心理互动意识与团体意识，追求共同的目标或兴趣，在需求的满足上有相互依存的关系，并且每位成员皆承担有责任与角色任务，能对他人的行为做出反应，如此借由成员之间的互动，方能达到成员个人以及团体的改善。

团体咨询也称小组咨询，是在团体情境中提供心理帮助与指导的一种心理咨询形式。具体来讲，团体咨询是由受过专业训练的咨询师带领团体成员，在保密的原则下营造一种安全的、充满支持的环境，通过团体内的人际交互作用，个体在交往中不断观察、学习和体验，主动调整和改善与他人的关系，努力学习新的学习态度和行为方式，发展良好生活适应能力的助人过程。

团体咨询通常由一位或两位咨询师主持，一般称为团体领导者；多个来访者参加，一般称为团体成员。团体领导者根据成员问题的相似性，组成不同主题的团体，通过共同商讨、训练、引导，解决成员共同的发展问题或共有的心理障碍。团体的规模因咨询目标的不同而大小不等，少则三五人，多则十几人，甚至几十人。通过几次或十几次团体聚会，成员互相交流，讨论大家共同关心的问题，彼此启发、相互支持，共同分享，使成员了解自己的心理，了解他人的心理，以便改善人际关系，增强社会适应性，促进人格成长。实践证明，团体咨询既是一种有效的心理咨询形式，也是一种有效的教育活动。

（二）团体咨询的特点

团体咨询的优点首先表现在团体咨询是一种多向性的交流，来访者看到其他人有着与自己类似的痛苦，可以提高自我认识，安定情绪，进而相互支持、相互影响；其次，团体咨询效率高，能够集中解决一些共同的问题；再次，团体咨询对于帮助那些害羞、孤独的人际交往障碍者，有特殊的功效；最后，团体咨询效果容易巩固。团体咨询创造了一个类似真实社会生活的情境，增强了实践作用，也拉近了咨询与生活的距离，使得咨询较易出现成果，而成果也较易迁移到日常生活中。当然，团体咨询也有局限，主要是个体深入的问题不易暴露，个体差异也难以顾及，有时也会给一些成员带来伤害且对团体领导者要求较高。

团体咨询的特色在于培养人的信任感和归属感，由对团体的信任感扩大到信任周围的其他人；由对团体的归属感扩大到对学校、社会及国家的认同感和归属感。由于团体心理咨询的独特之处和积极的效果，它在国外及我国的港台地区已得到广泛的发展。

（三）团体咨询的类型

在心理健康教育实践中，团体咨询有两类：一类是把重点放在每一个个体身上。这类咨询虽然也重视团体成员的交互作用的意义，但主要还是把咨询方法、干预手段直接应用于每个成员，比如讲座、训练等。因此，这类团体咨询又被称作团体训练。另一类咨询是把重点放在团体成员的交互作用上。这类咨询主要是通过团体成员相互作用所产生的影响力而使成员调整自己的思想、情感和行为，此类团体有交朋友团体、“心理剧”团体、游戏团体、格式塔团体、敏感训练团体等。从严格的意义来讲，团体咨询主要指第二种形式，因为团体咨询的本质涵义是指借助团体内个体心理相互作用的力量产生建设性影响的帮助活动。

团体可以依据其目的、领导者的功能、团体成员的类型、团体结构和活动方式的不同，而将它们分为几种类型:

1. 咨询、辅导与治疗团体

团体咨询的对象常常是经选择另行组织起来的。咨询的目标主要是针对特定的问题或临时性适应困难，一般不需要大规模的人格重建，目的重在发掘个体内在的动力、完善个性的发展、促进自我察觉以及排除成长中的障碍；心理辅导则通常以学生的原班级为基础，重在平常教学，是教育性和预防性的；团体治疗是一种再教育的过程，重在促进个体对现在与过去事件意识与潜意识的察觉，矫正情绪和行为障碍，促进人格的转变，提高个体对社会的适应能力。然而，在实际工作中，三者大同小异，在一般目的、方法、技术和历程等方面有许多共同之处，不易区分，为了便于阐述，在以下章节不再对三者加以严格区分。

2. 结构式团体与非结构式团体

结构式团体是以某种核心主题为特征的团体，旨在帮助成员发展某种特殊的技巧，认识特定的问题，或是度过生活中困难的调适期，如学习人际交往的技巧、压力的管理、如何建立自信、如何控制焦虑、如何度过新生适应不良期等。非结构式团体是松散的且定义不明确的，只是为了“个人一般发展”的团体。

3. 自助团体和支持性团体

自助团体一般由具有相似情绪、生理、行为和社会问题或共同关心某个问题的人所组成。他们大多不是专业人员，领导者也是自发产生的，他们以一个单一的主题作为活动的核心，如趣味数学学习团体等。这些团体的组织目的是为了共享成员的经验，相互学习，为新成员提供建议，为那些悲观失望的人提供帮助和鼓励。支持性团体则是由专业的机构或个人来协助的团体，如帮助父母离异、亲人去世、遭受性虐待、受到暴力伤害的学生的团体等。

4. 封闭式团体和开放式团体

封闭式团体是指一旦团体开始运行，在其预定的活动期间内不再增加新的成员；开放式团体可以容许在活动的不同期间让新的团体成员加入以替代那些离开的团员。一般来说，封闭式团体的稳定性和连续性较好，凝聚力较强；开放式团体可能会因为人员的流动性，新成员初期的不适应，或重复先前可能已经讨论过的问题，团体领导必须花时间来帮助新成员融入团体等问题而降低效率。

二、团体咨询的功能与价值

（一）团体咨询的功能

团体心理咨询之所以被广泛应用，是因为它具有积极的功能。一般而言，团体心理咨询具有如下四大功能。

1. 教育功能

团体咨询的过程被认为是一种通过成员相互作用，来协助他们增进自我了解、自我抉择、自我发展，进而获得自我实现的一个学习过程。咨询学家贝内特（M. E. Bennett）指出，“学生在团体咨询中的学习内容有10项：学习对真正的问题有所了解并且能够面对它；学习分析问题的技术；学习在问题的研究和解决上能够利用许多资源；学习了解内心并改进行为；学习了解别人以及与人共处的方法；学习拟订人生的长期计划；学习使当前的目标和长期的目标保持均衡；学习选择经验的标准；学习运用知识和执行计划；学习评估进步情形及修正目标与计划等。”从贝内特的表述中可以看出，团体咨询十分重视成员的主动学习、自我评估、自我改进，团体心理咨询有助于学生自我学习。

团体咨询还有助于培养学生的社会性。学生学习社会规范、适应社会生活的态度与习惯以及互相尊重、互相了解、民主作风，从而促进德智体全面发展。参加团体咨询的人常常有共同的问题，比如对家庭、学校、社会的态度问题。在团体中以一种“经验分享历程”的团体讨论方式，可促使学生获得正确的观念与适当的态度。这有助于解除学生遇到挫折时产生的烦恼和忧虑感，使其在情绪稳定方面更加成熟。可见，领导者的任务是教会那些在应付日常生活中的压力和任务方面需要帮助的正常人，模仿某些策略和新的行为，从而能够最大程度地发挥其已经存在的能力，或者形成更为适当的应变能力。

2. 发展功能

学校咨询心理学强调发展的模式，它试图帮助咨询对象得到充分发展，扫除其正常成长过程中的障碍。团体咨询，不但可提供成员必要的资料，改进其不成熟的偏差态度与行为，而且能促进其良好的发展与心理成熟，可以培养成员健全的人格及和谐的人际关系。应该说，团体咨询最大的功能就在于它有益于正常人的健康发展。一般认为，正常人的问题没有那些有“问题”的人多。事实是，正常人的问题虽然并不如有“问题”的人严重，但为数较多。特别是在学校里，理想的咨询工作不应该只是关心问题学生的咨询，更要注意对正常学生的引导。团体咨询能给予正常学生以启发和引导，满足他们的基本需要、社会需要与自我需要，促进他们自我了解，改善人际关系，学到建立充满信任的人际关系所需要的技巧和方法，养成积极面对问题的态度。从而使他们对自己充满信任，对生活充满信心，对未来充满希望。可以说，团体咨询的积极目的在于促进人的发展。

3. 预防功能

团体咨询是预防学生心理问题的最佳策略。通过团体咨询，成员对自己有更多的了解，懂得什么是适应行为、什么是不适应行为。团体咨询提供了更多的机会，让成员之间彼此交换意见，互诉心声，研讨以后可能遇到的难题及可行的解决办法，增强处理问题的能力，这可以预防心理问题的发生或减小心理问题发生的概率。团体咨询中，领导者不仅能发现那些需要个别咨询的人，并及时予以援助，还能使所有成员对心理咨询有正确的认识、积极的态度，心理上有所准备，一旦需要帮助，能够主动求助。这也起到了预防心理问题发生与发展的作用。所以，团体咨询具有预防功能，能够为参加者的未来发展需要提供预备性知识储备以及技能演练，增强他们的自我安全防范和保护意识，提高承受挫折和打击的能力。

4. 治疗功能

治疗是减轻或消除已经表现在外的不正常行为。许多心理治疗专家强调人类行为的社会相互作用。在团体方式下，由于治疗的情境比较接近日常生活与现实状况，所以在治疗情境中处理情绪困扰与心理偏差行为，易收到效果。目前在学校心理咨询中，许多团体治疗技术已经得到应用。在学校，尽管心理疾病患者人数很少，但情绪不稳、适应不良、有心理困扰的学生却为数不少。既然他们有心理行为偏差，需要加以矫正，就可以说需要心理治疗。这些有心理困扰的学生，经过团体咨询，问题不再恶化甚至减轻。因此，团体咨询对创伤性事件、意外伤害所造成的心理伤害以及长期心理困扰所形成的心理障碍等具有治疗功能。

（二）团体咨询的价值

团体咨询通过组内成员间的互动往往可以起到对成员的特殊帮助作用。特别是成员在分享共同问题中的所得，要明显大于他们在个别咨询中的收获。团体咨询价值的具体发挥主要体现在以下诸方面：

1. 团体咨询给人归属感

团体咨询是在咨询师的带领下，营造出一种安全、接纳、尊重、信任的良好气氛，使成员内心产生温暖、被爱的归属感。人天生具有对安全感和归属感的需要，人的一生都在寻求团体支持，也离不开团体支持，尤其是当人遇到困难而又彷徨无助时，团体支持可以令人产生归属感，使人获得心理滋养，助人渡过难关。

2. 团体咨询给人希望

团体咨询以其特有的成员间的亲密方式，让每个成员都能够时刻感受到来自他人的支持和集体的力量，使人产生“同在一条船上”的彼此共存感，从而在心底深处生发出对未来的追求与期待，充满对生活的希望与热爱。

3. 团体咨询给人宣泄的机会

在每个成员口头及书面签字承诺对团体内发生的他人故事进行保密的原则下，团体为个人的自我情绪、情感表达和内心痛苦的宣泄提供了机会。由于成员的问题相似，团体运作时，在讯息的流通、刺激成员发问、提供支持以及解决方法上是最具有效率的。

4. 团体咨询给人信心

团体咨询由于有众多个体的广泛信息交流，提供了多样化的资源和观点，使每个成员可以比较自己与他人的观点。成员可以发现别人也会遇到和自己一样的事情、会产生同样的想法、有相似的情感体验，进而增强成长与改变的信心。在团体交流中，学生会发现：原来认为自己的想法与众不同，现在知道他人与自己有过相似的想法与行为；原来以为自己是天底下最不幸的人，现在知道他人也有不同或相似的困扰。

5. 团体咨询给人交流的机会

团体咨询鼓励团体成员学会倾听、相互反馈，提高成员间的互动和分享水平，为彼此的交流与学习提供了一个安全的练习场所。成员有机会了解他人的建议和反应，可以在支持性环境中尝试某些新技巧和行为。团体提供给学生一个练习社交技巧的地方，这是个别咨询中不容易做到的，领导者通过观察与适时介入成员间的互动，可以实时调节学生无聊、沉默、愤怒、难过、喜悦的情绪，并且引导学生学习关心、尊重、同理他人。

6. 团体咨询给人锻炼的机会

团体咨询要求成员积极投入到团体当中，倾听和回应他人。成员在帮助他人解决困扰、探索个人价值的过程中，得到对自己的理解与启发，同时培养自己与人相处及合作的能力。在团体中，领导者提供一种学生想要的楷模，同时又让学生保有自己想要的独立与力量，因此创造了一个安全的空间让学生去探索与尝试。

基于以上团体咨询的优点，我们不难判断，发展性团体心理咨询将成为学生心理健康教育的重点。目前，学生心理健康教育的方法主要是开设心理健康教育课程和讲座，开展个别和团体心理咨询。不少学校都是先从个别咨询入手开展心理健康教育工作，然后不断发展。近年来，由于心理健康教育面向全体学生，以发展为主的模式越来越成为人们的共识，团体心理咨询与训练逐渐升温。诸如班级心理委员培训营、社交技巧训练营、自信增强团体、做情绪的主人团体训练、压力管理工作坊、领导才能拓展团体等，都是深受学生欢迎的团体咨询形式。

第二节 团体咨询的过程

一个完整的团体咨询过程包括：团体咨询主题的确定、团体咨询方案的设计、团体咨询过程的实施和团体咨询效果的评估。本节将重点介绍团体咨询方案的设计和任何一个团体咨询都要经历的初创阶段、凝聚阶段、工作阶段和结束阶段。

一、团体咨询主题的确定

在团体咨询开始之前，需要做好一系列的准备工作，包括：确定团体的性质和目标，确定团体规模，筛选成员，规定活动场地、时间及频率，准备必要的资料和教具，领导者的知识、能力的准备，团体咨询效果的评估等。这一切都要围绕着团体咨询的主题来开展准备工作，其中团体的性质和目标、团体的规模和成员的构成，直接影响团体咨询的效果，特别是领导者的预先准备工作，对于团体咨询成功与否是十分关键的。

首要的准备就是确定团体的性质和目标。团体咨询一般分为三类：第一类是发展性团体咨询，它以开发人的心理潜能、优化人格、促进人的全面发展为目标，如成长团体咨询；第二类是预防性团体咨询，它以训练为主，目的是帮助学生学会有效处理人际关系，增强社会适应能力，如人际沟通训练团体咨询；第三类是治疗性团体咨询，它是为有深层次困扰又希望改变的学生专门组织的团体咨询，如为希望摆脱网络成瘾的学生设置的团体咨询，为遭受意外伤害、创伤性事件或家庭暴力的学生提供的危机干预类团体咨询等。

然后是确立团体咨询的主题。每次团体咨询一般只能有一个主题，在学校中经常涉及的团体咨询的主题包括：业务培训，人际交往，考试焦虑，异性交往，亲子关系，自信心，潜能激发，情绪问题，师生关系，压力应对，生涯发展规划，其他与个人心理健康、心理成长有关的问题等。下面是一个班级心理委员业务培训和自我成长相结合的团体咨询招募广告，可供大家参考。

班级心理委员心灵成长工作坊开张啦

一、团体目标：加深自我认知、促进理解他人、提高工作能力、获得成长快乐

二、参加人员：班级心理委员10人，男女人数相当

三、团体时间：5月13日开始连续6个周日下午2：30至4：30

四、团体地点：学生活动中心四楼心理健康教育中心团体发展辅导室

五、团体领导：何老师

六、团体性质：本团体为免费业务培训和自我成长相结合的发展性团体，具有自主性、保密性、封闭性、结构性。具体的活动如下：

1. 开场白，自报家门和期望（一分钟注视和一分钟介绍），相见欢（辛苦了，互相按摩肩膀），期望总结，自画像和自己起名，团体标志，团体

公约。

2. 大树与松鼠，敏锐而积极的观察力，盲行，生命线，墓志铭，拥有与丧失。

3. 心有千千结，镜中人，你说我猜，价值观拍卖，我是谁，自我专业探索。

4. 我好你好大家好，人际关系中的我，自我SWOT分析，恋人标准，姑娘和水手。

5. 呼吸调整，周哈里窗，优点轰炸，七嘴八舌找办法，礼物大赠送。

6. 同舟共济，不考试的测试，回顾之旅，心里话，谢谢你、抱一抱、再出发，感恩的心，合影。

温馨提示： 自主报名，一旦人员筛选确定后一般不能中途退出和缺席（因为你的缺席可能造成团体发展受限制），请大家根据自己的时间慎重报名。

二、团体咨询方案的设计

团体咨询设计是指运用团体动力学与团体咨询等专业知识，系统地将团体活动加以设计、组织、规划，以便领导者带领团体成员在团体内活动，达到团体咨询的目标。方案设计、活动选择必须考虑到团体成员的需求、团体目标及所期待的结果。如能选择适当的活动并加以运用，将会给团体咨询的过程与发展带来很大的帮助。团体咨询方案是团体咨询时依据的一种有组织的行动计划，以确保咨询的有效进行。学校团体咨询方案设计只是领导者带领团体成员进行活动的第一步。一个根据团体成员需要而精心设计的团体咨询方案就像地图，对团体咨询的实施有导航的作用。设计团体咨询方案必须了解设计项目、设计步骤和注意事项。

（一）设计方案的项目

一个完整的设计方案，应该包括以下内容：

■方案名称：名称应清楚明确，一目了然，使人能够了解团体的性质和目标。

■活动地点：要标识清楚团体咨询的具体地点。

■活动时间：应有起止日期，说明团体咨询的频率（每周几次）或密集性（一次一整天以上）。

■参加对象与人数：应说明团体成员的参加条件和报名方式，招募采用哪些方法，是否甄选。

■活动方式与设计动机：要简要叙述活动的理论依据以及原因。

■设计目标：包括陈述团体咨询的总目标、阶段目标和活动目标。

■活动资源：包括陈述活动的人力资源、物力资源和财力资源，是否需要付费以及需要准备的资源等。

■活动内容：应简洁明了地说明团体咨询包括哪些具体内容。

■效果评估：应说明团体咨询如何进行效果的评估。

（二）方案设计的步骤

我国台湾学者夏林清认为，团体咨询方案设计应包括如下步骤：

■确定对象，即确定哪些人是适合参加本次团体咨询的主要对象。

■团体领导者到底要做什么，即目标的制订。针对这些对象，了解和评估他们的需要，再确定团体咨询要达到的具体目标。

■团体领导者要如何做，即进行方式和活动的设计。设计和创造团体经验以引发成员参与分享。

■思考团体咨询所需要的场地、设备与材料。

■先行组成一个试验性小团体将咨询方案试用一次，并讨论、思考和修正。

■准备每一次团体咨询进行的大纲以及必需的各种材料。

■准备一些备用活动，根据团体咨询的进展有弹性地调整原先的设计方案。

■团体咨询结束时，应用问卷或其他方式方法来了解大家对团体咨询的反馈，以评估是否达到目标。

■团体成员的反馈、自己的检讨以及所记录的资料都应加以保存，以供下一次改进时参考。

（三）方案设计的关键

在设计方案时，有一些关键问题必须考虑周全，至少要考虑到以下的注意事项：

■设计团体咨询活动的目标和方式要考虑成员之间的熟悉程度、个性等因素。

■设计成员的座位应考虑团体咨询活动的大小。例如，小团体咨询活动，成员座位安排可以是钻石形、圆形、八边形和枫叶形；大团体咨询活动，成员座位安排可以是扇形、小半圆形、圆形剧场和大半圆形。

■设计时要注意人性问题，包括团体成员的素质、价值观和文化观念等。

■设计时领导者要了解自己的特质、能力、偏好和领导风格。

■方案内各项咨询活动的设计应具有逻辑一致性，前后连贯。选择活动时必须基于成员的需求、团体咨询的目的及想要的结果。咨询活动不应只是有趣，还应该与团体咨询目标有所呼应。

■咨询活动选择应考虑成员的年龄、身心成熟度、需求、团体咨询目的与预期的结果；应让所有成员都有参与的机会；选用的咨询活动是领导者熟悉且能灵活运用的，还要考虑咨询活动的保密性和适合性。

■方案设计要考虑成员的特性，如性别、年龄、表达能力等因素。如小学生团体咨询，可多设计一些动态性活动，中学生团体咨询可多设计静态性活动；同性团体咨询可多设计肢体性活动，两性团体咨询可多设计分享性活动等。

■方案设计要有弹性，还应考虑安全性。例如，设计“盲行”活动时应考虑团体成员能否安全完成。活动导致的结果应是领导者能处理的。活动必须能在规定时间内完成。

中学生心灵成长团体咨询案例

目的：进一步探索自我，认识自我，接纳自我；建立和谐的人际关系，促进自我继续成长。

方法：团体活动、游戏、体验练习、讨论等。

人数：8～12人

理论依据：乔韩窗口理论

第一单元：认识我自己（120分钟）

1. 自我命名：写、画胸卡。
2. 我的核桃：每人一个核桃，先自己摸、看、闻，然后小组成员把核桃放在一起，看能否找出自己的那个核桃。闭上眼睛，看能否摸出来。谈感受。它对我们的工作有什么启发？
3. 我是一个独特的人。
4. 走出圈外：同心圆四个圈，最外层的圆圈写内心常感到愉快、喜悦、高兴但很少对别人讲的一件事；内二层写内心常感到不愉快、不高兴但很少对别人讲的一件事；内三层写最想做的一件事；内四层用三个形容词概括自己。然后在小组内分享。

第二单元：我的家庭（120分钟）

1. 热身：解开千千结。小组成员围成圆圈，手拉手，记住自己的左手和右手拉了谁，在圆圈里自由走动，听口令“停”，站住不动，找到你左手和右手所拉的人，围成原来的圆圈。
2. 当我小的时候：选择自己喜欢的颜色，画一幅自画像，分享。
3. 人际关系中的我：父亲眼中的我；母亲眼中的我；兄弟姐妹眼中的我；同学眼中的我；朋友眼中的我；理想（期望的）我。

第三单元：我的过去与现在（120分钟）

1. 放松练习。
2. 生命线。

3. 家庭对我的影响：我的原生家庭；我的发现；小组交流；我的再发现。

第四单元：我的成长与发展（120分钟）

1. 价值观探索。

2. 脑力激荡：怎样做一个幸福、快乐、成功的学生。

3. 真情告白。

4. 总结收获。

5. 大团圆：友谊地久天长。

三、团体咨询过程的实施

团体咨询会随着时间的变化而在团体结构、互动过程和影响机制方面发生改变。一般而言，任何一个团体咨询都会经历初创、过渡、成熟、结束的发展过程。在整个团体咨询过程中，每个阶段都是连续的、相互影响的。同时，与个别咨询相比，采用团体咨询的形式进行心理咨询时，团体成员的互动过程会出现一些独特的影响因素，产生积极的影响机制。团体领导者必须清楚地知道团体咨询过程有哪些因素影响团体气氛的变化，哪些因素会产生治疗作用，从而巧妙地利用能促进成员成长的积极因素，为团体成员的改变和成长创造良好的条件和环境。团体咨询的过程是连贯的，由一个阶段到另一个阶段是渐进的过程，界限不明显，难以严格区别。把某一阶段划分出来是为了便于讨论分析。

（一）团体初创阶段

团体初创阶段的目标是促进团体成员通过互相沟通而尽快相识，使成员建立起彼此信任的关系，订立团体契约，建立与强化团体规范，鼓励成员投入团体活动，积极互动，逐渐形成团体合作互助的气氛。刚开始时，互不相识的人为了参加团体咨询而走到一起来，一方面很想知道团体其他成员的背景、问题等；另一方面会有点恐惧感、焦虑感，怕不被接纳和在他人面前出丑。这一阶段的活动最好是比较简单、容易的互相认识的游戏或活动，以便顺利地带领成员投入团体活动。团体领导者应该创造机会让团体成员自主讨论并订立团体契约，以便共同遵守。创始阶段的活动可以分为以静态讨论问题为主与以动态活动为主两类。前者适合于一些解决问题的团体，后者适合于多种类别的团体，尤其适合于学生。采用的活动有非语言交流形式，也有语言交流形式。

（二）团体凝聚阶段

团体凝聚阶段的目标是增强团体凝聚力，促进团体成员互动与彼此信任，鼓励成员表达和处理冲突的情境和情绪。团体成员在此阶段开始试图融于团体，并企图找到自己在团体内的位置。他们通过互相探索、解决矛盾、互相适应来增进相互间的关系。

凝聚阶段成员的自我察觉水平提高，但有矛盾心情，想安全地躲着，又想冒险地说出问题，部分成员会有抗拒、焦虑的情绪，自我防卫意识强，甚至会向团体领导者挑战。成员之间可能因不愿表达负面的情绪而造成彼此间的一团和气或不信任。领导者应该处理焦虑及防卫或抗拒等情况，鼓励成员及时讨论和处理团体中出现的问题，让大家互相认识，从而愿意彼此接纳、互相信任。领导者的示范、接纳与开放很重要。可以运用“信任之旅”“信任跌倒”等活动帮助成员建立信任感。随着活动的逐渐深入，成员间的关系也由表及里、由浅入深，大家相互认同、相互信任，慢慢形成相互合作的团体气氛。

（三）团体工作阶段

团体工作阶段的目标是进一步增强团体凝聚力，激发成员思考，引发团体成员讨论，通过团体合作，寻找解决对策，鼓励成员从团体咨询中学习并获得最大收益。同时需要评估成员对团体咨询的兴趣与投入的程度，以便及时调整领导策略与活动方式。这一阶段是团体咨询成功的关键阶段。尽管各类团体咨询依据的理论、目标和活动方式不同，实施方法也各异，但成员间相互影响的过程是相同的，即成员一起谈论自己或别人的心理问题和成长体验，争取别人的理解、支持、指导；利用团体内的人际互动，发现自己的优点与缺点；对存在的不足，努力加以纠正；练习改善自己的心理与行为，以期能迁移到现实的社会生活中。发展性团体咨询在此阶段大多通过一些有趣的活动，比如自我探索、价值观探索、相互支持、脑力激荡等活动，以及活动后的交流分享来帮助团体成员成长。

（四）团体结束阶段

团体结束阶段的目标是回顾与总结团体咨询中的经验，评价成员的成长与变化，提出希望，协助成员对团体咨询的经历做出个人的评估，鼓励成员表达对团体结束的个人感受，让全体成员共同商议如何面对及处理已建立的关系。对团体咨询的效果做出评估，检查团体咨询中未解决的问题，帮助成员把团体咨询中的转变应用于生活中。团体结束阶段往往容易被忽视。但有经验的团体领导者都会充分而有效地利用各种形式把握结束的时机，给团体咨询画上一个圆满的句号。结束阶段需要总结团体咨询的成效以及处理离别的情绪。在这一阶段，常常采取的活动有总结会、联谊会、反省会、大团圆等形式。通过前面阶段的互动，原来互不相识的人已成为朋友，团体气氛和谐亲密，团体成员情绪高涨、身心放松、心情畅快、相互信任。在这种气氛下离别，每个人多少都会有些伤感。此外，领导者需要帮助团体成员总结在团体咨询中的成长经验，巩固积极的改变，并鼓励成员将新的行为运用到生活中。团体咨询结束后，也可以在必要时召集成员重新聚会，进一步交流，了解团体咨询的实际效果。

四、团体咨询效果的评估

团体咨询效果评估所包含的范围相当广泛，评估有不同的目的、不同的时期和不同的方法。评估主要涉及的问题，包括团体咨询是否达到预期目标、团体咨询效果是否良好、团体咨询工作方法是否正确、团体成员是否满意、团体合作是否充分、今后领导者开展团体心理咨询可以做哪些改进等。

（一）团体咨询效果评估的意义

团体咨询效果评估主要是指通过不同的方法，搜集探讨有关团体咨询目标达成的程度、成员在团体内的表现、团体特征、成员对团体咨询的满意程度等资料，帮助团体领导者及团体成员了解团体咨询的成效，以便了解今后开展团体咨询需做哪些改进。由于不同的团体咨询评估重点不同，选取的评估方法也会有所区别。例如，在治疗性团体咨询评估中，领导者更关注成员思维和行为的改变；在互助和成长团体咨询评估中，领导者会更关心成员间的沟通状况、人际关系及相互支持网络的建立。

（二）团体咨询效果评估的内容

团体咨询效果评估的内容因为评估的对象不同而有所区别。可以评估团体成员的改变状况、评估团体领导者的能力与技巧运用是否恰当、评估团体咨询进行到某阶段时的状况、评估团体咨询效果等。团体咨询结束时评估的内容有：团体咨询目标是否达到？团体咨询效果是否良好？团体咨询工作方法是否正确？团体合作是否充分？有无需要改善之处？

团体咨询效果评估分为三类：过程性评估、总结性评估和追踪性评估。团体咨询进行过程中所做的评估称为过程性评估，主要是通过观察、问卷等方式，了解成员在团体内的表现和团体特征，以决定团体咨询应该终结还是应该延续。总结性评估是指在团体咨询结束时所做的评估，常采用团体领导者事先设计好的评估表或事先选定的测验等，在团体咨询结束时让团体成员填写，然后进行分析。从而了解团体成员对团体咨询的满意程度、对团体咨询活动的看法、团体咨询感受及行为变化情况，以便领导者客观评定团体咨询的效果，改进今后的工作。追踪性评估指团体咨询结束后三个月至两年内进行的评估，目的是了解团体咨询效果能否持续，是否对团体成员本人或社会环境产生有利作用，同时也观察团体成员是否有满意的改变，采用的方法有问卷法、会谈法、观察法、测验法等。

（三）团体咨询效果评估的常用方法

1. 心理测验

心理测验是一种对人的心理和行为进行标准化测定的技术。心理测验的种类通常分为智力测验、人格测验、能力测验、职业适应性测验、临床诊断测验等。在团体咨询效果评估中，运用信度和效度较高的心理量表，对比前测与后测，可以反映出团体成员行为、情绪的变化，以评估团体咨询与治疗的效果。

2. 问卷调查

问卷调查是指团体领导者在问卷上设计一系列有针对性的问题，让团体成员填写，以搜集成员对团体咨询过程、内容、成员关系、团体气氛、团体目标的达成、领导者的态度及工作方式等方面的意见。问卷上的问题可以是开放式的，也可以是封闭式的。自行设计的问卷虽然不一定能达到科学化标准，但它的好处在于能让成员自由表达他的想法和感受，因此能搜集到一些用其他方法难以获得的第一手资料。下面就是一份在团体咨询结束时用于团体成员自我评估的问卷。

团体成员自我评估问卷

团体咨询给你留下的印象是什么？

有什么特别的原因使你对于自己的生活、个人态度及人际关系更为了解？

你生活中的哪些改变来自团体经验？

团体经验对你个人的生活有哪些影响？

当你想在现实生活中执行你在团体咨询中所做的决定时，你会遇到什么问题？

团体经验对你是否有负面影响？

你参加团体咨询对你生活中周围的人是否造成影响？

如果你没有参加团体咨询，你的生活与现在会有什么区别？

你喜欢团体咨询的哪些地方？你不喜欢团体咨询的哪些地方？

你对领导者带领团体的方法有什么意见？

请用一两句话来说明团体咨询对你的意义。

3. 行为计量

行为计量法是指要求团体成员自己观察某些行为出现的次数并做出记录，或者请与成员有关的人（老师、家长、朋友等）观察并记录成员的行为，以评估成员的行为是否有所改善。例如，在为脾气急躁的学生组织的情绪控制改善团体咨询中，领导者希望通过一些团体活动减少学生发脾气的次数，学习以温和的态度与他人相处。为此，领导者设计了一份行为观察表，让学生记录他们在团体外与人交往时发脾气的次数，然后对其进行评估，并做有针对性的指导。

4. 主观评估

团体咨询效果的评估还可以考虑从下述三方面来进行：一是团体成员的自我评估，

即成员自己总结参加团体咨询有无变化以及变化的性质；二是团体领导者的评估，即在规定的目标下，领导者判断成员是否有足够的改进；三是重要他人评估，即成员的重要他人（如其师长、朋友、同学等）的评估。一个有效的主观评估应该是以上三方面的统一。

除了上述四种主要方法外，还可以通过领导者工作日志、观察记录、录像录音等方法来评估团体咨询的效果。

第三节 团体咨询的技术

团体咨询有其自身的发展规律及特点，在助人过程中既需要用到一般的个别咨询技术，也要运用团体咨询独有的技术，如团体领导技术、团体互动技术、问题处理技术等。

一、团体领导技术

（一）团体领导者的职责

团体咨询中的咨询师常被称为领导者、组织者、负责人、组长等。尽管不同形式、不同目标的团体咨询对咨询师的要求有所不同，但从总体来看，咨询师在团体咨询中始终起着组织与指导的作用。因此，本书将团体咨询中的咨询师称为团体领导者。团体领导者是团体咨询成败的关键因素之一，其基本职责如下：

1. 调动全体成员的参与积极性

领导者应关心团体内的每一个成员，认真观察他们的言语、行为和情感变化，激发成员大胆表达自己的观点和意见，鼓励成员相互交流、开放自我。对不善言辞的或尚未准备好发言的成员要耐心等待、适时鼓励，使他们自然加入到团体讨论中来，而没有被逼迫的感觉。对于过分活跃的成员，要适时提醒他们考虑其他成员的表达需要。领导者要引导团体向着咨询的目标前进。

2. 适度参与和引导

领导者应根据团体咨询的进展情况，灵活把握自己的角色，有效发挥促进作用。一般在团体形成初期，组员之间相互不了解，团体气氛尚未形成，此时领导者要以团体成员的身份积极参与活动，真诚、坦率地分享和表达自我，为其他成员做出榜样，便于团体成员模仿学习。当团体动力形成之后，在团体成员讨论共同关心的问题时，领导者要注意适当引导谈话焦点，把握团体咨询的发展方向。

3. 提供恰当的解释

在团体咨询过程中，成员对某些现象难以把握或者对某个问题分歧过大，都会影响活动的顺利进行。这时领导者需要提供意见和解释。在解释时，领导者应注意简洁具体、深入浅出，避免长篇大论及过于专业化。同时，在整个咨询活动中，领导者应尽量少解释，否则会妨碍成员独立思考。

4. 创造接纳、平和的气氛

在团体咨询的过程中，领导者最主要的职责之一是营造具有治疗功能的团体氛围。成员在温暖、安全、真诚、理解的氛围中，有勇气开放自己，真实、坦率地面对自我，并通过其他成员的接纳、尊重与关心，得到他人对自己的反馈，以便真正地认识自我，获得成长。

在一般的团体咨询中，团体领导者由一人担任。如果团体成员人数过多，一位领导者精力有限，可以再设一名副领导者协助工作。领导者与副领导者分工合作，是一种主辅关系，副领导者要配合领导者，及时为需要帮助的成员提供情感及行为支持，如在成员哭泣时递纸巾等。

（二）团体领导者的任务

1. 分清团体成员间的同质性

为确保团体咨询的效果，尤其是初学者做领导者，考虑成员的同质性是非常必要的。一般来讲，在团体咨询中，同质性团体较多被采用。同质性团体是指由身份相同、共同需要较多的成员所组成的团体。例如，在学校中，由希望提高人际交往能力的学生组成的团体，或者由考试焦虑的学生组成的团体等。

同质性团体容易使成员间相互认同与接纳，产生共鸣，讨论和处理共同关心的问题，可以较快产生团体凝聚力，同时也易于领导者把握团体动力的方向。而且有些团体咨询对象只适宜于组成同质性团体，如违纪学生的团体、迷恋网络学生的团体等。

与同质性团体相对应的还有异质性团体，成员间差异较大。有人认为，这种差异反映了真实的社会环境，可以为团体提供新鲜而有活力的多维视角，引发各种不同观点之间的激烈碰撞。成员在其中经历不安与焦虑，促使他们去采取行动，以尽快减轻团体内的不协调程度，从而有利于团体成员的成长与改变。异质性团体可以为成员提供较为充实和丰富的团体经验，不像同质性团体那样单调和有限。团体的复杂多变性，也对领导者的掌控能力提出了挑战。

2. 了解团体的构成和活动规律

（1）团体的人数。团体的人数以适度为宜，过多过少都妨碍团体动力的形成，不利于成员之间的有效沟通。一般为5～16人，最理想的是7～8人（儿童以5人为宜）。另外，根据团体的性质，人数可做适当调整。发展性团体如成长团体，人数偏多为好；

预防性团体人数适中即可；治疗性团体5人左右即足够，不适宜太多。团体成员的性别比例最好均等，不要出现一边倒现象，使少数者感到尴尬。团体的大小与成员参与、成员间的亲密度呈负相关，即团体愈大，成员发表意见的机会、参与团体活动的时间就愈少，成员就愈容易隐藏自己。

（2）封闭与开放。按照成员的固定程度可以将团体分为封闭式团体和开放式团体。一般在团体咨询中常组织封闭式团体。

（3）活动频率与时间。团体成员的学习与改变需要时间，团体动力的形成、持续及结束也需要时间。团体成员聚会时间太短，很难产生治疗效果；时间过长又容易使成员产生依赖心理，而且人的时间和精力也不允许。团体咨询的组织方式有两种：一种是持续式团体；一种是集中式团体。持续式团体采取定期活动的方式，活动要持续一段时间。这类活动一般以8～15次为宜，最好每周一次，也可以根据具体情况设为两次，每次时间为1.5～2小时。对于青少年学生而言，除了他们的注意力很难长久集中，兴趣多变外，课业负担也是需要考虑的因素。所以，针对他们的团体咨询次数不宜多，时间也要缩短，使他们能有效地投入到团体活动中。最好规定在5～7次，每次40～60分钟。集中式团体与持续式团体的工作内容和数量没有大的差别，差别在于这5～7次的活动是集中于一次连续地进行的，团体的创立、凝聚、工作、结束是一气呵成的，又称马拉松团体，常在周末进行。

（4）场所的要求。团体咨询在进行中，需要成员全身心地投入，在没有外界干扰的情况下产生互动。所以，理想的团体聚会场所必须是自由、舒适、安全、安静、保密的，并具有足够大的活动空间。这样的房间应当是宽敞、通气良好、温度适宜、隔音效果良好、没有固定桌椅的。活动空间大，成员可以走动、活动身体、围成圆圈坐。房间应隔音，确保不会被他人偷听与监视。没有固定桌椅，成员可以在地板或地毯上席地而坐，围成圆圈，或坐在折叠椅上围成圆圈，使成员们能够面对面地交谈。理想的情况是为每人预备一张有扶手的沙发或者一把有靠背的椅子，否则长时间的团体活动会使成员感到身体乏累，影响咨询效果。

3. 避免常犯的错误

团体咨询过程复杂，对领导者要求甚高。在咨询中，领导者的态度、言行往往会对成员产生重大影响。由于领导者个人因素的种种限制，常会出现一些影响团体咨询进程的错误。

（1）事无巨细，包办代替。有些领导者对某些成员和团体咨询进程操心太多，事必躬亲，忙于应付，而忽略了静心观察与体会，这不利于发挥团体内其他成员的积极性，影响到他们的发展。例如，团体内先后有两个成员甚至三个成员情绪激动，但程度不同，领导者全靠自己照顾他们，就会忙于应付。其实，对于程度较轻者，其他成员可以去关照。

（2）以权威自居，说教过多。团体领导者不能以专家自居，主观干预团体咨询进程。说教过多则会影响团体成员的参与积极性。

（3）过度自我开放，角色混淆。在团体咨询中，领导者为了给成员做示范，促进成员成长，真诚、坦率地进行自我分享与表达。有的领导者缺乏经验，本末倒置，过度自我暴露和表达，使全体成员成了听众，占用了活动时间，也自贬了形象。

（三）团体初级领导技术

我国台湾学者徐西森（2003）认为，团体初级领导技术可以归纳为以下12个方面：

1. 同理心技巧

领导者站在成员的立场上去体会说话成员的感觉、需求、经验和想法等，不加入任何主观的见解，可用假设性口吻响应，避免"鹦鹉学舌"式的复述，从而获得共鸣性的了解并回应成员，以建立信任的、关怀的团体互动关系。例如：

成员甲：有时候我感到很混乱、很烦，我不知道我下一步该怎么走？常常发呆。

成员乙：我也是，每次做了计划最后都不知道该不该执行，我完蛋了。

领导者：甲，你好像感到很困惑，不知道未来该怎么办。

乙，你与甲有同样的感受，心里非常担忧。

2. 积极倾听技巧

领导者关注成员的一切反应，不加评价和判断，认真倾听成员的话语，观察成员的非言语行为（如眼神、表情、动作等）并把握其真正内容，从而培养关注、信任的气氛，充分尊重并让成员有宣泄的机会，鼓励自我开放，自我探索。例如：

成员甲：我经常失眠，每次到了睡觉的时间，我就告诉自己今夜又无眠了，我在想……（眼光抛向领导者）

领导者：嗯！嗯！（注视、倾听、表情自然、鼓励的眼神）

成员甲：我在想别人是不是也和我一样，我想自己大概是世界上最倒霉的人啦！别人不会像我这么惨吧？

领导者：（以关怀的眼神注视甲，点点头，给甲以同理的眼神。再用眼神环顾其他成员，做个邀请发言的手势，充满鼓励地看着大家）

成员乙：我有时和甲一样也会失眠，特别是遇到很大的工作压力时……

3. 澄清技巧

通过领导者和成员之间的问答过程，掌握成员谈话背后隐含的情绪及思考的本质，特别是成员内心涉及的混淆、冲突和无知。协助成员更具体、更正确地表达意见，从而对个人情况做进一步评估和探索，有利于对准主题焦点。例如：

成员甲：我不知道要不要与他交往，我觉得他有点怪怪的，内心不舒服。

成员乙：听起来，他会与甲交往，我也觉得怪怪的。

领导者：乙，我知道你很关心甲，让我们来听听甲进一步的说法。

甲，你说他怪怪的，你愿意指出是哪些方面吗？个性、价值观或交往动机……

4. 支持技巧

当成员表达意见、团体动力出现正向或负向发展时，领导者应适时给予支持，特别是当成员分享个人内在的深层次感受与痛苦经验时。领导者的支持不是形式化的外交辞令，而是辅以非言语专注行为及人性化的尊重，从而激励成员增强自信，开创和谐的团体咨询氛围，凝聚成员的向心力，并产生学习迁移和人际示范的作用。例如：

领导者：今天通过甲的分享和大家的反馈，让我很感动，因为大家是那么用心、关怀，彼此互相信任，如同知心朋友一样……现在让我们一起伸出双手，将两旁的朋友拉在一起，每个人简单地用一句话分享此时此刻的感受。

5. 解释技巧

领导者对自己、成员或团体提出补充性的说明，或针对某些人的看法、情感或行为提供可能的解释。成员有机会加以思考，从而化解团体僵局，刺激成员自我探索，引出新的观点和思考方向。例如：

领导者：今天有两位成员无故缺席，可能和上次团体讨论时，他们的意见不被采纳，而且当时大家也没有给予支持有关。各位的看法呢？

6. 摘要技巧

领导者将成员的反应或活动的内容进行提纲挈领的整理并反馈给成员，以便成员学习和体会，避免团体咨询过程零碎分散，从而使团体咨询朝正确的方向发展。例如：

领导者：今天团体咨询结束前，请每个伙伴针对这一次团体咨询的经验做个简要的概述，并分享一下对自己最有意义的一句话或一个活动。

成员甲：我喜欢团体里的每一个人，尤其是在"情绪气象台"的活动中，×××的反应令我很感动，我相信他能肯定自己，未来必定拥有成功。

成员乙：我看到自己在活动中可以表达得很好，自己也觉得很惊讶。老师说得对，爱是解决人类问题的唯一答案，我真的发现我们团体里的每一个人都有爱的能量。

领导者：今天的团体咨询活动目标是爱与自我激励，总共进行了三个活动：优点列车、情绪气象台、把爱找回来。刚才大家分享了本次团体咨询的感受，×××等五人提到个人生活感想来印证团体体验。×××等三人分享了在团体咨询中的收获、一句话或一个活动。其他人也都说出了自己的感想，我也有很深的体会……

7. 反映技巧

领导者将沟通的要点反馈给成员，以便成员检视自我。沟通要求既表达领导者对成员的了解，又协助成员表达其无法完全以语言表达的部分，让成员知道领导者不仅在认真听，同时领导者也了解他们的内心感受，有利于领导者与成员的沟通。例如：

成员甲：我觉得今天的团体咨询很无聊，我不认为继续下去会有进步。

领导者：你不想参加团体咨询，因为你觉得无聊，而且继续下去也不会进步。（错误反映）

领导者：你不想参加团体咨询，因为你没有从活动中收获，你好像很失望。（正确反映）

8. 发问技巧

领导者使用开放式语句有意探询成员的感受、经验与行为，以引导成员对自己行为的内涵与成因做自我探索。例如：

领导者：甲，什么时候会令你感到失望，面对它，你当时做了哪些反应？

9. 开启技巧

团体咨询进行之初或团体动力停滞时，领导者随后以言语、非言语行为及活动等形式带领团体进入互动交流的情境中，从而提高成员的参与感，提高团体咨询过程的效率。例如，在团体成员刚结束期中考试时，每个人都感到非常疲惫，有些人精神不济，有些人意犹未尽……

领导者：刚考完试，从你们的表情可以看出来大家都很用功。为了互相打气，现在请三人一组，甲、乙先帮丙按摩，配合音乐。来，来，一、二，一、二……

10. 反馈技巧

领导者在观察和了解成员行为的过程中，应适时地做出具体且必要的反应，避免过度介入或中断成员的分享。其目的是增强成员的自我觉察，协助所有成员自我开放，展现“社会我”的互动动力。例如：

成员甲：我觉得自己很丢脸，经常做错事，有时努力去做，又被别人误解，我真是糟透了。

成员丙：我也有这样的经验。甲，其实我还蛮欣赏你的自我觉察力，我有时还反应迟钝呢！没办法，这就是我。

领导者：谢谢丙的分享，尤其是你能自我接纳，令人印象深刻。当然，甲愿意把他的烦恼说出来，足以证明我们的团体是多么温馨，相信他此刻也想听听其他伙伴的意见。哪一位愿意说一说呢？

11. 非言语技巧

领导者运用眼神、表情、距离、动作及姿态等非言语行为显示对成员的暗示和关怀，加强成员的示范性学习和自我开放。但是，运用时要慎重，不宜滥用、误用，必须考虑性别、场合、适用时机。避免只专注少数人，形成团体的派系或让某些成员产生特殊心态。例如：

小学儿童的“快乐成长营”中有甲乙两个成员喜欢坐在一起，私下打打闹闹，当其他成员讲话时，成员甲又不断发言打断……

领导者通过活动，很有技巧地坐在甲乙之间，当其他成员发言时，领导者一边面带微笑支持发言者；一边把手轻轻放在成员甲的肩膀或腿上，稍施压力，以暗示其安静地倾听别人发言，再适时地以眼光环视其他成员以鼓励他们的反馈。

12. 催化技巧

领导者运用言语、非言语等行为带领团体成员活动，以协助团体“热场”和成员“暖身”，从而进入团体咨询的工作情境。催化团体的具体方式有：协助成员表达其担心、恐惧等负向情绪；营造安全和接纳的气氛，使成员相互信任；邀请成员参加活动；减少成员对领导者的依赖，鼓励成员自我开放；当成员分享时，给予支持；鼓励成员公开对话、谈心，特别是对于团体内发生冲突的成员；适时适当地运用团体康乐活动。

（四）团体高级领导技术

我国台湾学者徐西森（2003）认为，团体高级领导技术可以归纳为以下15个方面：

1. 再陈述技巧

领导者将成员说话的内容，运用不同的字词再重复一遍，以确认其意思，并向成员提供支持。例如：

成员甲：我准备这次期中考试时很用功，花了很多时间，甚至熬夜，但是考出来的成绩还是很糟糕。

领导者：你是说已尽力且花了时间准备考试，结果还是不如预期的那样好。

2. 保护技巧

领导者有责任营造安全的团体气氛，随时觉察团体中的各项危机，做出必要的安全性反应，使成员避免不必要的身心伤害、批评或攻击。当然，保护也不应过度，以免影响团体互动和减少成员独立成长的机会。例如：

成员甲失恋了，其他团体成员七嘴八舌，或关心，或看热闹，或好奇地询问甲。甲面有难色，情绪不稳定，明显表现出不耐烦……

领导者：好像大家对甲都很关心，很想帮助他。相信甲此刻的心情一定很沉重，不知道哪一位愿意先分享类似的经验，让大家参考一下？

3. 目标设定技巧

领导者协助成员确立具体和有意义的目标，配合团体动力的发展制订阶段性的目标，以利于成员选择和澄清个人目标。例如：

领导者：好像我们在座的每一个伙伴都有课业学习的困扰，大家愿意利用此次团体咨询来讨论一下有效的读书方法吗？

4. 建议技巧

领导者通过提供信息、意见、方法和观念，来协助成员改变认知、态度和行为。但是，过度的建议或不当的建议可能引发危机，适当的建议有利于成员解决问题。例如：

领导者：甲，你已经接受上周团体伙伴给你的意见，愿意说说这一周来的情形吗？

成员甲：我试着和那位同学解除误会，但他还是不理我。

领导者：我知道你已经很努力地与他沟通了，显然效果不如预期的那么理想。你觉得交谈的时间、地点合适吗？你是否听过他的意见？

5. 面质技巧

领导者通过有意义的陈述和高层次的同理心，协助成员面对自我扭曲、否认、逃避和矛盾的行为，以促进其自我了解和自我探索。面质时应注意：面质要具体和正确；面质强调此时此刻，不是翻旧账；面质必须是在良好的信任关系建立之后进行；面质之前必须对成员有足够的了解，避免领导者带有个人成见，面质不是一种惩罚；面质时领导者要关怀、尊重成员，表现出助人的意愿。例如：

领导者：你一直提到团体伙伴不支持你，老师能理解你的心情。然而，当伙伴们想关心你时，你却表现出一副满不在乎的样子，如你低着头，眼神朝向地板，不答话。同样，当别人讲话时，你也是如此，不知道你自己发现没有。你愿意说说吗？

6. 立即性技巧

领导者通过此时此刻的反应，以其感受、想法的表达和行为，澄清领导者和成员、成员和成员、成员和团体之间的关系。团体中的每位成员都需要被照顾，领导者要避免顾此失彼。例如：

领导者：现在各位的沉默是在等待我的答案吗？我想团体是大家的，我也很想在团体中与大家共同成长，听听别人的意见。对于这个主题此刻有谁想说些什么？

7. 沉默技巧

当成员沉默、思考或过度依赖领导者时，领导者也可用沉默来回应团体成员，促使成员对不当反应进行自我觉察。例如：团体咨询进行了6次，成员习惯于被动地等别人发言，此次当领导者邀请大家表达意见后，不再作声，静观其变，以非言语行为观察团体成员。

8. 自我表露技巧

领导者选择适当的时机进行自我表露，建设性地让成员分享个人类似的经验、感受与看法。自我表露的内容应与团体成员或讨论的主题有关，避免因为文不对题、反客为主、情绪失控而影响团体动力。例如：

领导者：甲、乙、丙等三人刚才提到：因父亲过于严肃或很少在家，以致亲子关系淡漠，自己甚至害怕与他相处。我也有这样的经验，我小时候父亲因工作的关系经常不在家，一回来又喜欢指责我们，所以我也不喜欢他，甚至认为他不负责任。等到我上了大学，第一次写信回家报平安，居然接到父亲的回信，字数不多，但令我惊讶。后来寒暑假回家遇到他，我经常和他主动说说在学校里的点点滴滴，这才发现他原来也懂得很多，很关心我，他的内心很孤独，很需要家人的支持。我想，若当时我不主动写信，努力与他沟通，大概永远也不了解他，现在我们的父子关系也不会有所改善了。

9. 阻止技巧

当成员出现垄断团体、攻击他人、干扰耳语、不当支持、闲聊、泄密、侵犯他人隐私等行为时，领导者必须运用言语与非言语行为加以制止，避免成员在团体咨询中受到伤害。例如:

领导者：大家一开始就说好的，当有人发言时，我们要加以尊重，专注地倾听。想发表意见要等待，等不了可先举手暗示发言者。(正确阻止)

领导者：甲，你说的太多了。乙，换你说。(错误阻止)

10. 折中技巧

当团体中出现强势成员、强势语言和意见时，领导者应以公平、中立的态度适当处理，给予成员充分且均等的发言机会，做到不偏不倚，以创造有效的沟通环境。例如:

领导者：大家听完这么多相似的意见，一定还想听听其他不同的意见，尚未发言的人愿意说说吗？刚才甲和乙的看法是有不同，但是各位可能和我一样已发现：两人都不否认求学有利于充实自我，不只是求文凭而已。对不对？

11. 联结技巧

领导者运用其敏锐的洞察力与反应力，很有技巧地将成员之间表达的内容及有关的题材、人物、事件与团体目标联系起来，揭示出成员表达出的信息，特别是成员未觉察到的片断信息，以利于成员重新检视个人的看法和经验。例如:

成员甲：除非对方是完美的，否则我不会轻易地与他交朋友。

成员乙：我交异性朋友是很慎重的，除非对他有充分的了解，否则，我宁缺勿滥。

领导者：甲、乙两位对两性关系的看法好像很相似，两位愿意说说你们的担心和考虑吗？

12. 评估技巧

领导者协助成员或教导成员如何衡量团体咨询的进展与方向，增进成员更深的自我觉察。例如:

领导者：在本次团体咨询结束前，让我们做一个小活动来评价自己在团体中的表现。等会儿请所有成员闭上眼睛，然后举起双手，从0到10，用10个手指为自己在团体中的开放度、参与情形打个分数。10分代表完全投入、参与，依次类推，0分代表自我封闭、没有参与。我的说明是否有不清楚的地方？

13. 设限技巧

领导者规范团体共同行为与个人行为，使成员的行为进退有据，以有效地运作团体。例如：

领导者：今天我们要讨论如何提高班会的出席率，请大家充分发言。每人以5分钟为限，请就事论事，勿作人身攻击，或涉及班级以外的事务。别人发言时，请认真倾听，勿私下交谈……

14. 调律技巧

当团体咨询进行中方向偏离主题、发展速度太快、成员不习惯或无法忍受团体气氛时，领导者应适时地用言语行为、非言语行为、活动与情境安排调整团体咨询活动的步调和方向，以改善团体气氛，整合成员的学习速率，协助成员发现团体咨询的新方向，避免团体咨询陷入盲点或成员因钻牛角尖进入死胡同。例如：

领导者：大家都很关心甲的近况，不妨等他喘口气，再来分享。别忘了，刚刚乙的问题，我们好像还没有讨论完，大家似乎讨论乙的升学问题较多，愿意谈谈乙先就业的优缺点吗？

15. 整合技巧

每次团体活动结束前、团体讨论告一段落或整个团体咨询结束前，领导者应协助成员整理学习心得。整合时要兼顾意见整合与情感融合；同时结合团体内情境与团体外环境的学习迁移，并给予成员信心，创造一种自信的气氛，以协助成员成长、适应和发展。例如：

领导者：今天的团体咨询，我们进行了三个活动……我看到每位成员用心参与，彼此支持，尤其是大家分享“生命中的心情故事”时，我深深体会到甲、乙、丙的坚强，丁的勇气……相信这些坚强、勇气、智能……一定可以帮助我们在未来获得成功。别忘了在生活中随时发挥你的潜能，各位一定能做得很好。

二、团体互动技术

（一）反馈与控制

1. 反馈

反馈就是为成员提供自己或其他成员如何看待问题以及如何处理问题的信息。这种技术可以为成员提供多种感知思维模式。反馈是成员在团体中学习的重要资源。领导者帮助成员从其他成员的言语和非言语行为中获得有价值的信息，是促进团体成员积极互动的有效策略。团体中每个成员的言语和非言语行为包含两类信息：一类与交流内容有关；另一类与成员的人际关系有关。

2. 控制

控制是指个人的行为限制或个体行为与其他成员行为之间的相互作用。在团体咨询中，反馈与控制是一个循环过程，是促进个体或团体行为改变的一种机制。一般来说，一种行为如果没有达到个体预期的效果，个体就会变换另一种行为以达到目的。团体成员的行为变化将影响团体行为改变的方向，所以领导者要适当控制成员的行为方向，避免偏离主题。

（二）模仿与感染

1. 模仿

模仿是指有意或无意地对某种刺激做出类似反应的行为方式，是人类进行社会学习的重要形式。模仿的内容极其广泛，不限于行为举止，还包括思维方式、情感态度以及个性特征等。

根据模仿的程度，模仿可分为适应性模仿和选择性模仿。适应性模仿指为了适应新的生活而模仿他人的行为。团体咨询过程中，要对成员的正确模仿行为进行强化。强化的形式可以是物质的、符号的，也可以是社会性的，如微笑、鼓励、表扬等。

2. 感染

感染是一种情绪的传递过程，它通过言语、表情、动作以及其他各种各样的方式引起他人相同的情绪和行为。感染也可以达到强化的效果。感染实质上是情绪的传递、交流，在团体互动中具有很大的作用。

（三）暗示

暗示是指一种以含蓄的、间接的方式对别人的心理和行为产生影响的行为。暗示往往是在人们无对抗的条件下发生的。人们受到暗示就会盲目地、不加批判地接受某种信息，并据此做出行为反应。暗示多采取语言的形式，但也可以运用手势、表情和其他信号进行。团体咨询可以利用暗示对成员的态度、观念等进行积极的影响。团体咨询过程中主要运用积极暗示、间接暗示与反暗示三种方式。

1. 积极暗示

积极暗示是针对消极暗示而言的，主要是指个体受到暗示表现出健康向上或符合领导者目的的反应。比如，面对自卑的成员，领导者就可以暗示他其实是一个很出色的人，只是还没有意识到自己的价值，然后在团体咨询过程中不断强化这种观念。

2. 间接暗示

间接暗示是指暗示实施者以其他事物或行为为中介，将某种意义间接地传达给对方，对其施加影响。由于间接暗示是对成员无意间进行的，所以成员较容易接受而不会产生抗拒或逆反心理。比如，领导者想控制团体讨论时间的合理分配，就可以指出这个问题一时没有讨论结果，大家可以在活动结束后继续讨论。

3. 反暗示

反暗示是指外界刺激引起了相反的反应。在团体讨论中有时发生争执，对立的甲方成员坚持自己的观点，遭到乙方成员反对，这时乙方就会采取反暗示策略。甲方在发言时故意提出相反的看法，由于对立情绪的存在，会遭到对方的抨击和反驳，结果甲方的本意得到了阐明和接受。“声东击西”“欲擒故纵”都是反暗示方法的巧妙运用。

（四）从众

从众是指个人在真实的或臆想中的团体压力下，不由自主地在认知或行为上，倾向于同团体内的多数人趋于一致的现象。每个团体都有自己的规范，它代表着团体内众人认可的行为标准。

在学校团体咨询中，从众行为既有积极的作用，又有消极的作用。其积极作用表现为：通过团体影响，改变学生个体的行为，促进学生的行为向着好的方面转化。其消极作用表现为：“舆论一致”的从众行为容易造成“小团体意识”，忽略个体差异。因此，教师在工作中必须注意从众行为的心理影响，利用团体的积极压力影响态度消极的学生，使他们放弃自己原来的偏见，使其认知和行为与团体趋于一致。同时，要防止学生的盲目从众、去个性化行为的出现。

三、问题处理技术

在团体咨询中，成员身上会出现一些常见的行为问题，主要有沉默行为、支配行为、审讯行为、依赖行为和顺从行为等。这些行为会不同程度地影响团体咨询的进展，干扰当事人本人和其他成员的进步。

（一）沉默行为

团体咨询中最常见的是沉默行为。有这样行为表现的成员，缄口不言，仿佛团体活动与他无关，既不表达自己的想法也不回应他人，像是一个旁观者。沉默行为会使其他成员先是感觉很不舒服，说话行事也变得谨慎小心，唯恐被人讨厌。慢慢地会出现不同情况，成员们有可能会对沉默行为感到越来越焦虑，变得无法忍受，试图改变；如果某成员的沉默行为出现时间过久，领导者又没有及时帮助扭转，就可能会降低团体成员踊跃探索自我的热情，团体中的其他成员也会随之变得沉默而很少有互动了。对于有经验的领导者来说，他会辨别和引导沉默行为向有意义的方向转化，促成成员不再保持沉默，这主要取决于领导者本人的耐心，先要接纳成员的沉默行为，然后继续关心和支持有沉默行为的成员，适时鼓励他表达自己内心的感受。

（二）支配行为

表现出支配行为的成员，会以权威、领导者姿态自居，时时要掌控局面，经常要用滔滔不绝的演讲来吸引众人注意，只有他一人唱独角戏，别人都可有可无。有支配行为的成员轻视他人，以自我为中心，无视他人的利益及需要，也是对领导者的挑战。同时有支配行为的成员不是自负、自大，就是内心自卑，用支配的方式掩盖内心的空虚，逃避自我暴露。其他成员对支配行为会极其反感，但是具有依赖行为、顺从行为、甚至沉默行为的成员会很欢迎，感觉对自己的内在问题是一种保护。对待有支配行为的成员，领导者仍然要从接纳、同感出发，真心关怀他，使他在安全、温暖的气氛中，逐渐放下伪装与防卫，展示内在脆弱的自我，使他认识到不需要使用支配行为，只要真实自然地表达自己就一定能够得到其他成员的喜爱。

（三）审讯行为

在团体中表现出审讯行为的成员，经常以正义者的身份自居，凡事加以道德判断，好像他是道德典范，其他成员的行为方式成了道德审判的对象。团体成员会很厌恶审讯行为，也会觉得有这样行为表现的成员很滑稽可笑，又很无聊。事实上，有此行为表现的成员有可能在有关道德问题上产生过创伤性体验，或者其理解道德观念时偏于僵化，缺少弹性，不懂得灵活与变通，在现实生活中适应性较差，容易引起他人反感。领导者要想帮助有审讯行为的成员，就需鼓励他具体说出他所经历的事件引起的压抑已久的内心真实体验，用正常的交流方式与他人发生互动。

（四）依赖行为

依赖行为也是一种操纵行为，这样的成员在团体内一旦面对自己的问题，常常表现出懦弱、委屈、无辜又无助、毫无主见的样子。大家都容易被这样的成员蒙骗，这是他有意无意惯用的自我保护的方式。他觉得使用这样的依赖行为会得到人们的喜爱和保护，殊不知时间久了，会遭人厌弃，因为被依赖者会感到很累、很痛苦而难以忍受。在团体内依赖行为与支配行为总会配对出现，也就是说，一旦成员彼此找到了搭档，会建立起稳定的联系，双方的行为都会得到强化，改变起来也更加困难。有此行为的成员最不想独立承担责任，认为自己没有能力、也不愿独立行事，而有支配行为的成员最喜欢控制、保护他人。在团体咨询中，领导者发现这种配对行为后要引导成员及时打破两种行为之间的特殊联系，有效促进行为当事人的进步与改变，推进团体咨询进程。

（五）顺从行为

在团体咨询中还会出现一种顺从行为。有这样行为的成员隐藏自己的真情实感，表达流于表面化，对其他成员的回应也是随大流，只会随声附和、一味应对。因为他不相信别人会重视自己的看法和意见，觉得人微言轻。具有顺从行为的人自卑感较强，安全感较低。领导者对这样的成员要多关怀，引导大家积极回应他的自我分享，使他感受到团体的重视与爱护，变得积极主动起来。

总之，在团体咨询过程中，情况千变万化，团体成员所表现出来的行为及其程度也各不相同，不只局限于上述五种。但是万变不离其宗，不管成员的外显行为如何变化，领导者始终应把握好真诚、接纳、同感的运用。随着团体咨询进程的推进，各个成员不可避免地都会把生活中自己真实的行为表现带进团体，一览无余地表现在与其他成员的互动之中。细心的领导者应密切关注与体会团体内每个成员的不同变化，及时指导团体咨询向良性方向发展，加速成员的成长速度。

第九章

学生心理健康教育——学科渗透

在学生心理健康教育体系中，虽然心理健康教育课程、心理咨询与辅导是专门性、专业性的教育和辅导活动，对于促进学生的心理健康非常重要，但是，如果一所学校只有心理教师在心理健康课程的教授过程中，在个别咨询与团体咨询的过程中，能够做到理解、尊重、爱护学生，而其他教师仍是通过贬损、惩罚等方式来逼迫学生学习，那么这样的心理健康教育的效果将大打折扣。

学校以教学为中心，课堂是学校教学工作的主要场所，课堂教学是实施素质教育的主要途径。课堂教学在保证学生智育健康发展的同时，也肩负着对学生渗透心理健康教育的重任，这是因为心理健康教育是学校智育的基础，智育和心理健康教育的结合主要体现在课堂的学科教学中。因此，本章就围绕“在学科教学过程中如何进行心理健康教育渗透”这一问题进行具体探讨。

第一节 学生心理健康教育与学科教学的关系

要想在课堂教学中实施心理健康教育的渗透，首先必须进一步明确心理健康教育与学科教学的关系，搞清在学科教学中渗透心理健康教育的目标与意义。

一、学科教学特点与学生心理健康教育

学生心理健康教育的学科渗透，是指教师在课堂教学过程中能自觉地、有意识地运用心理学理论和技术，启发学生的学习兴趣，帮助学生提高课堂学习活动的认知、情感与行为技能，促进学生生动、活泼、主动地学习和发展。

由于学科教学的主要任务不是系统的心理健康教育，故心理健康教育只能“渗透”在学科教学中实施。心理健康教育的学科渗透是一种全员性策略。通过学科渗透开展心理健康教育，是以一种自然而然的方式实现心理健康教育目标，具有潜移默化的效

果，更容易被学生接受。

一般认为，学校心理健康教育之所以要通过学科渗透的途径，主要有以下原因：

第一，从教育时空层面来说，各科的课堂教学是学生和教师占据时空最多的场所。学生知识的获得、技能的掌握、智能的培养、心理的发展，绝大部分是在这一特定时空中完成的。

第二，从教育资源层面来说，各科教学本身就包含十分丰富的心理健康教育资源，无论是工具课、人文课，还是自然课、技能课，都蕴含了大量认识自我、挖掘潜能、提高心理素质、完善人格品质方面的心理健康教育内容。

第三，从教育队伍层面来说，教师的职责是教书育人，育人的一项重要内容是育心。从这个意义上来说，每个教师都应该是心理健康教育工作者，都应该自觉地充当学生的心理保健医生。学科渗透可以让更多的教师参与心理健康教育，有利于在学校中营造促进学生心理健康的环境氛围。

第四，从心理学学科层面来说，学科渗透为心理学理论在课堂教学中的应用开辟了一个广阔的领域。学科渗透涉及心理学的许多分支学科，诸如教育心理学、发展心理学、变态心理学、社会心理学等。它可以使这些心理学理论在教学实践中充分发挥指导功能，并可使这些理论在应用研究领域中找到发展的生长点。

第五，从教师层面来说，学科渗透可以促使更多的教师学习心理学理论，运用心理学理论，提高其理论素养和教学能力。学科渗透要求教师研究学生的学习心理，既要培养学生的认知因素，又要培养学生的非认知因素。此外，学科渗透尤其强调把学生本身作为一种教育资源，要求开发学生的学习潜能。因此，学科渗透对教师提出了更高的要求，要求教师持续的专业学习与提升。

第六，从课程层面来说，心理健康教育的学科渗透标志着学校心理健康教育的深入发展，也是现代学校课程发展的必然。现代社会对人的培养规格要求是综合的，虽然各学科课程都有其特定的结构和目标体系，但仅限于自身的结构和目标是不够的。因此，在各学科课程中渗透心理健康教育，是对课程自身的积极建构，是课程实施策略的一种改进和提升。

二、课堂教学渗透心理健康教育的目标

（一）课堂教学是心理健康教育的主渠道

课堂教学渗透是进行心理健康教育的主渠道。课堂是学校进行教育活动的主要场所，课堂教学不仅是科学知识传授的过程，也是学生心理发展的过程。从教材内容来看，各科内容都是很好的心理健康教育素材。例如，政治、语文、历史、地理可以陶冶学生的心灵，塑造高贵、优雅的品质；数学、物理、化学、生物可以进行科学思维

的训练；美术、音乐可利用特有的旋律、线条、色彩培养学生的审美能力；体育课可锻炼学生的坚强意志，培养学生竞争、拼搏、进取的精神。在各科教学过程中渗透有关心理健康教育的知识，可以使学生处处都感受到真、善、美的教育，提高自身的心理素质；不仅教师的知识影响着学生，而且教师的人格也会在教学的师生互动过程中起潜移默化的作用，这也构成了心理健康教育的一个重要内容。

（二）在课堂教学中渗透心理健康教育的目标

在课堂教学过程中渗透心理健康教育，是学校心理健康教育最有效、最有意义、最有价值的途径。课堂教学渗透心理健康教育的目标是课堂教学的目标与心理健康教育目标的有机结合。教师首先要明确每节课的教学目标和要求，并以此为载体渗透心理健康教育的内容，既不能把文化课上成心理辅导课，也不能只顾文化课，忽视了心育内容，要将两者自然而然地融为一体。一般而言，在正常的课堂教学中，除要完成知识传授、方法教授、思维发展等任务外，教师力图达到的心理健康教育目标主要有以下几点：

1. 激发学习动机

学习动机是与满足学习需要有关的活动动力，是激励学生学习的理由。学生在学习过程中产生厌学情绪的原因一般有两种：一种是不知道为什么而学习，缺少学习动力；二是学习负担过重又学不得法，学不懂学不会，越学越苦越累，因怕苦怕累而厌学。前者属于情感问题，后者属于认知问题。学生要变厌学为乐学，首先要扫清情感问题，即解决学习动机问题。这就要求教师在课堂教学中，不断地促使学生了解学习文化课的重大意义，不断解决为什么而学习的问题。

2. 培养学习兴趣

学习兴趣是学生力求认识新事物、渴望获得新知、探求真理而带有情绪色彩的意向活动，是一种求知欲的表现。心理学研究表明，学生只要对一种事物产生浓厚的兴趣，就会锲而不舍地主动去探索和研究。因此，培养学生对学习的浓厚兴趣，对培养学生主动探究知识、优化教学效果具有重要的意义。培养学习兴趣的方法多种多样，而且要因人而异、因事而异、因时因地而异。一般情况下，培养学生的学习兴趣有以下几种方式方法：提出质疑、设问、鼓励求异思维、创设情境、开展游戏、挖掘教材内容等。

3. 树立学习自信心

树立学习自信心，就是相信自己有取得学业成功的能力。自信心是一个人学习进步、事业成功的必要条件。美国诗人爱默生曾这样说过：“自信是成功的第一条秘诀，无论谁都比自己想象的要出色。”当一个人拥有坚定的自信心时，也就同时具有了一种内在的力量，它使人面对困难毫不退缩，面对压力毫不怯懦，面对失败毫不气馁，自强不息，勇往直前。在课堂教学中培养孩子自信心的关键，是教师要信任学生，放手让学生去做，让他们在成功的体验中感受到“我行”“我能行”“我必胜”“我会成功”！

4. 实施潜能开发

人的潜能犹如一座待开发的金矿，蕴藏无穷，价值无比，而我们每一个人都有一座潜能金矿。在课堂教学中实施潜能开发，主要是指开发学生潜在的心理能力，发展其个性特长。通过课堂教学对学生进行各种潜能训练，有利于促进每个学生潜能的发挥，注重发掘和培养英才学生。在实施潜能开发时，要注意到学生的个别差异，因为有的英才学生性格外向，善于利用一切机会表现自己，较早就能脱颖而出，被人发现，受到重视和培养；而有的英才学生性格内向，不善于表现自己，所以很容易被人忽视，个人的天赋往往得不到发展和发挥，有的因此而湮没。

5. 养成良好学习习惯

习惯是一种能量的储蓄，养成良好学习习惯的人，要比那种没有养成良好学习习惯的人以及养成不良学习习惯的人具有较大的潜在能量。著名教育家叶圣陶先生说过：“教育就是养成好的习惯。”良好的学习习惯的养成，对一个人的一生有着十分重要的作用，也是终身学习的保证。课堂教学中，应通过心理健康教育的渗透，指导学生养成良好的学习习惯，包括抗挫折、肯钻研、敢于打破砂锅问到底的求真精神，养成敢说话、好提问、乐攻难题的好习惯。

6. 锻炼人际交往能力

人际交往能力是一种重要的社会能力，是个体社会化的核心。社会是由人构成的，人在发展过程中必定要与形形色色的他人交往，形成直接的面对面的人际关系。良好的人际关系，不仅能给人生带来快乐，而且能帮助人走向成功。学生心理成熟与个性发展过程中的重要内容之一就是人际交往能力的培养。能适应环境、与人正常交往是学生心理健康的关键，也是一个人具备较好协调能力的表现，课堂正是这种能力的训练场所和实习场所。教师要利用课堂优势，培养学生的言语交际能力，要让学生敢大声讲话、敢辩论、敢挑战，同时又要善解人意、善合作，养成平等待人、尊重他人、理解他人的好习惯。

7. 塑造乐观开朗的性格

一个学生的情绪状态如何，是他心理是否健康的重要标志。精神状态良好的标志是生机勃勃、精力充沛、活泼乐观、积极向上、乐于交流、无忧无虑、学习劲头十足、效率极高且不知疲倦。心理不健康的学生则表现为压抑、忧愁、苦恼、烦闷、不善交际、易感疲劳、学习效率不高、目光晦暗、谈吐无力、沉默寡言。教师在课堂上应注意观察学生的情绪变化，并不失时机地调动每一个学生的积极性，着力培养积极的情绪状态，使他们逐步养成活泼、开朗、乐观的优良个性心理品质。情感教育的最终目标是提高学生的“情商”，即提高其情绪控制能力、情感宣泄能力和情操修养能力，以保证每天都能有个好心境和愉快乐观的好心情。

（三）在课堂教学中渗透心理健康教育的原则

课堂教学是对学生进行心理健康教育的主渠道，要求教师根据各科教学的特点适时、适度地把心理健康教育渗透在教学中，开发学生的智力和情感，激发其学习动机，以保持良好的心理状态。在课堂教学中，只有遵循一定的原则，才能最大限度地发挥其教育功能。一般来说，在课堂教学中渗透心理健康教育，除了要遵循主体性原则、整体性原则、差异性原则等心理健康教育的一般原则外，还应该注意贯彻如下几项原则：

1. 灵活性原则

“教学有法，教无定法”，教学中采取什么样的组织形式来渗透心理素质教育，并没有固定的、统一的方法。教师需要根据教学目标的要求、教学内容的特点、学生的年龄特点、上课的时间、地点等来灵活地把握和安排。演讲法、故事法、视听材料穿插法、心理短剧表演法、角色扮演法、讨论辩论法、案例分析法、情境教学法、自我教育法、实际锻炼法等都是可以利用的。关键是所用的方法要恰到好处，没有牵强附会、生搬硬套的感觉，使学生在不知不觉中受到教育，有所感悟，从而提高分析问题、解决问题的能力，完善、健全心理品质。

2. 愉悦性原则

心理学研究表明，人的情绪状态能使人的机体活动和智力活动发生重大变化。愉快、轻松的心境能使人头脑清醒，大大提高学习的积极性和理解能力。相反，压抑的心情会使人大脑抑制，思维混乱，学习效率大减。因此，教学中要创设一种民主、和谐的课堂气氛，创造愉快、轻松的情境，让学生在欢乐气氛中参与学习，在愉快中求得发展。学生在愉悦的氛围中学习，会变苦学为乐学，变“教师让我学”为“我要学”，从而充分发挥学生学习主体的作用，大大提高教学效率，有效地完成学科教学目标及心理素质的教育目标。

3. 激励性原则

社会赞许是人最根本的需要，即希望得到别人对我们自身及我们行动的肯定和赞扬，这也是尊重、自尊需要的反映。中小学生极其希望周围的同学能尊敬自己，教师能肯定自己和表扬自己，这也是他们学习的动力之一。课堂教学中，教师以激励的教育方式，诱导学生产生内驱力，从而把教师的教育教学要求内化为学生的自觉行动，便会使学生获得生动活泼、主动自觉的发展。因此，教学中应贯彻成功激励原则，使学生体验成功的喜悦，享受到周围人关注的温暖。这一方面能激励学生有效学习；另一方面能培养学生的自尊心、自信心及积极进取的精神。

三、学科教学渗透心理健康教育的意义

学校心理健康教育是一个系统工程。要做好心理健康教育工作，学校必须建立健全全员育人、全方位育人的体系。全员育人最主要的是，要求从事不同学科教学的教师依据本学科特点，遵从适应本学科教育的心理健康教育要求，在学科教学中自觉地、潜移默化地渗透心理健康教育的内容。这种教育是其他教育途径很难替代的。在学科教学中进行心理健康教育渗透，是每一位教师的义务和责任。只有提高教育工作者的心理健康教育渗透意识，全面贯彻国家的教育方针，才能全面提高学生素质和教育教学质量。

（一）全体教师参与心理健康教育

在学科教学中渗透心理健康教育，是一种全员性策略，有利于在学校中营造学生心理健康教育的环境氛围。学校的职责是教书育人，这个职责要通过教师来实现，从这个意义上讲，教师不应只是知识的传授者，更应成为心理辅导者，帮助学生身心两方面健康成长。心理健康教育课程是靠专职的心理辅导教师在一定的时间内来进行的，而学科渗透是由所有的教师在常规教学中来完成的。这样影响面大，也有相当长的时间保证，有利于学生健全心理素质的养成。心理素质作为学生全面发展的一个重要素质，绝不是通过一门课程就可以培养出来的，它需要借助各个学科、全体教师的配合。学校中如果只有个别教师赞同并注重在教学中渗透心理健康教育，而其余的教师对此持怀疑或否定的态度，那么心理健康教育就很难开展起来。各科教师对学生的影响都是巨大而重要的，只有教师全员参与，在教学中渗透心理健康教育的原则、方法，才能保证学生形成良好的心理素质。

（二）促进教师专业发展

在学科教学中渗透心理健康教育，可以使心理学的理论在教学实践中充分发挥其指导功能，体现理论的价值。同时，通过在学科教学中渗透心理健康教育，可以促进更多的教师学习心理学理论，运用心理学理论，提高其理论素养和教学能力，提升教师的专业意识。传统的课堂教学只注重知识的讲授，忽视对学生学习准备状态的了解，更不重视调动学生积极的心理因素。在学科教学中渗透心理健康教育要求教师研究学生的学习心理，既要培养学生的智力因素，又要培养学生的非智力因素。传统的课堂教学只是把教学内容本身作为一种教育资源。在学科教学中渗透心理健康教育，则要求教师多渠道地开发教育资源，尤其要把学生自身作为一种教育资源，开发学生的潜能。因此，在学科教学中渗透心理健康教育对教师提出了更高的要求，要求教师必须关注自身的专业发展，从传授型的教书匠转变为研究型的教育者。教师在自觉地、有意识地对学生进行心理健康教育的同时，自身也在潜移默化中受到影响，使自己得到

成长和发展。

（三）提高学科教学的效果

在学科教学中渗透心理健康教育，必须富有情感性，必须创设有利于学习的心理氛围，必须在教学过程中“晓之以理，动之以情”。在教学中，教师与学生之间不仅要有知识的交流，还要有情感的交流。这种交流对进行心理健康教育的渗透十分有利，可以使学生触景生情，知理明情，达到“内化”的实效。反过来，通过学科渗透进行心理健康教育，对各科教学本身具有较大的促进作用，增强了各学科的魅力，使之更贴近学生的心理，易为学生所接纳；学科渗透也大大拓展了学科课程的功能与目标，开阔了教师的视野，学生则从中获得了全面发展。

（四）提高学生的心理素质

学习是学生的主导活动，因而学业压力是学生最大的心理压力来源。学生很多的心理问题，诸如焦虑、抑郁、强迫症状、人际关系敏感等，都和学业压力有关。因此，要有效地解决和预防这些心理问题，必须对教学这个源头进行调控。在学科教学中渗透心理健康教育，要求每一个教师在教学中必须运用心理学原理和技术进行知识技能的传授，发展学生的智力，注意激发学生的学习动机，调动学生的积极性，帮助学生掌握学习的规律和方法，减轻学生的课业负担。这些措施能有效地提高教学质量和学生的学业成绩，减轻学生的学业压力，进而从根本上减少学生心理问题的发生。学科渗透有利于在学校中营造促进学生心理健康的环境氛围，对心理健康教育发挥积极作用。

第二节 学生心理健康教育中学科渗透的实施

在学科教学中渗透学生心理健康教育，教师不仅要搞清其特有的目标、原则和意义，而且要结合不同学科的实际和不同教学环节的特点，有针对性地进行。下面我们就从社会学科、自然学科和艺体学科三个不同的视角，来考察心理健康教育的学科渗透问题。

一、在社会学科教学中渗透心理健康教育

（一）社会学科的特点

社会学科类课程包括语文、历史、地理、思想品德、政治等课程。这些课程不仅涉及丰富的观察、想象、直觉、形象思维、逻辑推理等心理能力，而且蕴涵丰富的社

会认知和鲜明的人文精神。其中，有些课程直接蕴含着丰富的心理健康教育内容。例如，九年义务教育三年制初级中学教科书《思想政治》(试验本) 一年级共有12课，分别是正确看待自己、锻炼心理品质、善于调节情绪、磨砺坚强意志、能够承受挫折、勇于开拓进取、增强自尊自信、塑造良好性格、寻求真挚友情、陶冶高雅情趣、培养爱国情操、增强自律能力。可以看出，其中的绝大部分内容都是心理健康教育的内容。其他年级的思想品德课、政治课等，也有许多可利用的心理健康教育资源。

当然，更多的社会学科类课程，则间接地蕴含着丰富的心理健康教育的资源。其中，语文教材是由一篇篇生动、形象、富有哲理与情感的文章组成，具有丰富的人文性。优美的诗歌、富含哲理的寓言、令人荡气回肠的小说……都从不同的角度反映了自然美、哲理美、人性美等。在众多的群体人物画廊中，具有各种优良品格的人极多，构成了中外古今的“群英谱”，他们可以说是心理健康教育“典型环境”中的典型人物，是学生的人格楷模，如果运用得当，可收到多重教育效果。比如，《廉颇蔺相如列传》中的蔺相如，以“先国家之急而后私仇”的宽容大度感动得廉颇负荆请罪，两人终成刎颈之交，这段佳话为学生消除个人恩怨、学会团结协作树立了典范；《邹忌讽齐王纳谏》《触龙说赵太后》等文章，既教会学生说话的艺术，同时也教会他们要善于和乐于听取他人的意见。事实上，语文学科为学生认识世界、了解人生、体验情感提供了一个巨大的色彩斑斓的空间，也为学生心理品质的优化提供了有血有肉的凭借物。

历史、地理学科也是如此，它们可以通过历史事件和人物、自然、国情等来激发学生的各种高级社会性情感。其中，历史学科可以通过历史事件、历史人物来鼓励学生战胜前进道路上所遇到的艰难险阻。近代以来，中国人民反对外来侵略和本国反动统治者的斗争，所体现出的不屈不挠的民族精神和英雄主义气概；世界史那波澜壮阔而又曲折坎坷的历史进程，在增强学生承受挫折、适应社会、生活和学习等生存能力方面有很大的优势。历史上曾有很多英雄豪杰、志士仁人、领袖人物、科学家以他们顽强的毅力、坚忍不拔的精神战胜挫折和失败，最终获得了成功而名垂青史。这些战胜挫折和失败的案例，可以鼓起学生战胜困难和挫折的勇气，培养他们承受挫折的能力。

（二）在社会学科教学中渗透心理健康教育的方法

在充分认识社会学科的学科特点后，还必须探索生动活泼、切实可行的教学方法，才能真正达到心理健康教育的效果。以语文教学为例，主要有以下方法:

(1) 通过剖析课文主题对学生进行心理健康教育。语文教材大多蕴含着热爱生命和热爱生活的主题，大多表现出对真善美的追求与讴歌以及对假恶丑的鞭挞与摒弃。因此，结合深入挖掘教材的主题内涵及作者所表达的高尚的思想感情，是对学生进行心理健康教育的很好的途径。在备课时，教师就要提炼出能促使学生心理健康发展的各种因素，有针对性地预防和治疗学生可能发生的心理障碍。比如，教师在引导学生学习和生命相关的课文时，就要结合其讴歌生命、热爱生命、珍惜生命、珍惜幸福的主题，对学生进行必要的心理健康教育。

（2）通过分析人物命运的描写和一些细节描写来揭示心理健康教育内容。语文课文特别强调人物的心理描写和性格刻画，这正是心理健康教育所包括的重要内容。例如，通过《麦琪的故事》，我们就可以引导学生从这个感人至深的故事中得到一种爱的情绪体验，也可以从他们互赠事实上已毫无价值的礼物，引导学生理解真正的无价之宝是包含着真诚、纯洁的“爱”。通过文中发人深思的细节描写，引导学生仔细体会。比如，德拉站在壁镜前决心卖掉秀发时的动作、神情以及对美丽秀发的描写，引导学生想象女主人公此时的心理变化的过程，领会德拉由兴奋到惊骇、留恋再到坚定的心理变化。再如，杰姆回到家见到德拉，他的表情既不是愤怒，也不是惊讶，又不是不满，更不是厌恶，不是她预测到的任何一种神情，他的表情为什么十分奇怪呢？学生看到结尾就容易理解杰姆当时见到自己心爱的人的头发已没有，而自己又为这头发准备了精美的发具时的心情了。通过本课的教学，学生会朦胧地感受到人与人之间的感情要靠互相的尊重来维持（尊重人，还要尊重人的感情，包括亲情、友情）。

（3）通过作文、日记等作业的批改对学生进行心理健康教育。俗话说“言为心声”。学生的作文、日记常常清晰地显现出学生心理活动的情形和轨迹，特别是日记，更是学生敞开心扉的窗口。教师在批改时，一定要认真揣摩、分析，对其思想上的偏激、看问题的片面，给予正确的指导。学生对家长教育产生反感、对同学关系产生误会、对学习中的困难和挫折产生悲观泄气等反常情绪，教师要予以高度重视，不可掉以轻心。学生在日记中流露出自己的感情，是非常希望老师来帮助的，他们对出现在作业本上的评语会表现出极大的渴望和满足，教师的及时教诲就会如甘霖、春雨般流入学生的心田。

（4）通过课内外阅读相结合对学生进行心理健康教育。从现代健康观或健全的人格的角度来讲，具有健全心理的人，才是真正健康的人。美国作家、社会活动家海伦·凯勒，用“忘我就是快乐”来克服生理缺陷所造成的精神痛苦，教师就应以其生命的成就来启发学生。海伦·凯勒幼年得病致残，又聋又哑又盲，在那黑暗而又寂寞的世界里，竟然学会了读书和说话，并以优秀的成绩从大学毕业，成为一名学识渊博，掌握英文、法文、德文、拉丁文和希腊文五种文字的著名作家和教育家，是一种什么力量使她能取得比一般人更大的成功？通过学习，学生可以懂得具有健全心理的重要意义。精神饱满、思想丰富、能负重任，是许多成功人士的共同特征。让学生从课外读物中找一些残疾人身残志坚的例子，如霍金、张海迪、桑兰、张士柏等，通过这些人努力奋斗，实现自己人生价值的生动例子，使学生明白真正健康的人的涵义，从而提高心理素质。教师要因势利导，使学生克服狭隘、自卑、消极、悲观等不良心理，增强自信心，树立远大的理想。

（5）通过语文实践活动对学生进行心理健康教育。如何调动学生学习语文的兴趣呢？上好语文实践课是一个很好的途径。开辩论会、演讲会，让学生认识到丰富的知识、流畅的表述、清晰的思路，都需要在语文学习中得到培养；在课堂上给学生过生日，让大家谈自己以前如何过生日、怎样过生日才有意义；过生日的主角讲一讲自己最感激父母的一件事，感受亲情，感受温馨，体会幸福，珍惜生命，树立“若要此生不虚度，立志自当少年时”的志向，用不断的求知和创新谱写一曲人生的壮歌，培养健康的生活情趣和审美能力。

二、在自然学科教学中渗透心理健康教育

（一）自然学科的特点

自然学科类课程包括数学、生物、生理卫生、物理、化学、自然常识等课程。自然学科是以实验为基础的科学学科，是科学研究成果的结晶。

数学是研究客观世界数量关系和空间形式的科学，数学中的心理健康教育资源是极为广泛的。数学学习是学习抽象的概念、法则和定理，并运用这些概念按照一定的法则、定理进行逻辑转换的复杂思维过程。这一过程离不开观察、记忆、注意、想象等认知活动的参加。通过数学知识的学习，既可培养学生的上述认知能力，又可培养学生克服困难的意志、一丝不苟的学习态度以及良好的学习习惯。

生物课程中也有丰富的心理健康教育资源。生物教学内容丰富，其中自然界的无穷奥秘、生命现象的神秘莫测，会激发学生热爱大自然，理解人与自然和谐发展的意义。例如，在讲生物的绪论课时，可以从生物的基本特征——生物的适应性，引发出心理健康的定义，“健康，不但是没有躯体疾病，还应有完整的生理、心理状态和社会适应能力。”在讲授“人体内的物质运输”这个部分的内容时，学生们可以了解血型、血量与输血知识，懂得要珍爱自己和他人的生命，树立成年健康公民积极参加无偿献血的观念。在教授生殖与发育这部分内容时，教师可以把它和青春期心理健康教育结合起来，让学生由对青春期各种变化的好奇、害羞、恐惧等心理转变为敢于正确面对自身的各种变化，并能够正确爱护、保护自己。

物理是自然科学的一门基础学科，学生在学习的过程中可以培养良好的思维习惯和科学探究的能力。教材中安排了许多实验，包括演示实验、学生实验和探索性实验。这些实验教学活动可以把学生带入科学探究的情境中去，激发学生学习物理的兴趣，有利于学生的情感朝着积极方向发展。物理和实际的生活、生产有着密切的关系，结合生活情境和已有的实际经验来学习，可以看到物理对社会发展的重要性，培养学生对

自然和社会的责任感和使命感。

总之，自然学科和社会学科一样，都蕴含着丰富的心理健康教育的内容。演示和实验中需要敏锐的观察力、稳定的注意力；推导结论，需要丰富的想象力和逻辑推理能力。在学习这些学科的过程中，可以培养学生对自然科学的兴趣，使其树立科学精神和科学态度，并形成认真、细致、耐心、踏实等良好的性格特征。

（二）在自然学科教学中渗透心理健康教育的方法

和社会学科一样，在充分认识自然学科的学科特点后，教师还必须探索生动活泼、切实可行的教学方法，才能真正达到心理健康教育的效果。以中学物理教学为例，主要有以下方法。

1. 在教材内容中开发心理健康教育的内容

新课程初中物理教材在内容选择上，非常注重学生人格的全面发展。它以提高学生的科学素养为宗旨，以学生的发展为核心，以有趣的物理现象、生活中的物理和可应用的物理为主线，构建物理知识体系。

实验是物理教材的特色，教师在教学中要充分发挥演示实验的功能。一般来说，演示实验多注重验证前人的成果或者作为引入来呈现，教师应有意识地结合这些实验教学活动，把学生带入科学探究的情境中去，让学生参与实验活动，培养学生的学习兴趣和积极情感。对于学生实验和探索性实验，教师要改变过去那种只让学生按照教材进行的实验方式，提倡学生自行设计、自己实验的教学方法。让学生在实验中体验成功与失败，使学生在接受、理解物理知识的同时，培养观察能力、实验操作能力和创新能力，形成良好的科学素养。

物理学史也是宝贵的心理健康教育资源。在整个物理学的发展历程中，许多科学家做出了相当大的努力和贡献。比如，布鲁诺这位具有顽强意志的科学家，受到当时欧洲文艺复兴思想的影响，极力倡导思想自由，宣扬无神论，坚持哥白尼的日心说，因此激怒了当时的教廷，教廷对其进行了长达七年的审讯，最终他被判处火刑。科学家的成长经历，特别是他们在逆境中艰苦奋斗、勇于献身的经历，可启发学生树立远大的理想，激励他们努力学习、不断进取，培养学生不畏艰险、勇于攀登、敢为人先的科学精神。以物理学发展史为载体的教育内容，对培养学生的自信心和坚忍不拔的意志有很大的帮助。

2. 通过课堂教学过程实施心理健康教育

心理健康教育中有许多非知识性的内容，它需要让学生通过活动、实践、训练、体验才能获得。教师在物理教学中实施心理健康教育不能只讲物理知识，要同时关注学生情感态度的变化。

俗话说“兴趣是最好的老师”，教师可以通过创设物理情境来激发学生的学习兴趣。兴趣是推动人们求知的一种内在力量，兴趣必然引起追求，而追求和研究会导致对事物的深刻认识和理解。因此，教师应在教学中努力创建物理情境，将学生引入一种与物理问题有关的情境中，造成一种悬念，使学生产生向往、探索的欲望，处于欲罢不能的状态。这样，不仅能使物理学习更具有探索性和趣味性，也更能使学生的潜能得到开发。比如，在演示惯性现象时，教师将实验稍微改进一下，就可以引发学生极大的兴趣。用生鸡蛋代替钢球置于硬纸片上，将惯性演示仪换成玻璃杯，杯里放些细沙，然后左手扶杯，右手拿一硬棒猛击硬纸片，使硬纸片突然弹出去。而鸡蛋由于惯性要保持原来的静止状态，所以仍停留在原来的位置，由于失去支持而掉进杯里。这样经过改进的实验，在演示时可引起所有学生的极大兴趣。在演示实验时，学生会专注于演示的整个过程，当接下来的现象出乎他们的意料时，学生会感到惯性现象实在有趣，从而可能产生强烈的学习动机，并更有可能在接下来的听课过程中全神贯注。

提问是课堂教学中的一个重要环节，适时恰当的提问与提高教学效果关系密切。以培养学生思维能力为核心的物理教学，要求将教学的要求与规范转化为学生自己的思维矛盾并加以内化，这一般是以对问题的精心设计为媒介进行的。课堂提问如能按照物理学科的思维特点展开，引导学生不断进行探索性活动，就是对学生进行潜移默化的示范和引导，从而可使学生的思维能力得到发展。教师在揭示新的教学目标时，可以进行引入性提问，提出鲜明的问题，引导学生的思维上路；在进行核心内容的讲解时，可以进行引申性提问，引导学生的思维向纵深发展。比如，在讲解地磁场的知识时，有这样一道问题：“放飞的信鸽一般都能飞回原住地，不会迷失方向，这与地磁场有着密切的关系，但当信鸽在飞行途中遇到雷雨或飞经电视发射塔时，有时会迷失方向，这是为什么？”这种引申的问题可以引发学生探究的欲望，使思维向广度和深度发展。提问后，教师对学生回答的反馈也很重要，当学生答对问题时应给予肯定和表扬，如“对”“很好”“你叙述得很有条理”“你分析得很透彻”“你观察得很仔细”等；当学生回答没有把握时，可以鼓励学生——“对，你接着往下说”；当学生答错时，不要打断学生的回答，让学生把自己的看法和观点暴露出来，以便有针对性地进行矫正。

三、在艺体学科教学中渗透心理健康教育

（一）艺体学科的特点

艺体学科主要包括音乐、美术和体育等。音乐、美术等艺术学科的内容是艺术形象和关于艺术形象的知识。它涉及的心理品质是对艺术美的感受力、创造力。优秀的艺术作品体现了形象思维和抽象思维品质的最佳结合，而这一结合又是以情感为基础的。不动情，不能创作出好的作品；不动情，也不能真正理解作品。情感同时也是人

类之善的基础，艺术学科教学不仅可以促进形象思维品质的发展，而且可以促进美感与道德感的发展。促进形象思维品质发展与美感、道德感的发展是艺术学科教学中心理健康教育的独特任务。

体育学科着眼于增进人的身体健康，它可以为培养良好的心理品质奠定生理素质的基础。体育作为一项事业，在竞技中，尤其需要良好的意志品质。意志品质是制约运动员技术水平的重要因素。意志品质不仅在体育竞技中十分重要，而且是现代人在现代生活中不可缺少的品质。体育对人的思维品质有独特的要求。体育运动有大量的动作技能，这就要求运动员具有良好的动作思维的品质。在集体对抗的项目中，需要有全局把握和整体协调的能力，它既需要良好的空间与运动知觉的能力，也需要整体思维的能力。体育运动所需要的心理品质不仅对体育运动是必要的，而且对人的其他方面的生活也是必要的。体育也是一种精神生活，但因心理素质的不同，也有格调的高下之别。不良的心理素质会把体育场变成格杀的战场。运动员在运动中展示良好的心理素质，也会使观众得到精神享受。

（二）在艺体学科教学中渗透心理健康教育的方法

在艺体学科教学中渗透心理健康教育，要求必须找准艺体学科教学任务与学生需培养的心理品质的契合点，使心理健康教育方法与学科教学方法互补。以音乐课为例，课堂教学中有效地渗透心理健康教育的方法主要有：

1. 适当整合教学目标

教学目标体系决定着受教育者身心发展的质量规格和水平。传统的教学目标多以音乐的技能技巧为主，忽视“以人为本”，以致割裂了音乐本身所蕴含的文化底蕴以及与人类社会各种文化的有机联系，从而影响了学生素质的全面发展。如今，素质教育已要求我们对教学目标进行整合。教学目标是一个多元体系，涵盖认知、智能、情意三个领域，这为心理健康教育的学科渗透提供了良好的背景。比如，教学《我们要做雷锋式的好少年》这首歌时，除了教会学生正确的演唱姿势、音高、节奏的准确把握外，教师还应从渗透心理健康教育的角度着手，引导学生感受雷锋同志不朽的人格魅力，加速学生情感的升华，获得求知的动力，受到完美人格的熏陶。

2. 要创设参与的教学情境，鼓励学生积极实践

教学活动是师生的互动活动，任何知识、技能乃至情感因素，只有经过主体内化才能获得并真正掌握，这就需要学生的积极参与。因而，创设情境，引导兴趣，无疑是吸引学生主动参与的有效策略。此外，学生通过行为实践，可以在亲身实践的体验中强化对事物的认识，深化对事物的理解。比如，结合教学革命历史的音乐题材，就可以组织学生瞻仰烈士陵园、诵读烈士诗文、讲述烈士故事等。所有这些实践活动，都会给学生以震撼，使其产生积极向上的情感体验，激起其努力学习的志向。

3. 准确把握渗透的主要内容

音乐起源于社会生活，它能活跃身心，陶冶情操。这也就为它在音乐课中进行心理健康教育的渗透，提供了得天独厚的土壤。教师可以充分挖掘教材中音乐家的优秀品质进行心理健康教育渗透，陶冶学生积极的情感，锻炼学生坚定的意志，培养学生活跃的思维等。在音乐教学中，教师应凭借教材中音乐形象的思维实例启迪学生，同时还应该指导学生把握音乐艺术情感性和形象性的特征，养成良好的思维品质。教师充分利用教材赋予人物的积极情感因素，引导学生体验、共鸣，在潜移默化中受到感染。像《沂蒙山小调》中的乡情、《每当我走过老师窗前》中的师生情、《摇篮曲》中的母子情、《黄河大合唱》中的爱国情，都是极好的范例。音乐课堂教学中的心理健康教育渗透，不仅是教育者对受教育者进行教育的过程，也是受教育者自我教育的过程。良好心理素质的形成，有赖于相应心理知识的掌握，更需具备一定的自我心理修养能力。这样，个体才能不断调整自己的心理状态，保证心理健康，发挥心理潜能。因此，在音乐教学中可以结合教材与教学，提高学生自我心理修养的能力。

第三节 学生心理健康教育中学科渗透的保障

要想在课堂的学科教学过程中渗透心理健康教育活动，首先必须提升学科教师的专业能力，使其树立现代教学观念、建立新型师生关系，掌握必要的心理健康教育方法与技术；其次，必须营造良好的课堂心理氛围，使学生在课堂上能畅所欲言、积极参与，心里充满安全感。教师要想给学生营造一个足够安全的课堂氛围，首先必须注意维护自己的心理健康。只有心理健康的教师，才有可能教出心理健康的学生。

一、提升学科教师的专业能力

在学科教学中渗透心理健康教育是学校教学活动中一项过程复杂的教育活动，对教育的主体和客体都提出了一定的要求。只有教师具备了科学的教育观念和一定的心理健康教育能力，才能有效地开展好这项工作。

（一）树立现代课程与教学观念

现代教育理念将学生看作是具有成长潜能的生命体，其内部蕴藏着主动发展的机制。教学目的在于开发学生的潜力，培养学生的自我发展能力。基于这种学生观的教学本质，就是师生之间的“交往”。教师不再只是“传道、授业、解惑”，而应该成为学生学习活动的组织者、促进者、指导者，成为学生学习潜力的开发者。教师不仅要发展学生的智力因素，而且还要发展学生的非智力因素，激发学生的学习兴趣，培养学生健康的情感。因此，在学科教学中渗透心理健康教育，教师最重要的是要在课程目标导向方面做出符合现实需要的调整，将过去的“以知识传授为核心、以教书为首位”的课程和教学目标转变为“以促进学生全面成长、以育人为首位”的目标。

（二）建立新型的师生关系

良好的师生关系是在学科教学中渗透心理健康教育的基本条件。这需要教师以情感沟通为桥梁，以真诚、尊重、理解的态度与学生交往，从而建立起民主、平等、融洽的师生关系。

在师生关系的处理上，教师应转变传统的社会角色观念，改变高高在上的权威者形象，变成与学生完全平等的朋友和知己。这需要教师发自内心地关爱学生，相信每个学生都有优点，都有发展的潜力；要关心他们的学习、生活、成长中的烦恼等，尽量接触每一个学生，帮助他们解决各种困难和困惑。教师要无条件地尊重学生，尊重他们的人格尊严，认真倾听他们的诉说和见解，不讽刺、挖苦和羞辱学生，不用粗暴、强制的手段解决问题；要尊重学生的选择，承认他们有抉择的能力和权利，不强迫学生的选择方向。教师要站在学生的角度，以他们的眼光来看问题，理解学生的需要和喜好，理解他们的一些反常言行，不轻易地站在成人的角度进行是非价值判断。例如：一些学生出现大吼大叫、行为怪异、破坏纪律等现象，可能是缺乏关心，希望借此引起别人的注意，教师就不能简单地界定为有问题行为、道德不良等。若消除了“师道尊严”所形成的隔阂，师生间就可以平等对话，坦诚相见，畅所欲言，所谓“亲其师，信其道”，良好的师生关系保证了有效教学的实现，也便于培养学生良好的心理素质。

（三）掌握必备的心理健康教育技能

第一，挖掘教材中的心理健康教育因素。各科教材都具有较丰富的心理健康教育内涵和寓意。教学中，教师首先要吃透教材，挖掘教材本身的心理健康教育内容，从课堂实际出发，积极渗透。例如：数学课可以进行发散思维、求异思维的训练；体育课可进行勇敢、顽强意志的训练；音乐课可进行陶冶情操、净化心灵的训练。可见，教师只要具有心理健康教育意识，就能抓住机遇，发挥教材的心育功能，达到心育的目的。

第二，营造愉悦的课堂教学心理环境。课堂气氛和谐、活跃、平等、愉快，学生则思维活跃，态度积极，主动活泼，学习效率高；反之，课堂气氛沉闷、压抑、紧张，学生则心情郁闷，教学效果差。课堂气氛主要受教师情绪的感染。如果教师走进教室面带微笑、精神饱满、态度温和，学生就会感到教师可亲可敬，就会活跃起来，课堂气氛就会变得轻松和谐，充满欢乐。

第三，恰当应用心理咨询技能。心理咨询的专业素质是从事学校心理健康教育工作的基本前提和条件。教师没有掌握必要的心理咨询专业技能，是很难保持心理健康教育的规范性和科学性的。我们在前几章所介绍的心理咨询与辅导技能，对于教师有效地开展心理健康教育的学科渗透，也是非常重要的促进条件。

（四）运用适当的心理健康教育方法

教师掌握必要的心理健康教育的方法，根据学科教学的任务和客观的条件合理地选用方式和手段，有利于学科渗透心理健康教育目标的实现。方法得当，学科渗透心理健康教育的要求可以有效落实；方法不当，预期的教育效果不但难以实现，还可能抵消其他教育的作用，甚至干扰教学工作。因此，学科渗透心理健康教育工作要慎重选用教育方法，切忌主观随意、滥施乱用，必须要遵循一定的心理健康教育的规律。方法的运用要和心理健康教育的目标、内容、原则相一致，要根据具体的教育任务来选择。

教学活动是传授知识、培养技能的活动，必须以个体心理活动为基础，必须通过主体的心理过程，是主体心理活动的结果。由于教学活动是在教师的主导作用下进行的，因此，教师完全可以通过不同的教学途径，变换多种教学方法，灵活运用每一个教学步骤，在传授知识、训练技能的同时，培养学生的心理素质。比如，可以通过社会实践活动（社会调查、社会服务、参观、旅游、夏令营、冬令营等）、文学艺术活动、科学技术活动、体育锻炼活动、劳动工艺活动等，为学生走向社会、接触自然提供广阔的天地。丰富多彩的课外活动，有助于学生形成健康的心理品质。

二、营造良好的课堂心理气氛

（一）课堂心理气氛的涵义

课堂心理气氛是班集体在课堂上所表现出来的心理气氛，通常是指课堂里某些占优势的态度与情感的综合状态。课堂心理气氛是在课堂教与学的过程中，由于师生的相互作用而产生和发展起来的，是课堂活动中教师、学生的心理过程与个性特征之间的中介环节。

一般认为，课堂心理气氛主要受到教师的教风、学生的学风、教学的时空环境三个因素的影响。教师是课堂教学的组织者、领导者、管理者，教师教风的优劣是课堂心理气氛的决定因素。教师的教风，是由教师的教学思想、教学态度、教学能力、教学风格、治学精神、管理方式，特别是道德品质和行为方式等多种心理成分构成的。学生是课堂活动中的主体，学生学风的好坏是影响课堂心理气氛的重要因素。学生的学风是通过学生的学习态度、道德品质、行为习惯、组织纪律等方面表现出来的。教学的时空环境，主要指教学时间和空间因素构成的特定的教学环境，包括教学时间的安排、班级规模、教室内的设备、教具、乐音或噪音、光线充足与否、空气清新或污染、高温或低温、座位编排方式等。

研究发现，教师的领导方式、教师的移情、教师对学生的期望、教师的焦虑、教师的教学能力和教师对管理对象的偏爱，是影响课堂心理气氛的决定因素。尊师重道、互助互学、比学赶帮、友好团结、紧张活泼的学风的形成，也有助于改善人际关系、提高学习士气，进而形成良好的课堂心理气氛。至于课堂环境，则不仅影响师生交往和人际关系的建立，而且影响学生的学习动机、态度、课堂行为和学习成绩，进而制约着课堂心理气氛。

课堂心理气氛具有独特性，不同的课堂往往有不同的心理气氛。例如，有的课堂心理气氛积极而活跃，有的拘谨而刻板，有的协调而融洽，有的冷漠而紧张。即使是同一课堂，也会形成不同教师的心理气氛区。例如，当某位教师上课时，课堂气氛和谐活跃，而另一位教师上课时气氛则可能压抑沉闷，当然，这并不否定课堂心理气氛的相对稳定性。一种课堂心理气氛形成后，往往能维持相当长的一段时间，而且不同的课堂活动也会被同样的课堂心理气氛所笼罩。

在通常情况下，课堂心理气氛可以分成积极的、消极的和对抗的三种类型。这是我国心理学者根据师生在课堂上表现出来的注意状态、情感状态、意志状态、定势状态以及思维状态等，将课堂心理气氛划分的类型。积极的课堂心理气氛是恬静与活跃、热烈与深沉、宽松与严谨的有机统一。也就是说，课堂情境符合学生的求知欲和心理发展特点，学生注意力高度集中，思维活跃，课堂发言踊跃，课堂纪律良好，学生时刻注意听取教师的讲授或同学的发言，并进行紧张而深刻的思考；师生之间、生生之间关系和谐融洽，师生双方都有饱满的热情，配合默契。消极的课堂心理气氛通常以学生的紧张拘谨、心不在焉、反应迟钝为基本特征。也就是说，课堂情境不能满足学生的学习需要，背离了学生心理发展的特点，学生注意力分散、情绪压抑、无精打采、小动作多，有的甚至打瞌睡；对教师的要求，学生一般采取应付的态度，很少主动发言。对抗的课堂心理气氛则是一种失控的课堂气氛。在课堂活动中，学生过度兴奋、各行其是、随便插嘴、故意捣乱；教师则失去了对课堂的驾驭和控制能力，因此有时不得不中止讲课来维持秩序。

（二）课堂心理气氛的营造策略

课堂心理气氛是学生课堂学习赖以存在的心理背景。它通过影响课堂活动中学生的学习动机、学习行为、学习情感体验以及评价效应，进而制约学生的课堂学习效益。在不同的课堂心理气氛中，学生的学习积极性、学习兴趣、学习情感体验、学习注意力是有很大差异的，学习中的智力活动和操作活动也有较大区别，这些必然会影响学习效率。良好的课堂心理气氛营造，需要综合考虑影响课堂心理气氛的所有因素，需要教师的精心组织和主动创设。营造良好的课堂心理气氛包含创设和调控两层涵义，

通常采取下列策略:

1. 评估策略

准确评估课堂心理气氛是营造良好课堂心理气氛的前提和基础。评估方法主要有观察法、访谈法、问卷调查法、心理测量法等。我国学者柳夕浪编制的《课堂心理气氛调查问卷》,可以用于课堂心理气氛的测量。此量表把课堂心理气氛划分为课堂敢为、课堂不适、课堂交往、课堂态度四个维度。其中课堂敢为因子主要调查课堂上学生是否敢于讲话、不怕出差错的倾向;课堂不适因子主要调查课堂上学生是否产生焦虑及其焦虑程度;课堂交往因子主要调查课堂上学生与他人交往的愿望、交流学习的情况;课堂态度因子主要调查学生基于对课堂学习目的的认识而产生的情绪反应。

2. 期待策略

教育心理学的研究表明,教师期待的自我实现预言效应是确实存在的。教师的期待是学生进步的一大动力。每个学生都希望得到教师的公平对待和赏识,也特别希望教师多关注自己,所以,教师应多给学生一些关注,用期待的眼光看待他们,让他们在关注和期待中主动地成长。当然,教师的期待应是从学生的实际出发,恰如其分的期待能让学生拓展憧憬未来的情感通道。教师在课堂教学中往往是通过一些特定的行为,来向学生传达他们的期待信息。教师在传达期待信息时,要采取恰当的方式,准确把握、合理评价每位学生,坚信只要给予足够的学习时间和适当的教学,几乎所有的学生对几乎所有的学习内容都可以达到掌握的程度。教师形成合理、积极的期待,才可能形成良好的课堂心理气氛。

3. 情感策略

教学过程不仅是传授知识的过程,更是师生理智与情感交互作用的动态过程。课堂教学中要使师生双方的意图、观点和情感联结起来。教师传授的知识、提供的信息要使学生产生强烈的求知欲望、积极的思维活动和强烈的内心体验,教师就必须增加情感投入,给知识、信息附加感情色彩,实施参与式和体验性教学,以教师自身的情感体验营造良好、和谐的课堂心理气氛。教师本身的情感状态,可以产生共鸣作用,使学生受到潜移默化的影响,使课堂出现某种心理气氛。这就要求教师在教学过程中倾注积极的情感和真诚的爱心,用情感和爱心去感染和打动学生,让他们伴随着丰富而快乐的情感体验参与教学过程。

4. 威信策略

教师作为课堂教学的组织者和领导者,其人格和威信是一种巨大的精神力量,具有很强的教育作用,是影响学生情感体验、制约课堂心理气氛的重要因素。教师威信的建立,需要教师在课堂活动中,把自己看作是教学活动中平等的一员。在学生成长过程中，教师应以民主的方式指导和组织教学，以适应学生日益增强的成人感和独立性的需要，促进学生自我定向和自律能力的发展。同时，教师在课堂活动中要处处严格要求自己，以身作则，为人师表，用自己的良好威信影响学生，给全班学生以积极的情绪体验，以创造良好的课堂心理气氛。

5. 信息策略

教师所传递的信息也是影响课堂心理气氛的重要因素。教师所传授的教学内容是否新颖、科学，教学结构是否严密，对内容的表述是否形象、生动、具体，教学内容是否符合学生的实际等，都会影响知识的可信度。另外，教学信息传递的渠道、媒体、风格等构成的传播方式，也会制约信息的可接受度。只有当学生认为教师所传递的信息是可信的、可接受的，他们的课堂心理状态才会是积极的、活跃的，课堂心理气氛才会是和谐的。因此，教师对所传递知识的准备、对传递途径和方法的处理，应该成为课堂心理气氛调控的重要环节。

6. 交往策略

在课堂教学中，围绕教学活动形成了师生之间、生生之间的多向度的交往。多向交往能够满足学生的求知欲，发挥学生的主观能动性，提高学生的自学能力，提高学生的智力活动水平，符合因材施教的特点。因此，教师重视课堂教学中的多向交往，有利于营造良好的课堂心理气氛。师生关系融洽，教师热爱、信任学生，学生尊重、敬仰教师，可以形成积极、健康、愉快、活跃的课堂心理气氛；从生生关系来看，同学之间团结友爱，容易使课堂形成互相尊重、体谅、友好的学习风气和健康的氛围。

7. 维持策略

学生在课堂学习中的心理状态反映了心理活动在一定时间内相对稳定的状况与水平，是直接影响其学习效率和课堂心理气氛的重要条件。教师不仅要重视学生良好心理状态的激发，更要重视这种状态的维持。当然，良好心理状态的维持是一个动态变化的过程，教师应从学生的非言语行为中了解学生的心理状态，即从学生在课堂学习时的表情、目光、动作、姿势等方面观察、了解其心理状态的变化。在此基础上，教师应满腔热情地激发学生产生和保持良好的心理状态。教师一句热情而富有鼓励性的话，一个亲切而信任的目光，都可能会引起学生的兴奋感、愉快感、责任感，使其形成积极的心理状态。

三、积极维护教师的心理健康

心理健康教育的对象不仅仅是学生，也包括教师。教师心理健康水平的提高和心理素质的优化，既是心理健康教育的任务之一，也是课堂心理健康教育渗透的重要保障。教师的心理处于健康状态，就能自如地运用自己的智慧和才能去应付客观环境，使教师的心理倾向和行为与社会大众的要求协调一致。这样不仅有利于教师的学习和工作，也有利于学生心理素质的提高。此外，心理健康是实现教师专业发展的必要条件。教师是培养人的职业，教师职业是在帮助人成长的过程中体现自身的价值。教师专业发展不仅需要掌握专业的技能和方法，也需要通过不断提高自身的修养调整自己的心态来影响和教育学生。教师的专业发展离不开良好心理素质的培养，建立在心理健康基础上的教师职业专业化，才可能真正提高教师工作的实际效果。

（一）影响教师心理健康的因素

引起教师心理健康问题的原因是多方面的，无论从主观上还是客观上分析，引起的原因既与职业有关，也与个人有关，还与社会和工作环境有关。

1. 职业因素

从职业因素来看，教师教书育人，责任重大，既承受着外在期望的压力，又面对着内在的角色冲突，加上期望与现实的差距及职业成就的迟效性，教师极易产生心理健康问题。教师的活动具有长期性、复杂性、艰巨性的特点。教师每天的工作时间一般远远超过8小时，由于班级学生偏多，教学任务偏重，教师往往是超负荷运转。社会和家长对教师的期望值日益增高，但是对教师工作的理解程度并不高。这种状况容易引发教师的不良情绪，形成不良心态。此外，教师工作的性质决定了教师要扮演多重角色：在学校是知识的传播者、学生活动的管理者，对学生负有教育管理的责任；他们是学生父母的代理人，需要在一定时间内照顾学生；他们是学生的朋友，是学生的心理治疗者，需要与学生平等地交流思想和感情；他们又是人际关系的交往者，除需要与其他教师、学生家长、学校领导、社会人士等打交道外，还要在家庭中充当各种角色，为人父、为人母、为人子、为人女，会遇到各种家庭矛盾，常常是左右为难，应接不暇。多方位的角色转换容易造成教师的心理矛盾和冲突，造成教师的心理健康问题。

2. 社会因素

社会发展使当今教师面临更多的选择。社会的急剧变迁，知识经济的迅速发展，使人们面临更多的机遇和挑战，同时也给人们更大的自由度去选择自己的人生。然而，选择的过程是伴随着各种各样的焦虑与痛苦的过程。当教师徘徊在重新确定职业生涯的十字路口时，必然会产生情绪波动。随着知识经济和信息社会对学校教育要求的日益提高，随着教育改革的不断深化和发展，教师所面临的矛盾日渐明显。一方面，一直延续下来的许多教育、教学弊端难以改变，造成教师思想的矛盾与困惑，压抑了教师的个性发展；另一方面，实施素质教育和实行新的课程改革，对教师素质的要求愈来愈高。不少教师由于教学技能的欠缺和素质发展的滞后，在不同程度上一时难以适应，因而心里的焦虑、困惑日渐增多。此外，由于教师的工资待遇、社会地位不高，工作条件也较差等，教师心里形成一种潜在的心理压力。同时，面对外部社会环境的急剧变化，教师往往没有心理准备和相应的能力去适应。他们一方面想要了解社会的变化，一方面又固步自封，墨守成规，产生心理矛盾。另外，社会公众普遍认为，教育质量低、学生问题多等都应归罪于教师，这直接或间接地减少了社会对教师的物质资助和精神支持。因此，社会对教师的过高要求和苛刻态度，也有可能导致教师心理健康问题的产生。

3. 学校因素

从工作环境来看，学校的管理策略与组织气氛、竞争与激励、学生的行为与教师的教学环境等，也会影响教师的心理健康。由于学校管理不当引起的与教师直接有关的问题，如教师角色模糊、工作负荷增大、自己的时间被占用、缺乏自主权、没有参与学校管理的机会等，也容易导致教师心理健康问题的产生。另外，学生的品行、学习情况与教师心理健康问题也密切相关。与其他职业不同，教师的工作对象是具有独立思维能力的个体，学生的思想和行为被教师关注，但学生的思想和行为受到了多种因素的影响且不易为教师所控制，这也对教师构成心理威胁。学生中的矛盾、不良行为、厌学情绪、较差的学习成绩以及对教师的不良态度等，都是中小学教师每日必须面对并加以解决的难题。这常使教师有厌倦感，并导致心理健康问题的产生。

此外，在学校环境中，教师需要处理的人际关系较为复杂，包括教师与学校领导、教师与教师之间、教师与学生之间、教师与学生家长之间的人际关系。教师是这一人际关系网中的一个结。教学中的竞争、教育理念的不一致、人格特征的差异、领导的不恰当批评、学生家长的不信任以及家庭成员的不理解等，都可导致教师在这个人际关系网中难以顺利交往与沟通。这些会让教师心力交瘁，导致心理健康问题的产生。

4. 个人因素

教师的个人因素诸如遗传、人格特征、意志品质、成长经历以及自我认识与调节的能力等，也是影响教师心理健康的重要因素。在相同的压力和环境下，并非所有的教师都会出现心理健康问题。有的教师即使在面对压力的情况下，仍然能保持健康而稳定的心态，这是其人格特点发挥了重要作用。不能客观认识自我和现实、目标不切实际、理想和现实差距太大的教师，或者是有过于强烈的自我实现和自尊需求的教师，更容易出现心理健康问题。个体的人格特征，在某种意义上决定着个体的行为方式。此外，许多教师缺乏心理学知识和自我心理调节能力，心理问题得不到及时的排解，不良情绪长期得不到释放，导致恶劣情绪突破心理承受的极限而爆发。此时，学生很有可能成为教师难以自控的发泄对象，成为受害者。

（二）教师心理健康的维护

教师心理健康的维护是一项系统的社会工程，需要社会、学校和教师个人的共同努力。维护和促进教师的心理健康，必须综合考虑，从多方面着手。为此，整个社会、学校及教师个人都应积极努力，共同致力于提高教师的心理健康水平。

1. 优化社会环境，提高教师社会地位，增强教师的职业满意度

首先，政府要进一步加大对教育的投入，继续深化教育改革，全面推进素质教育，提高教师的工资收入和福利待遇，进而改善教师的生活条件，形成尊师重教的社会风气，并增强教师对自我价值的认同感，进一步提高教师对自身工作的热情和自豪感，增强教师的职业满意感。

其次，坚持正确舆论导向，重塑教师形象。大众传播媒介在宣传教师时，应客观准确地反映教师在社会发展、经济建设及人才培养等方面的巨大作用和特别贡献。大众传播媒介应全面而真实地反映教师的生活、工作、学习等情况，避免过度宣传给教师带来沉重的心理负担，使公众对教师产生误解。

再次，搞好教师的职前培养和在职培训，提高教师的心理承受能力。教师的培训不能只关注教师从事教学工作的技能和技巧及知识，更应唤起他们对教育事业的热爱、对教学工作的责任感和兴趣。同时，还要培训和传授人际交往等必要的社会生活技能和知识，提高他们在实际工作中应对各种压力的能力，使教师能在教育教学工作中体验成就感和幸福感，增强职业满意感。

2. 完善学校管理，促进学校人际关系和谐，开展健康有益的休闲活动

第一，学校要努力创造一种良好的工作氛围，使教师始终置身于愉快和谐的集体氛围之中，并从中获得克服压力、战胜困难的力量。良好的环境包括人文环境和自然环境。人文环境包括学校里的人际关系、领导方式、激励机制、目标任务等；自然环境包括教师的工作条件、校园设施、卫生绿化、阳光空气等。

第二，学校领导要端正领导作风，树立民主平等观念，实行以人为本的管理。领导应多给教师自主性，多采取激励的措施，调动教师的积极性，真正关心教师的工作、学习和生活，为他们解决各种困难，满足其合理的要求。学校领导要尊重每个教师的人格和情感，创造条件和机会，促进教师的专业成长与进步，避免因不良的管理方法、方式伤害教师的身心健康。

第三，学校应建立健全有效的激励和竞争机制，对教师实行科学、规范、客观、准确的考核与评估，以调动教师的工作积极性，提高工作效率，给教师提供各种体验成功的机会，以增进教师的心理健康。建立健全学校的竞争与激励机制，要充分考虑到学校作为一个文化场所、教师作为知识分子的特点，避免动辄与金钱利益联系在一起。

第四，优化学校的人际关系，使教师始终处于和谐的状态之中。学校领导和管理者要注意密切干群关系，加强自身修养，与教师进行平等的情感与思想交流，取得教师的心理认同。此外，学校管理者还要注意改善学校中的人际沟通，帮助教师清除人际交往的消极因素，及时处理和化解各种人际冲突和纠纷，使每个教师都拥有良好的人际关系环境，从而心情舒畅地工作、生活和学习。

第五，积极倡导丰富的校园文化活动，丰富教师的业余生活，发展教师的高雅情趣，从而优化教师的心理素质。教师劳动强度大，业余兴趣和课外生活单调，对教师的心理健康产生了诸多不利影响。所以，开展丰富多彩的文艺、体育、娱乐等健康休闲活动，有利于缓解教师的紧张、焦虑和忧郁等。例如，在8小时工作之外，鼓励教师常在一起聚会、聊天、散步、下棋、打牌以及打球等，利用双休日和寒暑假或其他节假日，组织教师外出旅游、观光、考察等。

3. 注重心理的自我调节和维护，保持乐观积极的心态

首先，教师应该树立正确且稳定的自我概念。自我概念是个人心目中对自己的印象，包括对自己身体、能力、性格、态度、思想等方面的认识。个体只有树立正确而稳定的自我概念，才能正确认识自己，客观评价自己，合理要求自己。进而才能正确地对待他人对自己的评价，做自己认为该做的事，了解并愉悦地接受自己的优点和缺点，不给自己设定高不可攀的目标。同时，推己及人，也就能够客观地评价别人，接纳并理解别人的错误和缺点，对世事中的不平、不满、不尽善尽美之处能处之泰然。这对教师的心理健康是非常有利的。

其次，教师要保持乐观积极的心态。任何事物都有两面性，如果从消极的角度看，可能引起消极的情绪体验，陷入心理困境；从积极的角度看，则可以发现事物的积极意义，从而使消极情绪转化为积极情绪。面对工作的不顺、家庭的不和、人际关系的紧张、领导或同事的误解等问题，教师保持乐观心态，用微笑面对，以真诚对待，可以避免正面冲突，营造有利于心理健康的客观环境。积极稳定的情绪、乐观的人生态度是教师心理健康的重要标志，也是促进教师心理健康的重要条件。

再次，教师增强心理保健意识，掌握心理调适的方法。教师要认识到心理健康要靠自己维护，一切外部的帮助都是间接的，心理医生能做的也只是“助人”。因此，教师应善待自己，帮助自己，掌握心理调适的方法，来维护自身的心理健康。教师面对繁重的工作、复杂多变的教育对象、迅速变化的世界，难免会产生各种各样的消极情绪。同时，对于不良的情绪，教师要采取合理的方式宣泄，如在适当的环境里放声大哭、向亲友及时倾诉、打广播电台的心理热线、写日记或者参加打球、唱歌、跳舞等文体娱乐活动，都可使紧张的情绪趋向缓和。

最后，教师要掌握一些压力应对的策略和方法，形成自己的“压力免疫”机制，避免职业倦怠的消极影响。教师职业是最具压力的职业之一，如果教师的职业压力长期得不到有效的缓解，就会导致职业倦怠。众多研究发现，教师是职业倦怠的高发人群，体验到职业倦怠的教师，容易对学生失去耐心和爱心，对工作的控制感和成就感下降，不能全身心投入到工作中去，从而影响到教育效果的发挥。研究表明，调整教师的认知结构以及正确管理工作和休息的时间等，可以缓解教师的职业倦怠。

第十章

学生心理健康教育——家庭参与

个体素质的全面发展，不仅是学校教育的义务，也是家庭教育的责任。要想全面提高中小学生的心理健康水平，仅仅依靠学校的心理健康教育课程、心理咨询与辅导活动、心理健康教育的课堂渗透是不够的。根据张春兴（1998）“病因根植于家庭，病象显现于学校，病情恶化于社会”的观点，家庭的教育与参与是提高个体心理健康水平、有效预防心理问题发生的关键和前提。为此，本章将具体讨论学校如何引导家长参与和实施心理健康教育这一问题。

第一节 学生心理健康教育与家庭教育的关系

家庭环境对孩子的心理健康水平、人格发展有着极其重要的影响和作用，这已成为心理健康教育领域的共识。目前青少年的心理健康问题凸显，究其实质，相当一部分与家庭教育有关。例如，家长对孩子的过高期望、盲目的攀比，加重了孩子的心理负担，导致孩子学习焦虑、考试恐惧，并产生强烈的自卑和抑郁情绪；家长对孩子的过分溺爱，导致孩子依赖性强、辨析力弱，容易变得以自我为中心，难以接受意见和批评。相反，一个幸福美满的家庭，犹如沙漠甘泉，给人慰藉，使人洗心涤虑，怡然相待。

一、家庭在心理健康教育中的地位与作用

社会学研究指出，家庭是一个互动的系统，由夫妇组成的双人关系开始，等到子女出生后，就转变成三角关系或多重关系。虽然每个成员都是独立的个体，但他们彼此之间并不是孤立的，他们常有一些看不到却感觉得到的联系，形成了一个家庭网络。其中，在父母与子女不断的互动过程中，父母的信念、情绪、行为等都会影响孩子的心理健康水平，并进而影响孩子一生的发展。

（一）家庭是学校心理健康教育的基础

近年来，教育方面的问题特别多，使一向被认为希望所系的学校教育，遭遇到严厉的批评。家庭教育不能和学校教育配合是学校教育失败的主要原因之一。由于人人可以入学，学生的素质良莠不齐。有的入学前已养成良好的习惯，已准备好接受学校教育；有的由于入学前的文化环境贫乏，良好的学习习惯尚未养成，适应学校生活的能力不足；有的入学前已经养成一些不良习惯，既没有良好品格，又缺乏读书兴趣，不遵守校规。对于这些学生，单靠学校教育是很难发生效用的。他们的差异，源于不同的家庭背景和教育方式。要想改变，首先必须消除家庭中的一些不利因素。

父母是孩子的第一任老师，家庭是孩子的第一个教室。如果父母在教育子女的知识、技巧与方法上有所进步，亲子间的互动品质就能提高，对孩子的学习也能产生长远影响，同时也可促进父母和孩子的自我成长。研究表明，父母多半会重复他们儿时所受到的父母教养方式，这在对孩子受虐待与被忽视的研究中尤其明显。因此，有好的父母，就会有好的孩子；有好的子女，他们将来就会成为好的父母，从而自然形成一个和谐的社会。

（二）家庭是学生心理健康发展的基石

家庭为孩子提供温暖和保护，使孩子获得了最初的安全感。初生的婴儿必须依赖外界的保护，如果饿了，得不到吃的东西，是非常可怕的。两岁的孩子看到自己的大便被抽水马桶冲走，四岁的孩子看到卧室窗户上摇晃的影子，或者东西打碎了、会动的东西不动了，就会觉得不安。父母的重要作用就在于给孩子提供了一个稳定的、温暖的、友爱的环境，从而保障他获得安全感。一个没有安全感的人，是无法信任别人的。不能信任别人，就难以建立友谊，社会化的过程就会受到阻碍。同时，因为缺乏安全感和自信心，他们不能自由自在地探索周围的环境，学习新的事物，情绪和智能的发展也会受阻。

孩子心理的健康发展离不开父母的关心、爱护和鼓励。动物行为学者Harlow夫妇用初生的猴子做隔离试验，发现如果猴子出生起就与猴群隔离6～12个月，那么它们看到别的猴子就会退缩；遇到攻击，也不会还击；长大后它们也不会和异性猴子交配生子。也就是说，由于与猴群的隔离，它们虽然身体发育正常，却不能长成心理健康的猴子。人类也有类似的情形。例如，如果母亲患严重的产后抑郁症，虽然勉强喂养婴儿，这种婴儿常常会发生严重的心身发展迟滞，甚至死亡。这说明人类并不是只靠营养就够了，没有爱是不行的。孩子需要被爱，需要被接纳，这样他们才有安全感和价值感。父母对子女表达爱，既使孩子体验到被爱的满足，也使孩子知道因何事被爱，从而学到是非观念。

在上述研究中还发现，如果笼子中的猴子无论采用任何方法都无法逃避电击，数天后它们就会变得麻木不仁，不会躲避危险，面无表情，采取听天由命的态度。同样，孩子如果自幼被认定没有能力，只有惩罚而无鼓励，他就会认为自己没有能力，无论怎样努力都不会成功，从而丧失追求成功的动机。相反，如果家长对孩子不论多么细微的成就都给予鼓励，孩子对自己的信心就会增加，也就会提高对挫折的承受能力和对问题的解决能力。孩子需要鼓励，就像植物需要阳光和水一样。

家庭不仅给孩子提供了关心和爱护的情感支持，也给孩子提供了学习的机会和场所，从而保障其心理的健康发展。现代心理学研究表明，孩子出生后必须有切合其能力的学习机会，学习新的经验，才能发展出正常的智能、语言、人际关系技巧、情绪感受、表达能力和人格。家庭作为孩子最早生活且最为长久的环境，正是提供学习经验的重要场所。它为孩子提供了负责任的机会，让孩子自己负责照顾自己的日常生活，建立自信心，学习互助，同时也为孩子提供了行为学习的楷模。

总之，父母养育和保护孩子，协助子女获得需要的满足。家庭承担着促进子女智力发展、提供情绪支持、促进子女社会化、使子女学会悦纳自己和悦纳别人等许多重要功能。家庭是孩子心理健康成长的基石。

二、影响学生心理健康发展水平的家庭因素

（一）家庭结构

所谓家庭结构，是指家庭的外在形态特征，如家庭结构的完整性、兄弟姐妹的多少、家庭的社会经济地位等。研究表明，与完整家庭相比，单亲家庭孩子的学业成就较低、中学辍学率较高、更容易受朋友压力的影响而产生偏差行为，尤其是父亲缺席（在孩子的成长过程中父亲参与教养程度很低或根本没有参与教养）家庭的孩子，更容易犯罪，他们有更多的社会和心理问题。生活在离婚家庭的孩子面临着学业、情感及社会方面的诸多困难和障碍，甚至有心理学家说："对孩子来说，父母离婚带来的创伤仅次于死亡。"

同时，通过对独生子女的研究，心理学家和精神病学家曾一度认为，独生子女的成长发展不正常，具有不良的品德和社会行为。然而，现在人们已基本达成共识：独生子女拥有较多的物质资源，充分享受着父母的爱护和关怀，有利于建立温暖亲密的亲子关系，在智力发展与学业成绩方面优于非独生子女；但他们的父母更可能采取溺爱的教养方式，从而影响到其个性发展。

大量研究表明，家庭社会经济地位影响个体的心理健康水平。美国的研究表明，由于社会文化资源的缺乏，出生于社会底层家庭的孩子为学校教育带来了大量问题。学校中的差生、逃学生、斗殴学生和违法学生，往往来源于这些家庭。我国学者王玉凤（1988）对2432名学龄儿童的研究发现，父母文化水平越高，孩子行为问题检出率

越低；父母受教育程度低、社会条件差的家庭，其孩子行为问题检出率要高出一倍。

同时研究也发现，家庭的贫困、父母的离异、兄弟姐妹的缺失，并不是问题的根源。它们对孩子心理健康的影响都是通过亲子关系、家庭教养方式等中介来实现的。只有这样，才能解释许多贫困家庭、单亲家庭的孩子依然能够健康发展的事实。接下来我们就重点谈谈这两个方面。

（二）亲子关系

亲子关系是指父母与子女之间的交往关系，具体包括父亲与子女之间的交往、母亲与子女之间的交往。它是人生中形成的第一种人际关系，也是家庭中最基本、最重要的一种关系，它影响着孩子人格的形成与发展。众多著名的心理学家，如弗洛伊德、荣格、阿德勒等都强调儿童期的亲子关系对孩子一生的影响。荣格认为，成年人人际关系的基础依赖于童年期，首先依赖于儿童与养育他的人之间的关系。霍妮指出，儿童的异常行为始于儿童期那种制造焦虑的家庭环境，特别是不正常的亲子关系。如果亲子关系是积极的、温暖的，是建立在真正的爱的基础之上的，那么儿童比较容易得到正常的发展；如果父母对儿童的反应是冷漠的、表面的和攻击性的，不能给予儿童真正的爱，就易造成儿童的不安全感。

20世纪50年代初，鲍尔比（Bowlby，1951）受世界卫生组织的委托，在对非正常家庭中成长和养育的儿童做了大量调查分析的基础上，得出结论：儿童心理健康的关键在于和谐而稳定的亲子关系。他明确指出："心理健康的关键是婴儿和年幼儿童应该与母亲（或稳定的代理母亲）建立一种温暖、亲密而持久的关系，在这种关系中，婴儿和年幼儿童既获得满足，也能感到愉悦。"此后，众多对儿童行为问题的研究都提到了亲子关系的影响作用，认为和睦、融洽的亲子关系会促进儿童社会行为的发展；不良的亲子关系会导致儿童更多问题行为的发生，如攻击行为、回避行为、社交退缩、亲社会行为缺乏等。

正如作家冰心所说：母亲好比夜晚的月光，使孩子总在爱光中进入梦乡；父亲好比早晨勇敢而灿烂的太阳，使孩子在阳光照耀下走向世界。父母对婴幼儿的温馨和亲密交往，可以使他们获得身心发展上的满足和精神上的享受。它不仅可以消除婴幼儿的紧张、不安、恐惧与焦虑，而且还可以使婴幼儿的积极性情感得到充分的发展，从而形成独立、自信、谦和、友爱、协作等个性品质，为今后的发展和交往打下坚实的基础。

（三）教养方式

所谓父母的教养方式，是指父母关于如何教育子女的信念、情绪和行为构成的统一体。它对孩子一生的心理发展都有着十分深远的影响。

1. 父母的情绪

父母的情绪对子女的影响，在胎儿期就已经开始。孕妇长期的情绪困扰，足以严重影响胎儿及其出生后的身心发展。如果母亲在怀孕期间经常处于不安、恐惧、愤怒或忧伤之中，胎儿出生后的情绪就会受到影响，极有可能导致神经质性格。父母的温和情绪是子女在成长和发展过程中的一个基本要素，温和的父母能给子女全面有利的影响，可以减少子女的悲观、焦虑、潜在的敌意和依赖性，并可进一步加速子女的道德发展。来自温暖家庭的孩子，倾向于将积极正向的情感泛化到其他人、事、物上，形成良好的待人处世的态度与行为，较能体谅、包容他人，并能自我控制、乐观进取、充满自信，不会轻易攻击他人或做出违反社会规范的行为。相反，有敌意的父母对子女有不良的影响。父母对子女冷漠、怀有敌意、吝于表达关爱，其子女往往充满焦虑、不安全感，对他人易生敌意、易于侵犯攻击他人，违反社会规范，自我控制力及社会适应力较差，还会将对父母的厌恶感转移到其他人、事、物上，导致不良的待人处世的态度与行为，进而影响到学业成就与人际关系。

2. 父母的行为

父母的行为，尤其是母亲的行为，自孩子年幼时起就开始影响其性格及行为的全面发展。有学者将父母的行为分为权威型、专制型、放任型、忽视型。权威型父母以子女为中心，给孩子温暖、接纳、关爱；合理规范子女行为，且坚定执行规范；考虑子女的期望和意见，赞许并支持孩子的建设性行为；对孩子有合适的期望，并参与其活动。这样，孩子就倾向于大胆、活泼、外向、亲切、独立、自信，敢于表达自己；对压力调适良好，社交能力佳、合群；能自我控制，奋发向上。放任型父母对子女过分溺爱、纵容；规范不清楚或不坚定执行；忽视或接纳孩子的不良行为；管教态度不一致。这种教育下的孩子倾向于缺乏自信，成就动机较低；自控能力比较差，行为常越轨，脱离社会规范；情绪不稳定，喜怒无常；反抗大人、不服从，常常不能面对挫折，社会适应困难；生活漫无目标，待人处世冲动；善于作威作福，操纵他人。专制型、忽视型的父母，或疼爱孩子，缺乏严格约束，或厌恶子女，多加限制和排斥，其子女就倾向于只有较少的正向行为。他们容易将愤怒的情绪及行为压抑或内化，不满现实，好幻想，甚至引起神经质反应，敏感、多疑、不快乐、不友善，憎恨父母及他人；缺乏自尊和自信，学业成就低，人际关系不良，反抗权威，甚至极有可能诱发犯罪行为。

3. 父母的信念

父母的信念通常通过其情感或行为来影响子女。父母有什么样的信念，就会有什么样的行为，从而影响到孩子的行为。如果父母相信孩子可以自主，孩子应当受到尊重，他就会倾向于允许孩子选择、表达自己的想法，给予孩子负责任的机会；孩子在这样的教育下，也会更自信，更有责任感，且敢于尝试。如果父母秉持“我必须控制孩子，孩子必须听我的”这样的信念，他就可能要求孩子服从。当孩子没有按照他的期望行事时就会处罚孩子，这样孩子就会隐藏真实的感觉，时常感到焦虑，觉得生活不公平，也会用同样的态度对待比自己弱的人。

三、家庭实施心理健康教育的基本要求

既然家庭对孩子的心理健康发展如此重要，那么家庭应该如何参与和实施心理健康教育呢？有哪些基本要求呢？

（一）从父母自我改变做起

“天下无不是的孩子”，这话是有一定道理的。日本学者相部和男通过对1万名青少年犯罪者采访后认为，青少年犯罪的根源在于父母对孩子的教养，都是父母的错，父母在其中扮演着极其重要的角色。父母的信念、情绪、行为无不对孩子有影响。作为孩子生命中的重要他人、最初的也是最长远的教育者，要想改变孩子，让孩子健康快乐地成长，首先要保障自己健康快乐，乐于自我改变。

随着社会环境的快速变迁，现代父母依靠自己成长过程中被教养的经验来教育子女，已不足以应付子女成长发展的问题。而且，孩子在不断地成长，父母需要依据孩子的心理发展特点相应地做出调整。许多父母似乎期望天生就能胜任这一角色，然而事实并非如此，他们缺乏担任父母角色应有的知识和能力，他们需要学习行之有效的教育子女的观念和方法。

那么，如何通过学习达到自我改变呢？首先，父母要重新检讨自己对孩子的教养方式是否适当、是否合理、是否符合孩子这一年龄段发展的要求，“我需要孩子听我的”“好父母就是把孩子照顾得无微不至”“成功的父母是视孩子的成绩而定”……这些观点都需要借着各方面的信息来澄清，尤其需要更大的勇气来改变。其次，父母需要学习亲子沟通的一些技巧和方法，努力做称职快乐的父母。在本章第二节我们将对此详细阐述。

（二）身教重于言教

对孩子来说，榜样是最好的激励。家庭是孩子成长的第一个小型社会团体，在家庭中孩子学习、发展他的认知及行为，父母的言谈举止自然而然地成为孩子模仿的对象。然而，现在的父母都很喜欢用说教的方式来教育子女，甚至有“要照我说的去做，不要照我所做的去做”这种说法，真可谓一大讽刺。

曾有孩子抱怨父母买了一大堆书给他，告知书是人生最大的财富，说书是最佳的精神食粮，希望他能用心读书，但父母却从来不看书。也有父母成天守在电视机旁，却要求孩子读书、再读书。试想，没有适当的环境，却要求孩子有这样那样的特质，

孩子是很难做到的。特别是有关人生意义及生活智慧，父母要亲身实践，否则是无法让子女学习到的。孩子从父母身上学习到的将是他一生最丰富、最珍贵的精神财富。

（三）提供温馨的家庭氛围

在爱中长大的孩子，懂得如何去爱别人。研究犯罪的学者一再告诉我们，许多罪犯都生长在破碎、不健全的家庭里，进而导致他们步入歧途。现在的父母普遍有一种感觉，就是现在的孩子缺乏敏锐、柔软的心，不能理解父母的良苦用心。其实，温暖的心灵必须用爱的土壤来培育，我们总是给孩子提供我们认为他需要的、最好的条件，结果却适得其反。有的父母用理论、道理来教育孩子，固然可能培养出社会精英，但我们真正需要的是能感恩惜福、体贴快乐的感性孩子。除了提供温饱，家庭更多的功能在于为人们辛苦工作和学习之后提供休息，或者当人们遭遇挫折时向其提供温暖和关怀。作为父母，可以勇敢地表达爱，鼓励孩子表达爱，经常创造在一起的时间。俗话说，家庭是需要经营的。

（四）让孩子自己成长

通常，一个记忆力不好的孩子会有一个记忆力太好的母亲；一个不爱干净的孩子会有一个太爱清洁的妈妈。这些父母似乎太爱管闲事了，把孩子的问题统统揽到自己身上。其实，孩子的事情应该由他自己去处理，做父母的要明白什么事情该管，什么事情不该管。明智的父母会给孩子提供更多的选择，让孩子自己负责一些事情，给孩子更广阔的空间，在合理的范围内让他自己做决定。这样经历过风雨的孩子，才能成长得更健康。

为孩子做孩子可以做的事，不但剥夺了孩子学习和体验其长处的机会，更显示父母对孩子的能力、勇气缺乏信心，剥夺了孩子的安全感，否认了孩子自己有能力解决问题。培养孩子的独立性，就要让他能自己安排自己的事情，为自己负责，父母则在旁给予支持和鼓励。让孩子自己成长，意味着父母要学会等待，不仅等待孩子更成熟、更懂事，相对地也等待父母自己的成长。许多父母恨铁不成钢，忘了孩子的成长需要时间，忘了自己也需要成长。客观地说，许多传统的教养观念和态度确实需要进行重新思考。

（五）快乐比成功更重要

现在的父母常常把成功定位在高经济收入和高社会地位上，这样的期望给孩子带来了压力。亲子关系紧张，每天重复着你追我跑、你赢我输，日渐疏远了亲子沟通。其实在这多元化的社会里，孩子健康快乐地成长，又怎会没有出人头地的机会？一个懂得爱护和珍惜自己的孩子，一定会全力以赴地学习、快乐地成长。孩子需要父母以平等、民主、尊重的原则对待他，而不是事事帮他准备齐全、设想周到，从而剥夺他学习的机会。做称职的父母并不意味着绝不能脾气失控，偶尔的挫败、生气、激动，乃人之常情，不必过于自责。他们真诚地爱孩子，不因孩子成绩的好坏而改变；他们对孩子表达真实的感受，乐于在教养的过程中和孩子一起成长；他们了解做父母有很多沟通的技巧和方法需要学习，但其中最重要的是自己必须拥有正确的教养观念和态度。

第二节 学生心理健康教育与家庭教育方式的优化

在日常生活中，我们可以发现：绝大多数父母都是爱自己的孩子的，但是并非所有的孩子都能够感受到父母的爱。其实问题的症结所在，往往是家庭教育方式出现了问题。要想让家庭教育收到良好的效果，父母首先应该与孩子有良好的沟通，这就需要学习亲子沟通的基本态度和一些具体的沟通技巧。

一、家庭教育方式优化与有效亲子沟通

优化家庭教育方式，从心理健康教育的视角来看，其关键和重点就是促进有效的亲子沟通。它要求父母在与子女沟通时，应遵循尊重与信任、民主与平等、理解与关心三个基本原则。

（一）尊重与信任

尊重和信任是亲子沟通应有的基本态度。许多父母可能都认为自己尊重孩子、信任孩子，实际上来自孩子的反馈却不是这样的。尤其是青少年，他们对父母教养方式和亲子关系的评定与父母的评定并不一致。孩子对父母拒绝、不一致以及敌意控制的教养态度的知觉，普遍高于父母所认为的。

许多家长都明白为什么要尊重和信任孩子，一旦涉及具体的事情，就常常做出相反的行为。例如，有的家长对孩子什么时间做什么事情、上什么兴趣班、读什么书等，都严格地控制。究其实质，是他们头脑中除了“要尊重和信任孩子”的信念外，还存在“我一定要控制孩子”的信念。这样的信念，使得他们要求孩子必须服从，在与孩子发生冲突时会坚信自己是对的，一定要赢得“战争”。这样，也就与尊重和信任孩子的信念背道而驰。

其实，尊重孩子就是给孩子选择的机会，信任孩子就是给孩子成长的自由和空间。例如，在时间管理上，让孩子慢慢学着自己规划自己的时间，只有这样，他才有可能成为时间的主人。根据孩子的年龄和实际情况，给予其一定数额的零花钱，是有必要的，这也是理财教育的开端。对于孩子的阅读、兴趣爱好，也是如此，父母不宜干涉太多，给予孩子选择的自由，孩子反而能激发更大的热情。利用好这种热情，对孩子

个人的成长和发展都是有百利而无一害的。《知心姐姐》杂志上曾发表了一篇文章，提到一位妈妈给孩子自由，让孩子自己决定自己的事情，最终尝到了甜头：儿子从原来做事犹豫不决到凡事都能自己拿主意。“我选择不如你选择”，成了这位妈妈经常对儿子说的一句话。另一位妈妈则相反，凡事禁止孩子，很少给孩子选择尝试的机会，结果六年级的儿子变成了“死读书、读死书”的孩子，孩子的思想永远无法自由飞翔。

尊重孩子可以表现在不同层面。例如，接纳孩子，包括接纳孩子的情绪、思想及行为；信任孩子，相信孩子的能力；坦诚对待孩子，切勿以冷嘲热讽的口气和孩子说话；倾听孩子说话，尽量腾出时间听听孩子心里的话。只有这样，孩子得到尊重，才能渐渐自尊。自尊是心理健康的核心和基础，父母在培养孩子自尊方面担任着非常重要的角色。父母给予孩子的尊重、信任，是孩子建立自尊、自信最主要的力量和源泉。有的家长在孩子成绩好时，就尊重他；当孩子出现问题时，就任意贬损、指责甚至打骂他，这是典型的有条件的尊重。孩子在这样的家庭里，怎么可能把他的真实想法说出，怎么能感受到安全和自由？有一句教育名言说：让每个孩子抬起头来走路。父母正是让孩子抬起头来的主要促进者。

母亲信任的力量

一个妈妈，第一次参加家长会，幼儿园的老师对她说：“你的儿子有多动症，在板凳上连三分钟也坐不了，你最好带他去医院看一看。”回家的路上，儿子问妈妈，老师都说了些什么，她鼻子一酸，差点流下泪来。因为全班30个小朋友，只有她的儿子表现最差，唯有对他，老师表现出不屑。然而，她告诉儿子：“老师表扬你了，说宝宝原来在板凳上坐不了1分钟，现在能坐3分钟了。其他的妈妈都羡慕妈妈，因为全班只有宝宝进步了。”那天晚上，她的儿子破天荒地吃了两碗米饭，并且没让她喂。

儿子上小学了。家长会上，老师说：“全班50名同学，这次数学考试，你儿子排在第40名，我们怀疑他智力上有些障碍，你最好能带他去医院查一查。”走出教室，她流下了泪。然而，当她回到家里，却对兴冲冲地等她回家的儿子说：“老师对你充满了信心！他说了，只要你再细心些，就会超过你的同桌，这次你的同桌排在第21名。”说这话时，她发现，儿子暗淡的眼神一下子充满了光亮，沮丧的脸也一下子舒展开来。第二天上学时，儿子去得比平时都要早。

孩子上了初中。又一次开家长会，她坐在儿子的座位上，等着老师点她儿子的名字，因为每次家长会，她儿子的名字总是在差生的名单中被点到。然而，这次她等到家长会结束，都没听到儿子的名字。她有些不习惯，临走时去问老师，老师告诉她："按你儿子现在的成绩，考重点高中有点危险。"听了这话，她惊喜地走出校门，此时，她发现儿子在等她。走在路上，她扶着儿子的肩膀，心里有一种说不出的甜蜜，她告诉儿子："班主任对你非常满意！他说了，只要你努力，很有希望考上重点高中。"

高中毕业了。第一批大学录取通知书下达时，学校打电话让她儿子到学校去一趟。她有一种预感，她儿子被第一批重点大学录取了，因为在报考前，她对儿子说过，相信他能考上重点大学。儿子从学校回来，把一封印有"清华大学招生办"字样的特快专递交到她手里，突然就转身跑到自己的房间里大哭起来。儿子边哭边说："妈妈，我知道我不是个聪明的孩子。可是，这个世界上，只有你能欣赏我，尽管那是骗我的话。"听了这话，妈妈悲喜交加，再也按捺不住十几年来凝聚在心中的泪水，任它往下流，打在手中的信封上……

（一民，2003）

（二）民主与平等

与尊重和信任的态度一致，亲子沟通的另一个基本态度是民主和平等。如果父母没有民主和平等的态度，就很难做到尊重孩子、信任孩子。

中国有一种传统意识，叫作"听话的孩子是好孩子"。父母要求自己的孩子听话，孩子将来做了父母，也要求自己的孩子听话，如此一代接一代，循环不变。这是教育上的一个误区。父母要求孩子听话，主要出于两个目的：一是可以少操心；二是可以用自己的意志来塑造孩子。说穿了是要求孩子尊重父母、服从父母的安排。但是单方面地强调让孩子尊重父母、服从父母，而不注意给孩子应有的尊重，这是不公平的。要想正确地引导孩子按着自己的天性发展，父母首先要树立民主的态度，有意识地把自己和孩子摆在平等的位置上，试着对孩子让步，养成遇事和孩子商量的习惯。只有这样，才能实现对孩子的恰当的教育。有时我们肯定孩子的一个想法或做法，会比给他买一样东西更让他高兴。其实，孩子的一些新奇的想法和做法是很让人喜爱的，家长如果和孩子商量成一件什么事，也会感到一种难得的乐趣。

现在的孩子已经不再信服权威式的亲子关系，如果父母深信自己必须是权威，就会致使孩子的抗拒心理增强，自尊心低落，难以与之沟通。成为快乐的高效能父母，就要改变对待孩子的态度及对人性的基本看法，在民主、平等的原则下，重新建立亲密的亲子关系。

（三）理解与关心

理解和关心是亲子沟通的又一基本要素。我们知道，亲子之间的许多问题往往是由于双方沟通不够、缺乏了解而引起的。许多父母都有这样的体会：孩子越大，便越难与他们沟通，甚至不知应该怎样去交谈。其实孩子是成长的个体，其心理特点具有发展性、多变性、可塑性。当孩子逐渐长大，知识面、接触面扩大，他就开始学会自己观察、思考，对一些问题有自己的看法，有时觉得有些事情没有必要跟父母说。这样，父母就会缺乏对孩子的了解，相互间的沟通就显得十分必要。对此父母需要理解，这对孩子的成长至关重要。许多父母抱怨孩子不理解自己，其实他们又何尝理解孩子！父母按自己的想法为孩子做这做那，至于孩子到底怎么想，他们并没有真正关心过。

父母要了解孩子的内心需要，就需要倾听孩子的心声。如果父母只顾自己的感情需要，而不顾及孩子的心理需要，孩子会感到很孤独。父母愿意倾听孩子的心声，了解他的意见或问题，实际上也是对他的尊重。尤其对于青春期的孩子，更需要父母的理解和关心。

父母对孩子的理解和关心，也意味着要包容孩子的错误，允许孩子犯错。尤其对于爱犯错误的孩子，父母的包容是他心灵的港湾和希望。是孩子，就可能会犯错，父母要给他改错的机会。每个孩子都是在不断地犯错、认错、知错、改错的过程中成长的。当孩子犯了错误，要允许他改正；当孩子犯了罪跑回家，要给他做顿饭，等他吃饱了，再送他去公安局自首；当孩子成了少年犯，进了少管所，要常去看他。这个时候他最需要亲人的包容。要让孩子知道，无论在什么情况下，父母都是爱他、支持他的。不管他说了什么或是做了什么，也许父母并不接纳他的行为，但依然是关爱他的。

总之，父母与子女沟通中常见的问题有：父母以权威的姿态与孩子说话，较少注意倾听孩子内心的感受与需要，较少用心听孩子说些什么，较少体会孩子的内心想法，较少用赞美、鼓励的措词，而较多用唠叨和说教。这样，亲子间缺乏有效的沟通，孩子会感到挫折、不被了解及孤寂。相反，有效的沟通可以促进亲子间的关系，使家庭关系更牢固，从而促进孩子心理的健康发展。那么，如何进行有效的亲子沟通呢？研究发现，应从了解孩子的行为目的、倾听和表达等方面入手。

二、家长应该了解孩子行为背后的目的

心理学家认为，孩子表现出不良行为，是因为其追求价值感的导向错误，家长的任务在于帮助孩子用建设性的方法重新获得价值感。孩子的不良行为通常有四种目的：获得注意、争取权力、报复和自暴自弃（钟思嘉，2004）。

（一）获得注意

几乎所有孩子都渴望获得他人的注意。儿童学习以良好的行为来获得他人的注意，但是，如果无法以那些方法达到目的，他们就会以一些不当的行为来获得他人的注意。有些孩子认为，唯有得到他人的注意才有归属感，即使得到的注意是负向的，也比被

忽视要好。例如，父母被搅扰了，以提醒或哄慰的方式纠正孩子所表现的不当行为，使他获得所想要得到的注意，以后，他可能会再以相同的行动或类似的行为来获得注意。对于想要获得注意的孩子，父母必须改变反应方式，重视孩子比较有建设性的行为，而对于孩子的不良行为，或者不理会，或者不以其所期望的方式做出反应。

（二）争取权力

寻求权力的孩子觉得，只有当他在发号施令时，才显得自己重要。父母想要控制孩子，而孩子也想证明自己能做自己所想做的，也能拒绝别人要求他去做的。有的孩子在权力的争战中，会口是心非地行事，表面上服从了父母的要求，而在背后却做出相反的行为来。一般来说，面对争取权力的孩子时，父母一定要控制住自己的怒气，不要使自己也陷入权力斗争中。用权威来压制孩子的要求，只会加深孩子对权威的印象，认为权威很有价值，增强对权威的渴望。如果权力的争战一直持续不断，使孩子渐渐觉得自己无法反抗父母，他就可能会改变对权力的渴望，而转向第三个目的：报复成人。

（三）报复成人

怀有报复心理的孩子常常认为自己是不被爱、不被注意的，是被拒绝、被排斥、受到伤害的，因此也以伤害别人来回报。他甚至会错误地认为，只有当伤害别人时，他才会被看重；只有表现出残酷或令人讨厌的行为，他才能获得一席之地。当孩子有报复心态时，父母常会觉得受到伤害，认为应当惩罚孩子。但是，孩子对父母的反击却是寻找更激烈的手段，或是另外选择一种方式来报复。孩子之所以表现报复行为，是由于其内心感到灰心与沮丧，这种感觉并非一定是由父母所造成的。对于这种孩子，父母必须注意不要以牙还牙，而必须改善与孩子的关系，并且要保持平静与善意。如果报复的行为一直存在于亲子之间，孩子会渐渐觉得自己被打败，从而放弃这种方式，改以自暴自弃的行为来寻求他人的原谅与同情。

（四）自暴自弃

自暴自弃常是那些受到极多的打击、对自己非常灰心的孩子的表现。他用“我没有办法”“我无能为力”来保护自己，使别人不再对他存有任何期望，借此来逃避责任，省去了许多责备与不安。他们放弃努力，可能是全部放弃，也可能是在他们觉得不会成功的范围内才放弃。如果父母对孩子已不再抱任何希望，表现出想放弃的态度，孩子会举双手投降，这表示孩子正在追求这个目的。帮助自暴自弃的孩子，父母一定要停止所有的批评，注意孩子的优点与特长，对孩子的点滴努力和进步给予鼓励；不论进步多小，都不可忽视。否则，孩子会放弃自己，以冷漠或毫不关心的反应来面对父母的决定。

除了上述四种行为目的外，青少年的不良行为往往还有其他三个目的：①寻求刺激，如吸毒、复杂的性关系、喝酒、逃避日常事务、从事危险的活动或赛车等；②表现优越感，如贬抑父母或他人、参与盲目或危险的竞赛；③寻求同伴接纳，有时孩子表现不良行为是为了顺应同伴，得到他们的认同，或是陷入“时尚流行”而无法自拔。

需要说明的是，在孩子不当行为目的背后，他同样希望获得父母的关注和接纳。为了争取在家中的独特地位，他有时以不适当的行为来追求归属感。著名心理学家阿德勒认为，生命的主要力量就是追求优越或自我肯定。如果家长能够看到孩子不良行为背后的良好动机和合理目标，则表明家长已经朝成功的教育开始迈步了。

三、家长应掌握与孩子有效沟通的技巧

家长要想与孩子进行有效的沟通，除必须了解孩子行为背后的真正原因外，还必须积极倾听孩子的心声，并用同感的方式表达对孩子的理解。

（一）积极倾听

积极倾听是指在听孩子说话的时候，让他明白父母已经理解他所说的话，已经觉察到隐含在他还没说出的话后面的感受，使孩子感觉到被了解、被接纳，从而能够更清楚地看到自己的问题，协助他建立一个解决问题的基础。这源于人本主义心理学家罗杰斯的同感技术。

运用积极倾听，父母要学会“停、看、听”，即当孩子说话时，暂停手中正在进行的工作，注视孩子，提供给孩子表达感受的时间和空间；仔细观察孩子沟通时的面部表情和肢体动作；倾听孩子说了些什么，让他把话说完，不加评论和判断，尽量从孩子的立场了解他所说的话。在孩子说完后，将所接收到的信息再反馈给孩子，一方面可以澄清听到的是否正确，是否存在误解；另一方面，可以使孩子感受到被了解、被重视。唯有如此，父母才可以了解孩子话中隐含的意义；才可以真正帮助孩子克服某些恐惧心理，增进亲子关系；才可以协助孩子发展解决问题的能力，促使孩子愿意和父母说话，愿意听父母的看法和意见。

（二）问题所有权

对于孩子的事情，父母要明白什么事情该管，什么事情不该管，即界定问题的所有权。只有这样，才能培养有责任感的孩子，才能做称职快乐的父母。

那么，如何界定问题所有权呢？可以根据三项原则来确定：①若孩子的需要没有得到满足，属于孩子的问题；②若孩子的需要得到满足，但妨碍了父母的权利或职责，属于父母的问题；③若孩子的需要得到满足，且不妨碍父母，这时亲子关系没问题，皆大欢喜。父母在面对困扰时，可以问问自己：这个问题有没有干扰或妨碍到我的生活？这个问题对孩子和他人是否造成伤害，甚至威胁到生命的安全？如果答案都是否定的，那么这个问题就不关父母的事，属于孩子的处理范围。如果孩子与同伴、朋友

或老师等人发生冲突，那是他们二者之间的问题，父母也可以让孩子自己去解决，不需要插手或干涉，只需要从旁加以引导和注意即可。一个总的指导原则是：对于孩子的问题，父母需要积极倾听；对于父母的问题，父母可以表达“我的信息”，让孩子了解他的行为对父母造成了困扰。

（三）表达“我的信息”

如上所述，如果孩子遇到困扰，父母需要运用积极倾听，表达对孩子的接纳；如果父母感到孩子的行为干扰了自己，可以采用表达“我的信息”的方式与孩子沟通。例如，你正忙于一些事情，孩子却不断来干扰，或者孩子迟迟不归让人担心，一般父母遭遇此情境会指责孩子——“你真不听话”“真糟糕，你一出去就不知道回来”，而没有说明自己的感受与需要。这样的“你的信息”的沟通，往往无助于问题的解决，反而常常造成双方的紧张和冲突。此时，就可以采取“我的信息”的表达方式。那么，如何表达“我的信息”呢？它通常包含三部分：描述行为（只描述而不评价），指出行为的后果，说出对这个行为后果的感受。例如：“你踢（行为）得我好痛（后果），我真的受不了了（感受）。”

一般而言，表达“我的信息”的基本句式是：“当你……我感到……因为……”例如，很多家长通常采取“你的信息”的沟通话语：“告诉过你多少次了，不要把外套扔到沙发上！”如果运用“我的信息”，就可以表述为：“当我看到外套被扔到沙发上时，我觉得很不舒服，因为我很想保持客厅的整齐。”再如，通常的“电视关小声点儿！难道你没看见我在打电话吗？怎么这么不懂事！”可以改为“我的信息”的沟通方式：“当电视这么大声的时候，我打电话很费劲儿，因为我几乎听不到对方在讲什么。”这样，孩子感受到的就不是责备，也不会忙于辩解，而是会体会到父母真实的处境和感受，从而自发地产生消除问题的动机。父母告诉他们其行为带来的困扰，他们也会在互动的过程中，学习设身处地为他人着想。

表达“我的信息”，可以运用在孩子的行为负向影响到自己时，自己的正面情绪也可以用此方式来表达。例如，孩子把房间收拾得很干净，作为父母心里感到很高兴，不妨告诉孩子：“你的房间看起来真舒服。”父母鼓励了孩子的努力，孩子就容易继续下去。

四、家长应与孩子共同探索解决问题之道

探索各种解决问题之道，即当孩子遇到难题或者亲子双方有冲突时，可一起衡量各种行动方案，彼此协调，选择合理的方案，并付诸行动。这种处理方式所体现的是民主且尊重子女的意见，而不是父母权威的指导或压制。一般而言，其探索的步骤如下：①利用积极倾听来了解并澄清孩子的情绪和感受；②与孩子共同寻找各种可能的

解决方法；③列出并评估这些方法；④决定最佳的解决办法；⑤付诸行动；⑥追踪评估实施后的效果。

例如，五年级的小明，期中考试数学成绩不理想。回到家，他的内心和脸部表情充满着挫折感，他向妈妈抱怨："老师尽出些烂题。"妈妈首先积极倾听：

"你觉得很不公平？"

"对呀，出的考题课本里都没有！"

"你很生气，也很难过，因为你花了很长时间在课本上，却得到这样的结果。"

"嗯……我好生气……我好想哭……"

一段时间后，小明的情绪趋于稳定，母子共同探讨解决问题的方法。父母在与孩子共同探索解决问题之道的过程中扮演倾听、引导的角色，孩子就会想出各种方法；父母给予的支持和尊重，有时会刺激孩子想出更多方法。最后父母与孩子再评估哪种方法更好，付诸实施。

整个过程由于父母的信赖和支持，孩子会对所做出的决定有一种承诺感和责任心，也发展了深具创意的思考能力；亲子之间也少了一份敌意，多了一份爱意。尤其是在双方有冲突的情况下，若能共同协议，达成一致，双方彼此愿意站在对方的立场上考虑问题，亲子间的距离就拉近了。

第三节 学生心理健康教育与家庭人际关系的融洽

家庭人际关系的基本特点是平等、互爱、民主、共生。家庭有两种基本关系，即由姻缘而形成的夫妻关系和由血缘而形成的亲子关系。这两种关系密切相连，互为前提和条件，构成整个家庭的结构，产生了所谓全家的群体行为及人际关系。而维护学生心理健康主要是处理好家庭亲子关系，亲子关系的融洽又主要在于父母正确地运用鼓励与批评。

一、家庭人际关系融洽与鼓励和批评的使用

家长对孩子的教育，离不开鼓励与批评。鼓励与批评既是一种手段，又是一门艺术。恰如其分的鼓励与批评，能使孩子树立信心，增强斗志，消除自卑心理，改正不良行为；能使孩子满腔热情地投身于学习和生活之中，从而健康成长。鼓励与批评运用不当往往会产生负面影响，甚至会使孩子产生逆反心理，从而增加家长的教育难度。

鼓励是鼓舞的力量，促使孩子勇敢地向前走。美国心理学家威廉·詹姆斯有句名

言:“人性最深刻的原则，就是希望别人对自己加以赏识。”他发现，一个没有受到过激励的人，仅仅能发挥其能力的20%~30%；当他受到激励后，其能力的发挥水平是受到激励前的3~4倍。由此他认为，孩子在成长的过程中是需要不断鼓励的。鼓励的功效是无法估算的，它可以使孩子更加自信地面对未来；尤其是对于自暴自弃的孩子，可以重新燃起他们希望的火花；可以使家长的教育成效更加显著。一般来说，处于青少年阶段的孩子，表现欲强，取得一点成绩或进步之后，除了自己单独品味成功的喜悦之外，往往还希望得到更多人的承认，让他们一起分享他的快乐。作为家长要充分利用孩子的这一心理，及时、适时地对孩子的成绩、进步予以肯定。

批评是鞭策的力量，要求孩子正确地向前走。家长在批评孩子时，要注意疏通孩子的思想，切忌居高临下，要尊重孩子，平等地对待孩子，让孩子感受到批评也是父母的爱，从而使孩子心理上得到平衡，真正愿意改正错误。教育的最终目的是让孩子成为一个快乐的人。批评，特别是声色俱厉的指责，如果使用不当，会让孩子感到很恐惧、很无奈、很痛苦，故要少用、慎用。

每个人都希望得到别人的鼓励，讨厌别人的批评。孩子更是这样，得到鼓励后小脸笑得像一朵花似的，受到批评后小脸皱得像苦瓜似的。家长在教育孩子时应该怎样使用鼓励和批评呢？如何掌握鼓励和批评的尺度呢？这正是接下来我们要探讨的内容。

二、鼓励让孩子勇敢地往前走

鼓励是孩子成长、建立自尊的基石。正如俗话说的：在鼓励中长大的孩子，他学会了自信；在公平中长大的孩子，他抱有正义感；在宽容中长大的孩子，他学会了耐心；在赞赏中长大的孩子，他学会喜欢自己；在爱之中长大的孩子，他会爱人如己。那么，家长应该如何鼓励孩子？如何让称赞成为鼓舞孩子奋进的动力呢？

（一）鼓励与称赞的区别

1. 鼓励与称赞的涵义

一般人总以为称赞就是鼓励，鼓励就是称赞。其实不然，虽然鼓励和称赞都是针对孩子正面良好的表现，但称赞只是奖励的一种，着重于比较和竞争。孩子必须表现优异、有超群的成绩，才能得到称赞。换句话说，只有孩子达到父母认为很棒的程度，才能得到称赞。于是，称赞就成为父母控制孩子的方法，孩子因为要得到父母的称赞而努力，称赞成为外在的推动力，如果担心得不到它，孩子便会放弃努力。

与称赞不同，鼓励会不时地出现在孩子的任何进步和努力中。鼓励可以肯定孩子自我能力的发挥，而无需和别人做比较。例如，家长说:“孩子你很棒！你比上次进步了。”进步并不需要压倒别人赢得第一，只要有进步即能获得鼓励。它着重肯定孩子的优点和长处，孩子的价值来自于他的努力。也就是说，鼓励重视孩子的内在自我激励，更重要的是不对孩子做价值判断。即使在孩子遭遇挫折和失败而沮丧时，鼓励依然可以发挥它激励的效用，就像家长说："孩子，虽然你没有赢得这场比赛，但我相信你已经尽了全力，你表现得很棒。"它给了孩子信心和勇气，所以说，鼓励可以帮助孩子肯定自己的价值，让孩子觉得自己有价值，让他知道他的贡献。总之，称赞的话语专注于外在的评价和优秀，教孩子和别人做比较，只为个人所获而努力；而鼓励则重视内在的评价和贡献，鼓励型的家长能使他们的孩子接纳自己不够好的地方，对自己有信心并让他知道他是有用的人。

2. 不当称赞的副作用

称赞的不当使用，会对孩子产生不良的影响。有的孩子为了能得到父母的称赞而表现良好，他相信自己的价值是为了取悦他人；也有的表现不好的孩子，内心非常沮丧，因为他根本没有机会得到称赞，甚至认为自己永远无法达到父母的期望从而贬低自己的能力，久而久之，便对自己失去信心，而不再努力。家长的目标是帮助孩子学会自己做判断，肯定自我的价值，而这一价值是因为他的努力和能力。

同样，有的孩子会抗拒父母的权威，而拒绝做任何可以得到父母称赞的事，因为他看穿了父母用称赞来控制他的伎俩。因此，家长不要对孩子抱着每次都要有杰出表现的期望，不要只在他有特殊成就的时候才以他为荣。

3. 适于鼓励的话语

当家长在评论孩子的努力时一定要很谨慎，避免用自己的价值判断去看他的成果，要把握"帮助孩子相信自己"的原则。鼓励，可以通过一个微笑、一声赞美、一个亲昵爱抚的动作，也可以通过一定的实物进行。

在实际教育过程中，家长可以使用下面一些鼓励性的语句来激励孩子：①表示接纳的语句——"我很高兴看到你学溜冰快乐的样子!"②帮助孩子评价自己的表现——"你对这学期的数学学习，自己感觉如何?"③表示信心的语句——"这也许很难，但我了解你的能力，我相信你能做得很好。"④注重努力和进步的语句——"这次你在分数上没有进步许多，但我知道你已经尽了力。"⑤强调长处、贡献和感激的语句——"你帮我设计这张海报，我看得出你的创造才华。谢谢你!"

在使用鼓励的用语时，要尽量避免那些使鼓励打折的话语。例如："努力就有好收获，你现在知道你失败的原因了吧!""你球打得不错，要是读书也这样就好了。"这些附加的评语，暗示了父母完美的期望，反而使得原先的鼓励失去意义，犹如给了孩子，又收回来，令人泄气。

（二）鼓励的原则

既然鼓励是孩子成长、建立自尊的基石，但到底要怎么做才能恰到好处呢？最重要的是家长要能把握鼓励的原则、方法和策略。一般而言，鼓励的原则有以下五项：

1. 真诚接纳孩子

我们在前面的章节已经反复强调：心理健康的重要标志是接纳自己，尤其要敢于接纳自己和他人的不完美。当然，这并不是说人必须接纳自己和别人所有的行为，因为人的行为本来就是有些可以接纳，有些不能接纳。不过，如果我们因一个人具有某种不良行为而全盘否定他，或因一个人具有某种优良行为而全盘肯定他，都不是一种接纳的态度。同样，家长可以不同意或不赞同孩子的某一行为，但这与是否接纳孩子没有关系。行为者和行为是有区别的，我们接纳行为者这个人，但是可以不赞同和接受其行为。也就是说，家长应接纳孩子真实的样子，而不是该如何的样子。家长在鼓励孩子时要做到“对事不对人”，让孩子知道虽然他有时表现得不如人意，但他仍然是有价值的，是受到尊重的。

2. 着眼积极的一面

在现实生活中，很多家长可以说是“鸡蛋里挑骨头”的专家，对于孩子的表现过分渴求、非常挑剔。例如，当孩子数学考试得了99分时，有的家长不是高兴和自豪，而是质问孩子：“那1分是怎么丢的？”或者当孩子在完成很难的数学作业时，结果发现10道题目做对了8道，有的家长可能会说：“这两道题怎么做错了？难的你都会，简单的怎么反而错了？”这种忽视99分和8道题而纠缠于1分和两道题的家长，只会深深地打击孩子的信心。

假如家长想改变自己与孩子生活中一些不愉快的经历，尤其是想帮助表现不好、内心沮丧的孩子，就要尽量少去关注孩子负面的信息，多看孩子积极的一面。例如，有位家长对女儿的作业很烦恼，因为作业本页页涂改，字也写得东倒西歪。过去不管怎么提醒和纠正，孩子的作业都没有任何改善。当这位家长了解了“着眼积极的一面”的鼓励原则后，他会指着作业本上的某个字说“这个字写得很漂亮”“我很欣赏这个字”，或者翻开一页干净的作业（与其他相比较）说“这一页写得真干净，真不错!”。结果，不出三个月的时间，女儿的作业本越来越干净了，字也写得越来越漂亮了。

总之，在教育孩子时，不要常强调他错误的地方，任何人都不喜欢别人经常挑自己的毛病。注重积极面，指出孩子做得对、做得好的地方，强化他对自己的信心，他便会有勇气去不断尝试和努力。

3. 重视努力和进步

在现实生活中，许多家长常以结果的成败论英雄，这很容易让孩子沮丧，因为过分强调事情的结果，只能告诉孩子：“除非你做得好，否则毫无价值。”这种认识和观念，会让孩子以后因害怕失败而裹足不前，从而严重影响孩子的发展。相反，如果只要孩子努力了，或者取得了一小点的进步，家长都加以鼓励，那么孩子心里就会拥有成功的希望，就有可能最终获得良好的发展。

当然，期望一个原本沮丧的孩子能立刻做好一件事情，是不切实际的。为了避免使他更受挫折，制订切实可行的目标是非常重要的。例如，对于一个内向害羞的孩子，鼓励他当众表达自己的意见可能只会增加他的窘境，正确的做法应该是：提供给他渐进成功的机会，如私下先问他一两个他能回答的问题并给予鼓励，然后帮助他在人较少的场合表达并予以鼓励。这样，逐渐把表达的内容增多、难度加深，假以时日，自然就可以培养孩子的信心和勇气。

总之，在教育时家长要重视孩子的努力和进步，避免老拿他与其他孩子做比较；对于孩子的进步，要多用具体的言辞来肯定，尽量少用抽象的赞美来敷衍。

4. 肯定个别的能力

当一个人的能力有所发挥，且能得到肯定的时候，他常会感到自己的价值。所谓“天生我材必有用”，每个人都有不同的才华，每个孩子也有他先天的潜能，如果给予表现的机会，让他的能力发挥出来，他就可以产生自我价值感。

孩子在成长过程中，需要不断地肯定自己的能力。为此，家长可以多留意孩子的日常表现，对其具体的行为予以鼓励。例如，“你画的这幅画很美！”“你玩电子游戏的反应真快！”“看样子你在空间想象方面很有能力。”当然，没有一个孩子是样样都行的。此时，家长应该肯定其优势的一面，而不要去挑剔其劣势的方面。例如，一个孩子的语文能力很强，而数学能力较差，此时家长可以对其语文能力加以肯定和鼓励，但不要挑剔和批评其数学能力。事实上，当孩子从一点上建立起了自信，他就会逐渐转移和泛化到其他方面，从而有助于他其他方面的发展。

5. 从自我鼓励做起

鼓励是人类的一种基本需要，沮丧的家长无法鼓励沮丧的孩子。鼓励自己和鼓励别人同样重要！如果家长对自己没有信心，又怎能使子女有信心？道理很简单：你无法给别人你自己没有的东西。因此，家长不仅要学习自我鼓励，同时也要鼓励孩子进行自我鼓励。

成为称职快乐的家长，并不是为了要得到别人的称赞，也不可能样样做得尽善尽美，也许会有失败或沮丧的时候，孩子也可能仍会出现犯错的行为。但是，只要真诚地、持之以恒地鼓励自己，发挥爱心和耐心，孩子自然会感受到这种支持的信息，学习到责任心和价值感，从而走向有意义的人生目标。

三、批评鞭策孩子正确地往前走

孩子成长的过程就是不断尝试、改正错误的过程。许多错误是因为他们缺乏判断和足够的理智造成的，因而及时的批评教育是必需的。但批评必须讲求原则、适度，这样才能收到良好的教育效果。

（一）批评孩子要注意方法

当孩子做了错事，或考试成绩不理想时，有的家长往往忽视批评方法的选择，不是严厉训斥、惩罚、唠叨，就是冷嘲热讽，使孩子处于难堪的境地。这样家长与孩子之间很容易产生隔阂，甚至出现对立情绪。因此，批评孩子时，家长一定要注意方式方法，无论在语言、表情还是动作上，都应诚挚、热切，使孩子愉快地接受批评。

一般来说，对于自尊心较强、敏感性高、脸皮薄的孩子，应避免当面批评指责，多采用暗示、诱导等批评方法为好；对于比较通情达理、脑子灵活的孩子，以多采用举例法、谈话法为宜；对于活泼开朗、性格外向的孩子，则可以开门见山、直言训导；对于缺点较多、调皮捣蛋的孩子，如果选择先褒后贬或先贬后褒的方法进行批评，效果往往事半功倍。总之，家长要掌握孩子的心理特点，因人而异来批评孩子。

（二）批评孩子要注意尺度

家长在批评孩子时，不仅要注意方法，还要注意尺度。一般而言，批评尺度的确定一要根据孩子所犯的过失轻重来确定，二要根据孩子过失的原因来确定。如果孩子犯错是由于无知或无意，用和蔼的语气给予提醒或轻微的责备，使其明白、注意就行了。如果是由于粗心、马虎等原因，要给予较严肃的批评，使其明白这样做会带来的危害或损失，纠正其不良的行为与态度。如果是故意的或明知故犯，则应给予极严厉的批评和指责，要求其承认错误、做出保证，并给予相应的处罚。此外，批评孩子也要根据孩子的性格特点来确定尺度。对于性格内向、感情细腻、自尊心强的孩子，批评时分量不宜过重；对于性格外向、能言善变的孩子，批评时则要相应加重分量。同时，家长要注意孩子对批评的反应，以便了解孩子受批评后的心理状况，并根据其不同反应，及时调整教育方法。有的家长恨铁不成钢，批评孩子，认为越重越好，甚至故意夸大孩子的错误，吓唬孩子，这样往往容易委屈孩子，导致其产生严重心理问题。

（三）批评孩子要注意场合

大多数孩子自尊心较强，爱面子，因此家长批评孩子的时间和场所很重要。一般来说，饭前饭后不要批评孩子，大庭广众之下或在孩子的长辈面前不要批评孩子，因为饭前饭后批评孩子容易影响孩子的情绪，降低其食欲和消化功能，对孩子的身体健康不利。孩子在人多的场所做错了事，或者家里有客人，家长应控制自己的情绪，保持冷静，避开众人再批评。如果立即发火，不仅容易伤害孩子的自尊心，使其产生情感上的隔阂和对立，影响孩子心理的健康发展，而且当着客人的面批评孩子，也容易使客人难堪。同时，应该尽量避免在老人面前批评孩子，因为老人对孩子有特殊的情感，即使明明知道孩子做了错事，也有袒护心理。

另外，需要提醒的是，不同年龄的孩子应区别对待。6岁以下的孩子，记忆保持的时间比较短，做错事后成人应尽量及时给予批评；否则，离开当时的情景，批评的效果就不好了。对于中小学阶段的孩子，可根据具体情况，在孩子情绪稳定后，再恰当地给予批评。

（四）批评孩子要陈述理由

批评不是教育目的，只是一种教育手段。教育的目的是为了使孩子今后不再犯同样的错误，因此批评孩子时应让孩子知道为什么受批评。同时，应教给孩子正确的方法，最好是通过暗示帮助孩子自己去思考、去判断，通过自己的努力加以改进。

（五）批评孩子要避免重复

对孩子做的错事，不要重复批评，要尽力做到一事一批评。否则，会伤害孩子的自尊心，降低成人在孩子心目中的威信，影响今后批评的效果。当然更不能威胁孩子，这样会给孩子带来不应有的恐惧感和不信任感。

此外还应注意：对孩子的态度不能因成人的心情而改变；批评用语应该是孩子可以理解的，话语应生动简明，避免长篇大论；可以经常改变批评的词汇和方式；不一定要孩子写保证书，因为很多时候它会流于形式；任何时候都要坚持说话算话。

总之，鼓励和批评作为家长最经常采用的教育方法，家长必须掌握其运用的艺术，将它们结合起来，恰当合理地使用，这样既有助于调动孩子的积极性，也有利于孩子培养自信心。具体说来，家长要注意以下六个方面：

（1）鼓励面要宽、批评面要窄。实践发现，鼓励容易被大多数孩子接受，受鼓励的孩子的积极性易于被调动；批评则反之。

（2）鼓励宜直接，批评宜间接。有时，适宜的不直接批评，可以提醒孩子今后不犯类似的错误。

（3）鼓励宜多，批评宜少。研究表明，鼓励可以使人心情愉快，愉快的心情又促使人积极行动。批评会使孩子感到压抑，从而影响其学习的兴趣和效果。

（4）鼓励要注意艺术，批评要严肃善意。研究表明，伴随丰富表情的鼓励比平淡表情的鼓励更能激励人，微笑的表情能给人以和善的感觉。批评则要注意严肃性，忌讽刺挖苦和不了解情况随意批评；同时，批评应是善意的，让孩子内心里切实感到父母是为他好。

（5）鼓励和批评要符合客观实际。无论是表扬还是批评，都不能夸大其词，言过其实。要以事实为前提，有一说一，有二说二。

（6）鼓励和批评要因地因时而不同。一般来说，鼓励要及时，批评要看情况而定。

四、订立适当的规则与奖惩有度

称职的父母不仅给孩子无条件的爱，也提供适当的保护与限制，并赋予适合其发展阶段的任务。换句话说，一味地顺从孩子并不是合格父母的做法，孩子也不能真正体会到父母的爱，同时孩子在其他社会环境中，也可能会有适应上的困难。所以，教育孩子不能忽略适当规则、限制的订立，必须做到奖惩有度。那么，父母应该如何为孩子订立适当的规则呢？一般而言，规则的制定需要注意以下几点：

（一）适当的教导

要求孩子担负某些责任或遵守某些规则时，需注意该项工作是否符合孩子的能力，是否符合其发展阶段的需要。以孩子的生活自理能力为例，有的父母主张及早训练孩子独立，可能在孩子两三岁时，就期望孩子自己穿衣服，所以早上父母把衣服放在床头，要求孩子自己穿。这种心急的父母并不了解孩子是否准备好自己穿、是否有足够的能力及独立性来处理这样的情境，尝试的结果是双方都有挫折感，从而引发一些不愉快的互动。有的父母对孩子的独立性要求较少，着重于事务的快速完成，所以看到孩子做得又慢又不好，就忍不住代劳了。等孩子上了小学，甚至上中、高年级，父母仍然一边抱怨一边替他穿衣服，准备他上学要带的东西，天天不厌其烦地说："你就是太依赖了，从现在开始我就不管你了。"

上述两种情形都缺乏适当的教导、准备，在对孩子有所要求之前，父母需要先考虑孩子是否有可能达到该项要求。同时在考虑时，必须从孩子本身相关能力的表现出发，而不能以"别人都会，他也应该会"来做标准。例如，以孩子做功课为例，有的孩子不论在什么情况下，都能迅速而正确地完成；有的孩子则在外界干扰较多的环境中易于分心、注意力持续短暂，因而要花较长的时间才能完成功课。对于后者就无法以前者的水准来要求，而应减少环境中的干扰来源，并训练其注意力持续度，由他目前所能做到的为起点，逐步朝最终目标前进。至于自起点到终点需分成几个阶段，就视孩子的情形来定了。总之，在要求孩子遵守某些规则、达到某些标准之前，一定要先评估要求是否符合孩子的能力水准、是否符合孩子的发展需求。如果该要求超越其水准，就不要期望孩子能达到，而应从达成该要求所需要的基本要求开始教起，逐步达成最终的目标，不可过于心急而拔苗助长。

总之，在教育孩子的过程中，适当的教导是必要的。唯有如此，孩子才能逐渐成长为适应社会的人，并担负适合其发展程度的责任。

（二）亲子协商订立规则

在订立规则时，父母应该尊重孩子。如果亲子之间意见不同，父母则需要与孩子做好沟通，而不是以父母的权威来强迫孩子遵从。例如，孩子在客厅打球，父母如果只生气地命令孩子“不准打了”,孩子可能慑于父母的震怒而暂时停止。但是，孩子会满心的不高兴，心想“爸爸妈妈不知道在生什么气”；同时，他可能不知道为什么不可以打球，下次想玩时又在客厅玩起来了。遇到这种情况，父母应让孩子了解父母的感受，如对孩子说“在这里打球会吵到楼下的人，同时我也担心会打破客厅里的东西”。孩子了解了原因，才有可能调整自己的做法。如此，不仅解决了问题，也尊重了孩子的自主权。

再者，订立规则时，父母应真诚地与孩子协商，找出双方都能接受的方法，不要假借民主之名行使权威之实。例如，以投票的方式解决意见分歧的状况，听起来不失为一种民主的方式，但是仔细了解会发现，对于未成年的孩子，这是不公平的，几次尝试之后，孩子也会发现其中的问题，就不再表达意见了。所以，父母若认为某事件是可以协商的，就要让孩子的意见有陈述及被接受、施行的机会；如果是不能协商的，如孩子要求父母代写功课，父母要处理的是孩子遭受挫折后可能的情绪困扰，而不是商量决定父母可否代写功课。

（三）行为后果的处理

订立规则后，孩子可能依据约定来做，也有可能违反部分约定，父母应以多鼓励的态度来处理这样的情形。行为目标的实现是渐进的，父母若强调孩子已达成的部分，关注孩子的努力，将有助于他向目标更加努力。有些父母担心如果多称赞孩子，会使孩子过于自满而不求进步，因此总是强调孩子的不足之处，期望孩子能经由提醒或指责，把这些不足之处加以改正而趋于完美。事实上，试想若自己身处一个不断有人说“你是多么糟糕”的环境中，会有什么感受，想必也是气馁不已。对于年幼的孩子来说尤甚，他的自我概念尚未稳固，更可能信以为真，认定自己很糟糕，难以产生进一步改善的动机，也就不可能进步了。

当然，有时孩子做得确实不好，而且所要做的事是其能力所及，那么是不是就要处罚呢？也不尽然。父母可以运用自然与合理的行为后果来处理。自然的行为结果是指受自然法则限制所造成的结果，如下雨不带伞会被淋湿。合理的行为结果是指违反社会规则的结果，如不准时出门会错过校车、骑车不带安全帽可能受伤。当父母需要干预孩子的不良行为时，可以自己设计一套合理的行为结果。例如，一个孩子到了吃饭时间仍迟迟不来，一般父母都是三催四请，到最后失去耐性而发脾气，双方都不高兴。若采取自然与合理的行为结果的做法，父母可以对孩子说:“吃饭时间到了，你要现在来吃还是等一下吃冷的饭菜？”父母说时语气温和，避免形成威胁、责骂的口气，否则就与惩罚的作用无异了。同时，父母也不为迟来的孩子提供热菜或加菜的服务，让孩子经由自己的选择，获得该选择所带来的自然与合理的行为结果。

采取自然与合理的行为结果的好处是，父母表达了对孩子的尊重，不以权威强迫孩子一定要遵从自己的要求，孩子也不得向父母要求额外的服务。同时，孩子已预知两种选择可能的结果，能做适当的选择，并为自己的选择负责。在施行之初，孩子也许不太了解这个规则，不能预期他的选择与后果之间的一致性，而在面临后果时不能接受，或是下次依然做了一个他自己不喜欢的选择；这时父母需要有耐性，温和而坚定地执行规则，孩子在经历过几次这样的选择后，自然可以学会这个规则，而能为自己做出较好的选择。

（四）温和而坚定的态度

在传达或执行亲子之间的约定时，重点在于让孩子了解父母有执行的决心，而不是责骂或威胁孩子，不需要疾言厉色，通过语气、表情等非言语的沟通也可以传达出这样的信息。孩子需要坚定地对待，因为有了坚定的对待，才会有行事的准则及界限。如果行事没有准则和界限，孩子就会随心所欲，动辄得咎，往往引起亲子关系的紧张。例如，当母亲正在开车时，五岁的晓英和小华在后座嬉戏玩耍，母亲多次要求他们安静下来，以免影响行车安全，但他们充耳不闻，愈玩愈狂。当晓英不小心撞到小华，小华撞到母亲的头和肩膀，车子一阵摇晃，母亲赶紧急刹车才得以避免一次可能的意外。母亲看起来对两个孩子非常宽大，允许他们在车子里面玩，但是，无论如何，车子里面都不是一个可以疯狂玩耍的地方。母亲可以建立一个规则：不可以在车子里面有疯狂行为。

在制定这一规则时，母亲应是坚定的，而不是支配的。支配意味着母亲将自己的意愿施加在孩子身上，告诉孩子什么是应该做的，如果母亲企图将自己的意愿强加在孩子身上，只会引起孩子的反抗。坚定则是表现在自己的行为上，母亲通常可决定她要做什么，并且加以实现。例如，当孩子不遵守规则时，她就不开车。开车过程中，如果孩子再次违反规则，母亲再停止开车，并且可以对孩子说："你们的行为持续多久，我就不开车到多久。"然后，母亲可以安静地坐着，直到孩子遵守规则，不需要多余的解释。母亲用她的行动表现她的坚定。

坚定而不支配，需要落实在相互尊重的精神上，父母尊重孩子想要做什么的权利，同时也尊重自己拒绝对不遵守规则的孩子过度仁慈的权利。坚定可以拒绝孩子过分的要求。一旦父母设下规则，必须维持其一致性。规则的维持需要适当的坚定，甚至于温和的压力，特别是对于较小的孩子。当父母说"不"的时候，就应该让孩子看到坚定的实现。斥责、打骂、威胁只会引起孩子的敌意，虽然可以暂时停止孩子的不当行为，但通常会将冲突带到其他偏差行为的表现上。孩子唯有经由坚定的对待，才可学习到行为的限制。

（五）教育的一致性

订立规则之前，最好能先取得主要教养者，通常是父亲和母亲态度的一致。在父亲那里不被接受的行为，在母亲的标准中最好也不被接受，否则会造成孩子规则、价值上的混淆。除了主要教养者之间的一致外，在不同的情境、时间也要有一致的规则，如孩子在家中不得在椅子上跳来跳去地玩，那么去朋友家或餐厅同样不容许这种行为的发生，这样孩子才能学会遵守规则，而不是学会看大人的脸色或看情境有没有可乘之机来行事。

（六）适当的弹性

订立规则时尽量不要过于琐碎，一方面避免过于僵化，一方面避免给孩子动辄得咎的感觉。父母不妨衡量什么样的价值观是重要的，把它作为某些事是否被接受的基础。例如，有的父母主张只要没有伤害自己或损害他人权益的行为都是允许的，有些行为虽然不违反该基本原则，但是父母不那么赞成，那就由孩子自己去选择并承担该选择的后果。如此，孩子获得了适当的尊重，在这些经验中学会了自己做抉择，也可避免孩子总是产生一种被控制的无力感。

总之，为了促进学生的心理健康发展，家庭教育也必须做到“严而不苛”。也就是说，家长对孩子的要求应是他能做到的，对孩子的关爱应是他所需要的，对孩子的奖惩应是他所理解的。唯有如此，孩子才能得到健康的发展。

第十一章

学生心理健康教育的组织管理

加强学生心理健康教育是学校全面管理中的一项重要内容，也是提高学校管理质量的重要举措之一。心理健康教育管理的内容非常丰富，有人员、财物和时间、空间、信息等要素。要想确保心理健康教育的高效、健康和顺利开展，学校就必须整体规划、全面管理、统一协调和多方兼顾，并不断加大科学管理的力度。当前应特别重视心理健康教育的管理体制、心理健康教育室（中心）以及心理健康教育绩效评估等问题，这些问题在微观和宏观的不同层面上，直接影响着心理健康教育活动的性质、效果及作用。强化管理，对正在发展中的、处于初始阶段的我国学生心理健康教育可以起到促进和引导作用。

第一节 学生心理健康教育的组织机制

学校应科学规划并积极形成心理健康教育的组织机制，用科学的理念、科学的方法、科学的策略来引领学校的心理健康教育工作。科学、合理的心理健康教育的组织管理机制，可以使心理健康教育的各种力量既相互分工，又密切配合，从而全面发挥学校心理健康教育的矫治、预防和发展功能。

一、学生心理健康教育管理体制的模式

经过十多年的实践探索，目前在学校层面的心理健康教育管理体制主要有五种模式（王浩，2001）。本书在其基础上提出了第六种模式，即全面渗透模式。

（一）教研组模式

教研组模式是比较早的心理健康教育管理模式，它将心理教师与政治（或其他科目）教师的身份合二为一，由政治组或其他学科组直接管理。这主要是因为在心理健康教育刚刚开展的时候，学校缺乏对心理健康教育工作管理的经验；而且在开始时缺乏合格的心理健康教育教师，人们又往往将心理健康教育工作与德育工作等同起来，

大量的政治教师兼职从事心理健康教育工作，才出现此类管理模式。直到现在，由于合格心理专职教师的缺乏，许多学校还保留着这种管理体制。当然，也有些学校抽取其他教研组对心理健康教育感兴趣的教师（如语文老师）来从事此方面的工作。同时，有些学校即使聘请了专职的心理教师，但由于晋升职称、评优、课时量、结构工资等的需要，心理教师也往往兼职从事政治、语文或其他学科的教学工作。因此，我们把这种管理模式统称为教研组管理模式（见图 11.1）。

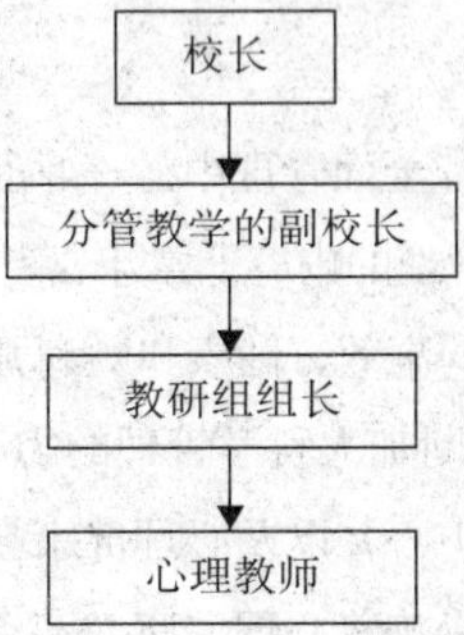

图 11.1　教研组模式图

实事求是地说，这种管理模式对于我国早期心理健康教育的开展确实起到了促进作用。但是，它对心理健康教育工作的深入开展却是不利的。因为心理健康教育工作是一个新兴事物，而学校的教研组长由于知识结构的原因无法对此项工作有个清晰的认识与把握。因此，作为心理健康教育工作的直接管理者，他们无法指导此项工作的开展。同时，心理健康教育工作应该是一项学校全体人员都参与的工作，而将心理健康教育工作置于教研组的层面，使此项工作无法在更广的层面开展，它的影响与效果也必将有限。

（二）教科室模式

教科室模式（见图 11.2）是将心理健康教育工作置于教科室的管理之下，心理教

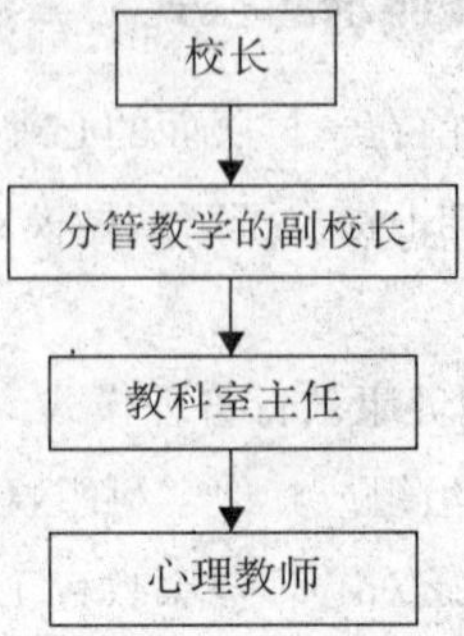

图 11.2　教科室模式图

师是教科室的一员。教科室模式重视心理健康教育工作的科学研究，比教研组管理模式有一定进步，它将心理健康教育工作提到了一个较高的层面上；而且心理教师也摆脱了学科教师的束缚，可以有更多的时间与空间来从事心理健康教育工作。

教科室模式的一大优点是，心理健康教育工作可以借助教科研的力量，开展心理健康教育的科研活动，而心理健康教育的研究活动一方面可以增加理论应用和实践工作的有效性，另一方面也可以深化心理健康教育工作的各个领域。当前心理健康教育工作层面有许多课题等待研究，但心理健康教育课题研究只是心理健康教育工作的一部分，它还有许多实践性、应用性的工作。因此，这种管理模式本身也有自身的问题：①这种管理模式容易混淆教科研与心理健康教育工作的区别，使心理健康教育工作更多地停留在科研的层面上。客观地说，虽然心理健康教育科研是心理健康教育工作很重要的一部分，但心理健康教育工作在本质上是一项实践性的工作，没有实践的支撑，心理健康教育工作只能是空中楼阁。②由于属于教科室管理，心理教师会从事一些其他的教科研工作，势必会影响心理健康教育工作的开展。③尽管心理健康教育提升了工作的层面，但仅局限在教科研的范围内，仍然与心理健康教育应有的地位不相称。

（三）德育管理模式

德育管理模式（见图 11.3）是将心理健康教育工作置于学校学生处或政教处的管理之下。这种管理模式认为，心理健康教育工作是德育工作的一部分或是德育工作的补充，心理健康教育工作应纳入德育工作管理的范畴。

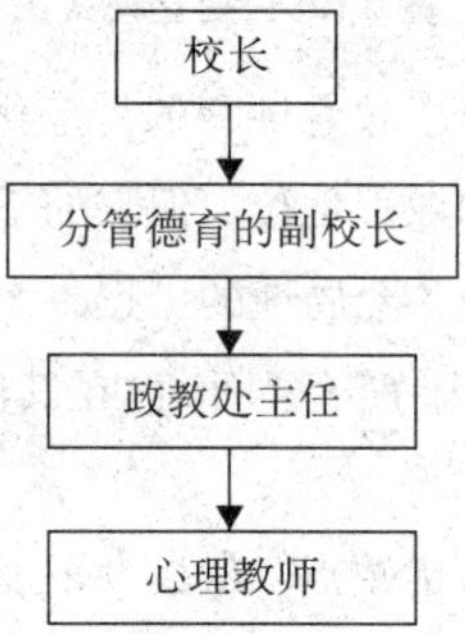

图 11.3 德育管理模式图

德育管理模式使心理健康教育工作更加贴近学生生活与班主任工作，心理工作与德育工作有机地结合在一起，提升德育工作的实效性，心理健康教育本身也得到广大德育工作者的重视。但它本身也有弱点：①容易将德育工作与心理健康教育工作混淆，其实心理健康教育工作与德育工作在内容、目的、方法、观念上都不同。两者各有各的作用，是不能互相替代的，有时两者甚至会产生一定的矛盾。②德育管理的方法与心理健康教育工作的管理方法是不同的，在管理上可能有一定的难度。③归于德育管理的范畴，使心理健康教育工作局限在德育的范围内，无法有效地渗透到教学等其他领域，降低了心理健康教育工作在学校中应有的作用。

（四）班主任工作模式

班主任工作模式即学校不设专职心理教师，心理健康教育工作由政教处布置，直接由班主任来完成，实际上班主任成了兼职的心理教师。这种模式的缺点很多，如：班主任本身的知识结构使其无法很好地完成心理健康教育工作；班主任本身既是管理者又是心理健康教育工作者，两种身份无法统一，心理健康教育工作往往与德育工作混在一起等。

（五）独立模式

独立模式（见图11.4）即设置独立的心理健康教育教研组（室），纳入学校整体的教学管理之下。这种管理体制侧重心理健康教育课程的实施，即认为心理健康教育工作的主要途径是课堂教学。

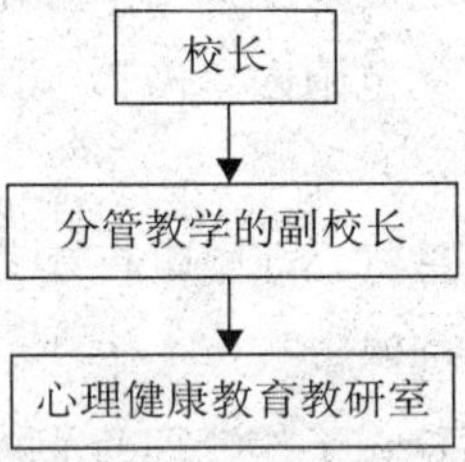

图11.4　独立模式图

独立管理模式有利于心理健康教育课程的规范化，教研组的设置使心理健康教育课程具有与其他学科课程一样的课程地位。但它的不足之处也很明显，因为心理健康教育工作是一项综合性、整体性、全局性的工程，教研组的设置使心理健康教育工作开展有所限制，功能降低至课程和教学层面，而在其他方面是没有管理与实施权限的。

（六）全面渗透模式

由于以上五种管理模式各有优缺点，从最大限度地推进心理健康教育工作的角度思考，应该建立第六种管理模式——全面渗透模式（见图11.5），即将心理健康教育工作提升到整个学校层面上来考虑。建立与学校其他处室平行的心理健康教育中心（或处室），由校长直接管理。该中心的负责人与成员应该是经过学校心理学系统培训，具有相当的实践经验与一定学历的教师。他们的工作领域是整个学校，服务对象是学校

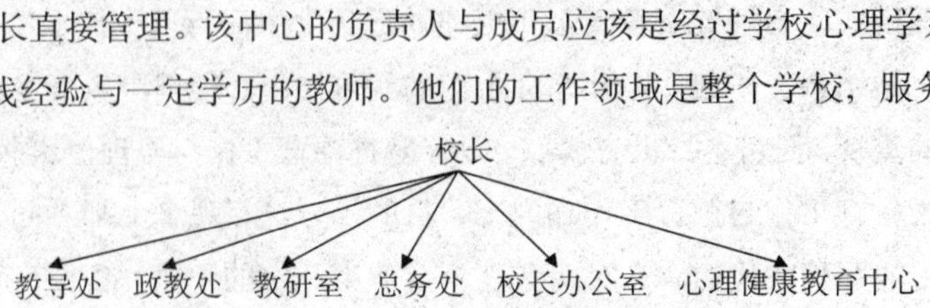

图11.5　全面渗透模式图

所有的学生、教师、家长、职工、管理者等。他们的任务包括：帮助存在身心缺陷的特殊学生，也帮助正常学生解决发展问题，为教师、学生、家长提供专业化的心理咨询；对学生的学习、个性、心理等各方面进行诊断与评估；研究学校管理中的管理心理学问题，协助管理者优化学校的育人环境，解决在学校课程、师资建设等方面存在的一些心理问题，对教师的教学策略与方法进行研究与指导；指导教师帮助学习困难、品行不良的问题学生；帮助教师、家长解决在教育学生中遇到的问题，等等。这种管理模式要求学校的大力支持，包括编制、工资、津贴、办公条件、职称等方面。

将心理健康教育工作全面渗透到学校的方方面面，极大地提高心理健康教育工作在学校中的地位。心理健康教育的负责人在校长的领导下，将心理健康教育工作与其他教学、德育、科研、总务、咨询辅导等工作有机地结合起来。这种管理模式符合心理健康教育工作在素质教育中的地位，也有利于学校的发展、学生的全面成长、教师专业化的不断发展。

二、学生心理健康教育的组织领导机构

学生心理健康教育工作，需要一定的制度、组织领导机构等作为保证，以提高心理健康教育工作的规范性、科学性和有效性。

就全国范围来说，根据教育部《关于加强中小学心理健康教育的若干意见》，教育部设立了中小学心理健康教育专家指导委员会，加强对全国中小学心理健康教育工作的指导。依此类推，各省（市）教育行政主管部门的基础教育处、学生德育处以及教科所也担当起相应的职责，对本省（市）的心理健康教育工作进行直接指导。与行政管理机构并行，我国各级各类群众性学术团体，如心理学会、心理卫生协会等组织，对心理健康教育工作的规范性建设也起到了非常积极的作用。例如，中国心理学会、中国心理卫生协会1992年联合颁布的《卫生系统心理咨询与心理治疗工作者条例》，不仅对卫生系统发挥了积极作用，对教育系统的心理健康教育工作也产生了非常积极的影响。当然，考虑到我国的国情以及有关学术组织的权威性，全国性的组织领导机构应以行政和官方机构为主，这在当前是很有必要的。

就具体学校而言，心理健康教育的组织领导工作，也应做到机构健全、职责分明。心理健康教育应在校长的领导下，由分管校长负责管理，成立心理健康教育中心（或心理健康教育室）。成员由分管教导主任、政教主任、年级组长、学生团队干部、心理健康教育专职教师及部分行政管理人员和教师等组成。中心主任由分管校长兼任，副主任由心理健康教育专职教师担任，其他管理人员根据需要配备。心理健康教育中心负责组织和开展全校的心理健康教育活动，为学生进行日常心理咨询与辅导，培训全校教职工和学生家长，参与学校管理。同时，校内的其他行政管理部门，在心理健康

教育过程中也应担负很重要的职责（徐学俊，2000）。

（一）校长室

校长室是在校长领导下，全面负责学校心理辅导工作的领导机构。校长室的职责是：按照上级教育行政部门的要求和统一部署，在教育科研部门专家的指导下，制订心理健康教育工作的发展规划；协调学校各部门之间的关系；确定心理咨询专职人员的合适人选；安排全体教师及专职人员培训进修；提供必要的经费和设备；出席、指导有关心理健康教育的各种会议等。

（二）教导处

教导处是在分管教学的校长领导下，协助心理健康教育中心做好学生心理健康教育工作的主要机构之一。教导处的职责是：在校长室的统一安排下，协助及督导各科任教师做好学科教学活动中渗透心理辅导的工作；配合辅导计划，调整课程安排，落实心理辅导课的课时、教材、师资等工作；配合辅导计划，做好学生心理及其他测验的安排；出席有关辅导会议或个案研究会议，提供或保管学生的有关资料。

（三）政教处

政教处是在分管德育校长的领导下，协助心理健康教育中心做好心理辅导工作的主要机构之一。政教处的职责是：在校长室的统一安排下，协助及督导各年级主任、各班主任做好班级活动中的心理辅导工作；参与心理健康教育中心制订学生心理辅导计划的工作；安排心理辅导专门活动；对班主任教师进行有关培训；会同心理健康教育中心实施学生行为困扰等问题的调查与处理；会同心理健康教育中心及教导处安排学生的课余活动；会同心理健康教育中心、家长（社区）委员会安排家庭访问及举办家长会等。

（四）心理健康教育中心

心理健康教育中心是在校长直接领导下，具体负责心理健康教育服务工作的专门机构，由中心主任、专职咨询人员、兼职咨询人员等组成。中心的主要职责是：制订不同年级学生心理健康教育的计划；逐步配齐心理咨询室的硬件设施，包括办公和会谈用的桌椅、相关书籍、档案柜、电脑及心理测查软件等；培训心理咨询人员，要求咨询人员具有系统的心理学知识及咨询技巧，热爱心理咨询工作，具有敬业精神；协助和指导心理辅导教师、学科教师和班主任开展各项辅导工作（中心下设心理咨询室、心理测量室、心理阅览室、心理活动室、心理松弛室等）。

（五）家长（社区）委员会

家长（社区）委员会是受校长室领导、协助学校开展心理健康教育工作的外围机构。主要由家长代表、居民委员会及其他单位负责人组成。家长（社区）委员会的职责是：在学校的统一安排下，参与学校的心理健康教育工作；协助学校开办家长学校，督促家长转变观念，配合与支持心理健康教育工作；协助社区维护学校正常的教学秩序。

在学校里具体从事心理健康教育的各类人员有校长、分管校长、教导主任、政教主任、专职教师、班主任、学科教师、家长等，这就构成心理健康教育的组织体系（见图 11.6）。

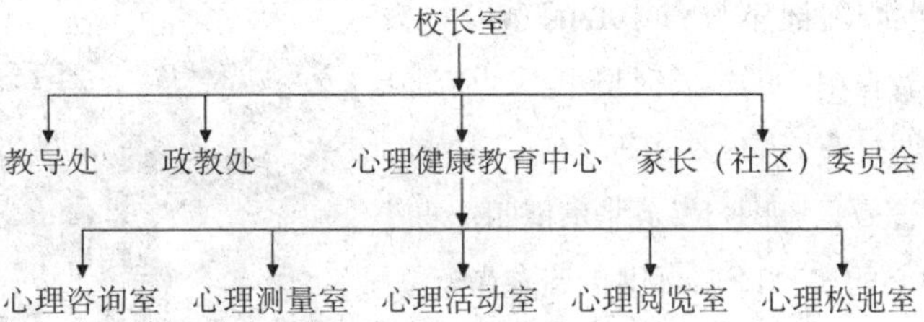

图 11.6　心理健康教育组织体系图

第二节 学生心理健康教育的机构设立

学校心理健康教育工作需要完善的组织机构和严格管理，以保证心理健康教育工作的有效开展。因此，建设标准化、规范化的学生心理健康教育中心，确立管理要求，建立工作制度，是学生心理健康教育有效开展的必要保障。

一、学生心理健康教育中心的设置

（一）学生心理健康教育中心的位置与环境

学生心理健康教育中心的设置应选择明亮、舒适、安静、隔音、稍具隐蔽性的地方。首先是周围环境应该比较整洁、幽雅和清静，不要设在一个噪声大、往来人多的闹区，也不宜设在周围环境肮脏、污秽不堪的地方，应避开教室集中、学生活动集中的场所。当学生进入中心时，其道路应不经过校长、班主任或学科教师的办公室，位置最好邻近学校的卫生医疗室。在中心的入口处，应张贴一些轻松热情的欢迎来心理健康教育中心的宣传标语和图示图标。中心室内外的布置要富有生机和亲切感，适当放置一些花草植物、观赏金鱼以及其他家庭小宠物。另外，室内的色彩和光线要柔和，色彩宜为淡绿、淡黄，避免过分刺激，采光和照明度要适中。室内外的隔音要好，防止操场和走廊上的噪声干扰，窗户装置以厚玻璃或双重窗为好。

（二）学生心理健康教育中心的设备

设备的购置要视学校的经济状况和中心的面积大小来定，最基本的设备应有沙发、桌子、茶几、柜子、检查用床、催眠用的靠背椅、儿童咨询时供游戏用的玩具等。除此之外，还必须有电话、录音机、摄像机、录像机、电脑、复印机、打印机等，另需配备书柜、阅览架、书桌及相应的心理图书、杂志、报纸等。最后，还应注意准备一些用于心理咨询与治疗的专业设备以及供辅导学生免费饮用的茶水和饮料等。

（三）学生心理健康教育中心的布局

心理健康教育中心的布局对整个心理咨询与辅导的气氛协调是有影响的。布局整齐、协调则有助于提高教育效果。图11.7是北京市四季青小学心理咨询中心的实物图，可供借鉴参考。

另外，个别辅导咨询室的沙发或椅子的位置及布局也颇有讲究。因为空间的位置与人的心理活动有着极其密切的关系，在人际交往中可以产生很重要的心理效应。图11.8所示的三种座位的布局就具有特别的心理意义。

图 11.7　中小学心理咨询中心实物图（北京市四季青小学）

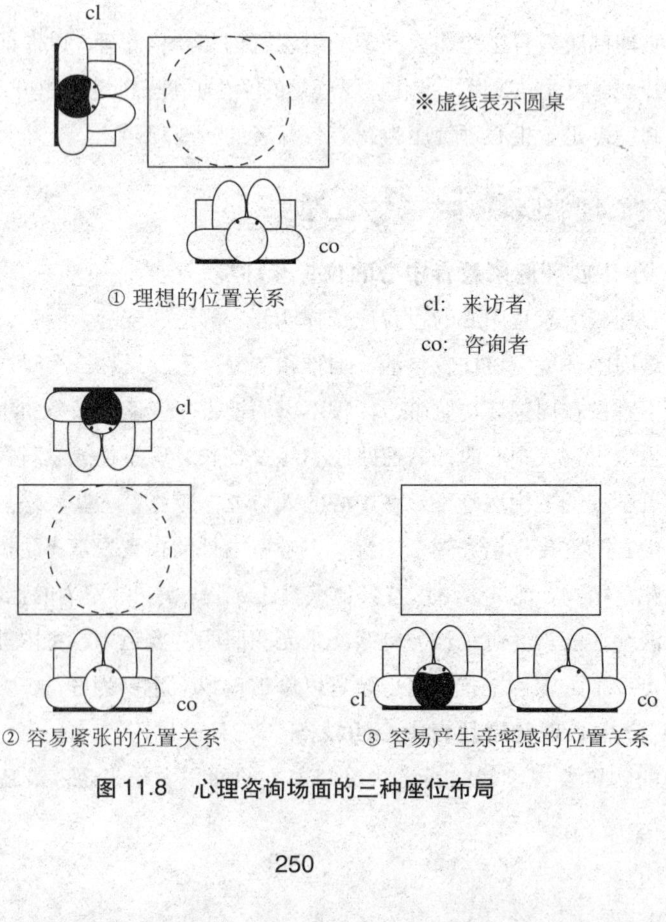

图 11.8　心理咨询场面的三种座位布局

在一般集体辅导咨询室，如心理松弛室里，其椅子的排列和布局也有一些特点，如图 11.9。

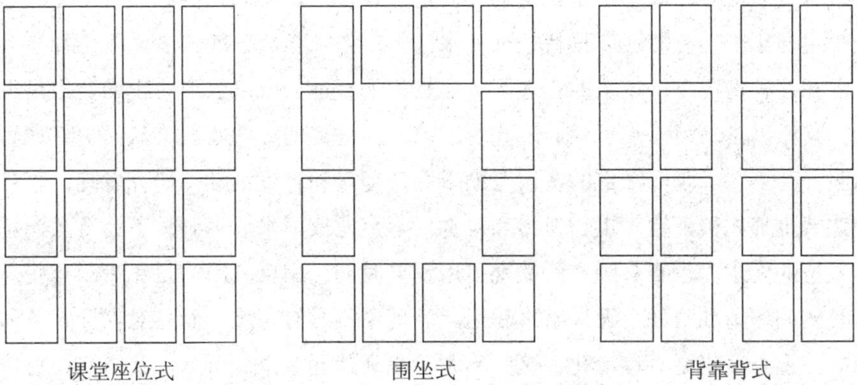

图 11.9 心理松弛室椅子的排列与布局

（四）学生心理健康教育中心的开放时间及对象

学生心理健康教育中心的开放时间可视人员数量和经费状况实行定期或不定期开放、全天开放或择时开放。定期开放以周来计算，可以是每周1天到7天不等，以日来计算，可以是上午、下午和晚上不等。但只要确定以后，到时就应开放。例如，哈佛大学的多家学生心理咨询中心，开放时间为晚上7点到早晨7点。选择这个时间可能是考虑到学生白天功课忙、羞于来访或晚上有人兼职主持心理辅导等原因。在我国，目前一些校内外心理健康教育机构的开放时间，绝大多数是择时定期开放，如每周一、三、五上午或二、四、六下午。

二、学生心理健康教育中心的管理

（一）心理健康教育中心的投入与经费

心理健康教育中心是一个服务机构，而非经营性的营利机构，因此需要投入一定的经费来支持和保证它的运行。其经费主要用于购买办公用品和图书资料、印刷、出差、培训、学术交流、邮寄等方面。一般不包括专兼职咨询辅导人员的劳务费、工资以及外请人员的酬金及相关费用。经费投入是心理健康教育中心的重要物质保证，有些学校由于办学经费紧张或对心理健康教育工作认识不足，往往不重视投入，结果使这项工作陷入困境，甚至停顿。为防止此类问题的发生，学校应将心理健康教育作为学校整体工作的一部分，并将此项经费开支列入学校的年度预算。不论多少，都应有相当的额度保证，同时还需配之以必要的财务制度，确保专款专用。为了增加心理健康教育中心的经费投入，可以积极争取政府机关、企业及个人的投入和捐赠。

（二）心理健康教育中心的收费

关于收费问题，是一个比较敏感而复杂的话题。一般来说，心理健康教育中心的辅导、咨询与治疗，对学生是免费的。但是，有些学校的心理健康教育中心除了接待本校师生员工外，有时还要接待校外的来访者，如家长、一般青少年学生和社会其他人员。在这种情况下，免费的心理服务显然不太合适，所以收取一定的费用是很有必要的。其原因是：第一，可以通过收费，来增加机构的经费收入，从而更好地为本校学生服务；第二，收取一定的费用有助于心理辅导和咨询活动。研究发现，收费可以使来访者更加积极配合，更加努力和自觉，不会无故不来或迟到，不会有意无意忽视辅导人员的要求，也不会随心所欲地占用辅导时间。相反，因为是免费，有些来访者缺乏必要的压力和责任，无故不来和迟到的现象就时有发生，而且对辅导人员和辅导本身的尊重态度也会有些变化，这些不利于提高辅导效果。所以，弗洛伊德对费用的要求非常严格，他认为不收费的精神分析对患者的治疗无益。确实，收费明确了辅导人员的责任和义务，同时也明确了来访者的权利和责任。当然，费用问题是一个很复杂的问题，如收费标准、手续、服务质量和水准等，都需认真对待和慎重处理。

三、学生心理健康教育中心的组成与职能

心理健康教育中心是为学生进行心理健康教育并提供各种服务的校内机构。根据需要和条件，心理健康教育室可以是一大间，也可以是多小间，有条件的学校可以建设一组比较完整的、功能齐备的心理健康教育室，以基本保证活动的正常开展。一般心理健康教育中心有以下几个室：

（1）心理咨询室：这是为接待来访学生的个别咨询而设立，室内所需设备不多，要求不高，面积不大，但应安静、舒适，让来访的学生有安全、宁静、亲切的感觉。

（2）心理测量室：这是为学生进行各种心理测量的地方。此房间应保持相对独立和安静，室内要配置电脑、打印机、复印机、课桌椅、文件柜、各种量表和测量仪器。

（3）心理阅览室：这是一间为学生提供心理学等相关学科图书、报刊杂志及音像资料的专用阅览室，面积要适当大一些，可供10～20人阅读，可定期或经常性开放。

（4）心理松弛室：这是供学生心理放松和调整训练的场所，有供放松训练用的录音设备，比较舒适的靠背椅（用来放松），还有可供发泄用的一些沙包、布袋等。

（5）心理活动室：这是为学生小组咨询与辅导而设置的心理活动场所，面积应大一些，可为小组讨论、情境模拟、角色扮演、互动游戏等各种方式的心理辅导活动提供条件，室内应多配置一些椅子。

第三节 学生心理健康教育的档案建立

建立学生心理健康教育档案，有助于确立具体的、有针对性的学生心理健康教育工作的目标、内容、方法与途径，有助于学生心理健康教育工作的诊断、分析、解释与评价。学生心理健康教育档案的建立是一项具有很强的科学性、专业性和技术性的工作。心理教师只有在了解学生心理健康教育档案的涵义与价值、资料搜集方法、使用与管理原则等要求的基础上，才能建立起科学而适用的心理健康教育档案。

一、学生心理健康教育档案的涵义与价值

（一）学生心理健康教育档案的涵义

心理健康教育档案有广义和狭义之分。狭义的心理健康教育档案是指对个体心理发展变化特点、心理测验结果、学校心理咨询与辅导记录等材料的集中保存。这些资料按照一定的程序排列，组成一个有内在联系的体系，如实反映学生的心理面貌。它是学校为了更好地开展心理健康教育工作，为每个学生在心理健康方面建立起来的档案材料。而广义的心理健康教育档案还包括心理健康教育活动的有关资料，如心理健康教育的计划、课程开设、活动安排、教研活动、研究课题及成果、效果评估及管理工作等的记录。理解狭义的心理健康教育档案要把握以下几点：

（1）心理健康教育档案就类型来说属于专门档案，它是在心理健康教育中心的专门负责下建立起来的，而心理健康教育中心应有专业教师和健全的管理制度。缺乏专业教师的参与，心理健康教育档案的建立可能会失去科学性、客观性、全面性和实用性。

（2）心理健康教育档案是有关学生心理特点变化历程及有关咨询、辅导的记录，而不是指学籍档案。学生的学业成绩、体能测试、教师对学生的操行评语、奖惩记录等都是学籍档案，它可公开让教师、家长及学生了解。而心理健康教育档案更具隐私性，主要是为心理健康教育工作服务，除经本人同意和特殊情况外，教师、家长甚至法律部门也不能随意查阅学生的心理健康教育档案。因此，对它的管理应更加严格和规范。

（3）心理健康教育档案是学生心理特点变化历程的真实记录。从幼儿期、儿童期到青少年时期，每个时期都有不同的心理特点及心理冲突，任何人不能依自己的观点去增加或删改档案的内容，应保持心理健康教育档案的原始性、真实性。

（4）心理健康教育档案建立的根本目的是为了更好地教育和培养学生，促进学生心理健康全面地发展，直接目的则是为了心理健康教育工作的有效开展。

（二）学生心理健康教育档案的价值

心理健康教育档案既是心理健康教育工作有效开展的必要依据，又是学生接受心理健康教育后的必要的原始记录，它将为心理科学的研究提供大量的、客观的第一手材料，对于学校教育科学化具有十分重要的意义。具体来说，有以下几点：

（1）心理健康教育档案的建立可以为学校的科学管理提供宏观的决策依据。通过建立心理健康教育档案，能及时准确地掌握和了解全校学生的心理发展规律、特点以及现状，从而为学校的科学管理提供心理学依据。例如，可以从中寻找导致某一部分学生发生心理障碍的原因，并从宏观上寻找教育、预防和干预的方法；可以为学校的分班教学、个别化教学提供前提条件；可以为弱智儿童、残疾儿童和超常儿童等特殊儿童提供鉴别、筛选和培养的措施；通过心理健康教育档案所反映出来的学生兴趣爱好的信息，可以为丰富课外活动、满足学生的正当心理需求提供决策依据。

（2）心理健康教育档案的建立有利于加强学校的德育工作。当前，新的形势和当代学生的思想、个性特征的新变化，迫切需要建构一套新的、科学的、行之有效的德育工作内容和方法体系。近年来的教育实践证明，心理健康教育已成为德育中十分重要的内容之一，它有助于教师了解学生的心理特点和个别差异；有助于教师发现和诊断学生个人或班集体存在的心理障碍与行为困扰；有助于教师客观地了解学生在道德认识和道德情感及行为上的发展水平，以便采取恰当的方法进行教育与管理工作；有助于教师有效地了解学生在特定社会环境下的政治态度、思想问题和意见要求。

（3）心理健康教育档案的建立有利于加强和改善心理健康教育工作。建立好心理健康教育档案，有利于专业教师与专家对个案进行共同研讨。对有些学生的心理咨询与辅导，可能会遇到疑难和障碍，专业教师往往要请教同行，或者请专家会诊，共同研究制订帮助学生的最佳方案。这时就需要借助于学生心理健康教育档案，以便让从未接触过某学生的教师、专家了解情况，进而开展会诊研究。

（4）建立好心理健康教育档案，有利于评价心理健康教育的工作效果，及时调整教育策略。心理健康教育包含教育目标、教育活动和教育评价三个相互作用的子系统，教育评价是其中的反馈和矫正系统。心理健康教育工作作为一个完整的系统工程，必须包括评价工作效果这一环节。而心理健康教育档案提供了学生心理特点发展变化的情况、心理咨询与辅导的过程及效果的记录，这些资料为教师提供了评价心理健康教育工作效果的信息，这些信息又是教师及时调整教育策略和修正辅导目标的依据。

（5）心理健康教育档案的建立可以提高教师的教育教学质量及科学研究的水平。心理健康教育档案的建立有助于教师更好地贯彻因材施教的原则。教师要提高教育教学质量，必须了解学生个体间的心理差异，以贯彻落实因材施教的原则。正如前苏联著名教育家苏霍姆林斯基所言：“尽可能深入地了解每个孩子的精神世界——这是教师和校长的首条金科玉律。”建立心理健康教育档案，能直接为教师提供学生目前心理状况的信息。教师可以了解每个学生的能力差异、个性特点、心理欲求、学习心理等。这为教师科学地管理和教育学生提供了直接的方法，从而使教师在教育工作中能有的放矢，减少盲目性，提高针对性，进而提高教育教学质量。

心理健康教育档案的建立还有助于教师加强学生心理的研究，提高科学研究的水平。心理健康教育档案自身具有很大的研究价值，主要表现在两个方面：一是为心理健康教育研究提供资料；二是为更广泛的教育科学研究提供资料。例如，通过心理健康教育档案，可以了解到在一定社会和教育条件下，不同年龄阶段的学生心理发展特点和共同特征，归纳出学生存在的心理问题和产生原因，从而提出适合学生心理特点的教育方法；通过对学生在心理健康教育过程中产生变化的各种资料的研究，教师可以对各种心理健康教育途径和方法的特点、成效等进行评估。这些研究，对于提高教师的教育科学研究的学术水平，对于建构具有中国特色的心理健康教育模式均具有重要的意义。

(6) 心理健康教育档案的建立为学生心理的健康发展提供了动态的监测手段。心理健康教育档案从纵向看，为学生个人的心理健康发展提供了十分重要的条件。它是每一个学生心理成长的轨迹，学生可以通过心理健康教育档案了解自己的心理状况，在发现自己有心理问题时，学生可以积极寻求心理咨询与辅导。通过一段时间的调整或矫治，学生可以通过心理健康教育档案考察效果。因此，它能对每位学生个人的心理成长、心理潜能开发提供帮助，它能为心理咨询与辅导解决学生心理问题或心理障碍提供重要保证。

从横向看，心理健康教育档案可以揭示教师教育教学工作中的问题，揭示学生共性心理品质的问题。它能促进学校和教师更新教育观念、转变教育思想、改革教育方法，创设良好的学校心理环境。学校和教师设法通过各种手段去进行教育和训练，从而提高学生的共性心理品质，促进学生心理的健康发展。

二、学生心理健康教育档案的资料搜集

在明确了心理健康教育档案建立的价值后，接下来要进行的工作就是运用科学的方法，搜集有关心理健康教育的档案资料，这是建立心理健康教育档案的关键。

有关学生心理健康教育档案资料搜集的方法，主要有观察法、访谈法、问卷法和心理测验法等。其中，通过前三种方法搜集的资料属于质性资料，通过心理测量法获得的资料属于量化资料。

（一）质性资料的搜集

搜集心理健康教育质性资料的方法主要有观察法、访谈法、问卷法等。下面我们就简要地介绍一下它们各自的特点。

1. 观察法

观察法是有目的、有计划、有系统地观察学生在自然条件下的行为表现，对所观察的事实加以记录和客观的解释，以了解学生心理和行为特征的一种方法。按观察者是否参与学生活动，可将观察法划分为参与性观察法和非参与性观察法；按观察者在观察时是否借助于仪器，可将观察法划分为直接观察法和间接观察法。

运用观察法搜集资料，有许多优点：首先，观察法可随时运用于日常的教学过程、课外活动、人际交往过程，甚至日常生活的所有方面。其次，观察法是在自然的、不加控制的条件下进行的，而且在许多情形下被观察对象往往不知道。这使得观察者能够考察学生真实的、典型的和一般的心理与行为表现，避免其他测评中学生的自我掩饰倾向。再次，观察法是一种有目的、有计划的活动，观察是根据实际需要，为解决一定的问题而进行的，其目的在于获得第一手经验事实材料；观察要遵循一定的系统程序，主要包括确定观察内容、选择观察策略、制定观察记录表、训练观察人员、获取观察资料、呈现观察结果和解释结果等。

当然，观察法也有自身的局限性：首先，由于观察法是依靠人的感觉器官去感知客体，而人的感官是有一定局限性的，观察到的东西往往具有表面性和偶然性。其次，观察者在对学生的行为表现和心理活动进行评价时，往往会出现晕轮效应、趋中效应等反应偏向，从而严重影响观察的准确性。再次，由于人的内心世界错综复杂，有时人会以假象来掩盖自己真实的情感体验，有时人的内心情感与需求不易被人清楚地观察到。因此完全由观察得来的心理事实，其效果是有限的，我们还需借助其他测评方法（如投射测验法、情境测验法等）来了解人的心理。最后，对学生进行大面积的系统的行为观察，需要耗费较多的人力、物力和时间，成本较高，从而也限制了观察法的广泛运用。

2. 访谈法

访谈法是研究者通过与研究对象进行口头交谈的方式来搜集对方有关心理和行为特征等数据资料的一种方法。按访谈内容和过程有无统一的设计要求、有无一定的结构，可分为结构访谈和非结构访谈；按访谈时是否借助于一定的中介物，可分为直接访谈和间接访谈；按访谈对象的特点，可分为一般访谈和特殊访谈。

运用访谈法搜集资料，有许多优点：首先，访谈法可以灵活、有针对性地搜集学生的资料。访谈法可以根据访谈对象和访谈过程的具体情况，灵活地采取各种方法，有针对性地、有效地搜集学生的资料。例如，当访谈对象表现出对问题的误解或不理解时，研究者可以针对情况以适当方式重复提问；当访谈对象的回答含糊不清、态度不明确时，研究者可让其进一步解释说明；当访谈对象说出研究者事先未预料到的、有价值的内容时，研究者可以根据情况进行追问。其次，访谈法适用范围广，可以获得丰富广泛的资料，有利于对人的各种心理与行为问题进行多层次和多方面的探索。访谈法适用于一切具有口头表达能力的不同文化程度的访谈对象。它既可用于搜集现时资料，又可用于搜集过去资料；既可用于了解客观事实、行为方面的问题，又可用于了解主观动机、情感、观念方面的问题。最后，访谈法搜集到的资料通常具有较高的可靠性。由于整个访谈过程是访谈者和被访谈者互相影响、互相作用的过程，访谈过程中的疑问或者模糊不清之处可以得到及时的澄清和沟通。同时，研究者还可以根据访谈对象在访谈过程中的非言语信息，对获得的资料进行信度和效度的评估，进而保证研究资料的可靠性。

同样，访谈法也有自身的缺点和局限性：首先，访谈过程中，访谈对象可能存在的“警戒”心理或不苟言语的个性特点，使访谈法未必能收到应有的效果。其次，访谈结果的准确可靠性可能受到研究者自身素质的影响。由于访谈是面对面进行的，因而研究者自身的素质、对访谈内容的理解、所掌握的访谈技巧、主观偏见、价值取向乃至其性别、性格、年龄、外表、口音等，都可能影响访谈对象的回答。再次，某些问题不宜进行访谈。那些涉及个人隐私的问题、无法用语言表达的情感体验、社会关系变化、动作变化或心理过程等资料通常不宜采用访谈法搜集。此外，与其他方法相比，访谈法费时费力，获得的资料也很难量化，访谈法还受到环境、时间和访谈对象情绪状态等的限制。

3. 问卷法

问卷法是研究者用标准统一、严格设计的问卷来搜集研究对象有关心理和行为特征等数据资料的一种方法。问卷可以按提出问题的结构程度划分为结构化问卷和非结构化问卷；问卷可以按传递方式的不同划分为发送问卷、访问问卷和邮寄问卷等。

与观察法和访谈法相比，问卷法目的性更强、内容更加详细完整、设计更加精确科学、标准化程度更高。它比观察法和访谈法更加经济，可以在较短时间内以较低的成本搜集大量的数据资料；结构化问卷的结果还可以用计算机进行统计处理，省时省力；问卷法匿名性强，回答真实，故它也特别适合研究那些涉及人们内心深处的情感、动机等问题。不过，问卷法问题固定，灵活性较差；其深入性也不够，很难像访谈法那样对复杂问题进行深入的探索和研究。

（二）量化资料的搜集

心理健康教育档案量化材料的搜集主要通过心理测量的方法来获得，心理测验法是建立心理健康教育档案中最主要和最为常用的方法，其关键是选择合适的测验量表进行施测。在选择合适的测评工具时，首先要考虑选择标准化测验，其次要明确测验的目的、功用及适用范围。有关具体心理测验量表的使用原则等问题，我们在此不再详述。在这里，我们仅介绍由北京师范大学心理学院博士生导师、我国著名心理健康教育专家郑日昌教授研究和开发的、经过中国心理卫生协会组织专家鉴定的“中小学生心理健康检测系统”（简称“心检系统”）。

“心检系统”是郑日昌教授主持的全国教育科学“八五”“九五”和“十五”课题

的研究成果，是基于郑日昌教授提出的心理健康“全人教育模型”而建构的。它把个体的心理健康分为智能健康和人格健康两个方面。其中，智能包括实能和潜能，实能又包括知识和技能，潜能又包括学能和创意；人格包括性情和品德，性情又包括情绪、性格、兴趣，品德又包括法纪、公德、信仰。

目前，已经开发出来的“中学生心检系统”的量表共有七类：①中学生心理健康量表，包括适应分量表（学习适应、人际适应、青春期适应、行为适应）、困扰分量表（抑郁倾向、焦虑倾向、强迫倾向、恐惧倾向）和复原力分量表（自信、积极认知、自我调节、社会支持）；②中学生学能问卷，包括学习能力测验（包含中学生言语能力测验、中学生数学能力测验、中学生图形推理与空间判断能力测验等三个分量表），学习态度问卷（包含积极情绪、消极情绪、认知特征、行为努力等四个维度），学习方法问卷（包含学习环节、学习调控两个方面）和考试心理问卷（包含考试焦虑和考试方法两个维度）；③中学生创新意识问卷，包括冒险性、敏感性、依从性、审美感、坚毅性、好奇和幻想性等六个维度；④中学生情绪适应问卷，包括自我感知、自我调节、外部感知、外部调节等四个维度；⑤中学生性格问卷，包括气质问卷、内外向问卷、自信心问卷、意志力问卷；⑥中学生职业兴趣问卷；⑦中学生道德判断问卷（分为自我、法制、道德、信仰等四个层次）。

已经开发出来的“小学生心检系统”的量表也有相类似的七类，但是每一量表的具体维度与“中学生心检系统”有所不同，它们是：①小学生心理健康量表，包括学习适应、学校人际（同伴关系、师生关系）、亲子关系、自我概念（自我悦纳、自我意志）、行为适应等五个维度；②小学生学习状况问卷，包括学习能力测验（包含言语能力测验、数学能力测验、图形推理能力测验等三个分量表）、学习态度问卷（包含学习积极性、学习兴趣、努力程度、注意力状况等四个维度）和学习方法问卷（包含学习习惯、考试方法两个方面）；③小学生创新意识问卷，包括坚毅性、冒险性、敏感性、审美感、依从性、幻想与好奇等六个维度；④小学生情绪适应问卷，包括自我感知、自我调节、外部感知、外部调节等四个维度；⑤小学生性格问卷，包括气质问卷、内外向问卷、自信心问卷、意志力问卷；⑥小学生学科兴趣问卷，包括电脑、美术、数学、体育、音乐、语文、英语和自然等八个分量表；⑦小学生道德判断问卷，分为自我、法制、道德、信仰等四个层次。

研究表明，上述“心检系统”的各分量表都具有良好的信度和效度等心理测量学指标，并有标准化的常模可以参照。据悉，目前“心检系统”已经开发了计算机管理系统，非常适合中小学开展心理健康教育、建立心理健康教育档案的需要。

总之，观察法、访谈法和问卷法均属于非测验技术，它们各有自己的优势和适用范围。但和心理测验法相比，它们没有严格的标准化，通常没有常模，结果解释的科学性比心理测验要低。因此，我们在搜集学生资料时，应综合使用这些方法。

当然，在运用科学的方法搜集了有关学生的心理健康资料后，教师就要对每一种资料进行分析，尤其是应对心理测验的结果进行解释。教师可以结合学生的基本情况提出教育和培养建议，然后再建立相应的心理档案。

三、学生心理健康教育档案的使用与管理

（一）学生心理健康教育档案的使用

学生心理健康教育档案与其他档案不一样，在使用心理健康教育档案时，要注意使用的原则、范围、方式及具体策略等。

1. 心理健康教育档案使用的原则

建立心理健康教育档案有两个目的：一是通过工作实践，积累建立心理健康教育档案的经验，为全面实现建立心理健康教育档案的要求提供模式；二是为心理健康教育工作者提供教育、训练、辅导、咨询、转介服务的依据，也为鉴别、诊断、建议提供重要信息。根据这样两个目的，心理健康教育档案的使用就只能严格控制在心理健康教育工作者手里，使用应遵循保密性原则，要研究并确定档案的保密类别和保密等级。学生的心理健康教育档案不应该公开或与学生个人见面，不能作为学生的终生档案放入档案材料，不可随意给学校领导、教师、家长或其他人阅读和评价。心理健康教育档案只有心理健康教育工作者才有权建立和处理。如果一定要知道学生个案的内容，专业教师必须对学生个案重新加工、重新编制，这是心理健康教育工作者的职业道德，也是心理健康教育工作的有效保证。此外，专业教师使用心理健康教育档案时一定要慎重，解释档案要科学、严谨，一定要树立正确的观念。我们面对的学生大多数是心理健康的，如果确实通过诊断发现学生有心理疾病则应及时转介到治疗机构。

2. 心理健康教育档案使用的方式

心理健康教育档案的资料来源主要有测验资料和非测验资料。对资料的处理方式有机械的和非机械的两种方式。机械的处理方式是指对所获资料进行统计的、经验的、客观的机械处理方式，可以对资料进行描述性处理，也可以进行统计检验。此种方式有利于从总体上把握某个班级、某类人、某个学校、某种教育方案与学生心理健康之间的关系，进而从整体上把握心理健康教育的方向。非机械的处理方式是指主观的、判断的处理方式。此类处理一般无固定公式可以套用，需凭有关专业知识、技能和丰富的实践经验，敏锐地从个别差异中发现问题。对心理健康教育档案的解释，可分为四个层面：①描述的——描述某个学生心理发展及特点的现状；②溯源的——追溯现状的成因及演变过程；③预测的——预测或推估未来可能的发展；④评价的——根据既定标准，对学生的表现做价值判断，并就其出路的抉择，提供

评鉴性建议。

如果把心理健康教育档案的来源、处理方式和解释层面作为三个维度，依其相互关系，可以形成一个运用处理的模型（见图 11.10）。

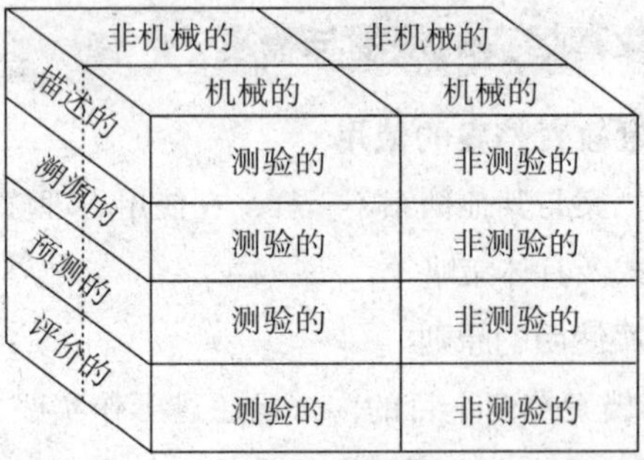

图 11.10　心理健康教育档案资料运用模型

从图 11.10 这一模型可以看出，对心理健康教育档案的使用，可以有多达 2 × 2 × 4=16 种处理方式。

3. 心理健康教育档案使用的策略

在使用心理健康教育档案时要结合学校、年级、班级和学生本人的特点来进行，要有整体观念，把心理健康教育档案看作是一个相互联系的系统。具体说来，在使用心理健康教育档案过程中有以下要点:

首先，根据心理健康教育档案反映出来的不同年级学生的能力、人格、心理健康等方面的特点来进行分班、分组，选拔学生干部，制订教学计划，开展心理健康教育活动，从而提高教育效益。

根据心理健康教育档案，可以研究每个年级的学生在能力、人格、心理健康方面的总体状况和特点，在进行年级分班或班级分组时，可按照能力水平、人格特点等因素进行分班编组。在选择学生干部时，也可根据其个性特点来进行有针对性的培养锻炼。在制订年级教学计划或班级教学进度时，也要结合各年级或各班的实际情况和智力特点来进行，这样才能有的放矢。假如通过分析某班学生的心理健康教育档案，发现该班学生的智力水平普遍较低，那么，我们就可以在制订教学计划时，适当减少教学内容，降低难度，放慢教学进度，并在教学过程中将发展学生的智力放在首位，开展多种形式的思维训练等。对于各个年级或班级存在的一些共性或倾向性的心理问题，则要开展全校性或班级的心理健康教育活动来进行团体辅导。

其次，根据心理健康教育档案中所提出的教育培养建议，要积极地、有针对性地做好个别辅导工作。每份学生心理健康教育档案，都提供了学生的能力、人格、心理健康、学习心理及职业能力特点等方面的较为具体的教育建议或培养策略。我们可以根据这些建议对该生进行个别辅导。由于个别辅导工作量大，所费时间长，因此在进行个别辅导时，主要是针对那些问题较多或较严重的学生进行。如果条件允许的话，也可以对每个学生进行个别辅导。此外，在进行个别辅导时，可以针对学生某一方面的问题进行辅导，也可以多方面或全方位地进行辅导，这要视学生的实际情况而定。

最后，根据心理健康教育档案所提供的信息，进行教育科学研究工作。由于学校所建立的学生心理健康教育档案是一个动态发展的档案，它反映了学生心理的成长轨迹。从学生心理健康教育档案中不仅可以了解学生心理发展的轨迹，而且可以考察我们教育措施的效果。因此，教师可以借助学生心理健康教育档案来加强对学生心理的科学研究工作。此外，从横向来看，教师可以通过学生心理健康教育档案提供的资料来研究某种心理品质的发展水平、影响因素及各种心理品质之间相互作用的机制等。

（二）学生心理健康教育档案的管理

在搜集和建立学生心理健康教育档案的过程中，必须加强管理，切实发挥心理健康教育档案在心理健康教育工作中的作用。

1. 建立学生心理健康教育中心

应建立学生心理健康教育中心，专门负责心理健康教育档案的建立、使用和管理工作。心理健康教育中心最好直接由校长领导，使之与学校的德育处、教务处等并立，发挥其独特的心理服务功能。心理健康教育工作者必须研究建立心理健康教育档案的内容、类别、使用范围、档案格式，必须研究学生集体档案和学生个别档案的建立内容、类别、使用范围等。

2. 建立和健全心理健康教育档案的管理制度

应建立和健全心理健康教育档案的管理制度，明确心理健康教育工作者的职责。各学校对心理健康教育档案的管理应有一个共同的规范要求。心理健康教育工作者有责任搜集、整理资料，并管理好心理健康教育档案。加强心理健康教育工作者职业道德教育，严格遵循心理健康教育档案的管理制度，尤其是保密制度，心理健康教育工作者不能将学生的心理健康档案随意外借和泄密。中国心理学会、中国心理卫生协会在《卫生系统心理咨询与心理治疗工作者条例》中明确规定了对心理档案的保密原则："心理咨询与心理治疗工作者应对其病人或来访者的有关资料、病历予以保密；这些资料与病历应单独保管，不应列入医院其他病历之中；心理咨询与心理治疗工作者只有在专业需要的情况下才可与其他专业人员讨论其服务对象的案例。如为专业目的需要采用案例进行教学、科研和写作时，应适当隐去那些可能会据此辨认出服务对象的有关信息。"鉴于此，教育行政部门也应尽快制定一个学校可以操作的心理健康教育档案管理办法。

3. 建立心理健康教育档案计算机管理系统

应建立心理健康教育档案计算机管理系统，提高心理健康教育档案的现代化管理水平，使用计算机来处理心理健康教育档案材料，建立心理健康教育档案管理系统，实现心理健康教育档案管理的自动化。这样不仅可以提高工作效率，而且能够保证资料管理和分析的规范与准确，减少失误与差错，还可以从多种角度迅速得到相关资料，为心理健康教育工作者提供有价值的信息。心理健康教育档案管理系统的建立，要求心理健康教育工作者和计算机专业工作者密切合作。

心理健康教育档案计算机管理系统的建立应从心理健康教育工作的实际出发，具备功能齐全、适应性强、使用方便和安全可靠的特征。功能齐全具体表现在：在资料输入形式上要多样化，既可直接输入个体或团体测评的原始记录，也可让学生通过人机对话直接测查，还可按资料专门项目输入等；在资料分析处理功能上，应能按测验手册的规定自动计分、统计处理并给出结果解释，应能提供建议和测评报告，应有个案分析、团体分析和专项分析功能，应能对学生中存在的一些主要心理问题具备预警功能；在资料储存、管理上，应采取档案式管理，以个案储存为主要形式，同时设置综合资料和专项资料的团体分析储存系统；在资料查询上，既可根据学生编号或姓名查询，也可根据学生团体查询，还可根据专项问题查询；在资料输出上，一般应有数据报告、文字报告、列表和图示四种形式。系统的适应性强是指系统应具备兼容性和开放性，便于资料的补充与更新，便于升级。系统的使用要尽可能简单易学，朝“傻瓜化”方向发展。此外，系统应具备设置密码的功能，防止无关人员进入系统，提高档案的安全性和保密性。

第四节
学生心理健康教育的绩效评估

心理健康教育绩效评估，一方面可使上级行政部门准确了解所属学校开展心理健康教育的实际成效，便于确定下一步工作重点，为科学决策提供可靠依据；另一方面，通过评估可对学校在心理健康教育方面所取得的成绩与不足进行及时明示，起到示范和导向作用；此外，可利用客观的评估成果，向上级有关部门、学生家长及社会宣传心理健康教育的意义和作用，以期获得各方面的理解与支持，更好地开展这项工作。

一、学生心理健康教育绩效评估的涵义与功能

（一）学生心理健康教育绩效评估的涵义

心理健康教育绩效评估是根据一定的价值观和目标，运用可操作的科学手段，通

过系统地搜集信息、进行资料分析和整理，对心理健康教育的活动、过程及结果进行价值判断，从而为不断完善和决策提供依据的过程。为了使心理健康教育工作科学有效地开展，适时进行评估是很有必要的。通过评估可以了解现状和进程，可以明确工作的重点，决定下一步的活动安排；通过评估，还可以了解工作中存在的问题和困难，寻求解决方法，促进工作，提高教育成效。

（二）学生心理健康教育绩效评估的功能

1. 导向功能

心理健康教育绩效评估是根据一定价值标准进行的价值判断。评估是衡量、评价工作成效的“尺子”，它通过一系列的评估指标和要素，引导和控制心理健康教育的方向，保证目标的实现。被评者为追求好的评估结果和达到其他目的，就会致力于达到评估标准的要求。因而，评估就像指挥棒一样，为被评者指明了方向。这种导向功能，在权威性较高、评估结果与被评者的利益密切相关的评估中，更容易得到发挥。

2. 诊断功能

在评估活动中，通过对搜集到的信息资料进行整理分析，常能发现心理健康教育工作的优缺点及存在的问题，鉴别其工作是否达到目标，区分其教育效果的优良程度，确定其工作价值的大小，并预示未来工作的可能性。其诊断鉴定的对象可以是心理健康教育的辅导员、学生，也可以是心理健康教育中心、工作计划和方案，还可以是心理健康教育课程。通过诊断和鉴定区分优劣高下，明确问题，最终目的还是为了改进和提高教育质量。

3. 激励功能

评估常会区分出水平好坏、能力高低、成效优劣，这样会直接影响到学校工作的形象、荣誉和利益等。评估能够激发被评者的成就动机，使他们追求更好的评估结果，激励他们全力做好工作。如果评估和其他一些管理措施结合起来，如根据评估来进行表扬奖励、批评惩罚，或直接和经费投入等联系起来，评估的激励功能会更显著。评估意味着竞争，竞争会激励人们上进。

4. 改进功能

评估是推动心理健康教育工作的杠杆和动力。通过评估，将被评者的真实状况准确地呈现出来，及时找出问题的关键所在，从而可以改进心理健康教育工作。在评估的过程中，心理健康教育正确的做法、经验得到及时强化，不合适的计划、方案和做法得到及时调整，错误的方案和做法得到及时纠正。因此，心理健康教育工作可以通过评估而不断地调整、改进和完善。

5. 研究功能

心理健康教育绩效评估是一个复杂的过程，这个过程包含丰富的研究因素。评估作为严肃的科学探究活动，本身具有教育研究上的价值，其方法、信息的收集与整理、结果的处理与反馈等都与教育研究一致或相近。正是通过评估，使学校及教育者清楚现状和存在的问题，明确解决问题的方法和手段，这一过程就是一个研究的过程，是发现问题和解决问题的过程。

6. 管理功能

科学管理要求领导者全面掌握情况，通过心理健康教育绩效评估，各级教育行政管理部门和学校领导可以准确地了解心理健康教育工作的现状。他们可以对问题进行有针对性的分析，从而获得科学有效的指导工作的依据。科学的评估，为心理健康教育工作提供了一个客观的衡量尺度。通过评估，可以促进心理健康教育管理工作的规范化和科学化。

二、学生心理健康教育绩效评估的原则与过程

（一）学生心理健康教育绩效评估的原则

1. 客观性原则

客观性原则是指在进行评估时，必须设定客观的评估标准与明确的评估步骤；必须以准确的信息资料为基础，对心理健康教育进行客观的、实事求是的价值判断；不应受主观的感受、偏见或他人、前人评估结果的影响而进行随意的评估。如果评估是客观的，就能更好地发挥评估的激励功能，激发人们奋发上进。反之，则破坏评估双方的心理平衡，挫伤被评者的积极性，最终影响心理健康教育工作的进一步发展。

2. 可行性原则

可行性原则是指评估要与当时当地的主客观条件相适应，应便于人们掌握，有实行的可能。可行性原则要求在制订评估方案、确定评估对象、建立指标体系、实际进行操作时，都要从实际出发，从可行性的角度来组织工作。例如，心理健康教育的目标之一是提高学生的心理素质和心理健康水平。具体评估时，如何进行操作，对此就应进行指标分解和细化，使之可操作，否则评估的指标形同虚设，不能反映实际情况，达不到评估的目的。另外，可行性还要求被评者要有可比性，能区分高低优劣。

3. 全面性原则

全面性原则是指评估必须从心理健康教育工作的整体出发，根据全局的观点，了解全貌，全面考察和看待问题。心理健康教育的重要途径是全面渗透，全员参与，它不是学校的某一项工作，也不是几个心理辅导教师的工作。因此，评估时应充分考虑学校各部门的全力配合和协调，要考虑到全校教职员工的共同努力和协作，不能只强调某一方面和某些人，应综合全面地评估。

4. 发展性原则

发展性原则是指评估主体从发展的观点出发，充分注意被评者的发展变化，充分

利用累积成果，对被评者有计划地进行综合评估。心理健康教育的成效短期内是难以显现的，它有一个持续的发展过程，因此评估时，既要重视当前的工作，也应看到发展的可能性及其潜力。把静态评估和动态评估结合起来，这样评估价值更大，可以促使心理健康工作持续发展。

（二）学生心理健康教育绩效评估的过程

1. 建立评估组织

开展评估，必须要建立或委托一定的评估组织。作为一项专业性很强的活动，评估组成员的结构决定着评估理论、方法、工具的选择和设计分析，影响着评估的质量和价值。一般来说，结构合理的心理健康教育绩效评估组，应由这样一些人员组成：教育行政部门的分管领导及管理人员、从事心理健康教育理论研究的专家学者、心理健康教育实际工作者、学校领导等。这样结构的评估组织，可以较全面和准确地开展评估。

2. 确定评估目标

进行评估，首先必须认真分析和确定自己的评估目标是什么、评估想达到什么目的、需要完成什么具体的任务，这是设计和选择评估理论、方法和评估工具的依据。为使评估的目标、目的和任务更加明确、清晰，并为其他人员所接受，评估者需要组织信息交流和协商活动，事前应进行认真调研，广泛征求意见，特别是征求心理健康教育实际工作者的意见，明确有关组织和人员特别是评估发起人的需要。在评估目标确定阶段，要注意目标的分解和细化，使之便于操作，易于执行（参见图 11.11）。

3. 设计评估指标体系

首先在评估总目标确定后，对目标做多级分解，确定评估的指标体系。一般心理健康教育的评估指标大致可分为心理健康教育工作者、心理健康教育活动场所、心理健康教育课程、心理健康教育档案、心理健康教育管理、心理健康教育效果等几大方面。然后对每一个指标进行细化，层层分解，以确立评估指标体系，如心理健康教育工作者的指标就可以进一步细化为年龄、学历、专业、人数等。指标体系确定后，就要确定各个指标的评价标准，并对标准做具体的阐述，要求对每个指标分优、良、中、及格、差进行评估，然后对每一等级的评估标准做具体规定，如“优”有什么特征或表现、“差”的

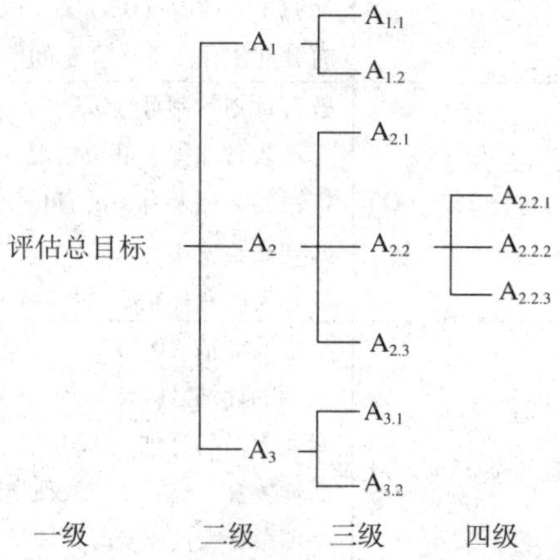

图 11.11　心理健康教育绩效评估目标分解图

特征或表现有哪些等。

除了确定各级评估指标的评估标准，还要确定各级指标的权重，因为各级指标在心理健康教育工作中的重要性程度有区别。例如，心理健康教育活动场所和教师相比，显然后者更重要，教师的权重因此大一些；在“教师”这一指标里，年龄和专业相比，专业更重要，因此专业的权重要大一些。经过各级指标的权重比例分配，评估就容易操作，结论也更科学一些。最后是编制评估表，并对评估表及使用做出说明，可参见表 11.1（莫雷，1997）。

表 11.1　心理健康教育绩效评估指标体系

一级指标及权重	二级指标及权重	等级分值					备注
		优 90	良 80	中 70	及格 60	差 50	
领导重视 10%（A）	有学校领导亲自负责学校心理教育工作（0.3） 学校领导定期检查心理教育工作开展情况(0.3) 发现工作中的问题后及时处理（0.4）						
师资素质 15%（B）	有一定比例受过专业培训的教育人员（0.3） 心理教育人员有机会参加研讨班或进修（0.3） 定期为学校教师举办有关心理辅导技能的培训活动（0.4）						
活动场地与设施 15%（C）	有专门的心理教育场所（包括教师工作室、团体辅导室、个别辅导室）(0.3) 具有完整的学生档案（0.3） 测验工具完善（0.3） 有开展工作所需的充足的书籍、报刊资料(0.1)						
教育过程 25%（D）	教育计划的制订（0.3） 心理教育课程的开设情况（0.3） 资料的传播及有关的宣传工作（0.1） 心理测验使用（0.2） 教育者的合作精神（0.1）						
教育质量 35%（E）	学生的评估（0.3） 教师的评估（0.2） 专业人员的评估（0.2） 心理教育人员能及时发现学生的心理问题(0.1) 心理教育人员能及时处理学生的心理问题(0.1) 心理教育课气氛活跃（0.1）						
总分							

说明：总分 = A × 10% + B × 15% + C × 15% + D × 25% + E × 35%；A、B、C、D、E 各项的得分分别为该项各二级指标得分与其权重的乘积之和。

4. 搜集评估信息

进行评估需要以一定的材料和信息为依据。丰富、有效、全面、可靠的信息，不是随便可以获得的。有效的方法和途径才是获取这种信息的手段和前提，一般的方法有:

（1）听取汇报。由学校的负责人（校长或心理健康教育负责人）报告学校开展心理健康教育工作的情况。

（2）查阅材料。通过查阅学校开展心理健康教育的工作计划、规章制度、会议记录、各项活动的总结材料、科研教学成果以及辅导笔记等，了解实际情况。

（3）实地考察。评估者要观察心理健康教育中心、办公室及相关设施，现场观察辅导教师对学生的辅导和咨询等。

（4）座谈讨论。召开座谈会，由评估者随机抽取部分教师、学生和管理人员，通过座谈、听取意见，进一步核实情况和了解新的情况，并掌握教职工的需要和想法。

（5）问卷调查。通过问卷调查，向师生员工了解心理健康教育工作的各方面情况，同时了解存在的问题。

（6）考查测验。通过纸笔测验或口头考查，测查学校行政管理人员的管理知识及心理辅导人员的心理健康教育专业知识，了解他们对心理健康教育工作的认识理解能力和水平。

5. 整理评估信息

这个阶段要对搜集到的心理健康教育资料和信息进行整理和分析，必要时可利用统计技术和方法，将各种资料予以归类，计算出有关统计综合指标，并将数据进行对比分析及统计检验。当然，这一阶段也不是一个简单的统计过程，它还包括对信息材料进行鉴别，区分真伪，对评估信息的质量进行检验和分析。有时，甚至还需要对评估信息进行重新分组和归类。对评估信息的进一步研究和开发，可以获取对评估更有价值的反馈信息。

6. 形成与利用评估结果

根据评估信息的整理和分析，以书面文字的形式对被评者的优劣高低进行恰当的价值判断。报告评估结果，可以采取多种形式，如提出正式的文本报告、出版或发表评估研究论著（论文）等。另外，评估者可根据需要向被评者和委托评估者解释说明评估的过程和结果，尤其是对评估结论的解释。评估者也可以把有关情况反馈给被评者，从而推动心理健康教育工作的进一步发展。

总之，心理健康教育绩效评估的过程可以概括成如图 11.12 所示的示意图。

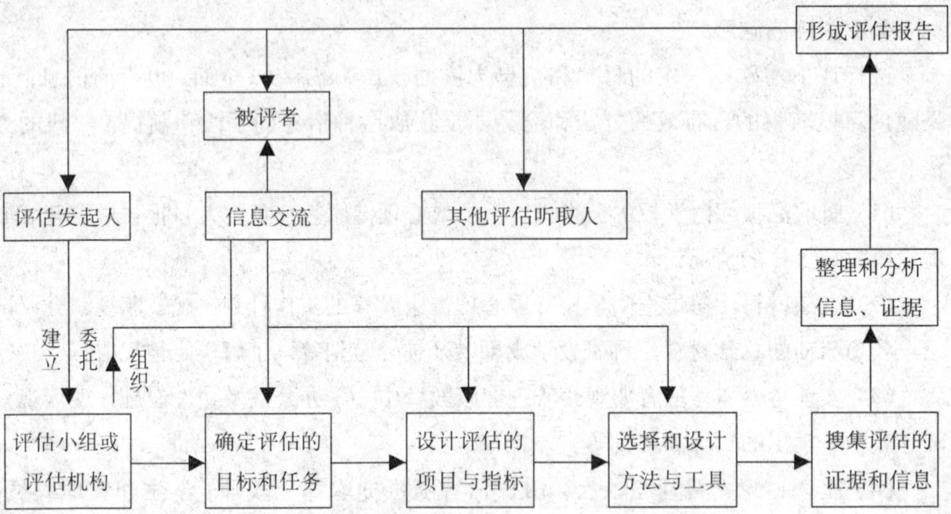

图 11.12 心理健康教育绩效评估过程示意图

三、学生心理健康教育绩效评估的内容

（一）学校心理健康教育工作者评估

■人数与比例。人数指专职和兼职心理健康教育工作者的数量，比例是指心理健康教育工作者和学生的人数比例。

■学历和职称。心理健康教育工作者的学历和职称状况。

■专业及培训。心理健康教育工作者的专业情况以及接受培训的情况。

■其他。心理健康教育工作者的性别、工作年限、年龄等。

（二）心理健康教育的活动场地与设施评估

■心理健康教育中心。房屋的间数、面积、功能、设备、实用性、使用率等。

■心理健康教育的设施及器材。测验量表、电脑测试系统、书桌椅、资料柜、电话、打印机、复印机、简单的心理治疗器具等。

（三）心理健康教育的档案材料评估

■心理健康教育的工作情况材料。工作计划、方案、报告、会议记录、辅导笔记、测量报告、观察记录等。

■学生心理健康档案资料。学生各个阶段、各方面的一般情况，心理调查和测验材料，以及学生心理咨询与辅导的记录等。

（四）心理健康教育的课程评估

■课程设置。课程开设的时间、形式等。

■教材及教师。教材使用情况、教师个人情况等。

■教学方法和过程。教学方法使用情况、过程活动情况。

■课程效果。学生的感受和收获情况。

（五）心理健康教育的组织管理评估

■领导重视程度。领导的参与情况，经费投入情况，定期检查情况。

■管理机构。心理健康教育的机构设置情况，管理人员的配备情况。

■管理过程。管理制度建设、管理措施与行为等情况。

附　录

中小学心理健康教育指导纲要

良好的心理素质是人的全面素质中的重要组成部分。心理健康教育是提高中小学生心理素质的教育，是实施素质教育的重要内容。中小学生正处在身心发展的重要时期，随着生理、心理的发育和发展、社会阅历的扩展及思维方式的变化，特别是面对社会竞争的压力，他们在学习、生活、人际交往、升学就业和自我意识等方面，会遇到各种各样的心理困惑或问题。因此，在中小学开展心理健康教育，是学生健康成长的需要，是推进素质教育的必然要求。为了深入贯彻《公民道德建设实施纲要》和《国务院关于基础教育改革与发展的决定》及《中共中央办公厅国务院办公厅关于适应新形势进一步加强和改进中小学德育工作的意见》，进一步指导和规范中小学心理健康教育工作，在总结实验区工作经验的基础上，特制定本纲要。

一、心理健康教育的指导思想和基本原则

1. 开展中小学心理健康教育工作，必须坚持以马列主义、毛泽东思想、邓小平理论、“三个代表”重要思想为指导，贯彻党的教育方针，落实《公民道德建设实施纲要》和《国务院关于基础教育改革与发展的决定》及《中共中央办公厅国务院办公厅关于适应新形势进一步加强和改进中小学德育工作的意见》，坚持育人为本，根据中小学生生理、心理发展特点和规律，运用心理健康教育的理论和方法，培养中小学生良好的心理素质，促进他们身心全面和谐发展。

2. 开展中小学心理健康教育，要立足教育，重在指导，遵循学生身心发展规律，保证心理健康教育的实践性与实效性。为此，必须坚持以下基本原则：根据学生心理发展特点和身心发展规律，有针对性地实施教育；面向全体学生，通过普遍开展教育活动，使学生对心理健康教育有积极的认识，使心理素质逐步得到提高；关注个别差异，根据不同学生的不同需要开展多种形式的教育和辅导，提高他们的心理健康水平；尊重学生，以学生为主体，充分启发和调动学生的积极性。积极做到心理健康教育的科学性与针对性相结合；面向全体学生与关注个别差异相结合；尊重、理解与真诚同感相结合；预防、矫治和发展相结合；教师的科学辅导与学生的主动参与相结合；助人

与自助相结合。

二、心理健康教育的目标与任务

3.心理健康教育的总目标是：提高全体学生的心理素质，充分开发他们的潜能，培养学生乐观、向上的心理品质，促进学生人格的健全发展。

心理健康教育的具体目标是：使学生不断正确认识自我，增强调控自我、承受挫折、适应环境的能力；培养学生健全的人格和良好的个性心理品质；对少数有心理困扰或心理障碍的学生，给予科学有效的心理咨询和辅导，使他们尽快摆脱障碍，调节自我，提高心理健康水平，增强自我教育能力。

4. 心理健康教育的主要任务是全面推进素质教育，增强学校德育工作的针对性、实效性和主动性，帮助学生树立在出现心理行为问题时的求助意识，促进学生形成健康的心理素质，维护学生的心理健康，减少和避免对他们心理健康的各种不利影响；培养身心健康，具有创新精神和实践能力，有理想、有道德、有文化、有纪律的一代新人。

按照“积极推进、实事求是、分区规划、分类指导”的工作原则，不同地区应根据本地实际，积极做好心理健康教育的工作。

——大中城市和经济发达地区，要普遍开展心理健康教育工作。教师要在具有较全面的心理学理论知识和进行心理辅导的专门技能以及提高自身良好的个性心理品质上有显著提高。

——有条件的城镇中小学和农村中小学，要从实际出发，有计划、有步骤地开展心理健康教育工作。要抓好心理健康教育骨干教师队伍建设，同时在总结经验的基础上加强区域性心理健康教育的整体推进工作。

——暂不具备条件的农村和边远地区，要从实际出发，制定出中小学地区性的心理健康教育的发展规划；重点抓好一批心理健康教育的试点学校，积极开展心理健康教育教师的培训工作；逐步推进心理健康教育工作。

三、心理健康教育的主要内容

5.心理健康教育的主要内容包括：普及心理健康基本知识，树立心理健康意识，了解简单的心理调节方法，认识心理异常现象，以及初步掌握心理保健常识，其重点是学会学习、人际交往、升学择业以及生活和社会适应等方面的常识。

6. 城镇中小学和农村中小学的心理健康教育，必须从不同地区的实际和学生身心发展特点出发，做到循序渐进，设置分阶段的具体教育内容。

小学低年级主要包括：帮助学生适应新的环境、新的集体、新的学习生活与感受学习知识的乐趣；乐与老师、同学交往，在谦让、友善的交往中体验友情。

小学中、高年级主要包括：帮助学生在学习生活中品尝解决困难的快乐，调整学习心态，提高学习兴趣与自信心，正确对待自己的学习成绩，克服厌学心理，体验学习成功的乐趣，培养面临毕业升学的进取态度；培养集体意识，在班级活动中，善于与更多的同学交往，健全开朗、合群、乐学、自立的健康人格，培养自主自动参与活动的能力。

初中年级主要包括：帮助学生适应中学的学习环境和学习要求，培养正确的学习观念，发展其学习能力，改善学习方法；把握升学选择的方向；了解自己，学会克服青春期的烦恼，逐步学会调节和控制自己的情绪，抑制自己的冲动行为；加强自我认识，客观地评价自己，积极与同学、老师和家长进行有效的沟通；逐步适应生活和社会的各种变化，培养对挫折的耐受能力。

高中年级主要包括：帮助学生具有适应高中学习环境的能力，发展创造性思维，充分开发学习的潜能，在克服困难取得成绩的学习生活中获得情感体验；在了解自己的能力、特长、兴趣和社会就业条件的基础上，确立自己的职业志向，进行职业的选择和准备；正确认识自己的人际关系的状况，正确对待和异性伙伴的交往，建立对他人的积极情感反应和体验。提高承受挫折和应对挫折的能力，形成良好的意志品质。

四、心理健康教育的途径和方法

7. 开展心理健康教育的途径和方法可以多种多样，不同学校应根据自身的实际情况灵活选择、使用，注意发挥各种方式和途径的综合作用，增强心理健康教育的效果。心理健康教育的形式在小学可以以游戏和活动为主，营造乐学、合群的良好氛围；初中以活动和体验为主，在做好心理品质教育的同时，要突出品格修养的教育；高中以体验和调适为主，并提倡课内与课外、教育与指导、咨询与服务的紧密配合。

8. 开设心理健康选修课、活动课或专题讲座。包括心理训练、问题辨析、情境设计、角色扮演、游戏辅导、心理知识讲座等，旨在普及心理健康科学常识，帮助学生掌握一般的心理保健知识，培养良好的心理素质。要注意防止心理健康教育学科化的倾向。

9. 个别咨询与辅导。开设心理咨询室（或心理辅导室）进行个别辅导是教师和学生通过一对一的沟通方式，对学生在学习和生活中出现的问题给予直接的指导，排解心理困扰，并对有关的心理行为问题进行诊断、矫治的有效途径。对于极个别有严重心理疾病的学生，能够及时识别并转介到医学心理诊治部门。

10. 要把心理健康教育贯穿在学校教育教学活动之中。要创设符合心理健康教育所要求的物质环境、人际环境、心理环境。寻找心理健康教育的契机，注重发挥教师在教育教学中人格魅力和为人师表的作用，建立起民主、平等、相互尊重的新型师生关系。班级、团队活动和班主任工作要渗透心理健康教育。

11.积极开通学校与家庭同步实施心理健康教育的渠道。学校要指导家长转变教子观念，了解和掌握心理健康教育的方法，注重自身良好心理素质的养成，营造家庭心理健康教育的环境，以家长的理想、追求、品格和行为影响孩子。

五、心理健康教育的组织实施

12.加强对中小学心理健康教育工作的领导和管理。心理健康教育工作是学校教育工作的重要组成部分，各级教育行政部门和学校，要切实加强对心理健康教育工作的领导，积极支持开展中小学心理健康教育工作，帮助解决工作中的困难和问题。要通过多种途径和方式，根据本地、本校教育教学实际，保证心理健康教育时间，课时可在地方课程或学校课程时间中安排。各地教育行政部门要把心理健康教育工作纳入到对学校督导评估之中，加强对教师和咨询人员的管理，建立相应的规章制度。

13.加强师资队伍建设是搞好心理健康教育工作的关键。学校要逐步建立在校长领导下，以班主任和专兼职心理辅导教师为骨干，全体教师共同参与的心理健康教育工作体制。专职人员的编制可从学校总编制中统筹解决。统筹安排中小学专职心理辅导教师专业技术职务评聘工作。根据学校实际情况，可聘请一定数量的兼职教师或心理咨询人员。

要重视教师心理健康教育工作。各级教育行政部门和学校要把教师心理健康教育作为教师职业道德教育的一个方面，为教师学习心理健康教育知识提供必要的条件。要关心教师的工作、学习和生活，从实际出发，采取切实可行的措施，减轻教师的精神紧张和心理压力，使他们学会心理调适，增强应对能力，有效地提高心理健康水平。

14.要积极开展心理健康教育的教师培训。教育部将组织有关专家编写教师培训用书，并有计划、分期分批地培训骨干教师。高等学校的心理学专业和教育学专业要积极为中小学输送合格的心理健康教育教师。师范院校要开设与心理健康教育有关的课程，以帮助师范学生和中小学教师掌握心理健康教育的基础知识和技能。各级教育行政部门要积极组织对从事心理健康教育教师的专业培训，把对心理健康教育教师的培训列入当地和学校师资培训计划以及在职教师继续教育的培训系列。培训包括理论知识学习、操作技能训练、案例分析和实践锻炼等内容。通过培训提高专、兼职心理健康教育教师的基本理论、专业知识和操作技能水平。

15.加强心理健康教育的教研活动和课题研究。学校在进行心理健康教育时，要从学生实际出发，强调集体备课，统一做好安排。要以学生成长过程中遇到的各种问题和需要为主线，通过教研活动，明确心理健康教育的重点、难点，掌握科学的教育方法，提高心理健康教育的质量。坚持理论与实践相结合，通过带课题培训与合作研究等方式，推广优秀科研成果。

16.各种心理健康教育自助读本或相关教育材料的编写、审查和选用要根据本指导纲要的统一要求进行。自2002年秋季开学起，凡进入中小学的自助读本或相关教育材料必须按有关规定，经教育部或省级教育行政部门组织专家审定后方可使用。

17.各地在组织实施过程中，要注意心理健康教育与德育工作的密切联系，既不能用德育工作来代替心理健康教育，也不能以心理健康教育取代德育工作。不能把学生的心理问题简单归结为思想品德问题。同时，各地应根据中央和教育部的文件精神，对此项工作统一规范称为“心理健康教育”。

18.心理咨询是一项科学性、专业性很强的工作，也是心理健康教育的一条重要渠道。大中城市具备条件的中小学校要逐步建立和完善心理咨询室（或心理辅导室），配置专职人员。对心理咨询或辅导人员要提出明确要求。严格遵循保密原则，谨慎使用心理测试量表或其他测试手段，不能强迫学生接受心理测试，禁止使用影响学生心理健康的仪器，如测谎仪、CT脑电仪等。

19.各地教育行政部门和学校既要积极创造条件，又要从实际出发，有计划、有步骤地开展心理健康教育工作。既要充分利用社会心理健康教育的资源，又要注意防止心理健康教育医学化和学科化的倾向。不能把心理健康教育搞成心理学知识的传授和心理学理论的教育，也不能把心理健康教育看成是中小学各学科课程的综合或思想品德课的重复，更不许考试。

20.加强心理健康教育的课题研究与科学管理，特别要注重心理健康教育与德育、与人的全面发展关系的研究。各级教育行政部门对此项工作要给予大力指导，积极支持科研部门广泛开展科学研究活动，保证心理健康教育工作科学、健康地发展。

参考文献

[1] 蔡永红. 对多元化学生评价的理论基础的思考 [J]. 教育理论与实践, 2001 (5).

[2] 岑国桢, 李正云, 编著. 学校心理干预的技术与应用 [M]. 南宁: 广西教育出版社, 1999.

[3] 陈国海, 刘勇, 编著. 心理倾诉——朋辈心理咨询 [M]. 广州: 暨南大学出版社, 2001.

[4] 陈家麟. 学校心理健康教育——原理与操作 [M]. 北京: 教育科学出版社, 2002.

[5] 陈明丽, 许明. 国外关于教师职业压力的研究 [J]. 福建师范大学学报 (哲学社会科学版), 2000 (3).

[6] 陈琦, 刘儒德, 主编. 当代教育心理学 [M]. 修订版. 北京: 北京师范大学出版社, 2007.

[7] 陈雪枫, 等, 编著. 中小学生心理测评与心理档案 [M]. 广州: 暨南大学出版社, 1997.

[8] 丁邦平, 顾明远. 学科课程与“活动课程”: 分离还是融合——兼论“学生本位课程”及其特征 [J]. 教育研究, 2002 (10).

[9] 丁园园, 姚本先. 中美学校心理健康教育比较研究 [J]. 中小学心理健康教育, 2004 (3).

[10] 董奇, 等. 自我监控与智力 [M]. 杭州: 浙江人民出版社, 1996.

[11] 樊富珉. 团体心理咨询 [M]. 北京: 高等教育出版社, 2005.

[12] 方双虎. 家庭环境对子女心理健康状况、人格特征的影响 [J]. 安徽师范大学学报 (人文社会科学版), 1997 (2).

[13] 方双虎. 乐学与厌学 学生心理健康状况及人格特征的对照研究 [J]. 教育科学, 1997 (2).

[14] 龚耀先, 主编. 心理评估 [M]. 北京: 高等教育出版社, 2003.

[15] 郭元祥. 论“生活世界”的教育——兼论教育中的生活问题 [J]. 教育研究与实验, 2000 (5).

[16] 贾晓波，主编．教育部中小学教师综合素质培训专家指导委员会，编．心理健康教育与教师心理素质［M］．北京：中国和平出版社，2000.

[17] 江光荣．关于心理健康标准研究的理论分析［J］．教育研究与实验，1996（3）.

[18] 江光荣．心理咨询的理论与实务［M］．北京：高等教育出版社，2005.

[19] 靳岳滨．关于中学心理教育课程建设的若干思考［J］．中国教育学刊，1999（5）.

[20] 卡尔·R．罗杰斯，等．当事人中心治疗：实践、运用和理论［M］．李孟潮，等，译．北京：中国人民大学出版社，2004.

[21] 卡尔·R．罗杰斯．个人形成论：我的心理治疗观［M］．杨广学，等，译．北京：中国人民大学出版社，2004.

[22] 卡尔·R．罗杰斯．卡尔·罗杰斯论会心团体［M］．张宝蕊，译．北京：中国人民大学出版社，2006.

[23] 李坚，唐燕儿．信息社会的心理健康教育发展之路——心理健康教育信息化［J］．清华大学教育研究，2003（6）.

[24] 李明忠．美国一流大学心理健康教育工作的特色分析［J］．比较教育研究，2006（1）.

[25] 李雁冰．质性课程评价：从理论到实践［J］．上海教育，2001（11）.

[26] 李英．心理咨询中时间设置的心理意义［J］．中国心理卫生杂志，2004（1）.

[27] 林崇德．关于心理健康的标准［J］．思想政治课教学，2000（3）.

[28] 林崇德．积极而科学地开展心理健康教育［J］．北京师范大学学报（社会科学版），2003（1）.

[29] 林崇德．简论学校心理学的研究［J］．北京师范大学学报（社会科学版），1995（1）.

[30] 林崇德．教育的智慧——写给中小学教师［M］．北京：开明出版社，1999.

[31] 林崇德，李虹，冯瑞琴．科学地理解心理健康与心理健康教育［J］．陕西师范大学学报（哲学社会科学版），2003（5）.

[32] 林崇德，魏运华．试论学校心理学的未来趋势［J］．教育研究，2001（7）.

[33] 林崇德．“心理和谐”是心理学研究中国化的催化剂［J］．心理发展与教育，2007（1）.

[34] 林崇德．心理健康的教育原则［J］．思想政治课教学，2000（4）.

[35] 林崇德，辛涛，邹泓．学校心理学［M］．北京：人民教育出版社，2000.

[36] 林孟平．辅导与心理治疗［M］．上海：上海教育出版社，2005.

[37] 林孟平．小组辅导与心理治疗［M］．上海：上海教育出版社，2005.

[38] 刘华山．心理健康概念与标准的再认识［J］．心理科学，2001（4）.

[39] 刘华山，主编．学校心理辅导 [M]．合肥：安徽人民出版社，1998.
[40] 刘维良，编著．教师心理卫生 [M]．北京：知识产权出版社，1999.
[41] 刘翔平．学校心理学：学校心理教育评估与干预 [M]．北京：世界图书出版公司，1996.
[42] 刘宣文．心理健康标准与学校心理辅导 [J]．教育研究，1999（3）.
[43] 罗丽榕．加强大学生的个人理财教育与消费引导 [J]．集美大学学报（哲学社会科学版），2004（1）.
[44] 罗小媛．中学心理健康教育活动课程的设置 [J]．现代教育研究，2000（3）.
[45] 马建青．发展性咨询：学校心理咨询的基本模式 [J]．当代青年研究，1998（5）.
[46] 莫雷，等，编著．中小学心理教育基本原理 [M]．广州：暨南大学出版社，1997.
[47] 聂衍刚．学生心理档案的建立与管理 [J]．大众心理学，1996（5）.
[48] 沈之菲，编著．生涯心理辅导 [M]．上海：上海教育出版社，2000.
[49] 施欣欣，等．亲职教育 ABC [M]．北京：中国纺织出版社，1999.
[50] 石国兴．心理健康教育在全面发展教育中的地位与作用 [J]．中国教育学刊，2000（2）.
[51] 陶侃．中小学开展闲暇教育的几个问题 [J]．中国教育学刊，1996（2）.
[52] 陶⊠恒，主编．小学生心理辅导 [M]．北京：高等教育出版社，2004.
[53] 王登峰，黄希庭．自我和谐与社会和谐——构建和谐社会的心理学解读 [J]．西南大学学报（人文社会科学版），2007（1）.
[54] 王浩．对中学心理健康教育管理体制的一些思考 [J]．教学与管理，2001（3）.
[55] 王建中，金宏章，主编．高校心理健康教育新进展 [M]．长春：吉林人民出版社，2007.
[56] 王书荃，主编．学校心理健康教育概论 [M]．北京：华夏出版社，2005.
[57] 王以仁，等．教师心理卫生 [M]．北京：中国轻工业出版社，1999.
[58] 王玉凤，等．北京城区 2432 名学龄儿童行为问题调查报告——学校行为问题与环境关系 [J]．中国心理卫生杂志，1988（3）.
[59] 沃建中，主编．中小学心理素质教育的探索 [M]．北京：科学出版社，2000.
[60] 吴发科．正确把握心理健康教育的特点与规范——写在教育部《中小学心理健康教育指导纲要》颁发五周年之际 [J]．中小学心理健康教育，2007（7）.
[61] 吴武典．辅导原理 [M]．台北：心理出版社，1990.
[62] 吴增强，沈之菲，主编．学校心理辅导研究 [M]．上海；上海科学技术文献出版社，2000.
[63] 吴增强，主编．现代学校心理辅导 [M]．上海：上海科学技术文献出版社，1998.

[64] 吴增强，主编. 学校心理辅导通论：原理 · 方法 · 实务 [M]. 上海：上海科技教育出版社，2004.

[65] 伍新春，胡佩诚，编著. 行为矫正 [M]. 北京：高等教育出版社，2005.

[66] 伍新春，乔志宏，主编. 心理健康教育 [M]. 北京：北京师范大学出版社，2008.

[67] 伍新春. 心理健康教育概论 [M]. 北京：北京大学医学出版社，2006.

[68] 伍新春，张军，编著. 教师职业倦怠预防 [M]. 北京：中国轻工业出版社，2008.

[69] 伍新春，主编. 儿童发展与教育心理学 [M]. 北京：高等教育出版社，2004.

[70] 肖旻婵. 在整合中发展——美国学校心理健康教育综合化趋势评析 [J]. 外国教育研究，2005（5）.

[71] 小威廉姆 · E. 多尔. 后现代课程观 [M]. 王红宇，译. 北京：教育科学出版社，2000.

[72] 徐光兴. 学校心理学：心理辅导与咨询 [M]. 上海：华东师范大学出版社，2000.

[73] 徐西森. 团体动力与团体辅导 [M]. 广州：广东世界图书出版公司，2003.

[74] 徐学俊. 构建中小学心理辅导体系的研究 [J]. 教育研究，2000（12）.

[75] 姚本先，等，编著. 咨询心理学导论 [M]. 北京：中国科学技术出版社，2005.

[76] 姚本先. 简论青少年学生心理健康教育 [J]. 中国教育学刊，1994（4）.

[77] 姚本先. 论考试焦虑及其心理调适 [J]. 中国教育学刊，1997（4）.

[78] 姚本先. 学校心理健康教育导论 [M]. 合肥：中国科学技术大学出版社，2002.

[79] 阴国恩，等，编. 非智力因素及其培养 [M]. 杭州：浙江人民出版社，1996.

[80] 尹世杰. 关于消费教育的几个问题 [J]. 消费经济，2004（1）.

[81] 俞国良. 创新教育理念中的心理健康教育 [J]. 教育科学研究，2002（1）.

[82] 俞国良，曾盼盼. 论教师心理健康及其促进 [J]. 北京师范大学学报（社会科学版），2001（1）.

[83] 于 · 哈贝马斯. 交往行动理论（第二卷）——论功能主义理性批判 [M]. 洪佩郁，等，译. 重庆：重庆出版社，1994.

[84] 曾文星，徐静. 心理治疗 [M]. 北京：人民卫生出版社，1987.

[85] 张锋，朱芸. 优化家庭教育结构，促进学生全面发展 [J]. 唐都学刊，1998（3）.

[86] 张日昇. 咨询心理学 [M]. 北京：人民教育出版社，1999.

[87] 张小乔，主编. 心理咨询治疗与测验 [M]. 北京：中国人民大学出版社，1993.

[88] 郑日昌，陈永胜. 学校心理咨询 [M]. 北京：人民教育出版社，1991.

[89] 郑日昌，等. 心理测量学 [M]. 北京：人民教育出版社，1999.

[90] 郑日昌，江光荣，伍新春，主编. 当代心理咨询与治疗体系 [M]. 北京：高等教育出版社，2006.

[91] 郑雪，等，编著．中小学心理教育课程设计 [M]．广州：暨南大学出版社，1997.
[92] 钟思嘉，等．培养有责任感的孩子 [M]．杭州：浙江人民出版社，2004.
[93] 钟思嘉．亲职教育 [M]．台北：桂冠图书股份有限公司，2004.
[94] Corsini R J，Wedding D．当代心理治疗 [M]．伍新春，等，译．北京：北京师范大学出版社，2008.
[95] John J Schmidt．学校心理咨询实用规划 [M]．沈湘秦，译．北京：中国轻工业出版社，2005.
[96] Judith S Beck．认知疗法：基础与应用 [M]．翟书涛，等，译．北京：中国轻工业出版社，2001.
[97] Reardon R C，Lenz J G，Sampson J P，Peterson G W．职业生涯发展与规划 [M]．侯志瑾，伍新春，等，译．北京：高等教育出版社，2005.
[98] S．拉塞克，G．维迪努．从现在到2000年教育发展内容的全球展望 [M]．马胜利，等，译．北京：教育科学出版社，1996.